U0514377

陶飞亚　主　编
肖清和　执行主编

宗教与历史
Religion and History

（第八辑）

Vol. 8

社会科学文献出版社
SOCIAL SCIENCES ACADEMIC PRESS(CHINA)

　　《宗教与历史（第八辑)》的出版受到国家社科基金重大项目"汉语基督教文献书目的整理与研究"（12&ZD128）、全国优秀博士学位论文作者专项资金资助项目"儒家基督徒研究：历史、思想与文献"（201201）、上海大学中国史高原学科建设项目资助。

《宗教与历史》编委会

· 明清天主教历史研究

Sino-Christian Theology and Dialogue between
Christianity and Confucianism

Historical Studies on Catholicism in China during Ming and Qing

文本、翻译与比较研究

耶稣会士与儒家经典：
翻译者，抑或叛逆者？

〔法〕梅谦立[*]

摘要： 耶稣会士在17世纪翻译的"四书"，以张居正的《四书直解》为底本，并用朱熹《四书章句集注》做补充。他们声称，《四书直解》更符合先秦儒家原始儒家的思想，也更符合真理。他们为什么会有这样的看法？《四书直解》与《四书章句集注》有何不同？他们在《四书直解》中赞成什么样的观念？耶稣会士有没有正确地把握《四书直解》的某些观念？他们有没有正确地翻译，或者背离原文？本文试图回答上述这些问题。

关键词： 耶稣会；柏应理；张居正；儒家经典

引　言

在西方思想传统中，最重要、最有影响力、学者投入最多研究精力的经典，毫无疑问是《圣经》。西方传教士来华时一定关注到在中国也有同样地位的"中国圣经"，即所谓"四书五经"。不过，当耶稣会士进入这个宏大的中国诠释学传统时，他们需要考虑，究竟什么经典最有权威和代表性？哪些注释家真正诠释了经典的本意？他们反复阅读儒家经典和各种各样的注释评论，跟士大夫们进行了广泛交流，力图理解儒家经典的价值，并按照耶稣会士自己的标准去判断：儒家经典是否包含"真理"？哪种注解更靠近"真理"？来华的耶稣会士自称他们彻底排斥宋明理学的同时，却大力提倡先秦儒学。可是，当他们跟当时的士大夫进行交流时能够摆脱宋明理学的影响吗？他们对宋明理学的排斥有没有某种修辞成分？或者，当时的理学影响是否太过强大，以至于他们无法摆脱朱熹的注解？

---

[*] 〔法〕梅谦立（Thierry Meynard），中山大学哲学系教授、博士生导师，西学东渐文献馆副馆长。

耶稣会士要从自己哲学宗教思想的角度去阅读"四书"，我们今天怎样看待他们所形成的儒家经典诠释学？某种外来文化能不能发展儒家诠释学？如果可以的话，在基本知识（语言、原文、注释、思想史）之外，还需要具备怎么条件？关于耶稣会的"四书"译文，许多学者已经做过很详细的解读，不过其研究往往仅止于较笼统的中西思想比较，未能深入把握耶稣会士所使用的中文材料。本文试图理解耶稣会士的"四书"译文与中国传统诠释学的关系。耶稣会对《大学》《中庸》《论语》的诠释，是翻译还是背叛？简略地介绍耶稣会的翻译工作之后，我们还要追踪中国传统内部的两条线索，去理解它们如何影响了耶稣会士对"四书"的理解。

一 从"学习儒家经典"到"为它们辩护"

1687 年是非常重要的一年，耶稣会士柏应理（Philippe Couplet）在巴黎出版了《中国哲学家孔夫子》。① 这本书是耶稣会传教士此前一百年不懈努力的积淀产物。早在 1583 年，来华传教士便开始主要通过"四书"来学习中文。罗明坚（Michele Ruggieri，1543—1607）以及利玛窦（Matteo Ricci，1552—1610）更是利用"四书"作为主要的语言教材。后来，葡萄牙人郭纳爵（Inácio da Costa，1603—1666）在江西建昌为一些来华不久的年轻耶稣会士教授古文，当时的意大利学生殷铎泽（Prospero Intorcetta，1626—1696）帮助编辑出版了《中国智慧》（Sapientia Sinica，1662），该书内容包括孔子生平、《大学》及《论语》的前半部分。在文化交流史上，这本书的意义非常重要，它被美国学者詹启华（Lionel Jensen）称作"第一本中、拉双语译文"。② 不过，我个人认为其重要性更在于，它是在中国首次使用从左到右横排书写的中文文献。③ 后来，殷铎泽把《中庸》翻译成拉丁文，并将题目定为 Sinarum Scientia Politico-Moralis（《中国政治伦理知识》）。

传教士这样努力地去学习和翻译"四书"，其原因在于，按照利玛窦的"适应政策"古代儒家保持了原来的一神教信仰，后来，因为佛教的传入以及

---

① 本书拉丁文标题为：Confucius Sinarum Philosophus, sive Scientia Sinensis latine exposita studio et opera Prosperi Intorcetta, Christiani Herdtrich, Francisci Rougemont。
② Lionel Jensen, Manufacturing Confucianism（《制造儒家》），Durham：Duke University Press，1997，p. 114。
③ 很多人认为英国传教士马礼逊（Robert Morrison）的《华英字典》首次采用了横排书写方式。

宋明理学的发展，原先的信仰几乎消失了。不过，在利玛窦去世之后，他的"适应政策"在传教士之间引发了很多争议。因为杨光先所发起的"历案"（1666—1671），23 位传教士被软禁在广州。传教士争论"中国礼仪"是否属于迷信的问题。可是，由于每个地方有不同的礼仪习惯，而且士大夫和老百姓对祭祀、祭孔的理解也有所不同，针对"中国礼仪"的定义传教士之间很难达成共识。因此，他们试图回到儒家经典，以孔子的思想为标准，来定义中国礼仪，以决定中国礼仪是否属于迷信。

在这段时期的传教士群体中，关于"四书"有两种不同的解读。第一种解读以多明我会士闵明我（Domingo Navarrete，1618—1686）为代表，他们认为，无论"四书"的本意，还是宋明理学对"四书"的解释，都偏向无神论和唯物主义。因为基督宗教的思想高于一切，所以不需要阅读一种不完善甚至错误的儒家经典。第二种解读以殷铎泽为代表，他们认为宋明理学歪曲了"四书"的本意；如果能够得到"正确"的理解，那么"四书"其实与基督宗教并不矛盾。由此，我们可以发现有一个从"中国礼仪之争"发展到"儒家经典诠释学之争"的过程。

为了回应闵明我等反对者的挑战，殷铎泽改变了他过去的翻译方法。首先，在理论方面，必须把儒家的权威确定下来。因此，他决定系统性地介绍儒、道、佛思想，并证明儒家的优越性。其次，必须把儒家经典与宋明理学更严格地区分开来，证明四书跟"无神论"无关。再次，必须在朱熹之外确立另一个权威的诠释者。最后，必须提供丰富的史料来证明，儒家思想在某个具体人物上得以实现。虽然殷铎泽自称要排斥宋明理学，不过，这种表达中其实修辞成分居多，如下文所论，朱熹对他们理解"四书"有很大的实际影响。[1]

二　朱熹的线索：作为哲学家的孔子

传教士最初用朱熹的《四书集注》学习中文。在耶稣会罗马档案馆里，陈纶绪发现了一本《四书章句集注》，其中有意大利耶稣会士潘国光（Francesco Brancati，1607—1671）所做的笔记，以标示其学习进程。1637 ~

---

[1] 关于这个历史背景的细节，详见梅谦立《最初西文翻译的儒家经典》，《中山大学学报》（哲学社会科学版）2008 年第 2 期。

1638 年，潘国光在杭州学习古文，并花了五个月时间学习《论语》。① 很多年之后，郭纳爵的《中国智慧》也在使用《四书章句集注》的南京版本。② 在《中国智慧》《中国政治伦理知识》《中国哲学家孔夫子》中，我们都可以看到同样的标记：folio 指南京版本的页码，pagina 1 指左页，pagina 2 指右页，§ 指段落。我们可以确认耶稣会士的这些标记完全符合《四书章句集注》的明朝版本。③ 另外，我们也发现，明朝《四书章句集注》的大部分版本都采用同样的排版：每页 9 行，每行 17 字，原文独行，朱熹的注释双行。④ 我们也知道，"四书"原文文献有很多区分卷、章、段落等的不同方式。朱熹比较习惯把原文很细地分段，在每一两句之后便夹入注释。耶稣会士也完全沿袭朱熹的分段。⑤ 耶稣会士使用《四书章句集注》的标准版本，这极大方便了他们跟士大夫的交流。另外，耶稣会士经常到各地传教，有时他们也分开学习"四书"，因此需要用最通用的版本。

总之，耶稣会士一直严格地依从《四书章句集注》所提供的原文。不过，根据《中国智慧》中《致读者》（Ad Lectorem）的文字，在注释方面，他们参考了"将近二十个诠释者"（Interpretes Sinenses ferè vingiti）。其实，在读"四书"的拉丁译文时，随处可见朱熹的影响，列举如下。

关于《大学》的开端，耶稣会士把"明明德"译作"精炼天赐予的理性本质"（excolere rationalis naturam à coelo inditam）及"返回自己原来的纯真本性"（redire ad pristinam claritatem suam），把"亲民"翻译成"革新人民"（renovare populum），把"至善"译作"一切行为的综合符合正当理性"（summa actionum omnium cum recta ratione confirmata）。这样的翻译，虽然有待

---

① 参见陈纶绪（Albert Chan），*Chinese Books and Documents in the Jesuit Archives in Rome*，pp. 9 - 11。

② "Ad Lectorem," *Sapientia Sinica*："Notae appositae in margine sunt：f, p, § Prima denotat folium textus iuxta ordinem impressionis 南京 nân kim editae Authore 朱熹 chū hì, qui liber vulgò dictur 四书集注 sū xū siě chú. Secunda indicat paginam. Tertia signat periodum illam, quae aliquali spatio distat ab alia periodo in ipsomet textu sinico."

③ 比如在嘉靖年间，蔡氏文峰堂所出版的《四书集注》二十一卷，收藏于哈佛大学哈佛燕京图书馆：http：//nrs. harvard. edu/urn - 3：FHCL：3775634？n = 76，查阅时间：2014 年 2 月 3日。1538 年，陈氏积善书堂所出版的《四书集注》二十一卷，收藏于哈佛大学燕京图书馆：http：//nrs. harvard. edu/urn - 3：FHCL：3775625？n = 73，查阅时间：2014 年 2 月 3 日。

④ 潘国光所用的《四书集注》版本也使用了这种排版方式。参见 Albert Chan, *Chinese Books and Documents in the Jesuit Archives in Rome*, p. 9。

⑤ 对于《大学》，朱熹进行了顺序整理及内容补充。关于《论语》的许多重复，朱熹都保留了。在这些方面，耶稣会士参照了朱熹的编辑工作。

商榷但明显是受到了朱熹直接或间接的影响。①

耶稣会士关注并肯定了《四书章句集注》所蕴含的理性维度，因为这契合士林哲学。他们把孔子视作哲学家，正如《中国哲学家孔夫子》这个标题所示。在《论语》的拉丁译文中，"哲学家"（philosophus）出现了 50 多次，经常被用来翻译中文词"君子"，有两次被用来翻译"好学"。《论语》1.14是以"好学"来描述君子的："君子食无求饱，居无求安，敏于事而慎于言，就有道而正焉，可谓好学也已。"《论语》19.5 同样有："日知其所亡，月无忘其所能，可谓好学也已矣。"在这两处，耶稣会士把"好学"翻译成"哲学家"，这样的翻译诠释很有创意，因为 philosophus 的原意就是"爱智慧者"。对孔子而言，君子的重要品性之一就是"好学"，而耶稣会士经常把"君子"与"好学"都翻译成 philosophus。我们需要注意，按照《论语》的意思，"好学"并不涉及抽象的哲学理论，而是某种生活方式。这一点也符合古希腊对"哲学"的理解。在《论语》的开端，孔子问："学而时习之，不亦说乎？"耶稣会士把"学"翻译成"模仿智者"，这就是朱熹的解释："学之为言效也。"儒家的"学"包括智力和道德两方面，而耶稣会士意识到这一点也完全符合古希腊罗马哲学以及基督教哲学的基本观念。

虽然《中国哲学家孔夫子》中处处可见朱熹的观念，不过，书中却避免提及他的名字。我们可以发现，耶稣会士对《四书章句集注》的使用发生了一些变化。1624 年，耶稣会中华省的"课程计划"提倡用朱熹注来学习《四书》。1662 年，《中国智慧》的序文中，承认使用《四书章句集注》作为原文的标准，虽然说明主要采用了另一位诠释者的注释。同样，1669 年，《中国政治伦理知识》的序文中，也提到朱熹的《四书章句集注》。可是在广州，传教士之间的礼仪之争及诠释之争继续发酵，这使得殷铎泽尽量回避其翻译工作与朱熹作注的密切联系，以免其"四书"译文被指责为无神论思想。因此，《中国哲学家孔夫子》的《前言》完全否定了朱熹及宋明理学家对"四书"的解释：

> 今天，不诚实的士大夫使用自然哲学或"性理"。其实，这样似是

---

① 《中国知识第一部分》（Scientiae Sinicae Liber Primus），《中国哲学家孔夫子》，第 1 页。朱熹《四书集注》："程子曰：亲，当作新。大学者，大人之学也。明，明之也。明德者，人之所得乎天［……］故学者当因其所发而遂明之，以复其初也。新者，革其旧之谓也，言既自明其明德［……］至善，则事理当然之极也。"

而非的名字并不是他们所说的祖先的顺当王道，而相反，它掩盖着很危险的深渊。当他们的思想正在犯很严重的错误时，他们并不认错，并且表现出让人无法容忍的傲慢：不仅对当代思想，而且对整个古代思想，他们妄图进行评判。他们却从没有想到，那些拥有卓越美德和智慧的古人，事实上正证明了他们自己的不恭和愚蠢。第十九个朝代（宋代）的四位解释者，即周敦颐、张载、程子、朱熹，无论如何不是第一个以这种方式犯错的人，但肯定是错得最严重的人。他们用自己的评注来点缀经典。更确切地说，他们用自己的评注使许多事情变得隐晦，并卑鄙地玷污了它们。最后，后人将他们视为导师一样追随。仅仅由这四个解释者的意见和权威建立起来的新而有害的教义，一直传到了明朝的著述。①

在他们的翻译中，耶稣会士好几次提出朱熹的"错误"。比如，《中庸》19章说："郊社之礼，所以事上帝也。"朱熹认为是有两个仪式，分别面对天和地："郊，祀天。社，祭地。不言后土者，省文也。"② 但耶稣会士反对朱熹的理解，认为只有一个朝拜仪式，即面对上帝。③ 无论原文的本意如何，耶稣会士主要试图证明中国古人相信一神教。

关于《论语》14.43，耶稣会士也反对朱熹的解释。《论语》这个段落涉及商武丁即高宗，耶稣会士利用了这个宝贵的机会，专门引出武丁梦见天帝派遣傅说做大臣的情景："高宗梦得说，使百工营求诸野，得诸傅岩，作《说命》三篇（《商书·说命上》）。"耶稣会士肯定了这个故事，因为它证明古人祈求上帝或天帝，并且祂回答了祈求。不过，朱熹在《朱子语类》中的表达显得很谨慎：

> 高宗梦傅说，据此，则是真有个天帝与高宗对答，曰："吾赉汝以良

---

① 《前言》（Proemialis declaratio），《中国哲学家孔夫子》，第34页。
② 朱熹：《四书集注》，中华书局。
③ 《中国知识第二部分》（Liber secundus），《中国哲学家孔夫子》，第59页。其中他们也提到利玛窦在《天主实义》中提出了这个观念。参见〔意〕利玛窦《天主实义今注》，梅谦立注、谭杰校勘，第99页。这项国家祭祀礼仪中对"天""地"的"分"与"合"问题，早在耶稣会士来华以前，就在明代前中期引发过巨大的改制争议和讨论，大量儒家士大夫学者参与其中，论争一度非常激烈。在明史研究中，现代学者对之也有不少梳理研究。可参见赵克生《明代郊礼改制述论》，《史学集刊》2004年第2期。感谢王格同学提供了这篇文章。

弼。"今人但以主宰说帝，谓无形象，恐也不得。若如世间所谓"玉皇大帝"，恐亦不可。毕竟此理如何？学者皆莫能答。

　　梦之事，只说到感应处。高宗梦帝赉良弼之事，必是梦中有帝赉之说之类。只是梦中事，说是帝真赉，不得；说无此事，只是天理，亦不得。①

　　朱熹不直接否定武丁真正地梦见过傅说，他甚至肯定这场梦等于某种"感应处"，不过，朱熹所承认的"感应"并不完整，因为他不愿意确认"帝真赉"。耶稣会士把朱熹的话翻译成拉丁文，进而把朱熹称为"无神论政客"（atheo-politicus），予以很严厉的谴责：

　　解释者朱熹显得无知，或者，由于他对许多事情的无知及他自己的困惑，他不愿意肯定神的真理及意志。（武丁）四千年之后，这些无神论政客们和新解释者发明了这个虚构的"理"。他们把"理"理解为某种力量或者自然流动。虽然它缺乏思想与意志，不过它被当作万物的原则，万物试图回到它那里去。这样，他们的观念扭曲了整个（中国）古代的记载和思想。②

　　这里，耶稣会士把朱熹的谨慎立场极端化，因为朱熹本来没有以"理"解释这个记载，而只是说："说无此事，只是天理，亦不得。"耶稣会士责怪朱熹不仅不相信天帝或神能真正地回应人们的祈求，他所用的"理学"也违背了古书的本意。对耶稣会士而言，朱熹是政客，因为他不愿意公开宣扬自己的无神论宗教，而容忍宗教作为政治统治的手段。③

　　总之，当耶稣会士翻译"四书"时，虽然无法摆脱朱熹的影响，甚至完全接受朱熹的很多观念，特别是关于理性的强调，这使得他们把儒家思想视

---

① 《朱子语类》七十九卷。
② 《中国知识第三部分》（Liber tertius），《中国哲学家孔夫子》，第110页："Et hactenus quidem Interpres Chu hi quo se vertat ignorans；caeterùm ignorantiâ illâ et perplexitate suâ Veritati Providentiaeque Numinis vel invitus favens. Li hoc atheopoliticorum figmentum quodpiam post 40 saecula inventum à novatoribus interpretibus. Intelligunt autem per Li virtutem quamdam seu influxum naturalem mente et voluntate destitutum sed principium rerum omnium，ad quod omnia conantur referre，totius retro antiquitatis monumenta et sensum in suam detorquentes sententiam。"
③ 参见梅谦立《利玛窦佛教观的日本来源及其中国儒家上的应用》，《孔子研究》总第135期。

作哲学；不过，他们激烈地反对朱熹的宗教思想。利玛窦已经在《天主实义》（1603）中批评了"理""气""太极"等观念，可他还是用朱熹的《四书章句集注》来学习"四书"。随后，传教士感觉到了其中的矛盾；因为传教士都认为朱熹与宋明理学都偏向无神论，于是，他们开始怀疑朱熹的无神论思想也注入《四书章句集注》。因此，在《中国哲学家孔夫子》中，他们的策略有两点：第一，不再标明他们大量使用《四书章句集注》中的编辑及注释，把他们对《四书章句集注》的使用隐瞒起来；第二，如果要提到朱熹，主要是为否定他的观念。[①] 换言之，通过朱熹的解释可以证明，孔子是一个哲学家；不过，还要通过另一个诠释者来说明，孔子并不是无神论哲学家，而是有宗教情感的哲学家。

三 张居正的线索：有宗教感的孔子

早在 1610 年，《四书直解》就已出现在南京的耶稣会图书馆馆藏目录中。[②] 1624 年，耶稣会士的"课程计划"表明，《四书章句集注》与《四书直解》可以同时使用。后来，虽然耶稣会士还会继续使用《四书章句集注》，但更多地主要是采用了张居正的《四书直解》。比如，在《中国智慧》的序中，殷铎泽就交代，他们参考了 20 个注释家，尤其是张居正。[③] 这里，我们首先要简略介绍张居正的思想及其《四书直解》，然后说明耶稣会士为什么选择他的评注。

（一） 作为太傅的张居正

张居正（1525—1582）做过两次太傅，这使得他很快晋升到了最高职位。

---

① 两处朱熹的观念受到耶稣会士的公开肯定。第一处，在翻译《论语》10.10 时，耶稣会士提出，注释家包括朱熹都承认"傩"这种古代宗教仪式。朱熹《论语集注》："傩，所以逐疫，周礼方相氏掌之。"不过，朱熹也低估了这个宗教仪式，称之为"戏"。在其他地方，朱熹把"帝臣不蔽，简在帝心"（《论语》20.1）解释为："简在帝心，惟帝所命，此述其初请命而伐桀之辞也。"也许这两处已经存在于早期的初稿。在巴黎柏应理做最终的编辑工作时，他也许没有注意这两处，因此将它们保留下来。

② 参见 Ad Dudink, "The Inventories of the Jesuit House at Nanking, Made Up During the Persecution of 1616 – 1617 (Shen Que, *Nan Gong Shu Du*, 1620)," in Federico Massini ed., *Western Humanistic culture Presented to China by Jesuit Missionaries* (*XVII-XVIII Centuries*), Roma: Institutum Historicum, 1996, p. 147。

③ 詹启华说利玛窦在翻译四书的时候使用了《四书直解》，不过他没有提供任何依据。参见 Lionel Jensen, *Manufacturing Confucianism*, p. 85。

1563 年，他首次担任朱载坖（1537—1572）的太傅。那时，已经 26 岁的朱载坖不一定受到了张居正的深刻影响，但一定对张有足够的信任：1567 年，当朱载坖成为隆庆帝时，由张居正及其他四位太傅担任内阁大学士。① 1568 年，隆庆帝立朱翊钧（1563—1620）为皇太子。1570 年，张居正上奏，敦促皇太子尽快出阁受学："早一日，则有一日培养之益；迟一年，则少一年进修之功。唯皇上深省焉！"②并且提到了周公如何培养成王。1572 年，张居正第二次担任太傅。几个月之后，朱载坖在刚满 35 岁时突然病逝；高拱（1513—1578）被迫下台，张居正随即成为内阁首辅。

从 10 ~ 20 岁，万历皇帝由张居正教导。按照明英宗皇帝（1457 ~ 1464 年在位）所确立的规矩，为皇帝的讲学中，有所谓"日讲"③：早上，皇帝朗诵十篇经典，太傅及六个讲师轮流解释；在处理国家事务之后，皇帝要学习 100 个汉字，寒冬时只需学习 50 个汉字；中午之前，他要阅读《资治通鉴》；晚上则要复习早上的课程内容。④ 这样，1572 ~ 1575 年，万历皇帝用了三年时间学习《大学》《中庸》；之后又用了六年时间学习《论语》；从 1581 年起开始学习《孟子》。⑤ 1582 年张居正去世之后，万历皇帝仍坚持阅读《孟子》。每个"日讲"要经过很复杂的过程：六个讲师首先要准备讲稿，讲稿需得到张居正的批准。上课的时候，如果张居正不能亲自参与，应有另外一位内阁阁老出席。上课时人数不多，所以万历皇帝与张居正以及其他老师之间，可以有一些互动。

皇帝的教育和一般人有些不同。首先，皇帝不需要准备科举考试，因此就没有必要十分精确地记住"四书"原文及相应的注释内容。1574 年，张居正决定将朗诵经书的次数由原先的每天十篇减少到每天五篇，因为皇帝"唯融会其意义，体贴于身心，固不在区区章句间也"。⑥ 张居正这样理解皇帝学习经书的目的："唯明德、新民、正心、诚意、修己、治人之方。"⑦ "平天下"是皇帝的独特责任，而这个任务和他的治学修养密不可分，如张居正所

---

① 熊召政：《帝王师张居正》，《张居正讲评论语》，上海辞书出版社，2007，第 1 页。
② 参见郑又荣《张居正等辑著〈论语直解〉研究》，台湾高雄师范大学国文学系，2007，第 29 页。
③ 与日讲不同，经筵在文华殿进行，比较隆重：皇帝坐着，张居正站着，讲先王之德。
④ 参见郑又荣《张居正等辑著〈论语直解〉研究》，第 34 ~ 35 页。
⑤ 参见郑又荣《张居正等辑著〈论语直解〉研究》，第 53 ~ 56 页。
⑥ 参见郑又荣《张居正等辑著〈论语直解〉研究》，第 82 ~ 83 页。
⑦ 参见郑又荣《张居正等辑著〈论语直解〉研究》，第 83 页。

说："盖统治天下之道具于经书。"①

（二）张居正的思想

关于张居正的历史角色已有很多相关研究，不过很少有研究涉及他的思想。张居正的政治理念基于正统儒家思想。他认为正德、嘉靖以来的政治社会问题源于朝廷的腐败与软弱，因此造成异端思想的流行。张居正批评当时的士大夫"溺于见闻，支离糟粕，人持异见，各申其说于天下"。② 的确，在万历时期，在私立书院中萌发了很多新观念，一些士大夫甚至大力倡导"三教合一"。张居正认为私人书院挑战了正统思想，在 1579 年（他去世的三年之前），张居正下令关掉国内所有私立书院，以禁民间讲学。同一年，泰州学派学者何心隐（1517—1579）因批评张居正把控朝政被捕入狱，并终命于牢狱之中。因为张居正钳制知识分子的思想自由，很多历史学家据此认为张居正是法家。

1950 年，著名学者熊十力（1885—1968）撰长文《与友人论张江陵》为张居正辩护：

> 明代以来，皆谓江陵为法家思想，其治尚武健严酷，禁理学，毁书院，令天下郡国学宫减诸生名额，毋得聚游谈不根之士……今当考辨者：一，江陵学术宗本在儒家而深于佛，资于道与法，以成一家之学，虽有采于法，而根底与法家迥异。向来称为法家者大误。③

根据熊十力的说法，张居正确实强调法治制度，不过，他治人不基于暴力而基于修心，这是儒家的标志。按照上引熊十力的说法，张居正并没有把儒、释、道、法放在同等的地位。如此，我们很难说他是一个融汇论者（syncretist），而只能说他是在儒家的基础上，兼采释、道、法各家。④ 熊十力对张居正的评价很高，认为："江陵盖有哲学天才。"⑤

张居正跟阳明后学的著名人物如罗汝芳（1515—1588）及聂豹（约

---

① 张居正：《帝鉴图说》，中共中央党校出版社，2008，第 116 页。
② 参见张学智《张居正吏治中的哲学》，《国际儒学研究》2007 年第 15 期。
③ 熊十力：《与友人论张江陵》，《熊十力全集》第 15 卷，第 551 页。
④ 孟德卫教授把张居正视为融汇论者。参见 David Mungello, "The Jesuits' Use of Chang Chü-Cheng's Commentary in their Translation of the Confucian Four Books (1687)," in *China Mission Studies Bulletin*, 1981, p. 15.
⑤ 熊十力：《与友人论张江陵》，第 570 页。

1487—1563）有书信来往。最近北京大学张学智教授通过对相关文献的考察，指出张居正受到了心学的影响。比如，张居正认为辩论对修养有害，因而非常赞同聂双江的"归寂主静之学"，认为"实用功去之学"。[①] 张学智也说明，张居正跟心学家一样重视个人修养及治国。因此可以说，张学智的结论与熊十力是大体一致的。这样，我们就可以理解张居正为什么如此看重"四书"：因为他认为，除非皇帝通过"四书"反省自己，否则就无法有效地治理国家。

（三）《四书直解》的特征

在讲完《大学》之后，张居正与其他士大夫一起对讲稿进行了修订，并于 1573 年出版，张居正作序。大约在 1590～1600 年，才有完整的《四书直解》出版。许多版本把张居正作为独立作者，因此，后来的耶稣会传教士也没有注意到《四书直解》本来是集体合作的产物。1582 年，张居正去世之后，他的政敌控告他贪污腐败，万历皇帝随后下令没收张氏家产。虽然如此，《四书直解》却能够继续正常地刊行和流通。例如，1611 年，在万历统治之下，张亮在福建出版了《重刻内府原版张阁老经筵四书直解》，里面有著名学者焦竑（1540—1620）的注。1622 年，也就是在万历皇帝去世两年之后，张居正被平反。明清易代之后，1651 年，吴伟业（号梅村，1609—1672）出版了《四书张阁老直解》。1684 年，康熙皇帝读过《尚书直解》及《四书直解》之后，称赞道："篇末具无支辞。"[②]

我们可以从八个方面来说明《四书直解》的主要特征：（1）它是为皇帝写的，比较重视人治，而朱熹的《四书章句集注》以普通士人为阅读对象；（2）思想基本统一，没有像朱熹那样提及前辈诸多学者的不同观点；（3）代表官方思想，没有引入个人的观念；（4）表述大意，有字词解释，介绍了一些背景，贯通地进行解说；（5）重视实用，没有像朱熹那样大量地讨论理论性问题；（6）取消了许多重复内容，没有像朱熹那样重视版本；（7）代表张居正、内阁、讲师等的综合思想；（8）大量使用朱熹的注释。

---

① 张学智：《张居正吏治中的哲学》，第 305 页。
② 参见郑又荣《张居正等辑著〈论语直解〉研究》，第 4 页。

（四）耶稣会的选择理由

从 1624 年起，耶稣会士开始阅读《四书直解》，并于 1662 年着手将其翻译成拉丁文。《中国哲学家孔夫子》经常提到的"张阁老"（Cham Colaus），即张居正。在该书《前言》的结尾，他们陈述了之所以选择《四书直解》的理由：

> 然而为何挑选这样一个解释者是合适的，而非其他人？因为他的注疏流传甚广，并为传教士们看重。虽然他是近世的注疏者之一——实际上是最近的，然而看上去他更可信，其著作中的谜团和新奇之处比其他的注释者更少。因此我们主要依据他。①

除了张居正本人及《四书直解》的权威性，耶稣会士认为它更可靠的另一个原因是，其中很少讨论宋明理学的"谜团和新奇"。耶稣会士的判断是很准确的，因为如前所述，张居正似乎不太喜欢讨论理论问题，而更强调实用。② 不过，他们所说的理由中，并没有积极地肯定《四书直解》究竟在哪方面是可靠的。因此，恐怕耶稣会士所提供的理由不够全面。

研究《中国哲学家孔夫子》的学者也曾试图解释耶稣会士的选择理由。澳大利亚学者鲁保禄（Paul Rule）分析了耶稣会士的拉丁文翻译，不过他主要是与《四书章句集注》比较，并强调耶稣会士与朱熹的不同。③ 美国学者孟德卫（David Mungello）更进一步认为，选择《四书直解》的理由主要有两个：第一，耶稣会士正在学习文言文，而《四书直解》文字浅白易懂，因为它是为幼年皇帝所作；第二，张居正的解释避免了无神论及

---

① 《前言》，《中国哲学家孔夫子》，第 114 页；Meynard ed. , *Sinarum Philosophus*, p. 234。

② 在《论语》译文的结尾，耶稣会士还强调他们所用注释的来源："虽然诠释部分看起来很多，但读者应当明白诠释部分在大小和厚度上都不能和我们常常引用的注释者张阁老相比较。就像我们在它处所说的，我们常常借用他的注释。除非因为更为明白易懂和清晰的原因而运用其他学者的说法，否则其他部分都来自我们这位注释者。几乎全部的注释都仅仅来自张阁老，所有的观点都属于他。"（《中国知识第三部分》，《中国哲学家孔夫子》，第 159 页）。

③ Paul Rule, *K'ung-tzu or Confucius? The Jesuit Interpretation of Confucianism*, Sydney, London, Boston：Allen & Unwin, 1986, pp. 116 – 123。

唯物主义。① 如上所论，第二个理由缺乏说服力，它并不能说明耶稣会士选择《四书直解》而非其他诠释的理由。第一个理由也很难站得住脚，因为殷铎泽、柏应理等人中文水平相当高，有能力阅读和翻译更难的作品。② 孟德卫也认为，张居正与朱熹的解释并没有很大的区别，耶稣会士夸大了两者区别。③不过，这种说法也很难说明为什么他们选择了张居正的诠释。詹启华也研究过《中国哲学家孔夫子》，但他没有很深入地阅读《四书章句集注》和《四书直解》。詹启华提出"耶稣会士制造儒家"的说法。这个立场恐怕太过于极端，因为耶稣会士的观念在中国传统思想中往往也有根有据。比如，根据詹启华所论，耶稣会士发明了"孔夫子"这个名字，但是最近香港中文大学王庆节教授的考证研究否决了这种说法，王庆节证明中国民间早已用"孔夫子"这个名字来表示对孔子的尊重。④ 罗莹的《儒学概念早期西译初探——以柏应理的〈中国哲学家孔子〉为中心》有更详细的分析，不过她没有深入研究"四书"的评注。⑤

因此，在笔者看来，这些学者未能很好地把握耶稣会士的翻译，因为他们没有仔细地阅读《四书直解》，也没有把握《四书章句集注》与《四书直解》在内容方面的不同。自然也就很难理解耶稣会士选择《四书直解》的理由。我曾经说明，张居正对"四书"的解读符合耶稣会士的政治观。比如，与朱熹不同，张居正认为《大学》是为君主所写的，并把"四书"作为君主的政治理想，突出先王的领导角色。从耶稣会的翻译来看，他们吸收了这些君主制度的思想，因为他们自己在欧洲也偏向于君主主义，经常拥护绝对君主制度。⑥ 不过，除了政治思想之外，还有另外一个关键理由让他们选择《四书直解》，即张居正"敬天""天人感应""鬼神"等宗教思想。

---

① David Mungello, *Curious Land*: *Jesuit Accommodation and the Origins of Sinology*, Honolulu: University of Hawaii Press, 1985, p. 281。该书中译本《奇异的国度：耶稣会适应政策及汉学的起源》，陈怡译，大象出版社，2010。
② 殷铎泽著有《耶稣会例》，柏应理著有《徐光启行略》《四末真论》《天主圣教百问答》等。
③ 孟德卫：《奇异的国度：耶稣会适应政策及汉学的起源》，第 280 页。
④ Lionel Jensen, *Manufacturing Confucianism*, pp. 84 – 86. 王庆节：《孔夫子：舶来品还是本土货？》，《深圳大学学报》30 卷第 4 期。
⑤ 罗莹：《儒学概念早期西译初探——以柏应理的〈中国哲学家孔子〉为中心》，北京外国语大学博士学位论文，2011。
⑥ 参见 Thierry Meynard, *Confucius Sinarum Philosophus*: *The First Translation of the Confucian Classics*, Rome: Institutum Historicum Societatis Iesu, 2011, pp. 61 – 69。

（五）敬天

孔子曰："获罪于天，无所祷也。"（《论语》3.13）在注释里，耶稣会士讨论了朱熹与张居正对这番话的不同理解。朱熹认为："天即理。"① 不过，耶稣会士不满足于某种匿名原则，认为朱熹扭曲了本意。相反，张居正则强调天的地位："盖天下之至尊而无对者，惟天而已。"② 对耶稣会士而言，张居正的意思是说天在理之上，而不是朱熹所说的"天即理"。③

同样，关于"内省不疚，夫何忧何惧?"（《论语》12.4），朱熹理解为一种完全内在的反省："自省无罪恶，则无可忧惧。"相反，张居正强调"天"作为某种外在、客观的对象："无一念不可与天知。"④ 在耶稣会士的翻译中，他们特别把这句话用拼音写了出来。同样，关于"君子有三畏：畏天命，畏大人，畏圣人之言"（《论语》16.8），张居正说："然此三事，分之虽有三事，总之只是敬天而已。"⑤ 耶稣会士评论认为张居正的观念类似于基督宗教。⑥ 不过，从以上两段张居正的引文来看，笔者认为仅能看出张居正比朱熹更强调"天"和"敬天"的重要性。

"敬天"一语出现在《尚书》及《诗经》中。"敬天"比"畏天"有更丰富的含义，表示更深的情感。但在朱熹的思想体系中，"天"已经失去了人格意志化的主宰义。如此，张居正对"天"的理解已经远离了宋明理学的含义，而回归古代的含义。刘耘华则认为："自晚明伊始，由于受到东传之天主教的感染，'天'的蕴含又出现了意志主宰化的倾向。至清初，这个倾向益发得到扩散、蔓延，以致出现了一种与宋明理学不同的'敬天'思潮。"⑦ 其实，张居正不可能受到天主教的影响；所以应该说，在天主教进入中国之前，"敬天"思想已经开始恢复，为天主教的传入提供了良好的准备和基础。

---

① 《中国知识第三部分》，《中国哲学家孔夫子》，第 119 页。朱熹：《四书章句集注》，中华书局，1983，第 65 页。朱熹关于"天"的说法含义模糊。参见 Julia Ching, *The Religious Thought of Chu Hsi*, Oxford University Press, 2000, pp. 57 - 59。

② 《张居正讲评论语》，上海辞书出版社，2007，第 34 页。

③ 朱熹则认为"天"不能跟"奥灶"比较："天，即理也；其尊无对，非奥灶之可比也。"关于张居正对"天"的理解可以参考井川义次（Igawa Yoshitsugu），《张居正の天》，《筑波哲学》第六期，1995。

④ 《张居正讲评论语》，第 181 页。

⑤ 《张居正讲评论语》，第 267 页。

⑥ 《中国知识第三部分》，《中国哲学家孔夫子》，第 119 页。

⑦ 刘耘华：《依"天"立义：许三礼的敬天思想再探》，《汉语基督教学术论评》第 8 期。

1675 年，康熙皇帝为北京的耶稣会士题"敬天"二字。[①] 此事发生于耶稣会士在广州完成翻译工作之后。1687～1688 年，柏应理在巴黎进行编辑工作的时候，在《前言》中提到此事，以证明基督宗教与中国古代宗教思想的相似之处。[②]

（六） 天人感应学说

张居正在"获罪于天，无所祷也"（《论语》3.13）之后继续解释：

> 作善则降之以福，作不善则降之以祸，感应之理毫发不差。顺理而行，自然获福，若是立心行事，逆了天理，便是得罪于天矣。天之所祸，谁能逃之，岂祈祷于奥灶所能免乎！此可见人当顺理以事天，非惟不当媚奥灶，亦不可媚于奥也。孔子此言，逊而不迫，正而不阿，世之欲以祷祀而求福者，视此可以为鉴矣！[③]

我们也可以将此与朱熹的解释作比较：

> 逆理，则获罪于天矣，岂媚于奥灶所能祷而免乎？言但当顺理，非特不当媚灶，亦不可媚于奥也。谢氏曰："圣人之言，逊而不迫。使王孙贾而知此意，不为无益；使其不知，亦非所以取祸。"[④]

朱熹以"逆理"理解"获罪于天"，使"天"的角色淡化了。虽然张居正明显地受到了理学的影响，但还是肯定"天"的角色。一方面，"人当顺理以事天"，或者如同耶稣会士所说："人必须服从理性，并服务于天，而非服从其他什么神灵或人。"[⑤] 另一方面，如果人不事天，则"天"会降祸惩罚他

---

① See Brockley, p. 117.《中国哲学家孔夫子》的《前言》提到康熙皇帝所写的"敬天"。参见梅谦立《中国哲学家孔夫子：儒家经典的首次翻译》，第 231 页。João de Deus Ramos, "Tomás Pereira, Jing Tian and Nerchinsk: Evolving World-view during the Kangxi Period," in *In the Light and Shadow of an Emperor*: *Tomás Pereira*, *SJ* (*1645 – 1708*), *The Kangxi Emperor and the Jesuit Mission in China*, Newcastle Upon Tyne: Cambridge Scholars Press, 2012, pp. 518 – 529.

② 梅谦立：《中国哲学家孔夫子：儒家经典的首次翻译》，第 231 页。

③ 《张居正讲评论语》，第 34 页。

④ 《四书章句集注》，第 65 页。

⑤ 《中国知识第三部分》，《中国哲学家孔夫子》，第 7 页："Ex quibus perspicuum sit, oportere hominem parere rationi, et servire coelo; et ne ipsis quidam spiritibus (nedum hominibus) adulari。"

们。这样，"感应之理"并不是某种匿名、机械化、自动的关系，其中的"天"已被赋予认识及意志的主动能力。

我们也可以在另一处发现张居正"天人感应"论的影子。《论语》20.1 涉及成汤，而耶稣会士利用这个机会来陈述《帝鉴图说》的相关故事：

> 成汤时，岁久大旱。太史占之，曰：当以人祷。汤曰：吾所以请雨者，人也。若必以人，吾请自当。遂斋戒、剪发、断爪，素车白马，身婴白茅，以为牺牲，祷于桑林之野。以六事自责曰：政不节与？民失职与？宫室崇与？女谒盛与？苞苴行与？谗夫昌与？言未已，大雨方数千里。①

这个故事说明，先王向天祈祷，并且"天"回应了他们的祈祷。这个故事也是天人感应学说的典范。第一，这个故事证明"天人感应"说跟古代气象学和天文学有密切的关系；许多耶稣会士如汤若望、南怀仁，都在钦天监工作，非常理解明清朝廷赋予天文现象的征兆含义。第二，成汤祈天不是为了得到个人好处，而是为了人民，为此他甚至愿意牺牲自己。在这样的"天人感应"思想中，我们很容易发现"天"已经被赋予了意志主宰的特性。

其实，这种思想在古代非常流行。在《论语》中，孔子20多次提到"天"，其中"天"经常被赋予认识、意志及感情，可以积极参与人的生活，例如："予所否者，天厌之！天厌之！"（6.26）；"天生德于予，桓魋其如予何？"（7.22）；"天之将丧斯文也，后死者不得与于斯文也；天之未丧斯文也，匡人其如予何？"（9.5）；"噫！天丧予！天丧予！"（11.8）。② 很明显，孔子本人相信"天"指导了自己的生命。

董仲舒将这种宗教信仰系统化，并提供了理论上的基础，他认为天人之间的相互感应是通过天地之间的阴阳之气这一中介物得以实现的。虽然天与

---

① 张居正：《桑林祷雨》，《帝鉴图说》，中共中央党校出版社，2008，第28页。这个故事载于《史记·殷本纪》、《春秋·顺民》及《荀子·大略》。在翻译《四书直解》时，耶稣会士也使用了张居正的其他著作，如《易经直解》《尚书直解》《资治通鉴直解》《帝鉴图说》等。张居正的《帝鉴图说》的目的是教授万历皇帝"治乱兴亡之理"，分两卷：《圣哲芳规第一卷》包括81故事，《狂愚覆辙》包括37故事。参见 Julia K. Murray, "Didactic Picture-books for Late Ming Emperors and Princes," *Culture, Courtiers and Competition. The Ming Court (1368–1644)*, ed. by David M. Robinson, Harvard University Press, 2008, pp. 243–248。
② 在《论语》其他地方有 3.13，3.24，7.22，8.19，9.11，12.5，14.37，17.19，20.1。

人之间有很多类似性（形体同类、性情同类、道德同类、政时同类），但在地位上，天人并不平等：因为天授命于人，而人受命于天。① 另外，人们所造成的混乱使"天"通过降下灾异对君王进行警告。"天"这样先警告、后惊惧的方式，体现了天意之仁。虽然"天人感应"与民间宗教信仰有着密切关系，不过，中国儒家思想传统中的这类"天人感应"观念并不等同于民间宗教的利益观，而是基于更高的伦理标准。

后来，在中国知识分子那里，"天人感应"这种宗教观念几乎消失了。朱熹及宋明理学家当然不接受这些。我们前面看到了耶稣会士对朱熹思想的批评，因为朱熹以物质上的"某种力量或者自然流动"去解释商武丁的梦。晚明时期，"天人感应"思想再次出现在儒家士大夫群体中，《四书直解》是一个例证。张居正在《论语直解》中提到的"感应之理"得到了耶稣会士的赞同，因为他们认为不仅要认识伦理原则或天理，最关键是要认识伦理的立法者，即"天"。对董仲舒、张居正和耶稣会士而言，一个匿名的"理"无法保障伦理原则在世间的实现，而只有一位被赋予意志的"天"能提供最后的保障。那时，耶稣会士不知道这种"感应"学说并非由孔子本人提出，而是以为张居正所提出的"感应"学说反映了孔子本人的思想；不过，事实上孔子对"天"的态度也非常接近汉儒以及张居正的理解。

（七）鬼神

关于"季氏旅于泰山"（《论语》3.6），朱熹引用了范氏所说的"以明泰山之不可诬"。朱熹自己是否相信泰山如此，并不清楚。相应地，张居正则说得更明确："泰山是五岳之尊，其神聪明正直，必然知礼，岂肯享季氏非礼之祭，而反不如林放之知礼乎？"② 耶稣会士评论说："这一段落和阁老张居正的诠释表明，中国人认为神灵被明确地赋予智慧与心灵，统御物质世界，寻求公平和正义。"③对耶稣会士而言，中国古人并没有崇拜自然界的匿名力量，不过，他们认为，神有思想和伦理道德，可以排除中国古人有唯物主义或无神论的怀疑。

---

① 汪高鑫：《董仲舒天人感应论述评》，《安徽教育学院学报》第 19 卷第 4 期。
② 《张居正讲评论语》，第 29 页。
③ 《中国知识第三部分》，《中国哲学家孔夫子》，第 4 页："Ex hoc paragrapho et explanatione Colai maximè constat, quid Sinae jam olim senserint de praesidibus rerum spiritibus; eos utique esse praeditos intellectu ac mente, et aequi rectique studio teneri。"

关于"子疾病，子路请祷"（《论语》7.34），朱熹认为孔子拒绝他的学生向鬼神祈祷："祷者，悔过迁善，以祈神之佑也。无其理则不必祷，既曰有之，则圣人未尝有过，无善可迁。其素行固已合于神明，故曰：'丘之祷久矣。'"按照这样的解释，孔子与鬼神的关系变得很淡。相反，张居正则强调孔子一直意识到鬼神的存在：

> 人有病时曾祷告于天地神祇，欲以转祸而为福……夫所谓祷者，是说平日所为不善，如今告于鬼神，忏悔前非，以求解灾降福耳。若我平生，一言一动不敢得罪于鬼神，有善则迁，有过即改。则我之祷于鬼神者，盖已久矣。①

与朱熹不同，张居正并没有淡化孔子与鬼神的关系；相反，他认为孔子在平日生活中的一言一行都注意到鬼神的存在。

《中庸》第 16 段引用孔子关于鬼神的说法："鬼神之为德，其盛矣乎！"

耶稣会士把鬼神翻译成了"神"（spiritus），并且提出了它们富有"理智力量"（vis intellectiva）。② 如此，与自然界不同，鬼神有理智，这是鬼神与人所特有的；而又由于鬼神的理智高于人的理智，它们类似于天主教传统所谓"天使"。原文提到鬼神的"为德"，而朱熹则认为鬼神之为德"犹言性情功效"。③ 如此，鬼神的运作能真正地改变世间。耶稣会士也这样翻译："鬼神所具有的行动能力和成效是如此的显著、多样、精微！"④

即使朱熹与张居正都肯定了鬼神的功能，但是关于它们的本性，二人的看法迥异。按照《中国哲学家孔夫子》，朱熹认为鬼神是"阴阳两个特质，即冷的和热的，完美的和不完美的自然运作，或者说它们的伸出或凝集，而不

---

① 《张居正讲评论语》，第 111 页。

② 在士林哲学中，"理智力量"相对于它的认识对象是在潜能状态（in potentia），而只有对象在的时候，"理智力量"才能发起作用。

③ 张居正依照朱熹的中庸章句说明："为德，犹言性情功效"；《张居正讲评大学·中庸》，第 80 页。

④ 《中国知识第二本》第二卷，第 50 页："Spiritibus inest operativa virtus & efficacitas; & haec ô quàm praestans est! quàm multiplex! Quàm sublimis." 这句话译自北京外国语大学罗莹，参见《十七世纪来华耶稣会士译介儒家"鬼神"小考》，《拉丁语言文化研究》第二辑，2014，第 98 页。拉丁文的说法很可能来源于朱熹在《大学·中庸集注》所说的："愚谓以二气言，则鬼者阴之灵也，神者阳之灵也。"

是别的"，或者可以说它们是"物质的、无生命的"。① 在巴黎手稿上可以看
到中文拼音："xin che guei xin，fan ulh guei che guei quei。"② 这个对应朱熹在
《中庸》16 注释里关于鬼神的定义："伸者为神；反而归者为鬼。"朱熹是引
用张载的说法，这应该根源于东汉许慎的《说文解字》。

如前所述，董仲舒的"感应"学说建立在阴阳之气的基础上，不过，朱
熹把"鬼神"与"气"这样联系起来，在耶稣会士看来是可疑的。首先，耶
稣会士认为，"四书五经"对鬼神没有这种解释，而在历史上这种联系很晚才
出现。此外，从利玛窦开始，来华的耶稣会士把"气"理解为纯粹的物质力
量③，因此，《中国哲学家孔夫子》认为朱熹对鬼神的理解倾向于唯物主义。④
不过，更为要紧的问题在于鬼神是一种无名力量，还是有自己的主体性？在
朱熹对鬼神的定义中，我们很难看到鬼神有主体性，它们更像是无名的力量。
相反，耶稣会士声称要回到"四书五经"的本意，认为鬼神富有自己的意识
和意志。在这方面，张居正是耶稣会士的盟友，因为他自己提供了宗教意义
上的解释。关于鬼神，张居正提出了与朱熹完全不同的定义："鬼神，即是祭
祀的鬼神，如天神、地祇、人鬼之类。"⑤ 换言之，鬼神是祭祀的对象。人与
鬼神之间有互动关系；人们向鬼神献祭，而如果人们的祈求是正确的，鬼神
会回应他们的祈求。因此，与孔子一样，张居正强调在祭祀的时候，人们需
要感觉到鬼神真正的存在，以保持正确的态度："神明之来也，不可得而测

---

① 《中国知识第二部分》第二卷，第 50 页："Per quèixin intelligi volunt duarum qualitatum Yn et
　　Yam，id est frigidi et calidi seu perfecti et imperfecti naturales operationes，vel earumdem
　　remissionem et intensionem et nihil amplius；… meras has qualitates materiales et inanimes……" 我
　　的翻译与罗莹的稍微不同。参见罗莹《十七世纪来华耶稣会士译介儒家"鬼神"小考》，第
　　99 页。
② 巴黎手稿，《中庸》第一卷，第 81 页。
③ 参见〔意〕利玛窦《天主实义》第四篇："所谓二气、良能、造化之迹、气之屈伸，非诸经
　　所指之鬼神也"（178）；"以气为鬼神灵魂者，紊物类之是名者也。立教者，万类之理当各类
　　以本名。古经书云气、云鬼神，文字不同，则其理亦异"（190）；"未知气为四行之一，而同
　　之于鬼神及灵魂，亦不足恠；若知气为一行，则不难说其体用矣"（204）。
④ 其实，在朱熹看来，"气"不仅包含物质上的原则，也包含精神上的原则。这样，朱熹对鬼
　　神的解释不应像耶稣会士所说的那样，简单地被定义为唯物主义。
⑤ 《张居正讲评大学·中庸》，第 80 页。张居正引用《礼记》，把鬼神分三类。《中国知识第二
　　部分》，第 50 页："Colaus Interpres noster cum aliis multis per quèi xin intelligit eos spiritus quorum
　　venerationi vel opi implorandae instituta sunt sacrificia." 笔者的翻译："我们的阐释者张阁老以及
　　其他的人将鬼神理解为这些神，使宗教仪式被成立来祈求祂们保护或帮忙。"

度，虽极其诚敬以承祭祀，尚未知享与不享，况可厌怠而不敬乎？"① 张居正的评论如下：

> 惟是鬼神，则实有是理，流行于天地之间，而司其福善祸淫之柄，故其精爽灵气，发现昭著而不可揜也，如此夫。②

张居正赋予鬼神赏罚的权力。这意味着，鬼神既不像命运一样，也不同于朱熹的匿名力量，而是能认识每一个人的行为与思想，并公正地加以赏罚。与张居正的原文有所不同，耶稣会的译文加了一点：鬼神在天地之间不断地（perpetuo motu）流行。这种观念受到天主教关于"天使"观念的影响，因为按照《圣经》，天使也是这样在天主与人之间不断地流行。③

关于鬼神的影响，张居正更清楚地说明，"其精爽灵气，昭著于人心目之间"④，表明鬼神无形象而又神妙。鬼神那些神妙不可见地发挥出来的作用，非常明朗地显现在人们的心灵和感觉中。也就是说，鬼神虽然无形无声，但人人都真实明白地知觉和感受到它们在人世间的作用。张居正肯定鬼神发挥的作用真真切切地存在，世间人人都可以明显地体会知道这些作用。因此，在张居正看来，鬼神是真实存在的。在鬼神与人心灵之间可以区分两极，即鬼神的可观动力和人心灵的主观感觉。既然张居正是强调鬼神的"精爽灵气"

---

① 《张居正讲评大学·中庸》，第 81 页。《中国知识第二部分》，第 52 页："Seu si hi qui omni cum veneratione iis sacrificant，nequeunt eorum praesentiam facilè percipere，quantò minùs percipient ii qui oscitanter ac remiscè & cum taedio illos colunt。"

② 《张居正讲评大学·中庸》，第 81 页。在巴黎手稿可以看到这句话的拼音："xi guei xin ce xe yeu xi li。Lieu him yu tien ti chi kien，ulh su ki fo xen，ho yn chi pim。Cu ki cim xuam lim ki fa hien chao chu，ulh pu co yen ye。Ju cu fu。Cham Colaus in lib。Chum-yum（85 页）。"《中国知识第二部分》，第 52 页："Sic autem ait quod sint spiritus，utique verè est hoc è ratione；nam perpetuo motu operantur in hoc caeli & terrae medio，& exercent pro officio suo illam beandi probos，& affligendi improbos potestatem：ideò ipsorum（scilicet spirituum）agilitas，& intelligentia apparet ac clarè se manifestat，& nunquam potest occultari。"

③ 按照耶稣会士，张居正说了鬼神是"上帝之臣"，不过，我在张居正著作中还没有找到这个说法。参见梅谦立《从西方灵修学的角度去阅读儒家经典：耶稣会所译的〈中庸〉》（1687 年版本），游斌主编《诠释学与中西互释——比较经学期刊》第二期，宗教文化出版社，2013，第 61～89 页。另外，朱子也认为鬼神在天与人之间的中介作用："鬼神只是气。屈伸往来者，气也。天地间无非气。人之气与天地之气常相接，无间断，人自不见……（《语类卷三》，第 34 页）"并不是所有学者都接受这样的"气论"，但用类似"天地之间无间断流行"这样的表述来论"鬼神"，也算是理学家（包括明代心学家）常见的语词。张居正特别指出它们为"福善祸淫之柄"。

④ 《张居正讲评大学·中庸》，第 80 页。

的"昭著"，实际上他强调鬼神在人心灵的"作用"向度。"昭著"是一种明朗地呈现；感官和认知的主体还是在人而不是鬼神，不过如果没有鬼神的可观动力，很难说明它们在人心灵上的作用。[①]

换言之，张居正不认同民间所相信的鬼神能如同魔术一般直接影响物质世界的观念。另一方面，张居正也不同于朱熹的主观主义的理解，而坚持认为鬼神能客观上影响人。关于鬼神的理解，张居正其实与朱熹有一些差距，并且耶稣会士有意夸大二者之间的差别。按照张居正的《中庸》诠释，耶稣会士理解到鬼神与心灵活动之间的关系。既然外在的鬼神能昭著于人的心灵感觉，人们就要分辨这些外在的影响，接受好的影响，排斥坏的影响，最终要自由做决定并行动。

耶稣会士认为新的诠释者（虽然没有直接提到名字，不过他们的攻击对象就是朱熹）有很多错误（multis erroribus imbuti）[②]，为了反对宋明理学家的"唯物主义"，他们标举出张居正的"正确"解释。同样，他们试图向西方读者证明，中国古代的鬼神信念不包含任何其他传教士所提及的迷信成分，而恰恰相反，它完全符合基督宗教的思想观念。

小　结

总之，耶稣会士开始使用《四书直解》的重要原因是其宗教色彩。在《四书直解》那里，他们发现古代思想非常重视"天"与"鬼神"的角色，肯定了"敬天"及"天人感应"，并且，他们认为张居正保持了这种信仰。从这个角度来看，我们可以推论出耶稣会士的想法：虽然《四书直解》与《四书章句集注》有很多共同之处，不过，在"天"这一重要问题上，《四书直解》与《四书章句集注》有很明显的差异。

对耶稣会士而言，这种发现有重要的策略性：第一，可以证明中国古代一神教色彩并未完全消失；第二，可以证明利玛窦关于中国古代的一神教理解是正确的。如此，耶稣会士试图证明，虽然大部分士大夫偏向了无神论和唯物主义，但还有一批士大夫如张居正保持了原来的信仰。

虽然耶稣会士非常重视宗教问题，不过，他们并没有把宗教作为"四书"

---

① 感谢王格同学帮我理解张居正这句话的含义。
② 《中国知识第二部分》，《中国哲学家孔夫子》，第50页。

的重点，相反他们主要是坚持《四书章句集注》的哲学，仅辅以《四书直解》特有的宗教色彩。在清朝，《四书章句集注》与《四书直解》曾被集于一册出版，如1677年徐乾学（1631—1694）的《四书集注阐微直解》，以表明二者的互补关系。① 经典的"经"，指纺织机上等列布设的纵向绷紧的丝线。不同线索的交织才能构成一个经典。后来，诠释者不断增加新的线索。《四书章句集注》和《四书直解》这样被交织起来。同样，耶稣会士用这两个注解来阅读"四书"，也很可能用《四书集注阐微直解》这样的书，把朱熹的哲学线索、张居正的哲学线索及他们自己欧洲传统的线索编织一种"新"的经典。

《中国哲学家孔夫子》充满宋明理学的诠释学意味，充分展现了古代思想中的理性成分。耶稣会士并非对宋明理学持彻底排斥的态度，相反，在许多方面，他们的思想接近宋明理学，这构成新儒家和西方哲学的第一次融通。通过"四书"的翻译，他们开启了中、西诠释学的对话。这种对话也证明，某个文化的经典只能在理性的基础上跨越本位文化的界限。

关于张居正的宗教信仰，也许仍有人存疑。100年来，我们中国学术界习惯性地将哲学与宗教对立起来。我们当然不能否认一个可能性：张居正也是耶稣会士所责怪的"无神论政客"：他自己不见得十分地笃信天、鬼神等，而是认为，对万历皇帝，他需要通过这种信仰来控制，因为在皇帝之上除了天没有别的更高权威。② 不过，张居正也可能真有这种宗教倾向。他给朋友写信的时候，表明自己经常阅读佛经③；他也曾给五台山大宝塔寺及靠近北京的慈寿寺题字。④ 张居正的私人信仰很难确定，不过，在阅读《四书直解》时，耶稣会士认为张居正试图恢复古代信仰，而这种古代信仰跟基督宗教有相似之处。如此，他们想证明，哲学与宗教信仰之间不存在对立关系。通过朱熹和张居正的诠释，我们可以理解，在孔子身上，宗教与哲学是和谐一致的。孔子是伟大的哲学家，通过自然理性知道了"天"和"鬼神"的存在，并且理解到，自己的生活与具体行为都离不开它们。

---

① 张居正《四书集注阐微直解》二十七卷，Harvard College Library Harvard-Yenching Library；http：//nrs. harvard. edu/urn - 3：FHCL：4596709。
② 同样，也许董仲舒自己并不相信他所发挥的"天人感应"学说，完全是出于政治的考虑，试图借神权来限制汉武帝的行为。
③ 参见张学智《张居正吏治中的哲学》，第307页。
④ 其中，张居正提及"涅槃"和"真如"。参见熊十力《与友人论张江陵》，第556~559页。

法国耶稣会士马若瑟《诗经》 八首法译研究

蒋向艳*

摘要：300 年前法国耶稣会士马若瑟对成书于 3000 年前的中华经典《诗经》中的八首进行了翻译和阐释，本文通过双语文本的对照解读具体考察在其阐释性译笔下，中国上古社会的宗教文化何以与基督宗教教义"不同而和"地相融和共存。这些译诗有助于在 18 世纪的欧洲树立古代中国和古代贤王的形象，并推动中国古代思想在欧洲的传播。

关键词：《诗经》；法译；马若瑟

引　言

法国耶稣会士马若瑟（Joseph de Prémare，1666—1736）在华传教期间，曾法译八首《诗经》，初次发表在法国耶稣会士杜赫德（Jean-Baptiste Du Halde，1674—1743）编纂的《中华帝国全志》① 上，该书于 1735 年在巴黎出版。这是他在世时在欧洲正式发表的极为有限的法语作品之一。这一译事列于费赖之《在华耶稣会士列传及书目》②、《法国汉学史》③ "传教士汉学家"马若瑟著述目录等著作中。这是除《赵氏孤儿》以外马若瑟的又一部中国文

---

* 蒋向艳，华东师范大学副教授。
① 杜赫德从未来过中国，《中华帝国全志》是他根据在华传教士关于中国的著述编纂而成，出版后成为欧洲人了解中国的一部"百科全书"，影响极大。《中华帝国全志》有三个版本：1735 年的巴黎版；1736 年的 La Hare 版和 1738 年的伦敦版。笔者所参版本为 Description Géographique…… de l'Empire de la Chine et de la Tartarie Chinoise，La Hare，1736。八首诗见卷二（Tome Second），第 308～317 页。
② 〔法〕费赖之：《在华耶稣会列传及书目》，冯承钧译，中华书局，1995。
③ 许光华：《法国汉学史》，学苑出版社，2009。

学翻译作品。目前学界对马若瑟《赵氏孤儿》法文译本的研究已经比较充分①，但对这八首《诗经》法译文，目前可见的研究成果尚比较稀少。②

马若瑟所翻译的八首《诗经》分别是《周颂·敬之》《周颂·天作》《大雅·皇矣》《大雅·抑》《大雅·瞻卬》《小雅·正月》《大雅·板》《大雅·荡》。其中五首诗出自《大雅》，两首出自《周颂》，一首出自《小雅》，出自《国风》的则一首也没有。本文试从翻译学和阐释学的角度出发，对这八首《诗经》的原文和法译文进行对照分析，探讨马若瑟如何以基督教神学的原理阐述和翻译了这八首诗。阐释学认为，文本的意义须通过解释者的阐释才能彰显给读者，而翻译者就是这样的阐释者。伽达默尔说："翻译始终是解释的过程。"③ "所有翻译者都是解释者。"④ 伽达默尔甚至将原文视为有生命的存在，这一存在物与译者之间形成对话，译文就是原文本与译者进行对话的结果。⑤ 这可谓伽达默尔的翻译阐释学。在译者与原文本之间的这场对话中，原文与译者各自的文化背景不可避免地投射到译本中，译者的主动性也在译文中一一彰显。这八首《诗经》诗篇的作者并非同一人，却由同一名译者翻译，在译诗选择、排列顺序、主题判定、译词选择、译文内容等方面，译者的主体能动性均有体现。本文具体探讨：从译者与原文本的对话结果来看，原文的哪些内容被重点突出了？哪些内容被"转移"和置换了？对原文频繁出现的"天""昊天""上帝"等概念的法译词作何种解释？译本如何有助于在 18 世纪的欧洲树立古代中国和古代贤王的形象，并推动古代中国思想在欧洲的传播。

---

① 主要研究成果包括较早期的陈受颐《十八世纪欧洲文学里的赵氏孤儿》，《岭南学报》1929 年第 1 卷第 1 期；范希衡：《伏尔泰和纪君祥——〈中国孤儿〉研究》（*VOLTAIR ET TSI KUIM-TSIANG——ETUDE SUR L'ORPHEUN DE. LA CHINE*），比利时鲁汶大学拉丁语系文学博士学位论文，1932；孟华：《伏尔泰与孔子》，新华出版社，1993。

② 主要研究论文有刘琳娟《视域选择与审美转向——18、19 世纪〈诗经〉在法国的早期译本简述》。湘潭：《2010 年中国文学传播与接受国际学术研讨会论文汇编（中国古代文学部分）》，2010，第 249～258 页，该论文着重在 18～19 世纪中法文化交流的广阔背景下探讨《诗经》的早期法译本，并简略论及马若瑟所译的八首诗。另有杜欣欣《马若瑟〈诗经〉翻译初探》，《中国文哲研究通讯》，2012，第 43～71 页，该论文着重马若瑟的索隐式研究法，对这八首译诗进行了细致而深入的分析，认为它们构成了一个微型的《圣经》世界。

③ 〔德〕伽达默尔：《真理与方法》，洪汉鼎译，上海译文出版社，2004，第 490 页。

④ 〔德〕伽达默尔：《真理与方法》，第 494 页。

⑤ 〔德〕伽达默尔：《真理与方法》，第 490～495 页。

一 主题："王与王治"？

这八首诗的排列顺序并不以它们在《诗经》中出现的先后为序，但似也循着某一特定的顺序，初看之下为周王朝从初始到兴盛以至衰亡的历史进程：

第一首《周颂·敬之》：周成王明确与天及群圣的关系；

第二首《周颂·天作》：赞颂纪念周代圣主；

第三首《大雅·皇矣》：周武王叙述周王室史诗；

第四首《大雅·抑》：刺周平王；

第五首《大雅·瞻卬》：批评周幽王；

第六首《小雅·正月》：表现民意忧愤（"赫赫周宗，褒姒灭之"）；

第七、第八首分别是《板》《荡》，以此作结。

从这八首诗的顺序，即周王朝演进的历史进程来看，"王"作为主角可以说是一以贯之。在这八首诗中，关于君王治理国家是一以贯之的主题。由这主题，这八首译诗构成了一个相对自足、可以循环往复的整体，这仿佛体现了马若瑟当年选译这八首诗的契机——为了呈现一个贯彻始终的主题和一段曲折的历史进程。

在马若瑟的译文里，"王与王治"的主题首先集中体现在诗歌标题的翻译上。原诗以诗的首两字为标题，不能体现诗文的主题和内容，但马若瑟在翻译时，根据诗的具体内容为每首诗各拟了一个标题，分别如下：

第一首《周颂·敬之》：Un jeune Roi prie ses Ministres de l'instruire（《一位年轻国王请求大臣的教导》）；

第二首《周颂·天作》：A la louange de Ven vang（《文王颂》）；

第三首《大雅·皇矣》：à la louange du même（《文王颂》）；

第四首《大雅·抑》：Conseils donnez à un Roi（《向王进谏》）；

第五首《大雅·瞻卬》：Sur la perte du genre humain（《人类的堕落》）；

第六首《小雅·正月》：Lamentations sur les misères du genre humain（《哀人类之不幸》）；

第七首《大雅·板》：Exhortation（《劝诫》）；

第八首《大雅·荡》：Avis au Roy（《致王》）。

从这八首诗的法文标题来看，除了第五、第六和第七首三首诗，其余五首诗的诗题都有"王"，明确表示诗的主题与王有关，或者王本身即主题，如第二和第三首，均为对文王的称颂。第一、第四和第八首则以臣民对王的建议、意见为主题，即"王治"是其主题。第五、第六和第七首诗的诗题尽管没有出现"王"字，但最后的第八首又回到"王"的主题，显示所选这八首诗依然是一个以"王与王治"为主题的整体。

在关于王的主题中，"文王"的形象得以突显。原文第二首《周颂·天作》、第三首《大雅·皇矣》并没有特别突出文王，然而译文却将这两首诗的标题均拟为《文王颂》，显然是马若瑟特意为之；"文王"形象突出了，其他周王室之王则黯然失色，如在《大雅·皇矣》中，对王季有着大段夸赞式的描绘；"王此大邦，克顺克比。比于文王，其德靡悔。既受帝祉，施于孙子。维此王季，帝度其心。貊其德音，其德克明。克明克类，克长克君。维此王季，因心则友。友其兄，则笃其庆，载锡之光。受禄无丧，奄有四方"。然而马若瑟把"王季"译为"文王"，让"文王"承受了这番原本施加于王季的赞语。以马若瑟的汉语知识及其在中国古代文学领域的造诣，他应该不至于不理解原文所描绘和颂扬的是王季，并非文王；这显然是译者有意地翻译行为，是他有意要强调文王这位理想君王的贤德贤能，也就自然地通过译文塑造了文王的贤王形象。因此，从这八首诗的标题以及内容的翻译来看，"王与王治"是当之无愧的主题，而文王显然是一名理想的君王形象。

然而，这里的分析只显示出这八首诗表面的主题，这表面的主题是显性主题。尚需分析这八首诗中"王"的隐喻义。精于索隐学的马若瑟是否仅止于以"王"指世俗之王？须知《圣经》上也以"王"称呼耶和华（"耶和华坐着为王"《诗篇9：7》）；"耶和华坐着为王，直到永远"（《诗篇：29：10》）；"耶和华永永远远为王"《诗篇10：16》；"荣耀的王"（《诗篇：24：8、9、10》）。就其中最突出的国王文王而言，在他身上也蕴含着"王"的隐喻义。早在1687年柏应理对孔子著述的阐释里，文王"与最高神在一起"，他的灵魂"没有与他的肉体一起死亡"，文王以其虔诚列于上帝的右方。① 耶稣会士据此得出了中国人普遍信仰灵魂不死的结论，以作为支持和宣传其传教策略的证据。《大雅·皇矣》这首诗里有三处"帝谓文王"，表明上帝与文王的亲密关系。而在耶稣会士的诠释下，文王这位周代贤王变成了一名以虔诚闻名的国王，侍奉于上帝身旁，其地位高于其他国王，堪与旧约《圣经》里的大卫王相媲。文王等世俗之王离不开高于所有世俗之王的最高神的存在，这似乎是这八首诗内含的一个重要主题。

此外，进一步分析第一首诗《周颂·敬之》也使我们倾向于认为马若瑟以基督教教义和神学原则建构起这八首译诗。《周颂·敬之》首先明确"敬天"是为王者所必须严守的首要准则。朱熹认为，群臣以"天道"戒成王，"天"的神性经由凡人的解释和转达而变得世俗化了，宗教神学向度已转化为理学的伦理尺度。朱熹的阐释体现了将古代中国社会的宗教性世俗化的特征。而经马若瑟的法译，则又呈现了另一幅状貌。马若瑟以"敬天"之篇开端，可谓匠心独运。经利玛窦等首批耶稣会士在华开教，他们将中国古籍中的"天"和"上帝"诠释为等同于基督宗教里的"Deus"（God），以此策略取得中国皇帝的支持。1671 年，康熙御书"敬天"二字匾额，并谕曰："朕书敬天，即敬天主也。"② 以此方式承认了对耶稣会士所宣之天主教的认可，"天学"随之成为基督教神学的代名词。据说当时每个天主教教堂的正面都悬挂有仿制的康熙皇帝所赐的"敬天"大匾，教诲人对"天"（即基督宗教的 Deus）要有敬畏之心。③ 马若瑟以"敬天"作为八首译诗的开端，是为这八首诗组成的小宇宙立下基调——"天"是最高准则。这里的"天"，不仅是有形之"天"，同时也是宇宙的创造者之"神"。

总之，这八首诗表面上以"王与王治"为主题，而其隐含的、隐喻的主题则是以"敬天"为准则的基督宗教神学，被马若瑟巧妙地隐含在由其建构起来的八首译诗之中。

二 "天""上帝"之"名实之辨"

伽达默尔说过，"翻译……对于读者来说，照耀在本文上的乃是从另一种

---

① 〔比利时〕柏应理：《中国的哲学家孔夫子》序言，第 78 页，转引自毕诺《中国对法国哲学思想形成的影响》，商务印书馆，2013，第 175 ~ 176 页。

② 章文钦：《吴渔山及其华化天学》，中华书局，2008，第 210 页。

③ 李天纲：《跨文化的诠释：经学与神学的相遇》，新星出版社，2007，第 75 页。

语言而来的光"。① 下文探索照耀在马若瑟《诗经》八首法译诗中来自汉语原文的光。

法国耶稣会士马若瑟是 18 世纪著名的中国索隐学派耶稣会学者的代表人物。作为中国索引学派始创者白晋（Joachim Bouvet, 1656—1730）的学生，马若瑟最充分地继承了白晋的索隐式研究法，将之运用于自己的中国古代典籍研究，从中国古代典籍中寻找与基督教教义相合的痕迹。马若瑟这方面的重要作品包括著作《儒教实义》《中国古籍中之基督教主要教条之遗迹》等。马若瑟的中国古代文学翻译包括元剧本《赵氏孤儿》的翻译以及《诗经》八首的翻译，前者是元代文学作品，索隐学可运用的余地较少；而《诗经》是先秦典籍，马若瑟对其中八首诗的翻译明显表现出其受到索隐式研究的影响，而文学翻译本身就是一种跨文化的创造性叛逆。② 我们对这八首译诗中频繁出现的"天""帝""上帝""皇天上帝"等词的法译词进行分析，辨其"名"和其"实"，以探究马若瑟对原文所做的创造性"叛逆"式翻译。经统计，八首诗中"天"字出现 21 次，"天下"出现 1 次，"昊天"出现 6 次，"皇天"出现 1 次，"帝"字出现 9 次，"上帝"出现 5 次，"皇矣上帝"出现 1 次，"有皇上帝"1 次。

（一）"天"

在这八首诗中，"天"一般译为"le Ciel"，通常指物质意义上的"天"，而以大写显示其独特性，为独一无二之"天"。"皇天"译为"L'auguste Ciel"，回译成中文义为"令人敬畏的、威严的天"，而原文中的"皇"只是"大"的意思。

表 1 天的译名

	天	昊天	皇天	天下
le Ciel	19	3		
Maître del' Univers	1			
Le Tien suprême		1		

---

① 〔德〕伽达默尔：《真理与方法》，第 492 页。
② 谢天振：《文学翻译：一种跨文化的创造性叛逆》，《比较文学与翻译研究》，复旦大学出版社，2011，第 185~193 页。原载《上海文化》1996 年第 3 期。

	天	昊天	皇天	天下
le Seigneur		1		
L' auguste Ciel			1	
l' Univers				1

《诗经》里的"天"与基督宗教的"God"至少在三方面有相似之处。其一，共同的造物功能。第二首《周颂·天作》写道"天作高山"，"天"是宇宙大自然的创造者。"天"的这一功能与基督宗教里 God 作为宇宙万物的造者相似。其二，共同的奖惩分明功能。基督宗教里的"God"具有奖励善人和惩罚恶人的功能。根据比利时汉学家钟鸣旦的研究，《诗经》中的"天"有两个重要角色，分别是遣发命令给贤人，以及惩罚恶人，后者比前者占得更多，① 可见两者具有相似的功能。其三，共同的人格神特征。《诗经》里的"天"具有人格神的特征。这八首诗中的第一首《周颂·敬之》明确表明"天"的性质：高高在上，日夜监视着地上的人们，地上的人们对"天"所应采取的唯一态度，就是"敬"。马若瑟将"皇天"译为"L' auguste Ciel"（令人敬畏的天），尽管忽略了"皇"之"大"义，却译出了中国上古社会"天"所具有的人格神特征，与西方基督宗教的 God 有着相近的性质。马若瑟在一句译文中将"天"译成"Maître de l' Univers"（宇宙之主），表明"天"既是宇宙中至高无上的存在，同时也是一种具有人格的存在（Maître，主人）。

总之，马若瑟尽可能地译出"天"之与"God"相通的地方。至于把"昊天"译为"Le Tien suprême"（至高无上的天）和"le Seigneur"（天主），那更是马若瑟将诗中的"天"基本等同于基督宗教里的 God 了。法文《圣经》有以 le Seigneur 译"耶和华"或"主"。耶和华有时候也翻译成"Dieu"（神），但最多的还是 le Seigneur。

（二）"帝""上帝"

"帝"或"上帝"的功能有时候与"天"同：与"天"相似（"天立厥配"），上帝会寻找一个与其心相应的合适人选作为世间的统治者。马若瑟一

---

① 〔比利时〕钟鸣旦：《可亲的天主：清初基督徒论"帝"谈"天"》，何丽霞译，光启出版社，1998，第 105～106 页。

般将"帝"译为 le Seigneur（主），而他翻译"昊天"（"昊天不忒"）时，也采用过这个词。可见在马若瑟看来，"帝"与"天"的角色有时是同一的。马若瑟译文中的"帝"与西方基督宗教的 God 显然比"天"更相一致。"天"是创始者、造物主，而"帝"是"天父"，其人格性比"天"更为明显。

表 2　帝的译名

	帝	上帝	皇矣上帝	有皇上帝
le Seigneur	5 + 2	1		
le Très-Haut	2	2		
Grand & suprême Seigneur		1		
le souverain Maître du monde		1		
votre Majesté		1		
Roi & Suprême Seigneur			1	
l' Etre suprême				1
le seul Souverain				1

从上文的译词统计来看，"帝"与"上帝"的翻译是交叉统一的，最经常使用的译词是 le Seigneur，有时在前面加上一些表示赞美的形容词，如"伟大和至高无上的"（Grand & suprême）、"至高无上的"（Suprême）；时而也使用"le Très-Haut"（至高无上者）。有时马若瑟将其更具体地阐释为"世界至高无上之主"（le souverain Maître du monde）、"至高无上的存在"（l' Etre suprême）或者"唯一的统治者"（le seul Souverain）。这里经常得以强调的是"帝"或"上帝"至高无上的性质以及作为宇宙之主的身份。"天"和"上帝"的译词都突出了其高高在上、作为宇宙统治者的至高无上的地位和权威。与"天"的法译词主要突出"天"作为宇宙之主威严、奖惩鲜明的特质、为有神性的物质之天相较，"帝"或"上帝"的形象更接近于一个具象的、实实在在的人世监督者。"天"相对而言更为抽象。

马若瑟对"帝""上帝"的法译词比"天"的译词更为鲜明地指向了基督宗教的 God（Deus）。利玛窦在 1603 年刻印的《天主实义》中就用"上帝"一词作为基督宗教里"神"（Deus）的中译名，正体现了这一点。虽然早在 1633 年耶稣会就已经决定弃用"上帝"来翻译"神"，而造用了"天主"两字来翻译[1]；1704 年，教皇克莱芒十一世则宣布禁止使用"天"

---

[1]　李天纲：《跨文化的诠释：经学与神学的相遇》，新星出版社，2007，第 73 页。

"上帝"来称呼基督宗教里的 Deus（God），而使用"陡斯"的译音；马若瑟在这里尽管没有用"Deus"来翻译"帝""上帝"，却采用了基督宗教对神的一个常用称呼（le Seigneur）来翻译，显示了他对中国上古宗教的观点和传教立场。

表 3 "天"与"帝"的统计

	合计	天	昊天	皇天	天下	帝	上帝	皇矣上帝	有皇上帝
le Ciel	22	19	3						
Maître de l'Univers	1	1							
Le Tien suprême	1		1						
le Seigneur	9		1			7	1		
L'auguste Ciel	1			1					
l'Univers	1				1				
le Très-Haut	4					2	2		
Grand & suprême Seigneur	1						1		
le souverain Maître du monde	1						1		
votre Majesté	1						1		
Roi & Suprême Seigneur	1							1	
l'Etre suprême	1								1
le seul Souverain	1								1

"天""上帝"等词在中国古籍的频繁出现说明中国上古存在着类似一神论的宗教，这种"一神教"在很大程度上可以支持西方基督宗教的一神论。[1] 尽管索隐学并非马若瑟翻译八首《诗经》的初衷，但他对这八首诗中"天""帝""上帝"等词的法译词选择仍体现了他的索隐式研究法，自觉地在《诗经》等中国上古古籍中寻找与基督教教义相契合的内容。这种索隐式译法表明在礼仪之争这场已经持续一个世纪的争论中，马若瑟是利玛窦路线的支持者，认同"天""上帝"与基督宗教的唯一真神具有相一致的身份。略早些时候，中国的天主教徒严谟专门写过一部《帝天考》（据比利时鲁汶大学钟鸣

---

① 李天纲：《跨文化的诠释：经学与神学的相遇》，第 48~49 页。

旦教授考证，《帝天考》约成书于 1680 年①）以支持礼仪之争中耶稣会士派的观点，以"天""上帝"来指称基督宗教的"God"，并尊重中国祭孔、祭祖习俗，即所谓利玛窦规矩。以马若瑟通过翻译所透露出来的观点，他跟严谟一样是支持利玛窦路线的。在 1728 年 10 月 3 日写给法国学者傅尔蒙（Étienne Fourmont，1683—1745）的信中，马若瑟曾明确地写道："要是传信部直截了当地告诉我们可以自由地向中国人宣讲说中国古籍的作者们所说的'天'和'上帝'就是基督教中所言的'God'就好了……"②

当然，杜赫德的《中华帝国全志》本身就是一部维护耶稣会立场的护教性著作，其收入马若瑟《诗经》八首的翻译有意体现中国古籍中的"天""上帝"与基督宗教之"Deus"相对应的观点，不能说跟编者的护教立场和旨意全无关系。

中国古籍中的"天""帝"是否真对应于基督宗教的"God"？比利时汉学家钟鸣旦教授曾指出，中国古籍中的"天""上帝"概念使中国人更容易接受"神"，接受"天主"③，而基督宗教的"天主"除了具有至高无上、令人敬畏的性质，还具有中国古籍中的"天"和"上帝"所不大具备的"可亲"特质。④ 陈来则指出，殷商的神是一个"暴躁的、变幻莫测的，跟伦理没有关系的神"，而到了周代，天已经开始伦理化，强调天"爱护人民，倾听人民的意愿，而且把人民的意愿作为自己的意愿，把天意化成为民意"，做到"天视自我民视，天听自我民听"，体现了"天民合一"的天命观。⑤ 可以说西周时期天神与民之间具有了一种伦理化的温情关系。这体现了西方基督宗教的神学向度和中国上古思想后来逐渐与儒家相连接、逐步走向儒家人文主义向度的不同。

三　追认《圣经》故事

第五首《大雅·瞻卬》原诗批评周幽王宠幸褒姒，斥逐贤良，译文则以

---

① 〔比利时〕钟鸣旦：《可亲的天主：清初基督徒论"帝"谈"天"》，第 18 页。
② 〔丹麦〕龙伯格：《清代来华传教士马若瑟研究》，李真、骆洁译，大象出版社，2009，第 32 页。
③ 〔比利时〕钟鸣旦：《可亲的天主：清初基督徒论"帝"谈"天"》，第 135 页。
④ 〔比利时〕钟鸣旦：《可亲的天主：清初基督徒论"帝"谈"天"》，第 138 页。
⑤ 陈来：《陈来讲谈录》，九州出版社，2014，第 8~9 页。

《人类的堕落》（*Sur la perte du genre humain*）为题，将《旧约·创世记》中失乐园的故事挪用其中："世界堕落了"（le Monde est perdu），罪行如同致命毒药一般到处蔓延，看不到一丝痊愈的迹象：le Monde est perdu：le crime se répand comme un poison fatal：les filets du péché sont rendus de toutes parts；& l'on ne voit point d'apparence de guérison（原诗：孔填不宁，降此大厉。邦靡有定，士民其瘵。蟊贼蟊疾，靡有夷届。罪罟不收，靡有夷瘳）。

译文继而将世界堕落的原因归于妇人（la femme）：妇人所行总与常人所行相反：她抢掠人所有之良田，将顺服于人的陷于奴役；她所恨的是无辜，她所爱的却是罪行。

> Nous avions d'heureux champs，la femme nous les a ravis. Tous nouséroit soumis，la femme nous a jetté dans l'esclavage. Ce qu'elle hait，c'est l'innocence，& ce qu'elle aime，c'est le crime.

因为"哲妇倾城"：la femme qui veut tout savoir，les renverse：什么都想知道的妇人使城墙倒塌。这"什么都想知道的妇人"不正暗指《旧约·创世记》里那个吃了智慧树上的智慧果而变得智慧的夏娃吗？人类之所以堕落的原因并不在于天，罪魁祸首正是那个妇人：Notre perte ne vient point du Ciel，c'est la femme qui en est cause。译者对这"妇人"的谴责在继续加剧：Elle a perdu le genre humain：ce fut d'abord une erreur，& puis un crime：她使人类堕落，这首先是个错误，同时也是种罪行。妇人不应该掺和缝补和纺织之外的事情：ni la femme se méler d'autre chose，que de coudre & de filer。

第六首《小雅·正月》同样谴责褒姒的亡国之罪：

> D'où viennent donc tous les désordres qui naissent aujourd'hui? L'incendie va toûjours croissant，& il est impossible de l'éteindre. Ah! Malheureuse*Pao Seë*，（a）c'est toi qui as allumé le feu qui nous consume. （今兹之正，胡然厉矣。燎之方扬，宁或灭之。赫赫周宗，褒姒灭之。）

在这里，马若瑟以《旧约·创世纪》夏娃吃了智慧果触犯天条被逐出伊甸园的故事来诠释《诗经》里褒姒亡国的故事，而其实两者的共同点是其主人公都是女性，两者成为"祸水"的原因则截然不同：夏娃因好奇而偷吃禁果，触犯了天神规定的天条；而《诗经》故事里的褒姒是因美貌使周幽王为博她一笑而导致亡国的下场。马若瑟移花接木，将《圣经》中这个脍炙人口的故事悄悄挪移到这八首《诗经》的译诗，甚至以这个充满说教意味的宗教故事取代了原来那个世俗故事，使译文富有浓郁的宗教说教意味和警世意图。

此外，基督宗教的世界观在这里处处留下痕迹：原诗"乱匪降自天，生自妇人"将世"乱"的原因归于"妇人"，译文并未全然叛逆原诗的含义，然而以"notre perte"（我们人类的堕落）译"乱"，则体现了基督教教义在译文中的悄然植入。"人类堕落了"的语句在译文中一再重复：L'homme s'est perdu（人之云亡）；& l'Univers est sur le point de sa ruine（邦国珍瘁）。人之云"亡"用"perdu"（失落、堕落）这个词，而"邦国"不译成"le royaume"，却译成"l'Univers"（宇宙、世界），同样也是译者的世界观、宗教观在起作用。

四　传播实效及结论

伽达默尔说，"如果我们在翻译时想从原文中突出一种对我们很重要的性质，那么我们只有让这同一原文中的其他性质不显现出来或者完全压制下去才能实现。……翻译也是一种突出重点的活动。谁要翻译，谁就必须进行这种重点突出活动"。[①] 根据上文的分析，马若瑟的这八首《诗经》译诗似乎同时重点突出了两方面的性质：王的主题与基督教教义的嵌入。尤其文王的突出形象对后来的欧洲读者产生了影响。

在杜赫德《中华帝国全志》出版近半个世纪之后，马若瑟的《诗经》法译本在邻国德国的大诗人歌德那里得到了热烈的反响。不过歌德对马若瑟所译《诗经》八首印象最深刻的并非"天""上帝"等词的法文对应词 le Seigneur 等，而是其中所集中描绘的"文王"。歌德对这位文王钦佩异常，在1781 年 1 月 10 日的日记里甚至不由自主地发出赞叹："啊！文王！"[②] 据说正是歌德读了马若瑟这八首译诗中对文王作为理想君主的描绘有感而发。[③]

---

① 〔德〕伽达默尔：《真理与方法》，第 492 页。
② 引自赵勇、赵乾龙编著《歌德》，辽海出版社，1998，第 100 页。
③ 杜欣欣对此已有初步较细致的研究，通过引证指出歌德的文王之叹的确与马若瑟的《诗经》法译文有关。详见杜欣欣《马若瑟〈诗经〉翻译初探》，《中国文哲研究通讯》2014 年第 22 期。

作为异文化间的翻译、阐释和传播者，马若瑟通晓中法两种语言和文化，在这两种语言和文化中穿梭，以他的基督教文化背景阐释和翻译了这八首《诗经》，融合了原文文本和基督教教义内容。一方面，马若瑟的《诗经》八首译诗传达了"王与王治"的显性主题，其中尤以其对理想君王文王的赞颂最为突出。另一方面，这八首译诗也体现了马若瑟索隐式的研究和翻译方法：在译文中自觉融入了基督宗教的教义，以此来翻译和阐释诗中的一些核心概念"天""帝""上帝"等，这体现了马若瑟将中国古代世界观和古代宗教思想与西方基督宗教教义相融合的努力。《诗经》八首法译文对于欧洲读者而言，既呈现了文化的共同性（基督宗教教义），也呈现了文化的异质性，最突出的是塑造了文王这位理想中国古代君王的形象，有助于在 18 世纪的欧洲塑造一个文明、有序的古代中国和有贤德、美行的君王形象，这是法国耶稣会士马若瑟对向欧洲介绍和传播中国文化所做的贡献。

《地纬》与《职方外纪》对比研究

马　琼*

摘要：《地纬》是目前可见的，明清之际中国士人熊人霖编撰的一部世界地理著作。该书以意大利来华传教士艾儒略编撰的世界地理著作《职方外纪》为蓝本。本文拟通过对比《地纬》与《职方外纪》两书的内容，探讨如下两个问题：其一，《地纬》与《职方外纪》的内容异同；其二，两者内容不同的原因。

关键词：《地纬》；《职方外纪》

《职方外纪》是由明清之际来华的意大利籍传教艾儒略（Giulio Aleni，1582—1649）编撰的一部世界地理著作。此书在庞迪我地理著作遗稿的基础上编写而成，刊刻出版于明天启三年（癸亥，1623），是我国最早出版的、具现代地理学意义的中文版世界地理专著。[①] 在《职方外纪》一书中，作者介绍了地圆说、经纬度知识，以及亚洲、欧洲、非洲和南北美洲内国家的地理位置和风土人情等情况，也介绍了世界海洋的情况，并附有万国全图、北舆地图、南舆地图、亚细亚图、欧逻巴图、利未亚图和南北亚墨利加图等七幅地图。

与利玛窦相比，艾儒略在《职方外纪》中介绍的西方地理学内容更加丰富，如利玛窦《坤舆万国全图》中苏门答剌条仅寥寥数言："此岛古名大波巴那，周围共四千里，有七王君之。土产金子、象牙、香品甚多。"[②] 而在《职方外纪》中，艾儒略则进行了增补：

> 苏门答剌地广十余度，跨于赤道之中。至湿热，他国人至者多病。君长不一。其地产金甚多，向称金岛，亦产铜、铁、锡及诸色染料。有

---

*　马琼，浙江工商大学人文与传播学院讲师。

①　霍有光：《〈职方外纪〉的地理学地位及当时地理知识的中西对比》，《中国科技史料》1996年第 1 期。

②　朱维铮编《利玛窦中文著译集·坤舆万国全图》，复旦大学出版社，2001，第 208 页。

大山，有油泉，可取为油。多沉香、龙脑、金银香、椒、桂。人强健习武，恒与敌国相攻杀。多海兽、海鱼，时登岸伤人。[①]

《职方外纪》是当时中国西方文化和地理的知识领域里，最畅销的两种著作之一。尤其是在福建，似乎相当受欢迎。[②] 它向当时的中国人介绍了西方先进的世界地理知识，在一定程度上开阔了中国人的眼界。

《职方外纪》成书后一年（1624），中国士人熊人霖便以其为蓝本编撰了《地纬》一书。《地纬》也是一部介绍世界历史地理知识的书籍，全文共有84篇。在《地纬》中，熊人霖不仅介绍了地圆说、地理坐标划分等地理学知识，还按照顺序介绍了大瞻纳（亚洲）、欧逻巴（欧洲）、利未亚（非洲）、亚墨利加（美洲）和墨瓦腊泥加（泛指当时未知的南方大陆）[③] 五大洲的历史地理和风土人情等情况。此外，他还介绍了世界海洋的相关情况，并在书中附有一幅"世界地图"。

据目前笔者所见史料，熊人霖一生并没有去过国外，那么，一个从未踏出国门的中国士人如何在短短一年的时间里编撰出一本世界地理书呢？这是因为熊人霖在编撰《地纬》的过程中，大量地参考了当时热销的《职方外纪》。

只要对比一下《地纬》和《职方外纪》两书的目录，我们就可以发现，《地纬》中多数篇章的顺序与《职方外纪》相同。[④] 两部书均将亚洲部分放在第一位。只是由于熊人霖遵循其父的称法，把亚洲叫作"大瞻纳"，所以《地纬》的亚洲部分被称为"大瞻纳"，而《职方外纪》则为"亚细亚"。在亚洲部分之后，两书均按"欧逻巴""利未亚""亚墨利加""墨瓦腊尼加"和有

---

① 〔意〕艾儒略：《职方外纪校释》，谢方校释，中华书局，1996，第59页。

② 〔比利时〕钟鸣旦（Nicolas Standaert）、〔荷〕杜鼎克（Adrian Dudink）：《简论明末清初耶稣会著作在中国的流传》，孙尚扬译，《史林》1999年第2期。

③ "墨瓦腊尼加"指"Terra Australis"，泛指欧洲传统世界地理观念中假设的南方大陆。公元二世纪，古希腊地理学家在他所著 Guide to Geography 一书中，在今印度洋南面的位置上给出一块大陆，命名为 Terra Australis Incognita，意思是南方未知的大陆。托勒密的说法被中世纪的基督教学者所接受并指引了后人对这块土地的找寻。参见张箭《地理大发现在自然地理学方面的意义》，《自然科学史研究》1993年第2期；郑寅达、费佩君：《澳大利亚史》，华东师范大学出版社，1991，第13～14页。

④ 谢方先生的《职方外纪校释》一书以北京图书馆藏明刻《职方外纪》（《天学初函》本五卷本）为底本，并参校其他各种版本，是一本比较完善的校本，本文以谢方先生的校本为参照本探讨相关问题。

关海洋的内容，包括海名、海族、海产、海状（《地纬》的目录中名为"海形志"），但书中以"海状"和"海舶"的次序来写。

从具体的篇目上看，《地纬》与《职方外纪》也非常相似。其中，亚洲部分，不包括总说在内有 14 篇、欧洲部分有 13 篇、非洲部分有 8 篇、美洲部分有 11 篇的名称及前后顺序完全相同；有关海洋部分有 5 篇的名称及前后顺序完全相同。虽然有诸多相同之处，但《地纬》一书也并不完全照搬《职方外纪》，在编撰《地纬》的过程中，作者熊人霖对《职方外纪》中的一些内容也进行了改动。

从各篇目的具体内容上看，《地纬》与《职方外纪》主要有以下异同。

1. 内容基本相同

《地纬》与《职方外纪》在相似的名称之下，内容也有诸多相似之处，尤其是关于某一地点的经纬度，以及对当地基本的风土人情的描写更是如出一辙。比如，《职方外纪》亚洲部分第五篇《莫卧尔》中有如下叙述：

> 印度有五，惟南印度尚仍其旧，余四印度皆为莫卧尔并矣。莫卧尔之国甚广，分为十四道，象至三千余只。
>
> 又东印度有大河名安日，国人谓经此水一浴，所作罪业悉得消除。五印度之人咸往沐浴，冀得灭罪生天也。其东近满剌加处国人各奉四元行之一，死后各用本行葬其尸，如奉土者入土，奉水火者投水火，至奉气者则悬挂尸于空中，亦大异也。

而《地纬》亚洲部分的第二十篇《莫卧尔志》则为：

> 印度有五惟存南印度。余皆并入于莫卧尔。莫卧尔之国甚广。分国为十四道。象至三千余。有大河名安日之河。浴之祓不祥。除罪辜其东近满剌加处。国人各奉四元行之一。四元行者。水火土气也。死则以所奉之行臧之。奉土者掩。奉火者焚。奉水者沉。奉气者悬。①

只需稍加对比即可发现，上而两段引文内容极为相似。类似这样与《职方外纪》的雷同，占《地纬》内容的比例达八成以上，正如王重民先生所言：

---

① （明）熊人霖：《莫卧尔志》，载《地纬》，第 46 页。

"（地纬）（全书凡八十四篇），十之八钞撮《外纪》。"①

2. 篇名不同但内容大致相同

《地纬》与《职方外纪》两书中共有三处，虽篇名不同但内容大致相同。

（1）《职方外纪》的第一篇"五大州总图界度解"与《地纬》的第一篇"形方总论"虽篇名不同，但两者内容却大致相同，都是讲一些基础的天文地理学知识。如：

（职方外纪·五大州总图界度解）

日轮正交赤道际为春秋二分规，南出赤道二十三度半为东至规，北出赤道二十三度半为夏至规。②

（地纬·形方总论）

日轮正交赤道际。为春秋二分规。南出赤道二十三度半者。冬至规。北出赤道二十三度半者。夏至规。③

（2）《职方外纪·亚细亚总说》与《地纬·大瞻纳总志》虽然文章篇名不同，但文中内容都是对亚洲的总体介绍，内容也大致相同。如讲到亚洲的四至时，两书都写道"西起那多理亚""东至亚尼俺峡""南起找爪哇""北至冰海"。

（3）海洋方面的地理学知识介绍，《职方外纪》名为"海状"的篇目，与《地纬》中名为"海形志"的内容也大致相同。

3. 略有删改的内容

熊人霖在《地纬》中对《职方外纪》的相关部分内容进行了略微删改。比如，艾儒略在《职方外纪》非洲部分第七篇的"福岛"篇中，有这样的记述：

利未亚西北有七岛，福岛其总名也。其地甚饶，凡生人所需，无所不有。绝无风雨，而风气滋润，易长草木百谷，亦不烦耕种，布种自生。葡萄酒及白糖至多。西土商舶往来，必到此岛市物，以为舟中之用。七

---

① 王重民：《中国善本书提要》，史部，地理类，上海古籍出版社，1983，第213页。
② 〔意〕艾儒略：《五大州总图界度解》，载《职方外纪校释》，谢方校释，第27页。
③ （明）熊人霖：《形方总论》，载《地纬》，第7页。

岛中有一铁岛，绝无泉水，而生一种大树，每日没，即有云气抱之，酿成甘泉滴下，至明旦日出，方云散水歇。树下作数池，一夜辄满，人畜皆沾足焉。终古如此，名曰圣迹水，言天主不绝人用，特造此奇特之迹以养人。各国人多盛归，以为异物。①

而熊人霖在《地纬》非洲部分第七篇"福岛"篇是这样写的：

利未亚之西北有七岛。福岛其总名也。绝无雨。而风气滋润易长草木。百谷不待耕种。布种自生。多葡萄酒。及白糖。西土商舶往来。必市买岛中物。为舟中之用。七岛中有铁岛。绝无水泉。而生一种树极大。每日没。恒有云气抱之。酿成甘水。人于树下。作数池。一夜辄满。万物皆沾足焉。名曰圣迹之水。盖日天之所以养育人也。它国人多盛归。奇为珍异。②

将上述两段文字加以比较，可以发现，虽然《地纬·福岛》中大部分内容与《职方外纪·福岛》内容基本相同，但熊人霖大概认为后者中的"其地甚饶，凡生人所需，无所不有"不大可信，就将之给删掉了。同样，《职方外纪》美洲部分"墨是可"篇中原有当地人"亦喜啖人肉"的记述，在《地纬》中也被熊人霖给删掉了。类似的处理方式在《地纬·亚毗心域 马拿莫大巴者志》《地纬·伯西尔》《地纬·花地 新拂郎察 拔革老 农地》《地纬·西北诸蛮方志》等篇中有所体现。

4. 变动较大的内容

熊人霖在编撰《地纬》一书时，主要参考了艾儒略的《职方外纪》，但也对其中的内容进行了改动，甚至进行了大段的删除，其改动方式大致有以下三种。

（1）对《职方外纪》的文句表达方式等进行改动

由于艾儒略是外国人，尽管当时士大夫杨廷筠曾帮助他对这部书"订其芜拙"③，但《职方外纪》中还是有一些表述不太符合中文的表达习惯。熊人霖看到了这一问题，并对这些文字进行了修改以使其更加符合中国人的习惯，

---

① 〔意〕艾儒略：《福岛》，载《职方外纪校释》，谢方校释，第 117 页。
② （明）熊人霖：《福岛志》，载《地纬》，第 152 页。
③ 〔意〕艾儒略：《职方外纪自序》，载《职方外纪校释》，谢方校释，第 104 页。

同时也对一些文字进行了润色，使文句更加优美。比如，艾儒略《职方外纪·西北海诸岛》篇中对"谙厄利亚"一地的风物"聋石"进行介绍时这样说：（下划线部分以示区别）其地有怪石，能阻声，其长七丈，高二丈，隔石发大铳，人寂不闻，故名聋石。① 而熊人霖将其修改为：有怪石。能阻声。其长七丈。高二丈。从石阴撞千石之钟。其阳寂若无声。名曰聋石。②

"大铳"的声音很响，艾儒略等欧洲人对此可能都比较了解，但这对当时的中国人则不然。当时绝大多数中国人对"钟声"的认识应该多于对"大铳声"的认识，经过熊人霖的润色，这段对"聋石"的描写可能对中国人来说更加栩栩如生。

（2）对《职方外纪》中相关宗教的内容进行删改

《地纬》相较《职方外纪》最大的变动就是相同篇目中的宗教内容。艾儒略是一名天主教宗教团体耶稣会的传教士，这使得他在华的所有活动几乎都是围绕传教活动展开的。艾儒略"一六一三年入中国内地，奉命至北京，未几同徐公光启赴上海，奉命至扬州为某大员讲解西学，劝其感化，皈依公教（天主教），名伯多禄"。后来艾儒略又到了山西、杭州和福建等地，劝人信奉天主教，他甚至对武夷山的三座佛教庙宇也展开了攻势，使庙宇改成了圣堂，"寺僧成为信友矣"。除了极力说服人们皈依基督教，艾儒略还积极学习中文，并用中文著书立说，来宣扬基督教教义。徐宗泽编著《明清间耶稣会士译著提要——耶稣会创立四百年纪念（1540—1940年）》一书中，就收录了艾儒略来华后的26部中文著作。③

《职方外纪》虽然是一部介绍西方地理学的书，但介绍天主教的文字在书中随处可见。如其亚洲部分第八篇《如德亚》④ 中写道："（如德亚）天主生人最初赐此沃壤"，接着又说如德亚"从来圣贤多有受命天主，能前知未来事情"。"其圣贤竭诚祈祷，以得天主默启，其所前知，悉载经典，后来无不符合。"接着，他又以此为契机，进行了大段的教义论述。他讲到了耶稣降生，耶稣的神力——"如命瞽者明，聋者听，喑者言，跛者行，病者起，以至死者生之类"和天主教的"要义数端"等。同时，他还在书中介绍了天主教的

① 〔意〕艾儒略：《职方外纪自序》，载《职方外纪校释》，谢方校释，第104页。
② （明）熊人霖：《西北海诸岛志》，载《地纬》，第139页。
③ 徐宗泽编著《明清间耶稣会士译著提要——耶稣会创立四百年纪念（1540—1940年）》，中华书局，1989。
④ 〔意〕艾儒略：《职方外纪自序》，载《职方外纪校释》，谢方校释，第56页。

独一真神说、天堂地狱说和末日审判说等，其传教目的显露无遗。

对于《职方外纪》中的宗教内容，熊人霖进行了不少削减和改写。比如艾儒略在《如德亚》篇中，对天主教教堂有这样的描述：

> 至春秋时，有二圣王，父曰大味得，子曰撒剌满。尝造一天主大殿，皆金玉砌成，饰以珍宝，穷极美丽，其费以三十万万。①

而熊人霖在《地纬·如德亚志》中则将这段文字删改成为"有享上帝之殿"②。上帝一词是利玛窦来华后，为了适应中国的传统文化，在中国更好地传教，便在中国古代典籍中找出了这个词语，用来称呼耶稣。熊人霖此处使用"上帝"一词，说明他对天主教有一些了解。

（3）对《职方外纪》中的教育内容进行改动

熊人霖在《地纬》中除了对《职方外纪》中宗教内容进行了大量的删减和改动外，还对《职方外纪》中多篇有关"共学"（即大学）的内容进行了的删减和改动。比如，艾儒略在《职方外纪》欧洲部分第二篇《以西把尼亚》中有"国人极好学，有共学，在撒辣蔓加与亚而加辣二所"③的记述，而熊人霖在《地纬·以西把尼亚志》中删掉了上述内容。此外，熊人霖还删除了包括《职方外纪·意大里亚》篇等其他三处涉及共学的内容。

不过，熊人霖也保留了一处关于西方教育的内容。在《职方外纪·欧逻巴总志》篇中，艾儒略对欧洲学校设置、考试制度及学习等内容进行了详细的论述。熊人霖在《地纬》中对这些内容进行了一定的精简之后，还加上了"（欧逻巴）师徒教学。颇似中国"④ 这样一句话。

如上所述，熊人霖在编撰《地纬》一书中，对《职方外纪》一书中的相关内容进行了一些改动。那么，熊人霖是基于什么样的原则对《职方外纪》进行改动的呢？笔者认为，其原则主要有二。

（1）华夏中心，西学中源

明清之际的中国士人，面对利玛窦等传教士带来的西方地理学知识时，其中部分人是用华夏中心和西学中源的观念来看待这些西方地理学知识的。

---

① 〔意〕艾儒略：《如德亚》，载《职方外纪校释》，谢方校释，第53页。
② （明）熊人霖：《如德亚志》，载《地纬》，第51页。
③ 〔意〕艾儒略：《职方外纪自序》，载《职方外纪校释》，谢方校释，第76页。
④ （明）熊人霖：《地纬系》，载《地纬》，第116页。

在这些中国士人的眼中，中国是世界的中心，中国文化传布世界各地，西方的文化只是中国文化的一个分支。熊人霖当是这些中国士人中的一员——在《地纬》一书末尾的《地纬系》中，熊人霖说："儒之道，其盛矣乎。士者农者。工者商者。皆儒之人也。君臣父子兄弟夫妇朋友。皆儒之事也。夷夏之无此疆尔界。皆儒之境也。耶稣之学。儒之分藩也。"① 在是文中，熊人霖更提到他写作《地纬》的目的之一是考察中国"声教之被服。具而论之。以张明德之盛"。② 在熊人霖的观念里，熊人霖对《职方外纪》相关内容的修改和补充也许恰能说明中国"声教""被服"之远吧。

（2）地理学知识与传教理论相区分

当利玛窦和艾儒略等人把一些夹杂着天主教教义的欧洲科学知识传入中国时，能接触这些内容的士人对其态度大致有四种。一种是像徐光启、李之藻等极少数的士大夫，他们既接受欧洲的科学知识，也接受天主教教义；第二种是对天主教教义和欧洲科学一概排斥的，如崇祯十二年订正反天主教的作品《圣朝破邪集》的徐治昌；③ 第三种是对天主教和欧洲科学都不感兴趣的；第四种则是将天主教教义与欧洲的科学知识区别对待的。

从对《职方外纪》内容的改动中，我们可以看出，熊人霖当属第四种类型。在《地纬》一书中，他能够将天主教的教义与欧洲的科学知识区别对待，仅参考《职方外纪》中先进的西方地理学知识，而对天主教的教义宣讲多有删减。

综上所述，明清之际中国士人熊人霖在编撰《地纬》一书时，大量参考了当时来华的意大利传教士艾儒略所做的《职方外纪》一书，但熊人霖并没有完全照搬《职方外纪》，而是基于自己的原则对相关内容进行了改动。这些改动，从一个侧面反映了当时中国士人对于西学的态度。

---

① （明）熊人霖：《地纬系》，载《地纬》，第 194 页。
② （明）熊人霖：《地纬系》，载《地纬》，第 196 页。
③ 前两种态度详见孙尚扬《基督教与明末儒学》，东方出版社，1994，第 159～248 页。

明清汉语基督教文献研究

明末清初《天主教要》的汉语书写：
从沙勿略到傅汎际

何先月*

摘要：本文以明清时期的汉语文本为主要材料，分析《天主教要》的版本——结构与译词的变迁，借以分析传教士汉语书写与传教情势的互动关系。《天主教要》是明清时期天主信仰体系的书写纲要，其汉语书写在内容选择、结构安排、概念音译、语言表达上深受沙勿略的影响。1605 年，利玛窦根据中国的传教情势，统一了各个修会的版本：减少了一部分内容，并且把圣号经由书首调于书中，确定了诸多概念的译词。经考定，这便是现存的《圣经约录》，之后龙华民等人依据自己的理解，在内容上进行了增删，重新把圣号经至于书首，形成了《总牍内经》版的教要。《总牍内经》并不能让人完全满意，存在一些错讹的抄本与刻本。因此，傅汎际等人再次修订，正式以"天主教要"之名刻行，这便是傅汎际版的《天主教要》。《天主教要》版本的流变，与中国的传教情势变化基本一致。这反映了传教士对中国文化认知的逐步深入，也反映了传教士内部对中国情势认知的差异。

关键词：明末清初；《天主教要》；汉语书写；耶稣会士

一　从印度、日本到中国

（一）沙勿略的教理书

1541 年 4 月 7 日，耶稣会的创始人之一、日后被誉为"东方使徒"的圣弗朗西斯科·沙勿略（St. Francois Xavier）① 离开葡萄牙里斯本，前往印度领地传教。在沙勿略随身携带的行李中，就有巴洛斯（Joao de Barros）的一本

---

*　何先月，成都大学政治学院讲师。
①　在华耶稣会士的西文原名，依据 Joseph Dehergne（荣振华），*Réportoire des Jésuites de Chine de 1552 a 1800*（《1552—1800 在华耶稣会士列传》），Roma，Institutum Historicum S. I.，1973。

小册子要理书《葡萄牙语文法及神圣的、如同母亲的教会的教义》（*Cartinha com os mandanentos das anta madre igreja，ou Grammatica de lingua Portuguesa，Lisboa，1539*）①，这本书后来成为沙勿略编写要理书的范本。

1542 年，沙勿略抵达果阿后，编写了一本新的要理书《小要理书》（*Xavier's small catechism*），在结构与内容上，都与巴洛斯的有所区别。巴洛斯的要理书主要是用于儿童的启蒙教育，是要儿童在幼年时期铭记天主教的基本要义，并不是、也不适用于具体的传教活动。针对新环境下街头传教的特色，沙勿略精心编辑了这本要理书的结构与用语，把其打造为一个非常成功的舞台剧的剧本。1557 年，这本要理书在印度刻行，在印度、远东一带使用，直到《若热要理书》的刻行（1570）为止。② 但是从天主信仰的汉语书写来看，沙勿略的这本要理书的影响要远大于其他人的要理书。

《小要理书》由一系列的动作与口头诵读构成：

> 在祭坛前，首先以在胸口划十字架的动作开始，动作之后，沙勿略大声地诵读要理书的第一条，两个小孩以及其他的参加者齐声重复，这一条便是后来汉语文本中的圣号经。第二条是使徒信经，为了增加口头诵读的节奏感，沙勿略在每一条前面增加了一个"我相信"，这同样为中国的汉语书写所承袭。③

1542 年 10 月至 1543 年 2 月，沙勿略把这本葡萄牙语的要理书，自己认为必要的部分内容翻译为泰米尔语（Tamil），但为了避免误解，在"圣神""大公教会"等概念上保留为葡萄牙语。④ 除此之外，沙勿略另外编写了一个简短的说明（short address），以解释作为一个教徒意味着什么，什么是天堂

---

① 戚印平：《日本早期耶稣会史研究》，商务印书馆，2003，第 211～212 页、第 222～226 页。
② Monumenta Missionum Societatis Iesu：*Epistolae S. Francisci Xaverii aliaque eius scripta*，Rome，1944－1945. I，pp. 106－116.
③ Schurhammer，Georg，S. J.：*Francis Xavier：His Life，His Times*（II），Translated by M. Joseph Costelloe，S. J.，Rome，Italy，The Jesuit Historical Institute，1977，pp. 219－222、309－311.
④ Schurhammer，Georg，S. J.：*Francis Xavier：His Life，His Times*（II），p. 308. 1544 年 5 月的信中，沙勿略提醒使用者注意修改里面的几个泰米尔语的翻译错误，参见 Schurhammer，Georg，S. J.：*Francis Xavier：His Life，His Times*（II），p. 434. 可能因为错误比较多，1549 年，另外一个传教士 Henrique 又翻译了一本泰米尔语的要理书，参见 Schurhammer，Georg，S. J.：*Francis Xavier：His Life，His Times*（IV），p. 369。

地狱，什么人去天堂而什么人去地狱，并且由当地教徒翻译为自己的语言。①

1546 年，沙勿略编写了一本新的教义书《使徒信经解释》（*An Explanation of the Creed*），实际就是对使徒信经的解释。在对第一条的解释中，沙勿略明确批评摩尔人的一夫多妻制②，很显然这是由印度传教的新情况、新经验而来。当沙勿略开始进入日本时，把《小要理书》与《使徒信经的解释》结合起来，形成了一本新的日语版的教义书。③

从内容的编写形式来看，沙勿略的这些教理书可以分为三大类。第一类代表是《小要理书》，只有各种经文，对这些经文一概不解释；第二类就是《使徒信经的解释》，对某些具体的经文进行具体的解释；第三类就是日语版的教义书，是前两者的结合。从使用目的来看，第一类文本是为了传教士进行仪式而用，各类翻译本则是为了给没有多少知识素养的教徒或小孩回家之后，背诵、牢记经文而用，所以这部分的内容相较各种要理书，甚至《小要理书》要更加简洁。第二类文本则是为了深入理解而编写，对象往往是有知识素养的传教士或教徒。这些文本多数已经看不到具体的表达，但是从沙勿略的描述来看，其包含的条目、结构与巴洛斯的都不一样，翻译本的各种概念也会根据对各地语言文化的了解而不断改进。可见沙勿略是根据传教活动的实际需要，按照自己的理解来编写的，这样的一种精神也为中国的传教士所承袭。因此，我们会看到很多结构、书写不一样的汉语要理书和教义书。④

（二）罗明坚的汉语教理书

真正教理书的汉语书写，应该始于罗明坚。罗明坚在 1583 年于肇庆写给总会长阿桂委瓦，就提到其本人根据范礼安的指示，写有基本教理书籍：

> 自我来到中国，迄今已经三年了，时常加紧学习中文，目前我已经

① Schurhammer, Georg, S. J.：*Francis Xavier：His Life，His Times*（Ⅱ），p. 308.
② Francis Xavier：An Explanation of the Creed, Ternate, August-September, 1546, See *The Letters and Instructions of Francis Xavier*, p. 151.
③ Schurhammer, Georg, S. J.：*Francis Xavier：His Life，His Times*（Ⅳ），pp. 105 – 109. 该书内容比较多，沙勿略自己称其为一本"书"。
④ 根据这样的分类，笔者把整个汉语文本分为两大类：类似《小要理书》的，只有经文没有解释或只有简略解释的，笔者称其为要理书（Catechism），主要代表是《天主教要》；类似《使徒信经的解释》的，对要理有详细解释的，笔者称其为教义书（Doctrine），主要代表是《天主实义》；类似沙勿略在日本编写的，笔者也归于教义书。在行文中则以"教理书"统称要理书与教义书两者。

撰写了几本要理书籍，其中有"天主真教实录"（Doctrina）、"圣贤花絮"（FlosSanctorum）、"告解指南"或"信条"（Confessionario）与"要理问答"（Catechismo）等，这一切都是视察员神父与其他神父的意思而撰写的，并让我印刷，这样把天主教义的大纲介绍给教外人，方能引导他们进教。①

这可能是罗明坚写的最早的教理书，具体内容与书写样式如何，已经不得而知了。但是，现收录于《耶稣会罗马档案馆明清天主教文献》中的《天主实录》及其附录，却保留了巴洛斯、沙勿略的影响以及罗明坚的努力。《天主实录》可以归为教义书，而其附录则可以归之为要理书。

《天主实录》中标有"十一条事情"，在每一条事情之前，都有"我相信"的字样②，可以确定，这是受沙勿略的影响。另外，七件圣事的音译"吵［口革］嘧哆"、洗礼的音译"［口矛］［口低］［口是］［口磨］"主要对应葡萄牙语而不是拉丁语③，也可见巴洛斯与沙勿略的影响。附录共有四页（《耶稣会罗马档案馆明清天主教文献》第82~85页），第82~83页是"祖传天主十诫"，后两页没有标题，但从内容来看，分别是圣母经与天主经。

玛利亚被译介为"妈利呀"，与之后的"玛利亚"相比，文字颇为不雅；"圣母"与"娘娘"的称呼、"福荫"的书写也都具有中国民间宗教的特色，从整个书写来看，还有待进一步修改，表述得更为文雅。

相较传教士在日本的的书写，中国的汉语书写在内容上也有很大的变化。在巴洛斯、沙勿略、若热教理书中，公开呈现的圣教规诫中，都有五条，称为圣教五规，其中的第五条是什一税，而在中国的汉语文本中，这一条都被删除，名称也改为圣教四规，表现出对中国文化更大的适应。

---

① 〔意〕罗明坚：《罗明坚致总会长阿桂委瓦神父书》，1583年2月7日，《利玛窦书信集》下，第446~447页。
② 〔意〕罗明坚：《天主实录》，《耶稣会罗马档案馆明清天主教文献》第一册，第62~67页。在《天主圣教实录》中，此"十一条事情"被修改为"十二条事情"。参见《天主教东传文献续编》第二册，第817~826页。
③ 〔意〕罗明坚：《天主实录》，《耶稣会罗马档案馆明清天主教文献》第一册，第78页。"吵［口革］嘧哆"的拉丁语是"Sacramentum"，葡萄牙语是"Sacramentos"；"［口矛］［口低］［口是］［口磨］"的拉丁语是"Baptisma"，葡萄牙语是"Batismo"或"Bautismo"。

二 《圣经约录》的汉语书写

（一） 要理书的统一

从利玛窦书信的记载来看，1605 年对于《天主教要》的汉语书写极为重要，利玛窦统一了之前各个会院使用的要理书。这一年，耶稣会已经在中国建立了四个会院：

> 今年我们做了一件非常重要的事，即把日常经文、信经、天主十诫以及其他有关天主教信仰的种种问答，依视察员的指示，在北京印刷，而后分发全中国各教会使用，这样中国教友有了统一的经文与要理问答。这册较以前使用的与原文更符合，假使可能，有意编写《要理问答详解》，这为教友与望教者非常重要。因为利用文字似乎较口舌更容易把事情交代清楚，也方便学习，并统一讲授的程序。①

根据这封信提供的信息，耶稣会之前四个会院都是用各自的版本，随着传教事业的扩大，以及人员的流动。例如，徐光启可能在南京会院看到一个版本的要理书，在北京看到的可能是另外一个版本的要理书，两者具有不同的名词，这可能让人疑惑，所以，统一各个版本的译介以及结构，就非常必要了。

这封信提供的信息有限，在时隔 3 个月的另外一封信里，利玛窦提供的信息就丰富多了：

> 假使可能，我将把目前正印刷的第一本《要理问答》寄给您一本，由此可以看出我们的确为把它翻译为中文曾辛苦了一番，同时它为我们也十分重要（……），校正修饰多次；四座会院所用的几乎互不相同。我把此书仔细翻译，又增加了不少材料才付梓，并下令为统一起见，今后四座会院只能用此译本，其他版本作废。必须使用许多教会术语，并应

---

① 〔意〕利玛窦：《利氏致罗马马塞利神父书》，1605 年 2 月 X 日，《利玛窦书信集》下，第 269页。

创造新词方能在中国使用；又首次采用较小的字体排印序言与说明。首先为天主经，其次依序为圣母经、天主十诚、信经、十字圣号、神形善功、真福八端、七宗罪、七个补救办法或七德、人体五官、灵魂三能、三神学之德或向天主之德，最后为七件圣事；我用较小字体加以简要说明，使读者能明了其中的含义。

神父您要知道，中国文没有我们的大写，以分别固有名词，中国人如欲强调某一名词，显示某词的重要性，往往空一格或两格，正如我们常把天主、耶稣、圣父、圣子、圣神之名下空两格，对圣母玛利亚之名则空一格一样。

分施要理问答给教友，教外者如有希望变成教友，我们同样赠送给他们。因为刻板在我们会院中，是我们所有，只费些纸张印刷罢了。我们中有的会印刷，有的会装订。有教友，也有教外人捐献纸张，以便印刷要理问答和我们其他的著作。①

在时隔 3 个月的时间里，利玛窦不大可能废除之前经过讨论的要理书。所以这封信里提到的《要理问答》就是之前的书。

相较之前的书信，这封信介绍了新的要理书写作的过程、译介，以及结构，甚至刻板的书写样式。我们由此可以推测，这是利玛窦看了刻板出来之后的书后写完的信，所以才能如此详细。

（二）《圣经约录》的刻本

最为关键的问题乃是，书信中提到的统一版本的要理书，是否为留存于世的那一封文献？因为历史与环境的原因，传教士的汉语文本很多都没有留下作者的名字，也没有留下写作的时间；现存于世以《天主教要》命名的文献有多份，那一封才是这个版本？早期学术界对此问题颇有争论。1934 年，德礼贤（Pasquale d'Elia）在传信部档案（the Propagande Fide Archives in Rome）里找到了利玛窦 1605 年寄送给阿瓦雷（Juan Alvarez）的一份刻本。杜鼎克（Adrian Dudink）在 1685 年柏应理呈现给教皇的中文书籍中，也找到了一份与王丰肃的《教要解略》在一起的刻本，可以确定的是 1605 年利玛窦

---

① 〔意〕利玛窦：《利氏致德·法比神父书》，1605 年 5 月 9 日，《利玛窦书信集》下，第 277 ~ 279 页。

统一的要理书就是《圣经约录》。①

（三）"教要"与"约录"

虽然可以确定《圣经约录》就是利玛窦版本的《天主教要》，但对其名称依然需要一个说明，即为什么叫"圣经约录"，而不是如同其后的版本直接叫"天主教要"？

《耶稣会罗马档案馆明清天主教文献》（第一册，第 87～116 页）收录了该馆所藏的《圣经约录》（I，126，），名称虽然叫"圣经约录"（第 89 页），其后又解释说"右耶稣会友所译教要"（第 115 页），可见在利玛窦的心目中《圣经约录》就是一份教要，所以在 1615 年王丰肃注解《圣经约录》时，其书自称为"教要解略"。

中国的教友，尤其是徐光启，时常督促利玛窦翻译《圣经》，但《圣经》翻译一直没有获得教皇的同意，利氏又不能把教皇的意思直接告诉中国教友，所以只能以当时刚统一的要理书来推诿：

> 有时告诉他们，全部圣经的精华都撰写在拙译《要理问答》一书之中了；这本要理是最近重译、印刷，推行全国使用的，我费了两年的时间，逐字逐句地译出。我认为日文和中文相似，和我们的文字却

---

① Adrian Dudink，*Tianzhu jiaoyao*，*The Catechism*（1605），Published by Matteo Ricci，see *Sino-Western Cultural Relations Journal*，24，2002，pp. 38–50. 另见〔比利时〕钟鸣旦与〔荷〕杜鼎克主编的《耶稣会罗马档案馆明清天主教文献》，是书收录了《圣经约录》（I，126），编者直接称其作者为"Matteo Ricci e. a. 利玛窦等"（见该书目次第一页）。具体的理由有如下四条。（1）目录一样，但目录的顺序略有区别。前者的顺序：天主经，其次依序为圣母经、天主十诚、信经、十字圣号、神形善功、真福八端、七宗罪、七个补救办法或七德、人体五官、灵魂三能、三神学之德或向天主之德，最后为七件圣事；后者《圣经约录》目录：天主经、天神朝天主圣母经、天主十诚、十二亚玻斯多罗性薄録、圣号经、形神哀矜之十四端、真福八端、罪宗七端、克罪七端有七德、向天主有三德、身有五司、神有三司、阿格勒西亚撒格辣孟多有七。（2）格式一样：较小的字体，名字空格等。（3）《圣经约录》最后的一条按语，符合"我把此书仔细翻译，又增加了不少材料才付梓，并下令为统一起见，今后四座会院只能用此译本，其它版本作废"的情况。（4）王丰肃的《教要解略》除了一些区别，在文字上与《圣经约录》一样，可以确认后者是前者的版本。目录上的差别，增加了两部分：天主一体三位论、四宗常德；《教要解略》分为上下两卷，把阿格勒西亚撒格辣孟多有七部分提前到上卷的最后。文字上的区别："尔名成圣"（第 89 页）改为"尔名丕显"；"女中尔为赞美"（第 91 页）改为"女中尔为殊福"；"并为赞美"（第 91 页）改为"更为殊福"；"令普世遵守"（第 95 页）改为"命普世遵守"；"右坐"（第 98 页）改为"右座"；"诸圣"（第 99 页）改为"圣神"。此外，两者在文字上是完全一样的。

大异其趣。①

利玛窦称《圣经》所有的精华都在这本要理书中，把其命名为《圣经约录》也就是很贴切的。②

（四）《圣经约录》的书写

《圣经约录》也受巴洛斯与沙勿略的影响，例如七件圣事的音译对应的主要是葡萄牙语而不是拉丁语，信经的每一条前面都有"我相信"的表达；同时也承袭了罗明坚汉语书写的一些成果，如"十诫"的符号表达。但更多的是，随着对中国文化了解的加深和汉语的熟稔，《圣经约录》呈现出一种非常成熟的书写形态。

从内容上来看，《圣经约录》要比罗明坚的版本更为丰富，涵盖了巴洛斯与沙勿略要理书的基本内容，确定了形神哀矜、真福八端、七罪与七德等的译介。

从文字的表达来看，罗明坚的译介用词比较生僻，经文带有很大的口语色彩，似乎表明受当时民间宗教各类经文书写风格的影响，而《圣经约录》则比较文雅，经文表述典雅，带有文言色彩，试图摆脱当时民间宗教的标志。但在欧洲，天主教的各类祈祷词要么是没有名称，要么是以开头的字词命名；罗明坚的圣母经与天主经也是没有正式名称的；《圣经约录》却给每一段祈祷文予以一个"经"的名称，例如"天主经""圣母经""圣号经"等。"经"的命名在佛教有严格的规定，倒是当时的民间宗教比较普遍。这反映出利玛窦等人一方面是在文字表达上力图区别民间宗教，另一方面又不自觉的模仿民间宗教的行为，以"经"来加持祈祷文的神圣性。

从结构的选择与组织安排来看，很难说《圣经约录》是完全翻译自某一

---

① 〔意〕利玛窦：《利氏致罗马阿耳瓦烈兹神父书》，1605 年 5 月 12 日，《利玛窦书信集》下，第 300 页。

② 在《四书章句集注》中，天主教"要"与圣经"约录"具有内在的一致性："子曰诗三百一言以蔽之曰思无邪……范氏曰学者必务知要知要则能守约守约则足以尽"（朱熹：《四书章句集注·为政》，第 53～54 页）；"盖举一篇之要而约言之，其反复丁宁示人之意，至深切矣，学者其可不尽心乎！"（朱熹：《四书章句集注·中庸》，第 40 页）；"黝务敌人，舍守有已；子夏笃信圣人，曾子反求诸己，故二子之与曾子、子夏虽非等伦，然论其气象则各有所似。贤，犹胜也。约，要也。言论二子之勇，则未知谁胜；论其所守，则舍比于黝，为得其要也"（朱熹：《四书章句集注·孟子·公孙丑上》，第 229～230 页）。

范本的，应是利玛窦依照自己的理解重新筛选、排列，并重新解释的一个新的版本。十字圣号是天主教的身份标志，在沙勿略的教义书中，圣号经就是处于首位，而利玛窦可能是出于对中国人忌讳十字架的考虑，因而把圣号经"藏于"要理书的中间。也可能是因为当时教会过于弱小，考虑中国人对宗教组织的禁忌，圣教定规就没有进入《圣经约录》。因而可以看出，利玛窦对《圣经约录》的组织结构是有所考虑的。另一方面，在一般的要理书中，三位一体的内容是放在圣号经中解释的，而利玛窦却把其放在天主经中解释，这是因为结构安排的变化，导致解释的变化。

《圣经约录》的书写对耶稣会传教士汉语书写的影响，主要表现在三个方面：其一、围绕《圣经约录》的款目，一些细致解释的汉语文本开始出现，例如庞迪我的《七克》《庞子遗诠》等，王丰肃的《教要解略》等，《圣经约录》确定了此时的汉语书写的主题与范围；其二、《圣经约录》确定了此后天主教基本术语的汉译，除了极少数的术语有变化，绝大多数的都承袭了《圣经约录》的译介，包括明清时期方济各会和多明我会等耶稣会的反对派的汉语书写；其三、但也正是那些极少数的术语汉译的变迁，反映了在华书写的历史面貌。因此，本文以下对《天主教要》的分析，主要依循这些术语汉译的变迁及结构的调整展开。

三　《总牍内经》的汉语书写

从王丰肃的《教要解略》来看，到 1615 年，在华耶稣会还是使用《圣经约录》作为要理书。1616 年，因为王丰肃在南京的作为，南京教案爆发，直至 1624 年才逐步平复，在这段时间，修会不可能再出一个新的要理书。1628年，因龙华民对利玛窦传教政策与汉译术语的不满，修会召开了嘉定会议，刻了新的要理书，这便是《总牍内经》[①]。

嘉定会议的主要议题是天主的译名问题，即龙华民反对以"上帝""天"指称天主。结果是规定此后传教士的汉语书写禁止"上帝"与"天"，但由于《天主实义》的影响巨大，此中的"上帝"予以保留。但是，从实际的情况来看，中国的教友从来没有受这个规定的影响，一些传教士在第一、第二类文本的书写中，也不得不使用"上帝""天"的译名。在《圣经约录》中，

---

① 法国国家图书馆藏 Chinois 7346。

还没有出现"上帝"的译名，所以，此次会议对要理书的术语汉译没有什么影响，但在结构的安排上，则有巨大的变化，反映出此时参会的传教士对利玛窦的一些看法。

表 1 《圣经约录》与《总牍内经》目录结构对比

《圣经约录》	天主经、天神朝天主圣母经、天主十诫、十二亚玻斯多罗性薄录、圣号经、形神哀矜之十四端、真福八端、罪宗七端、克罪七端有七德、向天主有三德、身有五司、神有三司、阨格勒西亚撒格辣孟多有七
《总牍内经》	圣号经、天主经、圣母经、信经、悔罪经、又圣母经申尔福经、天主十诫、解罪经、将领圣水问答 解罪规、领圣体规、天主圣教要理六端

从表 1 可见如下两点。

其一，圣号经的提前。在《圣经约录》中，圣号经在信经（即十二亚玻斯多罗性簿录）之后，但庞迪我在对信经进行诠释时认为"圣教所蕴皆在十字圣架号经中，故载虽在经后，今解之在经前"①，这里的"载"，指的就是《圣经约录》对圣号经的安排。庞迪我认为天主教所蕴精华全部包含在圣号经中，其重要性应该在信经之前，表达了一种对《圣经约录》结构安排的不满；王丰肃也认为，三位一体与耶稣降生受难是天主教与其他异端相区别的根本，圣号经则"经中备是两义，使诸从教者恒得记忆，亦易念诵矣"②，所以圣号经极其重要。这是最早主张把圣号经提前的意思。另外，沙勿略的《小要理书》以及《若热要理书》中，圣号经都在天主经之前。因此，提前圣号经既符合教理书书写的传统，也可以突出十字架的身份以及三位一体的内容，避免其他修会的指责。

其二，《圣经约录》中的一些款目被删除，尤其是罪宗七端、克罪七端有七德的内容。而增加了一些新的内容，关于罪的内容非常突出，包括了悔罪经、解罪经、解罪规。庞迪我的《七克》曾经深受中国士大夫的喜欢，影响甚广，其内容就是对"罪宗七端、克罪七端有七德"的解释。《七克》与《天主实义》中的人性本善的观点相结合，给人的印象就是通过自身的道德修

---

① 〔西班牙〕庞迪我：《庞子遗诠·论圣号经》，《耶稣会罗马档案馆明清天主教文献》第一册，第 6 页。

② 〔意〕王丰肃：《教要解略·圣号经》，《耶稣会罗马档案馆明清天主教文献》第一册，第 216 页。

养——七克，就能克服自身的原罪与本罪，——其他的修会也认为耶稣会遮蔽了原罪的学说，而天主教基本是认为通过忏悔才能获得赦免，克服与赦免显然是两个不同的概念，所以需要增加有关罪的内容。两者相较起来，前者更有伦理色彩，而后者更带宗教色彩。

《总牍内经》的书写自然有一定的道理，但包含的款目过少，不大适合一个官方要理书的需要。因此，修会又刻行了一个新的官方版本的要理书，这便是傅汎际版的《天主教要》。

四　傅汎际版《天主教要》的汉语书写

本节主要分析两个问题：其一，现存有多份《天主教要》的文献，有学者把其中的某份当作利玛窦书写的早期版本，本节则试图从其他的方面说明，这些《天主教要》不大可能是利玛窦的早期版本；其二，继续分析因为传教处境等的变化所导致的要理书结构的变化，以及基本术语汉译的变化。

（一）《天主教要》的版本

1623 年，中国传教区从日本省区独立出来，阳玛诺成为首任中国副区长，此后耶稣会正式刻板的汉语书籍，一般都标有"值会某某准"的字样，如阳玛诺接任视察员之后，傅汎际接任其中国副区长的职位。因此，此后刻板的书籍多有"值会傅汎际准"的字样，这标志着耶稣会的官方认可。傅汎际版的《天主教要》指的就是傅汎际批准刻板的官方版，刻本上一般有"值会傅汎际准"的字样。

1. "值会傅汎际准"

就笔者现在所掌握的材料来看，书名为《天主教要》的，且有"值会傅汎际准"字样的文献，一共有三个版本。

其一是法国国家图书馆藏的《天主教要》（法国国家图书馆藏 Chinois 7373），现收录于《法国国家图书馆明清天主教文献》第 23 册。首页有"耶稣会士共译，值会傅汎际准"的字样，一共 23 页。正文的第一页，一段类似于序的文字，是对天主的解释，"天主者，乃天地万物之一大主也，………"

表 2 《天主教要》目录结构对比

《天主教要》 （Chinois 7373）	圣号经、天主经、天神朝拜圣母经、信经、天主十诫
《天主教要》 （徐家汇藏）	圣号经、天主经、天神朝拜圣母经、信经、天主十诫、圣教定规，其要有四、万日略之劝谕有三、圣教撒格辣孟多有七、赎罪三功，哀矜之行十有四、向天主之德有三、枢德有四、罪宗有七、克罪七端，有七德、悖反圣神之罪有六、吁天主降罚之罪有四、圣神之恩有七、真神有八、身有五司、神有三司、人仇有三、人末有四、圣母玫瑰经十五端、朝拜经
《天主教要》 （Jap Sin I109）	同徐家汇藏《天主教要》

其二是徐家汇收藏的《天主教要》，书页也有"耶稣会共译，值会傅汎际准"，徐宗泽生提供了本书的目录与一段类似于序的文字，是对天主的解释，"天主者，乃天地万物之一大主也，………"，这段文字与 Chinois 7373 相比，除了少了一个"当"字，两者完全一样。判断是后者在抄写的时候，少抄写了一个字。但目录却更长，可见后者的内容更丰富。①

其三是罗马耶稣会档案馆藏的《天主教要》（Jap Sin I109）。首页内封同样有"耶稣会士共译，值会傅汎际准"的字样，《耶稣会罗马档案馆明清天主教文献》没有收录此文，但张西平提供了本书的基本情况，其目录与徐家汇的藏本完全一样。②

从目录与"耶稣会共译，值会傅汎际准"字样来看，耶稣会档案馆藏本（Jap Sin I109）与徐家汇藏本乃是同一个版本。又依据"耶稣会共译，值会傅汎际准"字样与"对天主的解释"的序文字来看，法国国家图书馆藏本与徐家汇藏本也是同一个版本，所不同的是法国国家图书馆的藏本极有可能只是前面的部分，而非完整的版本。基本上断定，三者乃是同一个版本。由于没有看到后两个藏本的具体内容，也就无法从具体的文字书写上做出进一步分析。

2. "曰且堂梓"

书名为《天主教要》，没有"值会傅汎际准"字样，但有"曰且堂梓"字样的文献也有多份，张西平比较了如下两版藏本。

---

① 徐宗泽：《明清间耶稣会士译着提要》，上海书店出版社，1996，第 123 ~ 124 页。

② 张西平：《天主教要考》，《世界宗教研究》1999 年第 4 期。

第一个版本是梵蒂冈藏本，编号 Barb Oriente132，出版者标为"曰旦堂梓"，目录为：天主经、圣号经、天神朝拜圣母经、尔胎子、信经、天主十诫、圣教定规其要有四、悔罪规文。另外还提供了这个藏本的全文。[①]

第二个版本是耶稣会档案馆藏本，编号为"Jap Sin 57"，出版者同样也标为"曰旦堂梓"，张西平提供了一个目录。[②] 张西平的这篇《天主教要考》发表于 1999 年，时间相当早。2002 时出版的《耶稣会罗马档案馆明清天主教文献》第一册收有编号为"Jap Sin 57a"的《天主教要》，由于张西平提供的不是影印本，所以无法在表面的书写格式上进行比较，只能从文字的书写上进行比较。可以断定，两则乃是出于同一版本。

单纯从"曰旦堂梓"，无法判断其刻行时间与地点。一份伏若望（João Fróis）的《善终诸功规例》最后刻有"建武曰旦堂重梓"的字样[③]，指明曰旦堂就在建武，即江西建昌府，现今的江西南城县[④]，而传教士是在南京教案时期，即 1618 年时，才开始到建昌传教[⑤]，因此"曰旦堂梓"的《天主教要》不大可能是利玛窦时期刻本，但其内容则有待进一步分析。

3. "值会傅汎际准"与"曰旦堂梓"的比较

因为暂时无法获得所有"《天主教要》"的文献，先以《天主教要》（Chinois 7373）与"Jap Sin 57a"的《天主教要》为范本，对"值会傅汎际准"版与"曰旦堂梓"版做一个比较。

从刻板来看，两者显然不是同一刻板，对此只能从文字的书写上进行比较。《天主教要》（Chinois 7373）一共有 6 部分，最前面的一个解释、圣号经、天主经、天神朝拜圣母经、信经、天主十诫。《天主教要》（Chinois 7373）与"Jap Sin 57a"的《天主教要》，除信经部分在文字上有两处区别，其他的文字全部一样。

从文字书写上来看，两者在信经上也只有两处不一样，"我信惟一天主全

---

① 张西平：《天主教要考》，《世界宗教研究》1999 年第 4 期。

② 张西平：《天主教要考》，《世界宗教研究》1999 年第 4 期。

③ 《耶稣会罗马档案馆明清天主教文献》第五册，第 437 页。法国国家图书馆藏 Chinois 7157 也标有"建武教下后学夏玛第亚大常撰"的字样。

④ "南唐取吴复置抚州，开宝二年李煜以南城县置建武军，宋太祖开宝八年师下江南得郡十九，置抚州军，而南丰在所领治，太平兴国三年改建武军为建昌军，淳化元年南丰复为建昌领治，……元改建昌军曰建昌路……"《建昌府志》（卷一）（正德）；亦见黄一农《两头蛇：明末清初的第一代天主教徒》，第 417 页。

⑤ 〔法〕荣振华：《在华耶稣会史列传及书目补编》下册，耿升译，中华书局，1995，第 859 页。

能者罢德肋化成天主"，"我信其一费略耶稣契利斯督"，《天主教要》（Jap Sin 57a）——中的这两句话，在《天主教要》（Chinois 7373）中则是"我信天主全能者罢德肋化成天主"，"我信其惟一费略耶稣契利斯督"，前一句增加了"惟一"两个字，"天主罢德肋"变成了"唯一天主罢德肋"，后一句则少了一个"惟"字，其惟一费略契利斯督变成了"其一费略契利斯督"。

表3 信经的比较

《圣经约录》《教要解略》《庞子遗诠》	我信全能者天主罢德肋化成天地，我信其惟一费略耶稣契利斯督我等主①
《天主圣教启蒙》	我信全能者天主罢德肋化成天地，我信其惟一费略耶稣基利斯多我等主②
《天主圣教总牍内经》（Chinois 7346）	我信全能者天主罢德肋化成天地，我信其惟一费略耶稣基利斯督我等主③
《天主圣教日课》（Chinois 7353）	我信全能者天主罢德肋化成天地，我信其惟一费略耶稣基利斯督我等主④
《天主教要》（Chinois 7373）	我信全能者天主罢德肋化成天主，我信其惟一费略耶稣契利斯督我等主⑤
《天主教要》（Jap Sin 57a）	我信惟一天主全能者罢德肋化成天地，我信其一费略耶稣契利斯督我等主⑥

《天主教要》（Jap Sin 57a）的这一增与一删，表面上看只是文字的变化而已，但从天主教神学的意义上来说，却有重大的神学意涵。在天主教的传统中，天主本来就是惟一，增加"惟一"两个字，等于是画蛇添足。但是从中国的语境来说，"天主"本来是佛教的用语，而佛教有很多天主。"惟一天

---

① 请分别参见〔意〕利玛窦等《圣经约录》，《耶稣会罗马档案馆明清天主教文献》第一册，第96～97页；〔意〕王丰肃：《教要解略》，《耶稣会罗马档案馆明清天主教文献》第一册，第179～184页；〔西班牙〕庞迪我：《庞子遗诠》，《耶稣会罗马档案馆明清天主教文献》第二册，第24、34页。
② 〔葡萄牙〕罗儒望：《天主圣教启蒙》，《耶稣会罗马档案馆明清天主教文献》第一册，第416页。
③ 《天主圣教总牍内经》（法国国家图书馆藏Chinois 7346），第2a页。
④ 郭居静、费奇规、阳玛诺、傅汎际、费乐德订，利类思、南怀仁重订：《天主圣教日课》上卷（法国国家图书馆藏Chinois 7353），第7b页。
⑤ 〔葡萄牙〕傅汎际等《天主教要》（法国国家图书馆藏Chinois 7373），第5a～6a页。
⑥ 《天主教要》，《耶稣会罗马档案馆明清天主教文献》第一册，第317页。

主"背后针对的语境就是佛教的多天主的语境。增加唯一两个字，就是为了与佛教的多天主论相区别。

第二句话中的"其惟一费略"变为"其一费略"，则反映出作者不熟悉天主教神学。唯一针对的是耶稣作为上帝独生子的身份，耶稣是上帝唯一的儿子。当"其惟一费略"变为"其一费略"时，意思似乎就变味为"其中之一的费略"。

反过来说，在可以确知为传教士所书写的"信经"中，都没有增加"惟一"两个字，也没有删去"惟"这一个字。这表明，传教士在对信经进行汉语书写的时候，是经过非常仔细的神学考究的，是不能随意更改文字的表达的。就以上的分析可知，曰旦堂梓版的《天主教要》的作者或者说抄写者，乃是一个中国人，一个中国教徒，熟悉佛教的典籍，对天主教的教义却不熟悉。在抄写的时候，不自觉地把经文置于佛教的语境之中，力图与佛教区别开来，结果却如此。

4.《天主教要》（傅汎际版）与《总牍内经》的比较

比较主要从两个方面进行，一个是结构方面，一个是文字表达方面。

（1）目录结构的比较

表4　《天主教要》与《总牍内经》目录

《天主教要》（傅汎际版）	序、圣号经、天主经、天神朝拜圣母经、信经、天主十诫、圣教定规，其要有四、万日略之劝谕有三、圣教撒格辣孟多有七、赎罪三功，哀矜之行十有四、向天主之德有三、枢德有四、罪宗有七、克罪七端，有七德、悖反圣神之罪有六、吁天主降罚之罪有四、圣神之恩有七、真神有八、身有五司、神有三司、人仇有三、人末有四、圣母玫瑰经十五端、朝拜经。
《总牍内经》	圣号经、天主经、圣母经、信经、悔罪经、又圣母经申尔福经、天主十诫、解罪经、将领圣水问答 解罪规、领圣体规、天主圣教要理六端

其一，版面书写格式来看，《总牍内经》只有经文，而没有对经文的解释。从性质来看，《天主教要》（傅汎际版）侧重教义方面，所以对各个经文有简要的解释，而《总牍内经》侧重礼仪方面，与经文相伴的是具体的行为。所以《天主教要》有开始部分的"天主者……"，《总牍内经》则没有此一部分。

其二，《天主教要》（傅汎际版）的内容比较丰富，曾经为《总牍内经》删除部分的内容，也重新被吸收进来，如"罪宗有七""克罪七德"等。

其三，从结构顺序来说，保持了把"圣号经"列为首位的做法，即对龙华民"别儒"的做法持一种肯定的态度。

其四，"圣母经"的名称被改为"天神朝拜圣母经"，"又圣母经"被确名为"申尔福经"。

从整体上看，傅汎际版的要理书，反映了此时的传教态度与政策。

（2）文字表达上的区别

以《天主教要》（傅汎际版）为范本，对两者进行文字书写方面的比较，存在以下三点区别。在《天主教要》（傅汎际版）中，"Cristo"译介为"契利斯督"，之前的几个教要版本都是如此，但《总牍内经》却译介为"基利斯督"；前者将"Pontio Pilato"译介为"般爵比辣多"，《总牍内经》则译介为"般雀比刺多"；前者将"está sentado à destra de Deus Padre todo-podoroso"译介为"坐于全能者天主罢德肋之右"，《总牍内经》则译介为"于全能者天主罢德肋之右坐"。这三个区别没有多大的本质区别，只是文字表达上的语序与音译方面的问题。

除了上述的区别，两者在"天主十诫"的书写上还有所区别。《总牍内经》中，第二诫的书写是"二毋呼天主名以设发虚誓"，而《天主教要》（傅汎际版）则对其进一步圣化，在"名"之前新增加了一个"圣"字："二毋呼天主圣名以发虚誓"，这一新的书写并没有什么神学上的特殊含义，这乃是宗教中常见的自我圣化、神化的一种常见方式而已。例如"Bible"不仅被称为"经"，还被进一步圣化为"圣经"。

"天主十诫"中的第二个区别则有神学的意义，对于第一诫，《总牍内经》以及之前的书写，都是"一钦崇一天主万物之上"，《天主教要》（傅汎际版）则化万物为万有，书写为"一钦崇一天主万有之上"，这一改变形成了天主十诫汉语书写的第三种类型。

五　小结

对《天主教要》进行文字、结构的调整，并统一与规范，是沙勿略以来远东耶稣会士的一贯做法。《天主教要》版本的流变，与中国的传教情势变化基本一致。这反映了传教士对中国文化认知的逐步深入，也反映了传教士内部对中国情势认知的差异。

新发现的海内外现藏《泰西人身说概》诸版本考论

项　旋*

摘要：《泰西人身说概》是明末耶稣会士翻译的一部西方解剖学著作，也是中国最早的西方解剖学译著。长期以来，《泰西人身说概》引起了学界的广泛关注，学者对其版本进行了考察，一般认为存世版本为一种刊本和九种抄本。除此之外，实际上海内外仍有五种抄本至今未被学界注意，分别是法国国家图书馆所藏抄本两种，澳大利亚国家图书馆所藏伦敦会抄本一种，以及何焯藏抄本、流荫堂抄本各一种。五种抄本版本各异，形态不一。本文揭示了新发现的《泰西人身说概》五种抄本的相关情况，同时系统比对了海内外存世各种版本的文本信息及差异，从中发掘规律性信息，较为全面地考察了《泰西人身说概》从明末至今数百年的流通状况。

关键词：《泰西人身说概》；版本；流通

《泰西人身说概》是明末耶稣会士翻译的一部西方解剖学著作，也是中国最早的西方解剖学译著。此书由邓玉函（Johann Terrentius，1576—1630）草译，毕拱辰润饰成书。邓玉函于 1618 年来华，1621 年到澳门。后赴嘉定学习中文，后避教难于杭州，居李之藻家中。其间，由他口述，李家一文士笔录，约在 1622～1623 年译成《人身说》一书。1629 年邓氏奉召赴京主持修历，1630 年在北京去世。

《泰西人身说概》的校订者毕拱辰（？—1646），字星伯，山东掖县人，万历四十四年（1616）三甲进士，曾任江苏盐城知县、陕西朝邑知县、浙江按察司知事等职。1646 年在山西被李闯王部下杀害。1634 年，毕氏在京城得交汤若望，得邓玉函译《人身说》遗稿，因"闻邓先生译说时，乃一鄙陋侍史从旁记述。恨其笔理而不能挈作者之华，语滞而不能达作者之意"，于是，

＊　项旋，厦门大学台湾研究院博士后。

"为之通其隔碍，理其纷乱，文其鄙陋，凡十分之五，而先生本来面目宛尔具在矣"①，并易名为《泰西人身说概》。毕拱辰校订的西学著作除《泰西人身说概》，还有高一志的《斐录答汇》。②

作为中国最早的西方解剖学译著，《泰西人身说概》可以说备受医史研究者和中西文化交流史研究者的关注，对其版本、内容、底本等问题进行了探索，取得的成果十分丰硕。早在 1943 年，范行准在其《明季传人之西洋医学》中即对这部书的内容做了比较详细的介绍和分析。③ 关于《泰西人身说概》的版本，一般认为存世版本为一种刊本和九种抄本。④ 迄今为止，只发现一种刻本，即罗马国立中央图书馆藏本，就是迄今所知唯一存在的刻本。《说概》并未立即刊行。范行准从裴化行处得知 1643 曾刊刻出版。日本关西大学沈国威教授的著作中载有该书刊本的书影，文中注明"邓玉函口述 1623，毕拱辰润定 1634，刊行 1643"。根据韩琦教授提供给笔者的书影，该刻本前有毕拱辰《泰西人身说概序》，共七叶。全书分上下两卷，卷上二十一叶，卷下二十三叶，全书有圈点。该刻本将"天主"写作"大主"。以往学界均认为该刻本无刻印处记录，经笔者仔细观察，该刻本篇首序左下角的书脚有"顾之玉刊"字样，这直接表明该刻本为顾之玉刻印，而他到底是出资刻印者还是刻工的身份，在何处刻印等问题，还有待进一步查考，但该信息的发现无疑为我们提供了重要的线索。

除了上述唯一的刻本，《泰西人身说概》抄本则较多。范行准曾购得两部，一部为康熙旧抄本（《栖芬室善本书叙录》又注为嘉庆抄本）⑤，后赠予中国中医研究院图书馆；一部为乾隆时旧抄本，赠王吉民芸心精舍收藏。张荫麟有一部抄本，燕京大学图书馆据张氏本复制一部，现藏于北京大学图书馆。徐家汇藏书楼又从燕京大学复抄一本。除上述 5 个抄本，中国国家图书馆藏有一部清抄本，具体抄写年代不详，内有姚衡道光十二年（1832）跋，

① 毕拱辰：《泰西人身说概》卷上，第 1 页。
② 关于毕氏生平，可参见邹振环《毕拱辰及其译校的汉文西书》，《登州与海上丝绸之路——登州与海上丝绸之路国际学术研讨会论文集》，2008。
③ 范行准：《明季传人之西洋医学》卷 3－4，中华医学会医史学分会钧石出版基金，1943。
④ 关于《泰西人身说概》的研究可参见祝平一《身体与天主：〈泰西人身说概〉中的医学信仰》，龙村倪、叶鸿洒编《第四届科学史研讨会汇刊》，台湾中研院科学史委员会，1996；祝平一《灵魂与天主：明末清初西学中的人体生理知识》，李建民主编《生命与医疗》，中国大百科全书出版社，2005。
⑤ 范行准：《栖芬室善本书叙录》，《中华医学杂志》第 27 卷 11 期，1941。

弥足珍贵。以上几种抄本均与另一部西洋解剖学译著《人身图说》合订一处。新竹清华大学黄一农教授曾从法国国家图书馆影印一抄本，该抄本只有《说概》而无《图说》，但后附有《图说》的《正面全身之图》与《背面全身之图》。其行格与以上讨论的版本相同，但每页的起首字不同，而且有断句符号。北京大学医学部医学史研究中心亦藏有一抄本，约于1950年代据叶企孙所藏抄本转抄，分4册装订，《说概》《图说》各二册。叶氏抄本年代不详。①邹振环先生还从上海图书馆发现了两种抄本：抄本一分上下卷，卷上十六叶，卷下十八叶。卷首题"耶苏会士邓玉函译述，东莱后学毕拱辰润定"。后文附录"中国洗冤录附"尸格：仰面部位、合面部位和周身，以及附录"画答"。文中将"天主"改作"大主"。抄本二原为上海市历史文献图书馆藏本，卷首题"耶西会士邓玉函译述，东莱后学毕拱辰润定"。卷上二十一叶，卷下二十四叶，有红点点断。②

图1　罗马国立中央图书馆藏刻本书影③　　图2　"顾之玉刊"字样书影一角

　　经过笔者的查考，《泰西人身说概》除上述学界已经发现的诸多版本，海内外仍有五种抄本至今未被学界注意，分别是法国国家图书馆所藏二种抄本，澳大利亚图书馆所藏伦敦会抄本一种，以及何焯藏抄本、流荫堂抄本各一种，且五种抄本版本各异，形态不一。本文意揭示新发现《泰西人身说概》五种抄本的相关情况，同时系统比对海内外存世各种版本的文本信息及差异，从

①　参见牛亚华《〈泰西人身说概〉与〈人身图说〉研究》，《自然科学史研究》2006年第1期。
②　参见邹振环《晚明汉文西学经典：编译、诠释、流传与影响》，复旦大学出版社，2011，第321～322页。
③　该刻本由中国科学院自然科学史研究所韩琦研究员于1999年从罗马国立中央图书馆复制回国内，后提供给沈国威教授。此书影为韩琦教授提供，谨此致谢！

中发掘规律性信息，较为全面的考察《泰西人身说概》从明末至今数百年的流通状况。

一 新发现的海内外现藏《泰西人身说概》诸版本

经笔者查考，海内外公私收藏机构中新发现 5 种抄本，分藏于法国国家图书馆、澳大利亚国家图书馆和国内拍卖行等机构。具体版本信息如下。

1. 法国国家图书馆所藏《泰西人身说概》两种抄本

目前，学界已经发现并最常引用的是法国国家图书馆所藏抄本，编号为5130。它与该馆所藏其他有关在华天主教文献一道，2009 年由台北利氏学社影印出版，黄兴涛主编的《明清之际西学文本》收录了《泰西人身说概》，即利用法国国家图书馆藏此抄本加以标点整理。[①] 经笔者的查阅，除了此编号为 5130 的抄本，尚有编号为 5131、5132 的两种抄本未被学界注意。

编号 5131 抄本。书题《泰西人身说概序》，半叶九行，行二十字。书前有目录，分为上下两卷，每卷首题"耶稣会士邓玉函译述，东莱后学毕拱辰润定"。文后附录《洗冤录》。不避"玄"字讳。

编号 5132 抄本。书题《人身图说上卷》，半叶九行，行二十字。书前有目录，分为上下两卷，每卷首题"耶稣会士邓玉函译述，东莱后学毕拱辰润定"。文后附录《洗冤录》。不避"玄"字讳。

图 3　编号 5131 法国国家图 图 4　编号 5132 法国国家
　　　图书馆藏抄本书影   　　　图书馆藏抄本书影

---

① 黄兴涛等编《明清之际西学文本》，中华书局，2013。

2. 澳大利亚国家图书馆藏抄本

书题《泰西人身说概序》，半叶九行，行二十字。书前有目录，分为上下两卷，每卷首题"耶稣会士邓玉函译述，东莱后学毕拱辰润定"。全文有句逗点断，不避"玄"字讳。经该馆介绍，此抄本来自伦敦会特藏（London Missionary Society）。笔者按：伦敦会成立于1795年，是一个超宗派的新教传教组织，马礼逊（Robert Morrison，1782—1834）为其派往中国传教士中的代表者。马礼逊在1807年9月到达广州以前，已经致力学习中文，后来他的中文程度已足够从事翻译《圣经》、编纂中文字典和翻译其他西方著作。马礼逊还收集了大量传教士文献，后归入澳大利亚国家图书馆，并建立了伦敦会特藏文献，其中就包括了《泰西人身说概序》。

图5　澳大利亚国家图书馆
藏抄本封面书影

图6　澳大利亚国家图书馆
藏抄本内页书影

3. 何焯藏抄本

此抄本系道光间陈子茂（陈德培）据何义门藏本所抄。2013年，江苏真德拍卖有限公司进行拍卖。根据拍卖纪录，该抄本1函4册，白纸线装，用乾隆本朝纸精写。《泰西人身说概》及《人身图说》合订。前有跋"此书原本系何义门太史旧藏，已赠二尹陈子茂，副本只有是册也。诸同志借抄本勿遗失"。可知其曾为何焯旧藏。

4. 流荫堂抄本

书题《泰西人身说概》，半叶九行，行二十四字。书前有目录，分为上下两卷，每卷首题"耶稣会士邓玉函译述，东莱后学毕拱辰润定"。文后附录

《画答》。不避"玄"字讳。书脚题"流荫堂"，根据道光十四年刊行的《吴门表隐》记载："盘门新桥巷沈氏流荫堂自制的珍珠丸"，该抄本很可能就是苏州流荫堂，时代不应晚于道光。

图 7　何焯藏抄本书影　　　　　图 8　流荫堂抄本内页书影

二　新发现的海内外现藏《泰西人身说概》版本考察

笔者把刻本及澳大利亚国家图书馆、法国国家图书馆及流荫堂抄本等五种版本，分别摘取其中的封面题名、篇首序及有无玄字避讳、文中"大主"是否抬格、有无目次、附录等多项图像信息进行列表分析，以期发现差异，进而探讨版本流传等重要问题（见表1）。

表 1　新发现的海内外现藏《泰西人身说概》版本一览

版本	收藏者	封面题名	篇首序及玄字避讳	大主抬格	有无目次	改动较大处或附录
刻本	罗马中央图书馆	（书影）	（书影）	（书影）	（书影）	（书影）
抄本	澳大利亚国家图书馆	（书影）	（书影）	（书影）	（书影）	（书影）

续表

版本	收藏者	封面题名	篇首序及玄字避讳	大主抬格	有无目次	改动较大处或附录
抄本	法国国家图书馆	《人身说概》	泰西人身说概序……玄字避讳		泰西人身说概目次 卷上 骨部 肉块筋部 脉部 肉部 卷下……	
抄本	法国国家图书馆	《泰西人身说概序》	泰西人身说概序……玄字避讳			中国注意
抄本	法国国家图书馆	《人身图说上卷》	泰西人身说概序……玄字避讳			中国注意

结合笔者对上述版本的比较信息，我们可以针对一些问题展开讨论。

首先，五种版本的封面题名并不一致。罗马中央图书馆藏刻本题为《人身说概》，澳大利亚国家图书馆藏抄本题作《泰西人身说概》，法国国家图书馆藏三种抄本则分别题作《人身说概》（编号5130）、《泰西人身说概序》（编号5131）和《人身图说上卷》（编号5132）。最值得注意的是法国国家图书馆藏抄本的题名，按其意应是把《泰西人身说概》当作《人身图说》的上卷。根据笔者前文所述，在诸多版本中，往往把《泰西人身说概》和《人身图说》合订，就容易产生将《泰西人身说概》当作《人身图说》上卷的印象。方豪《中西交通史》就曾提及："亡友张荫麟藏有抄本，与《人身图说》合装，亦抄本，署罗雅谷译述，龙华民、邓玉函校阅。"关于《说概》和《图说》的关系问题，学界早有讨论。冯承钧将二书混为一谈。方豪《中西交通史》介绍《泰西人身说概》之解剖生理学时，列入了《图说》的内容，可见他也视二者为一种。他们均没有说明理由。范行准先生则认为二书译者不同，刊行时间亦不同，应为两部译著。根据牛亚华的研究，"事实上，二书在内容上并无重复之处，而是互补关系，不存在孰多孰少的问题"。① 我们从上述 5 种抄本也可以发现，早期的刻本并无与《人身图说》合订，而到抄本时，逐渐的将二者合订一处，以至于造成误导。

其次，在笔者所列上表中，把篇首序中是否避"玄"字讳作为一个重要考察点，其原因是历代王朝特别是清代避讳谨严，相关文献进行严肃审查，一般而言，康熙及康熙以后文献中出现"玄"字或缺末笔或改"玄"为"元"。根据这一避讳规律，可以帮助我们判定其版本在康熙之前或者之后。根据笔者对《泰西人身说概》6 种版本情况的考察，罗马中央图书馆藏刻本、法国国家图书馆藏三种抄本（编号分别为 5130、5131、5132）均不避讳"玄"，直接写作"故夫玄黄剖判……"，可知为康熙之前的版本，我们已经获知罗马刻本刊刻于晚明，而法国国家图书馆藏三种抄本与之差异不大，也很有可能是晚明抄本。而澳大利亚国家图书馆藏抄本采取"玄"字缺末笔的方法避讳，我们据此大致可以判定该抄本抄写时代为康熙以后。

再次，上述表格还比较了《泰西人身说概》文中涉及"大主"一词是否抬格处理的问题。之所以提出这一问题，其实与《泰西人身说概》的润定者毕拱辰是否为天主教徒密切相关。毕拱辰与耶稣会士的往来亦密切，他曾刊刻利玛窦的《圜容较义》，并润定高一志的《斐录答汇》和邓玉函的《泰西人身说概》二书，方豪尝在未注明出处的情形下以毕拱辰为天主教徒，称其"为教友，圣名斐理伯"②，有称其有教名"斐鲁理"③，有称其"由慕西学而入教"，理由是他在《斐录答汇》序中"天主"二字另行抬头署名中有"后学"字样，因此应为天主教徒。而台湾清华大学的黄一农认为此或属附会，因其在死难时仍蓄有姬妾，与"十诫"的教规严重不合。笔者查阅毕拱辰润定的《斐录答汇》，毕拱辰在序言中提到"客岁铨补京毂，薰沐肃大主后，即晋谒龙精华、汤道未、罗昧韶诸先生"，"薰沐肃大主"即是受洗之意。毕拱辰与这些耶稣会士结交的时间应该为 1630 年后在北京期间。除此之外，该刻本《凡例》大谈天主教教义，落款者是"珠船生述言"，而笔者查阅，毕拱辰著有《珠船斋诗草》，可见该凡例为毕拱辰所自撰。因此，毕拱辰应该是天主教徒。作为教徒，他在主持润定刊刻的《斐录答汇》凡涉及"大主"一词前均空一格或者抬写，以表对天主的崇敬。同样，在毕拱辰润定的《泰西人

---

① 参见牛亚华《〈泰西人身说概〉与〈人身图说〉研究》，《自然科学史研究》2006 年第 1 期。
② 方豪：《中国天主教史人物传》，宗教文化出版社，2007，第 157 页。
③ 朱亚非、石玲、陈冬生：《齐鲁文化通史》（明清卷），中华书局，2004，第 634 页。

身说概》诸多版本中则有不同的处理方式，罗马中央图书馆刻本和澳大利亚国家图书馆藏本涉及"大主"一词时均空一格或者两格，可见澳大利亚国家图书馆藏本很有可能依据罗马本抄写；而法国国家图书馆藏三种抄本涉及"大主"一词时均不空格，表明这三种抄本所依据的版本较为接近，未必依据刻本抄写。

最后，关于各版本《泰西人身说概》的目录及内容改写问题，以往学界关注得很不够，实际上这些都是探讨《泰西人身说概》版本源流的重要信息。经过比对以上五种版本，可以发现，罗马刻本、澳大利亚国家图书馆抄本及法国国家图书馆抄本（编号5130）均有目录，而法国国家图书馆藏另外两种抄本（编号5131、5132）均无目录。这说明在抄录过程中丢失了目录信息，这是值得我们关注的问题。另外，澳大利亚国家图书馆抄本、法国国家图书馆抄本均有不少改动文字的痕迹，或将"手骨"改为"小臂"，或增加文字，或删除等，说明抄录过程中发生了一定的错讹，有的及时进行了纠正，这是抄本抄写过程的原始记录，特别值得关注。关于《泰西人身说概》的附录，罗马刻本原本并无附录，但是法国国家图书馆藏得两种抄本均附录有《中国洗冤录》，无疑是在原刻本的基础上按照抄写者本人的喜好增添入了信息，这也是我们在考察抄本时应该注意的问题。

为了把版本信息更加清晰，有必要对15种版本相关信息进行对比研究。笔者列表著录相关信息（见表2）。

表2　《泰西人身说概》版本信息比对

序号	版本	收藏者	封面题名	有无目次	有无点断	有无避讳	有无人身图说合刊	有无附录洗冤录	有无附录画答	来源或馆藏编号	备注
1	刻本	罗马国立中央图书馆	泰西人身说概	有	有	无	无	无	无	王重民提及1643年刻本，韩琦1999年首次拍摄	
2	抄本	澳大利亚国家图书馆	泰西人身说概	有	有	无	无	无	无	伦敦会特藏	多处改动
3	抄本	法国国家图书馆	泰西人身说概	有	有	无	有二图	无	无	5130	
4	抄本	法国国家图书馆	泰西人身说概序	有	无	无	无	有	无	5131	

续表

序号	版本	收藏者	封面题名	有无目次	有无点断	有无避讳	有无人身图说合刊	有无附录洗冤录	有无附录画答	来源或馆藏编号	备注
5	抄本	法国国家图书馆	人身图说上卷	有	无	无	无	有	无	5132	
6	抄本	中国国家图书馆	泰西人身说概	有	无	有	有	无	有	有姚衡道光十二年跋	错漏较多
7	抄本	中国中医研究院图书馆	泰西人身说概			有	有			范行准康熙或嘉庆抄本	
8	抄本	王吉民芸心精舍	泰西人身说概			有	有	无		范行准乾隆抄本	
9	抄本	北京大学图书馆	泰西人身说概			有	有	无	有	燕京大学图书馆自张荫麟抄本转抄	
10	抄本	北大医学部医学史研究中心	泰西人身说概			有	有	无	有	1950年据叶企孙抄本转抄	
11	抄本	上海图书馆	泰西人身说概			有	无	有	有	444454	
12	抄本	上海图书馆	泰西人身说概			有	无	有	有	53382抄自11	
13	抄本	流荫堂	泰西人身说概			有	无	无	有	大学图书馆合作计划	
14	抄本	徐家汇博物馆	泰西人身说概			有	有			抄自燕京大学图书馆抄本	
15	抄本	江苏省拍卖行	泰西人身说概		有	无	有			何焯原藏，陈子茂跋	

清末《圣谕广训》与反洋教斗争研究

刘珊珊*

摘要：康熙九年（1670）颁布的"圣谕十六条"，在雍正二年（1724）经过更加细致、全面的注解，开始在全国范围内被强制宣讲。清初，西方传教士就已经注意到清政府的教化与传教之关系，为能够在中国更好的传教，他们翻译、借鉴并解读"圣谕"。至晚清，随着不平等条约的签订，清政府对基督教实施了弛禁政策，传教在深入内地的同时，教案也频繁发生。此时的"圣谕"已然成为晚清民众反洋教斗争的主要意识形态工具，传教士对于"圣谕"的认识与反应俱进入了另一个阶段。

关键词：《圣谕广训》；圣谕第七条；反洋教

顺治九年（1652）颁行《六谕卧碑文》，顺治十六年（1659）正式设立乡约制度，每月朔望两次讲解；康熙九年（1670）颁布"圣谕十六条"取代了"圣谕六训"；雍正二年（1724），世宗撰写《圣谕广训》，注以通俗白文扩至万言，但因其内容固定，在前期的宣讲中不免因照本宣科而令人生厌，故附以童谣、因果报应故事等。此后，无论在宣讲方式、内容上做怎样的改观，《圣谕广训》始终是清代历朝"圣谕宣讲"的核心。

西方学者往往将"圣谕十六条"、《圣谕广训》统称为"Sacred Edict"或"Shêng-Yü"（圣谕），除个别情况外，本文亦通用"圣谕"来指代以"圣谕十六条"为核心、《圣谕广训》为权威注解的一系列衍生版本。以往对"圣谕"的研究成果，主要有如下三类：（1）立足于文本的研究，包括论述明清"圣谕"文本的宣讲、刊刻以及传播的特征；（2）探讨其教化功能，包括"圣谕"与乡约、族规、"礼"的关系，叙述其教化功能；（3）其他与文化史、人类学相关的主题，如各地区"圣谕坛"的建立，探讨民间信仰、宗教组织，以及它在中、韩、日各国所呈现的不同地域文化特征。虽然研究的成果不少，但大多

---

* 刘珊珊，中国社会科学院中国边疆研究所博士后。

从国人对待中国本土文化及文本的角度出发，很少涉及西方人对"圣谕"政教功能的理解。因此本文主要论述"圣谕"在反洋教过程中作用。

一　早期"圣谕"的主要作用

在"圣谕"用于反洋教斗争之前，它对西方传教士有如下三点主要影响。

（1）借鉴圣谕宣讲的方式。早期基督教传教常采用民间街头宣讲形式，王尔敏就认为："至于西洋教士自进入中国，一开始以至继续采用露天宣讲广泛派书的行径，这一选择固然是教士们的智慧，但必须正确知道，这一方式正是中国土著宣教师所惯用的宝贵经验，从宣讲拾遗顺便引用过来。"① 露天宣讲、派发书册是符合中国特色的一种文化传播方式，这种现象体现在"圣谕"的宣讲过程中，后被传教士模仿之，不可不谓之文化上的调适和吸收。

（2）作为学习语言的工具。周振鹤在《圣谕广训：集解与研究》（以下简称《集解与研究》）中略有提及，英人鲍康宁（F. W. Baller）乃是中国内地会传教士，为帮助西洋人学习汉语，编辑了汉英词典、汉语读本、注释《好逑传》等中国文学作品。他以《圣谕广训直解》的白话部分为底本进行翻译，于1892年由上海美华书馆出版。"由于将《直解》的白话、英译和注释揭示在同一页上，上半页是汉字原文的《直解》白话（无雍正《广训》的文言文部分），下半页是英译和注释，故极便于外国人学习中文之用。既有此优点，此书逐多次再版。鲍康宁在序中说，因为《圣谕广训》的白话译本由很多重要的惯用语和常识性故事编纂起来，因此是中国话的一大宝库，由此书而学中国话，易于达到圆熟的水平。"② 除此之外，帛黎（Monsieur Piry）先生翻译的法文版《圣谕广训》，在版本和内容上都得到了一致好评，此书也专门用于对学生的教学。③

（3）灵活借用"圣谕"的内容。在华洋人中，有不乏乐意采用《圣谕广训》作为裁决、管理的工具的，"在英国租借地的威海卫，其英国首席长官某就经常用撷取《圣谕广训直解》的话来审理民事与刑事案子。尽管当地的传教士向他指出，应该利用《圣经》判案，因为《圣经》是更合适的依据。但

---

① 王尔敏：《清廷〈圣谕广训〉之颁行及民间之宣讲拾遗》，《中央研究院近代史研究所集刊》第22期，第269、274页。

② 周振鹤撰集，顾美华点校：《圣谕广训：集解与研究》，上海书店出版社，2006，第619页。

③ 《北华捷报》（North China Herald），1879年12月5日，第553~554页。

该官员依然我行我素，丝毫不为所动"。① 除此之外，基督传教士们还常常引用《圣谕广训》中有关认定道教及佛教不可过度崇信的言论②，并提醒他人，"在《圣谕广训》中，佛教在这一方面备受谴责"③ 等话语，从而为自己争夺一些传教优势。

在 19 世纪上半期，"圣谕"虽然进入了西方人的视野，但是它的最大功能无非是给传教士提供了模仿的对象和学习汉语的优秀教材。他们模仿"圣谕"的宣讲形式、语言风格等，提高传教效率、编写汉语教材以及借助其中一些有利于自己的内容来改善在中国的传教境遇。虽然评论者们时常从自身的西方价值观出发，带着蔑视的眼光看待中国传统文化，但对"圣谕"的批判还远远没有达到针锋相对的程度。至 19 世纪后半叶，这种现象发生了转变。随着鸦片战争的爆发，尤其是第二次鸦片战争之后在内地传教的增多，教案也开始频繁发生。在反洋教斗争的过程中，出现了一系列反洋教宣传品，而在这些宣传品中，"圣谕第七条"的意识形态功能逐渐显现。

二　"圣谕第七条"功能的强化

"圣谕第七条"为"黜异端以崇正学"（False Religions Exposed），在雍正《圣谕广训》中，它是最能体现雍、乾两朝反天主教思想的信条。虽然鸦片战争爆发后，清政府被迫承认天主教，但它在民间的反洋教信仰一直存在。晚清对《圣谕广训》的宣传变成了"虚应故事"，但在《四言韵文》颁布后，反洋教的宣传其实是加强了。

《圣谕广训》不过万言，逐条宣讲一年足可以讲完，且"圣谕"内容之单调枯燥，以致到了晚清多成了虚设。"同治四年谕，我朝雍正年间颁发《圣谕广训》，通饬各直省地方官，于每月朔望，剀切宣讲，务使乡曲愚民，咸知向善……朕御极之初，亦经宣谕中外，实力奉行，毋得虚应故事。乃近来州县官藐视旧章，不知讲约为何事，以致人心风俗，败坏滋深。"④ 光绪朝也经常出现这样的叙述"戊戌，谕内阁，御史吴鸿恩请饬举行宣讲一摺，宣讲

① 周振鹤撰集，顾美华点校：《圣谕广训：集解与研究》，第 628 页。
② 周振鹤撰集，顾美华点校：《圣谕广训：集解与研究》，第 68 页。
③ 《北华捷报》，1892 年 4 月 1 日，第 420 页。
④ 《清会典事例》（共 12 册）第 5 册（下）卷 1090，顺天府一，职掌，中华书局据光绪二十五年石印本影印，1990，第 915 页。

《圣谕广训》，钜典昭垂，自应认真举办，乃近来各地方官，往往视为具文，实属不成事体"。① 嘉道以后"圣谕宣讲"的废弛现象更加频繁，在这种情况下，"圣谕第七条"反而有着强劲的生命力。

道光十九年"圣谕第七条"被扩展为《四言韵文》一篇。"丙寅，又谕陈銮等奏，请饬下儒臣推阐《圣谕广训》颁发各省等语……并著翰林院敬谨推阐圣谕'内黜异端以崇正学'一条，拟撰有韵之进呈，候朕钦定颁行。"② 编写完毕后，道光曰："当经降旨著翰林院敬谨拟撰，兹据掌院学士等进呈《四言韵文》一篇，候朕钦定。朕详加披阅，足以阐明圣训，启迪愚蒙，著礼部即颁行各直省学政，恭书刊刻，遍颁乡塾，俾民间童年诵习，激发良知涵育薰陶风俗蒸蒸日上，朕实有厚望焉。"③ 所编内容包括"钦定敬阐圣谕广训黜异端以崇正学四言韵文。……聿有二氏，曰老曰释，老主清净，释宗寂灭，为教虽殊，其指则一。今之异端，乃袭其说，嗟彼异端，何独非民，不知父子，不知君臣……"④，其主要攻击对象是以"老""释"为幌子的异端。

《四言韵文》在道光以降得到了广泛推阐，如咸丰时期"谕内阁，前因粤匪藉教滋事，以致乡曲愚民，惑于异说，自罹法网。我皇考大行皇帝悯念颛愚，罔知觉悟，特亲书皇祖宣宗成皇帝钦定《四言韵文》，命武英殿勒石揭印，颁发天下。各直省将军督抚府尹学政，督饬地方文武官员，及各学教官，钦遵宣布，并令官绅士庶，摹勒刊刻，以广流传"。⑤ 以"圣谕第七条"为核心编撰而成的《四言韵文》在全国范围内得以推广。

雍正编纂的《圣谕广训》本就将天主教视作异端（《圣谕广训》中对第七条的阐释为"又如西洋教宗天主亦属不经，因其人通晓历数，故国家用之尔等不可不知也"。⑥），对"圣谕第七条"的着力传播，使其被用于反洋教宣传变得水到渠成。道光之后，国运衰落，面对国内异端横行以及西方的文化冲击，清政府开始通过向民众广施教化来打压异端、稳定社会秩序。鸦片战争爆发后，列强迫使清政府实行弛禁政策，伴随教案的频繁发生，"圣谕第七条"也成为反洋教活动的主要意识形态工具。

① 《清德宗实录》第25卷，光绪二年正月戊戌，中华书局，1987，第372页。
② 《清宣宗实录》第327卷，道光十九年十月丙寅，中华书局，1986，第1134页。
③ 《清宣宗实录》第327卷，道光十九年十月丙寅，第1150页。
④ 《清会典事例》第五册（中），卷400，礼部111，风教，第471～472页。
⑤ 《清穆宗实录》第11卷，咸丰十一年十一月丁未，中华书局，1987，第283页。
⑥ 周振鹤撰集，顾美华点校：《圣谕广训：集解与研究》，第70页。

三　遵从"圣谕"的天主教弛禁政策

《圣谕广训》中第七条的注释为："自古三教流传，儒宗而外，厥有仙、释，朱子曰：'释氏之教，都不管天地四方，只是理会一个心。老氏之教，只是要存得一个神气。'此朱子持平之言，可知释、道之本指矣。自游食无籍之辈阴窃其名以坏其术……如白莲、闻香等教前车之鉴也。又如西洋教宗天主亦属不经，因其人通晓历数，故国家用之尔等不可不知也。"① 可见，《圣谕广训》并没有全部否定释、道，只说是不能过信。② 并且佛、道中的善恶因果报应观，其本身就是"圣谕宣讲"的一部分，善书类的《感应篇》《阴骘文》《了凡四训》等是经过官方允许的惩恶扬善的道德信条。"怎么是念佛？就是时时刻刻的念头都要照管着心肠，你们心肠好，这就是佛了"，"善"作为《圣谕广训》的核心教化目标，是佛、道得到宽容的主要原因。

嘉庆时，天主教因被明确定义为非劝善之教，故而常被描述为用心险恶，"民自以为天主教劝人为善与邪教不同，不知西洋人诱人入教，设心最为险恶，其意总在叫人一切不认得"。③ 晚清基督教得以弛禁之后，为缓解社会冲突，仿照佛、道在中国得以容许的原因，天主教转而被官方认为是劝善之教，"皇上犹未全允弛禁之故，复经议定，凡有中国人传习天主教为善者，无论在何地方设立供奉天主处所，会同礼拜敬供十字架图像，念诵本教之书，讲说劝善道理均可听从其便，勿庸禁止"。④ 咸丰八年缔结的《天津条约》中，英约第八款也说："耶稣圣教暨天主教原系为善之道，待人如己，自后凡有传授学习者，一体包护，其安分无过，中国官僚不得刻待禁阻。"⑤ 可见，清政府主要依靠中国传统教化中的"善"，来缓和西方入侵后民众对待天主教的激进态度。天主教欲在中国顺利传播，始终需依照"圣谕"的核心道德标准"善"来评定。

传教士认为"《圣谕广训》是政府的根本信条，它能使人们幸福、更少的

---

① 周振鹤撰集，顾美华点校：《圣谕广训：集解与研究》，第70页。
② 周振鹤撰集，顾美华点校：《圣谕广训：集解与研究》，第68页。
③ 中国第一历史档案馆编：《清中前期西洋天主教在华活动档案史料》第3册，辟西洋天主教说，嘉庆二十年十二月二十日（1816年1月18日），中华书局，2003，第1075页。
④ 中国第一历史档案馆编：《清中前期西洋天主教在华活动档案史料》第3册，抄录法兰西使臣喇尊呢为将中国天主教为善者概免治罪一事请明降谕旨通行各省致中国照会，道光二十五年十二月二十日，第1300页。
⑤ 徐宗泽：《中国天主教传教史概论》，上海书店出版社，2010，第167页。

战争、永久的君主制、土地资源供给的平等分配和自给自足的小农经济"。①
正因为如此，佛教与道教都被容忍并融入了中国传统文化。佛教徒"被认为
是整个帝国中非好战（non-fighting）的一部分"。② 他们认识到，"通行于整个
帝国，在每月都会被宣讲的《圣谕广训》，它的一个态度就是并没有明确的认
为佛教与道教是所谓的异端……这是一种宽容的政策"③，作者转而感叹天主
教却没有这样的好运，天主教"过早被贴上了异端的标签，因此无论何时有
人进行邪恶的反基督教宣传，都将被众人相信"。④ 除却基督教的侵略性质以
及文化上的冲突，从历史缘由上来看，"圣谕第七条"的存在本身就是反基督
教的一个理由。即便弛禁的理由虽然被放置于"善"这个"圣谕"核心教化
理念内来讨论，且天主教也极力辩解自己为劝善之教，却依然无法改变雍、
乾时期"圣谕"中对天主教是异端的认定。

四 以"圣谕"为武器的反洋教宣传

兹将《反洋教书文揭帖选》⑤ 中的部分与"圣谕"相关的反洋教揭帖、
告示、檄文等简要列举于表1。

表1 反洋教著述

时间	地点	作者	书名	内容
咸丰十一年（1861）	湖南	崔暕	辟邪纪实	第10页，包括《恭录圣谕广训》、《天主邪教集说》等。
咸丰十一年（1861）	四川		讨西洋教匪檄文	第79页，曰："我圣祖皇帝现有'黜异端，以崇正学'一条，列于圣谕中，颁行天下。近年来各处宣讲，家喻户晓，耳所熟闻，口所常将讲，岂忘之乎？"
同治元年（1862）	湖南	饶州第一伤心人	辟邪实录	第10页，主要从《纪实》抽取。
同治元年（1862）	湖南		湖南逐异类公呈	第99页，曰："然伏读世宗宪皇帝圣谕，则今日之事正雍正年间故事也。"

① 《北华捷报》，1871年12月6日，第936页。
② 《北华捷报》，1892年4月1日，第420页。
③ 《北华捷报》，1891年2月16日，第246页。
④ 《北华捷报》，1901年4月17日，第755页。"The Chinese government still appoints the fortnightly reading of the Sacred Edict which exhorts officials and people stamp out heresies（distinctly meaning Christianity）."
⑤ 王明伦：《反洋教书文揭帖选》，齐鲁书社，1984。

续表

时间	地点	作者	书名	内容
同治二年 （1863）		王炳燮	上协揆倭艮峰中堂书	第24页，曰："夫圣祖世宗之所以严禁传教者，曾深烛其奸邪，而为杜渐防微之计也。今西洋人谓彼教原系为善之道，传授学习，不得禁阻，是岂祖宗之圣明反不如今日哉！"
同治六年七月八日 （1867年7月8日）	河南		南阳绅民公呈	第17页，曰："圣祖仁皇帝恶其异端，严定律令，著为训谕，觉世牖民。"
同治十三年六月十四日 （1874年7月27日）	湖北		施南府禁教揭帖	第164页："况沐浴雅化二百余年，黜异端以宗正学，圣谕昭垂耳目。"
光绪二年二月十四日 （1876年3月9日）	河南		河南绅民公议条规	第144页，曰："恪守圣祖仁皇帝圣谕广训，黜异端以崇正学，朔望讲读，家喻户晓，岂能为必所惑。"
光绪九年九月 （1883年10月）	福建		龙岩州公议条规	第131页，曰："议黜异端以崇正学。"
光绪十六年六月 （1890年7月）	四川	罗福初口述	余栋成发布的檄文	第90至91页，曰："圣祖仁皇帝之圣语中所谓当除异端者也。"
光绪十六年正月一日 （1890年1月21日）	湖南	周汉	谨遵圣谕辟邪	第175页："以遵神训、讲圣谕、辟邪教而杀身。"

　　表1显示，借言"圣谕"的打击洋教的宣传品发生于1860年之后；在地域分布上，湖南无疑是利用"圣谕"进行反基督教宣传的最早地区之一，这或与它的地域文化传统及政治环境有关。① 自1861年起，反洋教进入了不同

---

① 　如《湖南历史资料》1958年第4期中提道"在入湘传教的西方天主教士心目中，湘地是最难以宣化的地区，他们曾经把湖南比作《圣经·创世纪》中一再提及的'铁门之城'伊塔（Edom）——一个拒绝文化洗礼熏陶的地方"。转引自杨念群《儒学地域化的近代形态：三大知识群体互动的比较研究》，三联书店，2011，第205页。"以经术为治术"（杨书，第173页）或许是湖南地区普遍举起了以"圣谕"为标志的反洋教大旗的原因之一。另外政治环境的影响也不容忽视，如吕实强在《晚清中国知识分子反教言论的分析之一——反教方法的倡议（一八六〇—一八九八）》（《中国近代史论集》第四编，《教案与反西教》，台湾商务印书馆，1985）第160页中提道，即咸丰、同治年间"尽管一般知识分子对基督教深恶痛绝，想尽方法阻止教士入境或居留，但传教的允许，既然已经载入条约，而且列强政府时常给予有力的后盾，……故知识分子所倡议的拒斥方式，时常会招致不利的后果，这使他们不得不从国人本身，加以设法。教育的方式，德政的感诱，诸如加强宣讲《圣谕广训》，以宏物正教"。其中限制国人信奉基督教的方法多为"士绅用乡约及地方自治性的方式，来自己推行"。

以往的阶段，这一时期的教案无论从内容、规模还是影响上，都比早期丰富而深远得多。1861～1862 年南昌教案的发展，湖南湘潭地区的反洋教宣传品发挥了重要的作用。① 中法战争后，反洋教斗争持续进行，其中 1891 年是 1861～1895 年三个多发期中的一个，"1891 年，大量反洋教宣传品从湖南向全国发出。在这些宣传品中，有书籍、有歌谣、有图画。书名有《齐心拼命》、《谨遵圣谕辟邪》暨《全图》②、《鬼叫该死》等。仅《鬼叫该死》一种在湖南便印行了 80 万册。这些宣传品遍传各省，大大推动了反洋教斗争的发展"。③ 其中大部分宣传物由湖南周汉等人发布，主要利用"圣谕"攻击天主教，如《周程朱张四氏裔孙公启》④《擎天柱》⑤《棘手文章》⑥《禀天主邪教》⑦《鬼叫该死》⑧ 等，引起传教士莫大的恐慌，这在《北华捷报》的频繁报道中也能看出。"先生，在我 12 月 29 日（应是 1891 年 12 月 29 日）的信件中，我必须提醒一个事实，那就是反基督教的作者在《圣谕广训》里发现了一个十分有力的武器。"⑨ 作者购买并阅读了《擎天柱》（A Pillar which Bears the Sky）这本书，注意到它的话语基本是围绕《圣谕广训》，认为其高贵的语言和完美的理由都是《圣谕广训》的简单扩充。作者认为使这群野蛮人开心，任由他们点燃堕落的教条，以及毁灭"圣谕"都是不可能的。他唯一能做的就是让人们注意湖南的一些出版物与"圣谕"之间的关系，尤其是"圣谕第七条"也在"Blue Books"这本书中出现。他提醒要小心著名"圣

① 张力、刘鉴唐：《中国教案史》，四川省社会科学出版社，1987，第 393 页。

② 参见邵雍《〈谨遵圣谕辟邪全图〉之解读》，《史学月刊》2009 年 09 月。

③ 张力、刘鉴唐：《中国教案史》，第 457 页。

④ 王明伦：《反洋教书文揭帖选》，第 177 页，发布于光绪十六年二月一日（1890 年 2 月 19 日），认为"四子六经精凝未易通晓，圣谕广训畅发其旨而羽翼。像解直解宣讲集安最好听案证诸书，又畅发圣谕广训之旨"。第 177～178 页提出一些对"圣谕宣讲"的建议，如求督抚大臣通伤候补人员宣讲；求将军提督大臣泊水路各军统帅率属宣讲等。

⑤ 王明伦：《反洋教书文揭帖选》，第 180 页，发布于光绪十七年十一月十一日（1891 年 12 月 11 日），"伏恳皇上立震神威，大下明诏，复宪皇帝'黜异端，以崇正学'之常"。

⑥ 王明伦：《反洋教书文揭帖选》，第 181 至 182 页，发布于光绪十七年十一月十一日（1891 年 12 月 11 日），"宪宗皇帝早有明训，而俯许立堂传教者，因一时权宜妙算，聊借羁縻"。

⑦ 王明伦：《反洋教书文揭帖选》，第 188 页，发布于光绪十七年十一月二十八日（1891 年 12 月 28 日）"窃谈圣谕广训有之，有如西洋教案天主亦属不经，因其人通晓历数，故国家用之，尔等不可不知也"。

⑧ 王明伦：《反洋教书文揭帖选》，第 194 页，发布于光绪十七年十一月十一日（1891 年 12 月 11 日），"我大清列祖列宗皇帝都同尧舜各位圣人一样的德行，一样的教化。于今到处宣讲圣谕十六条，你们常听，都是明明白白了的，欢欢喜喜学的"。

⑨ 《北华捷报》，1892 年 2 月 5 日，第 141 页。

谕"的毒害，因为它是本质的，只有删除这一条才能避免其后更多的伤害。①
1891~1892 年，《北华捷报》对湖南极为关注，对周汉、曾郁文、陈聚德等
反洋教分子进行反复的描述，并总是提到"反基督教的作者们在'圣谕'里
找到了一个便捷而有力的武器……这些作者描绘的一些图片同宣传小册子一
样，把自己视为简单的遵从皇帝命令的人"。②

　　这一时期刊登在《北华捷报》里关于"圣谕"的大部分文章，不再只是
对"圣谕"简单的评价、介绍，而是弥漫着强烈的对抗情绪。传教士们一致
强烈要求清政府删除关于"圣谕"里任何敌视基督教的语言，并认为"如果
基督者还是在'圣谕'里作为'异端'而存在，那么当今皇帝的任何弛教命
令都会形同虚设"。③ 在 1895 年，他们从罗马天主教的朋友那里听说"圣谕"
将会有新的修订，这使他们欢欣雀跃，对在中国的传教又看到一些希望。他
们之后用强硬的语气说，"这些贬损基督教的语言必须被删除"。④ 但事实证
明，这无疑是一种幻想，它仅展现了传教士对"圣谕"的无奈和深受其害的
境遇，而这种幻想在 20 世纪初仍在继续。

五　小结

　　第二次鸦片战争后，基督教（主要是天主教）的传播遇到了重重困难，
中国的排外情绪在反洋教的书册、图片、歌谣中都有体现。伴随湖南一系列
反洋教宣传品的出现，"圣谕第七条"作为其有力的武器，必然引起了传教士
的普遍关注。在传教士提出删除、修订"圣谕"的同时，他们认为清政府
"同样需要一个新的、升级了的《大清会典》"⑤，并且认为"道德上的限制应
该通过法律的有力帮助，一个新的《圣谕广训》应该像雍正对孝道的谆谆教
诲一样，用在禁止吸食鸦片以及缠足上"。⑥ 在这些传教士看来，"永恒"终
将被打破，重负也即将被丢弃。⑦ 他们是抱着这样的希望的——"圣谕"中
的政教功能，那些传统的根深蒂固的思想将会消失，尤其是拿起法律的武器

---

① 《北华捷报》，1892 年 2 月 5 日，第 141~142 页。
② 《北华捷报》，1892 年 1 月 8 日，第 15 页。
③ 《北华捷报》，1892 年 1 月 8 日，第 15 页。
④ 《北华捷报》，1895 年 12 月 27 日，第 1053 页。
⑤ 《北华捷报》，1895 年 12 月 27 日，第 1053 页。
⑥ 《北华捷报》，1898 年 12 月 24 日，第 1185 页。
⑦ 《北华捷报》，1900 年 11 月 7 日，第 977 页。

时。西方传教士面对"圣谕"的无奈，使得他们只能通过对清政府施压，来实现删除、改变"圣谕第七条"的愿望。然而，展现在我们面前的这十六个教条是如此根深蒂固，除非一场革命彻底摧毁这个王朝，否则代表清王朝意识形态的"圣谕"是不可能消失的。有趣的是，恰是那些借助"圣谕"语言风格而在普通民众间散发的革命党的小册子以及广告①，最终摧毁了皇权，结束了清朝统治。此后，"圣谕"在政治、社会方面的功能也变得不那么重要了。当西方基督教遇到中国文化，想要融入本土社会是如此的困难，从借鉴、诠释到反抗，传教士也可谓费尽了心机。

---

① 《北华捷报》，1908 年 4 月 6 日，第 591 页。

借明太祖说教：明末天主教徒韩霖《铎书》的中西用典

李凌瀚*

摘要：《铎书》为明末著名天主教徒韩霖所撰，是一本宣讲圣谕六言的著作。本文通过梳理《铎书》文本中的中西用典，分析韩霖在撰述过程中的文本策略。韩霖在引用中西经典之时，不仅根据需要进行了修改，而且还赋予了文本以新的意义。《铎书》虽然带有天主教色彩，但并非是一本天主教著作；同时，此书并非为儒学正统或节制皇权张目。在此书中，天主教的证道与儒家思想的教化变成一而二，二而一的双向诠释活动。

关键词：韩霖；《铎书》；中西用典；文本策略

一　明清天主教研究及其中文文献的“互文性”问题

明末耶稣会士渡海东来，传扬教理，主要采取“以笔墨作津梁”① 的“书籍传教”政策。这一决定许是因为考虑中国语/文的特质、晚明印刷文化的勃兴，以及将上层士人视为首要宣教对象这些因素。明末清初这次中西文化的重要相遇，便因此留下了大量中文天主教（西学）著述作为见证。

这些遗留下来的中文天主教（西学）著述的相互关系，颇为值得玩味。我所指的相互关系，是指相关文本的“互文性”（intertextuality）。明清天主教的研究，一方面要求研究者重视传教对象的本土社会文化处境，另一方面相关文本的“互文性”问题，其实同样不能忽视。之于本文所讨论的《铎书》，更为重要。“互文性”问题的其中一个侧面，便是耶稣会士中文译写著作的

---

* 李凌瀚，汕头大学文学院基督教研究中心原执行主任。

① 此语借用自韩霖对耶稣会士高一志（Alfonso Vagnone，1568—1640）传道精神之阐述。原文为：“西极高先生，来章亥不到之地，读娜环未见之书，以笔墨作津梁，垂老不倦。”参见韩霖《譬学序》，2a，载〔意〕高一志《譬学》，收入吴相湘主编《天主教东传文献三编》第2卷，台湾学生书局，1972，第569页。

"底本"研究。这类研究的重要性绝非只停留在版本考据或翻译问题的意义上。若能找出相关"底本"，透过与译本比对，当中的"落差"便是来华耶稣会士对中国社会文化之"适应"（accommodation）的标记了。"底本"之发现当然是可遇不可求，但相关文类的辨识则并非不可能。庞迪我的《七克》便是一个好例子。虽然我们或许无法找出庞迪我译写《七克》时所用的"底本"（事实上其译写亦不一定建基于单一的底本），但却可从《七克》所属的西方文类传统中了解其原先的功能与性质，如此我们便可将之置于中国脉络开展中西比较性的诠释。就这方面的研究而论，方豪与德礼贤在利玛窦《友论》的底本争议上仍然局限于考据的层次，而李奭学先生的研究，虽然主要建基于比较文学的关怀，却大大地增进我们对耶稣会士中文译写著述之文类乃系属于中世纪以降"证道艺术"（ars praedicandi）传统一支的认识，平衡及补足了一直以来吾人将耶稣会传教策略主要视为"科技传教"之习见。①

"互文性"问题的另一侧面，则涉及中国信徒的论教撰作。明清天主教徒对西学西教的认识，基本上可说是循两大途径：一是透过与个别传教士及资深信徒的交谈中直接得知；一是透过阅读传教士的中文著作间接获取。基于这一认识，我们便不难想象中国教徒的论教作品中会或隐或显地引用及转述传教士的著作并述其中观点了。如此，对明清天主教徒中文著作的诠释，其中一个重点便落在他们采用那些传教士的中文著述，以及这些著述具体如何被引用。而当中的"落差"便是中国信徒因应自身社会文化的需要而对西学西教"据为己用"（appropriation）的标记了。在明末陕西天主教徒王征的《畏天爱人极论》及《仁会约》中，便大量引用了耶稣会士的中文撰述。由于王征引用时并没有明显及一致地标明所取用的著作名称或会士姓名，故此对晚明会士中文著述不熟悉的读者，不一定能够完全逐一辨识。经钟鸣旦及杜鼎克的考索，我们对《畏天爱人极论》中引述利玛窦《天主实义》《畸人十篇》，以及庞迪我《七克》的情况，现在已有较具体的认识。②相较王征，

---

① 李奭学：《中国晚明与欧洲文学》，联经出版事业公司，2005。

② Nicolas Standaert, "Wang Zheng's Ultimate Discussion of the Awe of Heaven and Care of Human Beings," *Orientalia Lovaniensis Periodica* 29, 1998, pp. 163 - 188. 至于王征的《仁会约》，相关研究可参见 Erik Zürcher, "Christian Social Action in Late Ming Times: Wang Zheng and his 'Humanitarian Society'," in Jan A. M. De Meyer and Peter M. Engelfriet ed. Linked Faiths: Essays on Chinese Religions and Traditional Culture in honour of Kristofer Schipper, Leiden; Boston: E. J. Brill, 2000, pp. 269 - 286。

韩霖《铎书》中除了少数情况（两条原出于《七克》的典范故事），于转述西学（及"中学"）资料时一般都会标出所引用的著作名称，不过这样做自有其文本策略上的考虑，不一定就代表韩霖较王征而言对转述的资料更"忠实"。关于此点，下文再论。

由于明清天主教中文文献的"互文"特性，我们对个别文本的深入诠释必须同时顾及此文本与其他相关文本的相互关系。大量天主教中文文献的披露，除了有助研究者开发新课题，也同时让旧课题及个别文本诠释的深化变得可能。韩霖《铎书》的互文性，非但反映于西学西教这方面，亦见于其所引述的中国本土文献。若非近年大量明清天主教中文文献的整理出版，以及《四库全书存目丛书》《续修四库全书》《四库禁毁书丛刊》《四库未收书辑刊》等大型文献整理计划的完成，加上传统文献全文检索系统的日趋完备，《铎书》中西用典的考据，不是根本不可能，就是极为困难了。

二　韩霖《铎书》、乡约与圣谕六言

韩霖（字雨公，号寓庵居士）乃明崇祯年间山西著名的天主教徒。他虽然只是一介举人，但其经世才华却备受时人推崇；他结交甚广，不少具进士头衔的巨卿名士亦愿意为他"折节"下交。① 与韩霖同为复社中人并有涉西学西教的熊人霖（伯甘，崇祯十年进士。按，其父即熊明遇），曾为韩霖小像题赞，并附有赞序，我以为其词颇能简要道出韩霖博学之才，更重要的是他并没忽视或略去韩霖崇奉西教西学之事，摘引如下：

> 绛韩子雨公，博物经方，气谊行于海内。所著守御书，详哉言之也。韩子尤崇信事天之学，文武备矣，体用懋哉。

关于韩霖的生平及著作，最先有陈垣在民国《铎书》重刊序的简介，后

---

① 姚希孟：《韩雨公燕市和歌序》，《响玉集》卷 8，11b，收入《四库禁毁书丛刊》集 178：532。

其"门人"叶德禄及方豪，亦曾分别以英文及中文为韩霖写传撰记。① 而当代学者黄一农先生对韩霖生平事迹及交游网络则有更仔细的考索；笔者亦对韩霖著述的存佚情况已作整理，且就韩霖生平某些片段及前辈学者的研究分别详加细探及稍作补遗。② 故不在此详谈韩霖其人其事。

至于《铎书》的研究，除了黄一农教授及笔者的研究，许理和教授及李炽昌教授都曾就《铎书》发表研究论文，而孙尚扬教授除详论《铎书》的伦理建构③，亦已经与肖清和一同完成《铎书》的校注。④

另外，本文亦不拟对《铎书》的相关制度设置与文类传统详加论述。⑤ 下文仅对《铎书》及其相关背景做简单介绍，让读者对此书内容及其源起有一大致轮廓。韩霖《铎书》之作，与崇祯十四年（1641）甫知绛州的孙顺欲推行乡约有关。乡约者，其源起一般可上溯至北宋，而这一制度在有一明一代则发展蓬勃，出现各种不同且互有差异的类型。但总体而论，乡约主要是一种每月一至二次（朔望）举行的地方仪式性集会，一般目的都在于礼俗教化、旌善惩恶及社会互助。所谓"约"，就是由一乡的乡民士绅（或加上地方官）所共同订立、入约者必须共同持守的"协议""约法"。例如著名的北宋蓝田吕氏乡约，便以"德业相劝、过失相规、礼俗相交、患难相恤"四大规条为约法。入约者除了要持守及践行约法的基本要求，还须出席定期聚会，而聚会仪节项目包括将约众的善行恶行书写入籍，并行赏罚。而明中叶以降

① 方豪：《中国天主教史人物传》，香港：公教真理学会，1970～1973，1：253～258。叶德禄（Paul Yap Teh-Lu）及 Yang Ju-chin 为《清代名人传略》合撰〈Han, Lin〉条，参见 Arthur W. Hummel, ed. ECCP, pp. 274 - 275。

② 黄一农：《两头蛇：明末清初的第一代天主教徒》，台湾清华大学，2005，第六至第八章。李凌瀚：《韩霖〈铎书〉与中西证道》第三章，香港中文大学博士学位论文，2009。

③ Erik Zürcher, "Un 'contrat communal' chrétien de la fin des Ming: Le Livre d'admonition de Han Lin (1641)," in *L'Europe en Chine*, 17 - 18; " A Complement to Confucianism: Christianity and Orthodoxy in Late Imperial China," in *Norms and the State in China*, edited by Huang Chün-chieh & Erik Zürcher, Leiden: Brill, 1993, pp. 91 - 92；许理和：《文化传播中的形变—明末基督教与儒学正统的关系》，《二十一世纪》1992 年第 9 期，pp. 113 - 114。Archie C. C. Lee, "Textual Confluence and Chinese Christian Indentity: A Reading of Han Lin's Duo Shu," in *Chakana: Intercultural Forum of Theology and Philosophy 2/3*, 2004, pp. 89 - 103。孙尚扬：《反思与建构：儒者基督徒韩霖融会中西的伦理思想》，收入李炽昌编《文本实践与身份辨识》，上海古籍出版社，2005，第 99～140 页。

④ 孙尚扬教授与笔者对《铎书》用典的考据是各自独立进行的。论文答辩后笔者有幸一睹《铎书校注》初稿，发觉我俩的考据均有互补之处。另外，笔者亦借此机会，感谢孙教授担任晚生博士学位论文的校外评审，他对拙作的细读与肯定，我永怀谢忱。

⑤ 参见李凌瀚《韩霖〈铎书〉与中西证道》第四章。

各地推行的乡约，其仪式项目大都还加上包括礼拜、宣读及讲解明太祖圣谕六言一项。而《铎书》之撰作，便与这一项目密切相关。

明太祖的圣谕六言，即"孝顺父母、尊敬长上、和睦乡里、教训子孙、各安生理、毋作非为"六语。乡约仪式中所需礼拜的，便是刻有此六言的圣谕牌，约众必须向此一象征皇帝亲临约中的木牌行"五拜三叩首"的朝廷仪礼（某些乡约例子只行四拜）。讲书者则要站在讲案前宣演圣谕，且当中还有歌生、司琴司鼓等人负责奏乐歌诗。《铎书》的内容即是韩霖应邀担任乡约讲书者时对圣谕的宣演。其实，明代乡约的仪式与天主教的弥撒或基督新教的崇拜有很多可以比对的地方，例如圣谕牌可比之于十架；圣谕六言则如基督教的《圣经》。是故笔者曾指出："无论就作用及形式上看，《铎书》这一类中国文体无疑极为近似于西方基督教证道传统中的圣坛讲章，两者都是在一礼仪场合中，以解经的方式向听讲者阐释具有神圣权威的言说；两者都在证"道"，只是前者所证乃皇帝之道，而后者则是天主之道而已。"①

《铎书》的内容结构，基本上是依序演绎明太祖圣谕六言，但于第四及第五训之间，则附上"维风说"一篇短文。至于韩霖在每一章（即六言中的一条）的疏解，都是大量引用中西典故及论说的。背后的精神则是真理惟一，不分地域，而中西之说可以互补。例如在"教训子孙"条中，韩霖便分别依次大量引述朱熹的《小学》与高一志的《童幼教育》，并谓："西儒高则圣先生，有教童幼书，补《小学》之阙者也，本其目而增损之。"可见他在"教训子孙"这一问题上的"补儒"精神。由于韩霖在《铎书》中对明太祖每一言之疏解篇幅不一，且引用资料极为庞杂，时而只是将资料排比直引，目的都是"杂引古今之事以明之"。② 故此，读者难以一看便能从中理出一条较明晰的论述线索。但附于其中的"维风说"一文，篇幅小、论题集中；虽曾独立刊刻出版，但韩霖却对之极为重视，并将之与他对六言之疏解一同刊刻付印，可见他认为"维风说"与他对圣谕的疏解在精神及方法上都具有一致的地方，是故透过对《维风说》的分析，便可概观《铎书》对中西资料的运用及其中西互释的精神。为此，文末附上笔者对《维风说》的简要分析。

① 李凌瀚：《〈铎书〉书史：明代版本、各地收藏与现代重刊》，收入李炽昌编《文本实践与身份辨识》，第142页。
② 《铎书》，10b〔657〕。〔〕内页码为〔比利时〕钟鸣旦、〔荷〕杜鼎克、黄一农、祝平一等编《徐家汇藏书楼明清天主教文献》，台湾辅仁大学神学院，1996，第二册《铎书》的编码。

三 韩霖《铎书》的中西用典及文本策略

韩霖"铎书大意"有云：

> 窃比道〔道〕人之狗〔徇〕焉，中多剏解，皆本咫闻，或录群言，因其说之不可易耳，非敢郭因向注，齐窃谭书也。《说命》曰："非知之艰，行之惟艰"；子曰："躬行君子，则吾未之有得"。余与斯人，共勉旃哉？①

既然是"皆本咫闻，或录群言"，那么韩霖所录之据在哪？诚如前文所言，《铎书》内容非常庞杂，大多是摘引坊间的童蒙教化书籍及耶稣会士的译写作品。近现代学者大都注意到这一现象，并特就韩霖所引用的西学西教著述有所条例，例如陈垣指《铎书》"所言敬天爱人之说，亦不尽宥于吾国古先昔贤之书，故所言往往有中国士大夫所未闻，其所引《七克》《齐家西学》《童幼教育》……《涤罪正规》……《哀矜行诠》……〔著者〕皆非中国人也"；黄一农亦谓《铎书》"字里行间即屡屡引用耶稣会士的著述，如高一志的《齐家西学》《修身西学》《童幼教育》《达道纪言》《神鬼正纪》，以及庞迪我的《七克》、艾儒略的《涤罪正规》、罗雅谷的《哀矜行诠》等"；陈纶绪亦举例指出韩霖除引用《圣人行实》《涤罪正规》《七克》，而一般教理要义（如造物主造物分"天神、人、禽兽"三品）及《圣经》经文也有援引；许理和认为高一志的众多著作是韩霖引用的主要依据，如韩霖对四情说的运用反映出他对高一志所著并其兄韩云所订的《寰宇始末》及《空际格致》的熟稔。而马相伯亦云"高一志《童幼教育》一书，韩子引用最多"。② 五位前辈学者所言略异，主要是举例及印象之说。事实上，除了部分引文出处需要做仔细考查，大多重要及大篇幅的摘引，无论是中西典籍，韩霖都会提及引

---

① 韩霖：《铎书大意》，5a〔637〕。
② 分别依次见陈垣《重刊铎书序》；黄一农：《明末韩霖〈铎书〉阙名前序小考——兼论历史考据与人际网络》，《文化杂志》40－41，2000，第116页；Albert Chan，"Chinese Books and Documents in the Jesuit Archives in Rome," *A Descriptive Catalogue：Japonica-Sinica I-IV*，Armonk，N. Y.：M. E. Sharpe，2002，pp. 190－191；Erik Zürcher，"A Complement to Confucianism：Christianity and Orthodoxy in Late Imperial China," pp. 86－87。马相伯：《童幼教育跋》，收入方豪编《马相伯先生文集新编》，文海出版社，1972，第6页。

述者或其著作的名称，以西学西教典籍为例，在引文之首或末韩霖会加上类似如下的说法。①

> 《哀矜行诠》，论济人七端，一曰食饥……
>
> 西儒高则圣先生，有教童幼书，补《小学》之阙者也，本其目而增损之……
>
> 其详俱《齐家西学》中……
>
> 《达道纪言》曰……
>
> 有《七克》一书，其中微言奥义，即未深领会其旨者，皆喜读其书焉。
>
> 西儒有《涤罪正规》，记前代责身赎罪者……
>
> 有《修身西学》十卷，较之先儒加细焉……
>
> 详见《神鬼正纪》……

不过，具体引用情况如何，还需逐句逐条溯考。当笔者逐句逐条溯考时，发现韩霖《铎书》"或录群言"的情况比我想象中要"严重"得多。对于韩霖所引用的中国古今嘉言善行，笔者基本上是以"文渊阁四库全书电子版"及"中央研究院汉籍电子文献瀚典全文检索系统"作为查考基础，另外再"动手动脚"（傅斯年语）翻阅浏览其他典籍。这种逐句逐字的溯源比对，极为沉闷，不过亦不时会带来惊喜。例如《铎书》"教训子孙"条曾大篇幅详细"分解"《易经》"家人卦"②，所谓"分解"，其实是直引，韩霖梅花间竹方式的引述，可见于"注曰"及"显义曰"的运用，查其"注曰"以下所引者，乃其时颇为普及，由来知德所撰写的《周易集注》；而"显义曰"以下所引者，我认为是已失传的明末天主教徒杨廷筠批注易经的经学著述，原因一方面以"显义"为名的周易经注暂未得见，而杨的《周易显义》书名则见于朱彝尊的《经义考》中。朱彝尊《经义考》卷六十，引孙枝芳曰：

> 淇园先生《周易显义》不主一家，亦不拘拘于卜筮。所著有《易

---

① 依次见于《铎书》，24a〔684〕、42a～b〔720～721〕、52a〔740〕、52b〔741〕、87a〔809〕、91a〔817〕、104a〔843〕、108a〔851〕。

② 《铎书》，54a～60a〔744～756〕。

微》、《易总》、《易显》，皆以己意解《易》，不以训诂旧闻解《易》。余尝谓《易经》宋儒表章程、朱等传翼经者也，《显义》一书翼传者也，玩之可识盈虚消息之理矣。①

若笔推测无误，则韩霖为我们留下来一份纵然只得一小片段，但对明清天主教史而言却为极珍贵的残留文献。事实上，从韩霖所引的《显义》文句，天主教元素并非很特出，但唯一一处引文，我认为却可能透露出注经者突破传统儒家家范所重视的差等有序精神，而显出了天主教平等爱人之教理：

故特言齐家之要道，闲与节不过正家之法，严与威不过刑家之范，非其本也。其本在我爱人，人还爱我，满门和气……②

韩霖曾自谓摘引的目的是"因其说之不可易耳，非敢郭因向注，齐窃谭书也"。故此，我们亦不应以今人剽窃之标准视之。韩霖提及的这些著述，都散见于各章，而尤以"毋作非为"一章引西学书为最。不过，韩霖偶或引用耶稣会士的证道故事时，则未见提到出处，以致学者都有失考。如《维风说》中"西国王德默"这则故事便是一例。其实，韩霖还引述了西方著名伊索寓言"风与太阳"（De Vento et Sole）一则，③ 而另外一则圣人故事，论者以为出自高一志的《天主圣教圣人行实》：

西方一圣，家颇丰赡。邻一长者，三女未嫁，心甚忧之。圣人度其装奁资若干，乘夜潜掷其家，长者得之，嫁其长女，其嫁次女也复然，

---

① 另参 Nicolas Standaert，"The Study of the Classics by Late Ming Christian Converts," in Denise Gimpel & Melanie Hanz ed. , *Cheng-In All Sincerity：Festschrift in Honour of Professor M. Übelhör*, Hamburg：Hamburger Sinologische Gesellschaft，2001, p. 26。

② 《铎书》，59b〔755〕。

③ 《铎书》，44a〔724〕；另见〔意〕高一志《童幼教育》，〔1：294〕，收入《徐家汇藏书楼明清天主教文献》第一册。这则寓言在华有另一变体，金尼阁的《况义》将之改成"南北风相争"。艾儒略的论教作品及高一志的其他著述也曾运用这一变体来说譬宣教。有关在华耶稣会士对这则寓言的挪用，李奭学有详细的分析。他认为这种特重"方位"的改动，是此则寓言"华化"的表征；而译写风格及文体上模仿"荀赋及其转出的佛教〔譬喻文学〕译体之上"，则是"以沿袭其体，进而超胜，一较短长"的表现。详参氏著《中国晚明与欧洲文学》，第50~51页、第358~373页。有趣的是，韩霖在《铎书》却选用这则寓言的欧洲"原作"。无疑是他直引《童幼教育》的结果。然若韩霖亦知悉"南北风相争"这一变体而并未改用，则或许韩霖亦不一定能体会李奭学所言的深刻意义。

至嫁三女，密伺之，得掷金者，跪而谢之，圣人曰：尔勿颂我即报我矣！①

的确，此则故事可见于《圣人行实》司教卷二第六"尼阁老"（St. Nicolas），但其实在罗雅谷《哀矜行诠》中亦见。②查此二书所记，乃较为详细之散体版本，论者故而谓韩霖将之缩写。事实上，韩霖所引此则故事之据，乃在庞迪我《七克》。③只需比对文字，便一目了然。再者，韩霖一条是继庞迪我之缩写后进一步将这圣人故事"轶事/世说"化，原因是韩霖以"西方一圣"取代了庞迪我原文中"尼阁老"一名了，而这种做法直是中世纪世说修辞学精神之体现也。

只考虑韩霖所用西学书及典故，便会发现其运用原则及精神，其实就是《维风说》的撰写策略。但我觉得整本《铎书》更值得注意之处，除了文本中对某些课题的中西互证，是他不时会介绍自己及西学的著述，如以之前引文中的方式向读者给予提示。韩霖《铎书》某程度的确可视为一本有关耶稣会士著述的书目提要，他对这些书的引述固然是针对相关的训谕而发明，但《铎书》给我的深刻印象还在于对这类书籍的推介，犹如今人所言"进深阅读"（Further Readings）。事实上，他所引书以高一志为主，而高著则大都在绛州刊行，若果《铎书》的阅读对象主要是绛州士子生员等知识分子，则读毕《铎书》而又意犹未尽，有志于道并欲认识天主教者，的确可以按图索骥，很容易找出相关书籍再做深度阅读。笔者认为这便是《铎书》传播天主教思想的一种文本策略。

另一种文本策略，则见于他如何处理"天主"之名及其他"外夷"的姓名，以及"补儒易佛"的课题。黄一农指出韩霖《铎书》未见"天主"一词，但却是一本实实在在的天主教著述。他的观察极为准确，但韩霖这样刻意的安排，是要付出一定努力的。例如，在"直引"高一志《童幼教育》"学之始"

① 《铎书》，26a〔688〕。另参 Albert Chan, *Chinese Books and Documents in the Jesuit Archives in Rome*, p. 190；黄一农：《两头蛇：明末清初的第一代天主教徒》，第 279 页。

② 〔意〕高一志：《天主圣教圣人行实》（BNF Chinois 6693），卷 2，28a～32b；〔意〕罗雅谷：《哀矜行诠》，收入〔比利时〕钟鸣旦、〔荷〕杜鼎克编《耶稣会罗马档案馆明清天主教文献》，台北利氏学社，2002，5：66～67。

③ 〔西班牙〕庞迪我：《七克》，卷 1，14a～b，收入李之藻编《天学初函》，台湾学生书局，1965，2：743～744。

的文句时①，便将所有原文中出现的“天主”，都改为“天”或“上帝”。

表1　《铎书》所引《童幼教育》对比

《铎书》	《童幼教育》
而仁之学，又本于天，则以敬天为首务焉。	乃仁之学，又本于天主，即以敬畏天主为首功。
古圣人小心翼翼，昭事上帝，人人所当效法者。盖幼者无所不短，而上帝无所不长，以长补短，宜也。	生平谨畏主命，昼夜事之，事事祷之，勿忘也。盖幼者无所不短，而天主无所不长，以长补短，不亦智乎？
凡大位高赀，犹弱草难久；惟敬天爱人，可永久倚赖耳。	盖高赀丰势，犹弱草难久…惟斯天主，惟斯仁道，弗属时变，弗得伤损，吾子可永赖也。
人知敬天，未有不忠不孝者；未有不知敬天，而能忠能孝者也。	知事天主，无不知忠君而亲亲者；未见忽天主者，而能忠君而亲亲者也。
是以君子志道，从敬天而日进于高明；小人异端，从不敬天而日流于虚伪矣。	是以君子正道，从敬天主而日进焉；小人异端，从忽天主而日流焉。

　　至于会士名称，除“高则圣”及“西儒文〔艾〕先生”各出现一次，其他引述的西学著述便只提书名而不提作者姓名。黄一农先生认为韩霖“应是刻意低调处理，以避免不必要的反弹”。诚言，但考虑《铎书》乃系演绎明太祖六训的“演圣谕书”，我们就不能不替韩霖担心，因为他大量引用西学西教的教理元素作为诠释框架与例证，不小心便会遭到“以夷变夏”这犯大逆不道的指控，这一“反弹”非同小可。故此韩霖对“天主”一词及其他教士名字“弥缝之密”，小心翼翼，实在可以理解。或许亦因为有此担心，为此他特邀15名山西官员列入校刻名单，以加强其书的权威及正统性。事实上，韩霖所直引的西学著述的文句段落，往往包含不少上古名哲及圣人的嘉言慧语，但正因上述理由，这些名哲圣人的名字都全被削去，只留下他们的智慧之言，为此我们便不知道原来柏拉图、苏格拉底、亚里士多德、圣人奥古斯丁、圣人额我略（St. Gregory the Great）、圣人耶犹米（St. Jerome）、圣人金口约翰（St. John Chrysostom）、罗马哲人塞涅卡（Seneca）及希腊诗人赫西俄德

---

① 《铎书》，44b～45a〔725～726〕；〔意〕高一志：《童幼教育》，〔1：295～300〕。

（Hesiod）等上古中古名哲及圣人①，都曾经在晚明替明太祖向其臣民开讲说法；或转一个说法，是韩霖借明太祖圣谕与西方圣人哲人之言，来彰显天主教普及天下的真理。

至于韩霖对佛教及民间宗教的批判态度，在《铎书》中的表现其实极为激烈，黄一农及孙尚扬均已点出，兹引数条如下：

> 若父母天年告终，尽哀尽力，以礼殡葬。勿火化，以习羌胡之俗；勿招僧，以从浮屠之教；勿焚楮钱，以受鬼魔之欺；勿惑堪舆，以信葬师之说。
>
> 其余玄释二氏、星相、堪舆，俱是悖天惑人之事，切勿习之。
>
> 如异端邪术，神佛经咒，自谓至妙之方，不知是至毒之药；修斋设醮，媚神祈福，自谓极大之功，不知乃莫大之罪也。
>
> 或曰：天者，理而已矣！或曰：天在吾心，或以天地并尊，或以五帝相混，以至玉皇上帝、玄天上帝为仙、为佛、为神，种种不一，皆邪说之惑人耳。②

《铎书》"和睦乡里"条中，还刻意在《日记故事》中分别选出一佛一道的福报故事，加以批评：

> 有一种人，坐视穷人而不救，反去斋僧建寺，塑像妆金，又妄想渡

---

① 由于引用的名句典故甚多，在此仅举数例：Plato：见《铎书》，46b〔729〕："真实者，众善之师也，进退则群德从之"；〔意〕高一志：《童幼教育》，〔343〕："罢辣多氏，古文名宗，谓：'真者，乃众善之师也，进则群德从之，退则群德并退'。" Socrates：见《铎书》，46b〔729〕："昔有古学名贤，凡人其门者，先修七年之默……"；〔意〕高一志：《童幼教育》，〔337〕："束格拉德，亦近古理学也，凡习其门，先修七年之默……。" St. Jerome：见《铎书》，50b〔737〕："学者有中道焉，与奢宁俭，与汗宁洁。盖俭表心之谦，而洁证心之清明耳"；〔意〕高一志：《童幼教育》，〔398〕："日落泥抹圣贤曰：'衣之同好者，必具其中，与其奢宁俭，宁俭之中其汗宁洁，盖外俭表心之谦抑，而外洁证心之清也'。" St. John Chrysostom：见《铎书》，46b〔690〕："或曰天为贫贱而生富贵之人，不知天为富贵而生贫贱之人，不然富贵者何所施德而立功乎"；〔意〕罗雅谷：《哀矜行诠》，17b〔72〕："圣人若函，号为金口，曰：'天主造人，有富有贫，所为者何？或曰为贫造富，不如说为富造贫。若无贫人，富者无从施德，徒拥朽腐，将何以赎其愆乎！'"
② 依次见《铎书》，6a～b〔648～649〕；79b〔794〕；104a～b〔843～844〕；107a〔849〕。另见黄一农《两头蛇：明末清初的第一代天主教徒》，第281页。

蚁登第，救雀获宝，此颠倒见也。①

"渡蚁登第"故事中的要角为"胡僧"，而"救雀获宝"则为"王母使者"也。②

另外，《铎书》"毋作非为"条曾大量引用袁黄《了凡四训》第二篇"改过之法"及第三篇"积善之方"的文字③（笔者按：今天常见的《了凡四训》本是一削减了儒家精神并进一步佛化的版本，韩霖所用者与现时的流通本在文字上有不少出入）。其实，袁黄乃佛教居士，其《了凡四训》中载有不少佛教例证。韩霖引用时一律削去，只留下《了凡四训》中的"论"而删去其"证"。何止如此，韩霖小心翼翼，凡遇"劫"字，如"千百劫"此等佛教术语，一律削去，而"天地鬼神"这种民间宗教说法，则改为"天道"。不过，韩霖摘引至末，亦开宗明义，直指《了凡四训》中的"佛教偏见"，且看他如何言道：

> 所谓上报佛恩，则偏见也。……第十，爱惜物命，亦是恻隐之心，但未免为佛门所惑。④

为何"未免为佛门所惑？"笔者在此引述《了凡四训》此处原文，让读者稍做比较，其实前此《了凡四训》引文的删削，亦缘于或此或彼的"佛教偏见"：

> 何谓爱惜物命？凡人之所以为人者，惟此恻隐之心而已；求仁者求此，积德者积此。周礼，"孟春之月，牺牲毋用牝"。孟子谓君子远庖厨，所以全吾恻隐之心也。故前辈有四不食之戒，谓闻杀不食，见杀不食，自养者不食，专为我杀者不食。学者未能断肉，且当从此戒之。渐渐增进，慈心愈长，不特杀生当戒，蠢动含灵，皆为物命。求丝煮茧，锄地杀虫，念衣食之由来，皆杀彼以自活。故暴殄之孽，当与杀生等。至于

---

① 《铎书》，24b～25a〔685～686〕。
② 参见张瑞图校《日记故事大全》，上海古籍出版社，1990，卷六德报类"救蚁中元"及"救雀得环"二故事，6a～b；4a～b〔300～301〕。
③ 《铎书》，93a～100b〔820～836〕。
④ 《铎书》，100a〔836〕。

手所误伤，足所误践者，不知其几，皆当委曲防之。古诗云："爱鼠常留饭，怜蛾不点灯。"何其仁也！①

此段的"佛教偏见"，当然是"戒杀生"这个明清耶稣会士多翻辩驳的话题了。韩霖既批佛，又引用充满佛教元素的《了凡四训》，原因何在？他自辩谓"耳中有玉石兼收，珠砾相混者，曷为汰之"。② 对韩霖来说，这种态度，或许既可避免自绝于如《了凡四训》这类影响普罗大众甚巨的善书作品，又可"入室操戈"，引述及部分给予肯定之余再作批驳，如此亦不失其为天主教教徒身份的反佛立场。

佛教另一主题常被明末耶稣会士及信徒所纠弹者，是其轮回教义。利玛窦认为此教义乃佛教从古希腊哲学家"闭他卧剌"（Pythagoras）中窃取过来，用以迷惑众生。③ 韩霖在《铎书》中亦有对之直接批评，如：

> 自轮回之说中于人心，人至不敢杀禽兽，而反敢于杀人。甚矣！邪说之害人也。或乃谓形既朽灭，神亦飘散，人与禽兽何以别乎？
>
> 或疑视天梦梦，人世祸福，间或倒置，不知惟其倒置，所以必有身后之报也。不然，君子之戒慎恐惧者何故？彼小人纵肆，惟误认死后无知与轮回谬说耳，如近日流寇遍地，彼以为且顾目前，即锋刃交颈，死则已矣，或妄想转生，使其知地狱无限之苦，各有差等，罪重刑亦重，未必纵横至斯极也。④

基于反佛反轮回的立场，韩霖于直引吕坤"理欲生长极至之图"的图内文字时，引至最末，亦把原图文字最后一句"已死者转生乎，可为痛哭矣"削去了。⑤

① 袁了凡著、黄智海演述：《了凡四训白话解释》，众生文化，1995，第241页。
② 《铎书》，100a〔836〕。
③ 〔意〕利玛窦：《天主实义》下卷第五篇，参见朱维铮主编《利玛窦中文著译集》，复旦大学出版社，2001，第48页。
④ 《铎书》，108b〔852〕；110b〔856〕。
⑤ 《铎书》，87b～88b〔810～812〕。

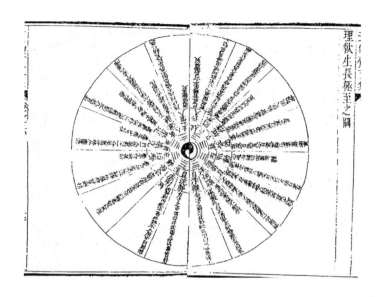

四 小结

韩霖借阐释明太祖六谕来传播天主教思想，是颇为明显的。虽然每一谕的演绎都充斥着大量中国典籍的引文与例子，但若把《铎书》中提及的天主教课题罗列出来，仍颇为可观。《铎书》提及的天主教课题有天堂、地狱、审判、死候当备（ars moriendi）、悔改、三雠、五司、四情、天神人类禽兽三品、生魂觉魂灵魂三品、神鬼位阶、罪宗七端、克罪七德、形神哀矜等。其中当然亦因为透过转述耶稣会士的著作，引述了数节《圣经》经文，包括：

凡右手施，勿令左手知〔甚言施恩之不宜自炫也〕。①
凡施与者，如积财而置之天上，盗不窃，虫不啮，永久不坏。②
有人掌尔右颊，则以左颊转而待之〔有欲告尔于官，夺尔一物，则以二物倍与之〕。③
〔淫者，听智言则厌废之〕，犹以珍宝置豕前，弗顾也。④

---

① 《铎书》，26a〔688〕。另参马窦福音6：3。
② 《铎书》，26b～27a〔689～690〕。另参马窦福音6：19～20。
③ 《铎书》，34b〔705〕。另参马窦福音5：39～40；路加福音6：27～28。
④ 《铎书》，45a〔726〕。另参马窦福音7：6。

除了《圣经》经文的间接转述，就连天主教某"圣人"的祷文，也被用来替明太祖说教：

> 有圣人为儗祷天之文曰：看顾难为我者，荣福笑侮我者，保存谋害我者，误我事者，赐他顺利，坏我物者，赐他财物，说我是非，扬我过失者，赐他高名令闻。[①]

当然，中国儒家传统中"圣经"与"圣人"的用词极为普遍，一般晚明读者不易察觉此处所指乃西方基督教之"圣经"与"圣人"。事实上，这样一方面可免却"以夷变夏"此种传统儒家正统的指控；另一方面亦可显示出韩霖"圣经""圣人"无分中外的普世立场。

然而，众多天主教课题中，最重要者还是"敬天爱人"。晚明耶稣会士及信徒一方面强调"东海西海，心同理同"的象山格言，另一方面在中西观念价值上又游走于同与异之间，最好的例子当然是天、天主及上帝这些观念的互释。韩霖《铎书》，的确是以敬"天"为六谕之本原及本体，无论是在任何一谕的演绎中，我们都见到所有训谕的践行都必须要以敬天为先。这"天"当然是天主教的天主，但单从文中其实不容易确定。韩霖将"敬天爱人"之义如此阐述：

> 天子以至于庶人，皆以敬天为第一事，盖天既生人，即付以性，与禽兽不同，曰：生时至死后，皆天造成，培养管辖之，时刻不离，有求斯应，善有永赏，恶有永罚，总是爱人之意，所以吾人第一要敬天，敬者尊无二上之谓，凡神圣无可与之比者。因敬天而及于爱人。[②]

这里的"永赏"与"永罚"之语，实已透露出韩霖所言的"天"，乃天主教所崇拜，于太初创世及于末世审判的唯一一天主矣。

另外，韩霖将"敬天爱人"一语附于太祖口中，称此为"高皇帝的敬天爱人之旨"，就更具含混性与颠覆性了。此等做法大有将明代开基皇帝编入天主教弘教之列的意思。"敬天爱人"当然可以作为历代帝王祭天敬祖、仁爱百

---

① 《铎书》，35a〔706〕。按，笔者暂未能查出这篇祷文属于哪一位西方天主教圣人。
② 《铎书》，2a〔640〕。

姓之意，但对韩霖、徐光启、王征、杨廷筠一类的奉教士人而言，无论是以"事天爱人"、"畏天爱人"，还是"敬天爱人"等方式表述，意思都是出于福音书耶稣的大诫命："爱天主，又要爱人如己（窦22：37～40）。"请引《辩学遗牍》，以见中国天主教"敬天"之真义：

> 夫教人敬天者，是教人敬天主以为主也。以为主者，以为能生天地万物，生我养我教我，赏罚我，祸福我，因而爱焉、信焉、望焉，终身由是焉。是之谓以为主也。①

最后，且看《铎书》末尾韩霖如何将太祖六谕放于敬天之学之下：

> 余尚有《敬天解》一篇，详言天学，愿就正于海内魁梧长者。已前所言，犹第二义也。②

很明显，第二义者，明太祖圣谕六言；第一义者，敬天之学是也。

韩霖《铎书》虽然带有明显的天主教元素，但却并非一本纯然辩教释教的作品。虽然以演绎明太祖圣谕六言为结构主轴，但所论却极为丰富庞杂，并非只是为儒学正统或帝制皇权张目。身为天主教徒的韩霖，参与官方主办的地方教化活动，目的有二：一是欲借儒家及官方的教化管道之便，宣扬天主教信仰；二是把天主教信仰之伦理教导，纳入地方教化的教材，以达正人心化风俗之用，并借此辅助晚明地方社会道德秩序的重建。天主教的证道与儒家思想的教化，在韩霖的《铎书》中变成一而二、二而一的双向活动。若从明末天主教信徒的角度看，韩霖参与这些本土地方教化施善活动，对其个人的意义其实甚大，可说是他们欲就双重身份张力之间的协商，以及维系"人格整全性"（personal integrity）上所作出的努力。身为儒家知识人，"以天下为己任"自是最基本的信仰，无论是以"得君行道"还是以"觉民行道"的方式来践行，都是欲变"天下无道"为"天下有道"（余英时语）；身为天主教教徒，则以跟随基督，奉行教理，弘扬圣教为委身的终极目标，无论是以公开的方式宣认信仰，还是在生活的践履中体现基督精神。如此，中国天

---

① 收入朱维铮主编《利玛窦中文著译集》，第665页。
② 《铎书》，113b〔862〕。

主教教徒参与地方施善教化活动，便是践行儒家知识人的身份与责任，并能以此与其他教外儒家士人寻得认同；而在这些活动当中注入天主教元素，则是他们身为信徒的弘教责任，"活出"信仰的见证。

附：《维风说》的中西互释

《维风说》一文，我们知道应是在《铎书》撰作之前韩霖独立印行的作品，主要理由有三：（1）方志数据将《维风说》与《铎书》并列独立存目，视为二作；（2）《铎书》文体乃属"演圣谕书"，故其结构应只依序演绎明太祖圣谕六言，但韩霖却不惜有违体例，既不将《维风说》放于文末，作为附录，反而将之加插入第四言"教训子孙"及第五言"各安生理"之间，可见他对是篇的重视，另一方面亦代表他认为《维风说》在《铎书》印行时仍有适切时代的意义；（3）《铎书》"教训子孙"条曾提及是篇，有如下记载："夫礼曰：男女有别，然后父子亲，父子亲然后义生……然后万物安。无别无义，禽兽之道也。别嫌明微，余曾有《维风说》焉。"①

短短六百多字的《维风说》一文，所要维护的风俗是什么？韩霖云：

> 末世陋风，妇女行路，男子相聚而观之，衣冠之族恬不为怪。……故男女之别，先戒其目。请革相聚而观之陋风，以避瓜田李下之嫌。②

"妇女行路，男子相聚而观"对韩霖或传统儒家伦理观来说，所代表的问题当然是一个有关男女之别上的"礼"之事宜。"正风俗、别男女"正是《维风说》一文的宗旨。而绛州似乎除了奢靡的问题，对韩霖而言还有男女相混而失礼的问题。当然，奢靡之风、男女风化之事，或许同样不独见于晚明绛州，而是明末山西，甚至是当时整体中国社会共有的社会道德问题与现象。

笔者觉得韩霖自以《维风说》一文为得意之作，才不避讳逆体例，锐意收入《铎书》。事实上，这篇短文的确独特，笔者认为当中的论述方式有一定的代表性，且可视为《铎书》撰写背后的论述逻辑。《维风说》开首便以"造物主造物，分上下三品"开论，"三品"者何？上品天神、中品曰人、下品禽兽是也。继而将这"三品"放在"欲念"的课题上分解：

---

① 《铎书》，54a〔744〕。

② 《铎书》，64b，65b～66a〔765，767～768〕。

天神无欲，人与禽兽皆有欲。然人能制欲，禽兽为欲制。无欲，故无配偶；制欲，故无乱偶；惟为欲制，遂至无定偶。兹三品所繇分也。是以圣人立教，于五伦中曰：夫妇有别，盖欲人近于天神，远于禽兽也。①

"三品"者，天主教之观念；"五伦者"，孔门之规矩也。韩霖将两者放在一起互释，但未免有论述跳跃之嫌。事关儒门"夫妇有别"绝不代表"无欲"，而天神无欲无配偶之境界更是与儒家"无后为大"之说相矛盾，故守"夫妇有别"之伦，至多达至"无乱偶"的制欲层次，所以此中"近于天神"的"近"字非常重要。既然已点出以"近天神，远禽兽"为处理欲念的目标，则这方面的具体修身践行应从何入手？

首先，必须面对"为人害者"之"三仇（雠）"，"三仇"即魔鬼、肉身与风俗。而当中则以肉身之五司中的"目司"，为修身之起点，原因是："外之感诱，惟目司最速，故圣人论克己，首曰非礼勿视。"② 在此韩霖便提出上言绛州"妇女行路，男子相聚而观"这一现象，即"目司"之不修，于非礼之事毫不顾忌。"非礼勿视"又与"三品"之说连在一起互释：

妇女行路，男子相聚而观之，衣冠之族恬不为怪。噫！此与禽兽何远也，既同里闬，半是姻党，聚观何为？纵非禽兽之行，亦禽兽之心矣。③

其次，韩霖大引例子，如男女不杂坐、不同巾、不亲授、嫂叔不通问，甚至内外不共井，七岁男女不同席等，以显古人在男女之别上制礼之严，又引时人"吕新吾先生曰：男女远别，虽父女、母子、兄妹、弟姊，亦有别嫌明微之礼，此深于礼者也"之语④再证。

最后，韩霖再回到"目司"与非礼勿视的问题，以中西两则"典范"故事，述说守礼自有福报。一则为汉武帝时，"夷狄"金日磾因"不窥视"皇

① 《铎书》，64a〔764〕。
② 《铎书》，64b〔765〕。
③ 《铎书》，64b〔765〕。
④ 语出吕坤《呻吟语》卷一"伦理"，收入《四库全书存目丛书》，庄严文化事业有限公司，1996～2001，子13。

帝身旁的后宫佳丽，而后获重任。金日磾为中国史上著名知礼外国人，徐光启《辩学章疏》亦借金日磾为例，力证耶稣会士东来有"补益王化"之用，故朝廷不应以来者远近为嫌：

> 盖彼西洋临近三十余国，奉行此教（按，天主教），千数百年，以至于今，大小相恤，上下相安……此等教化风俗，虽诸陪臣（按，即耶稣会士）自言，然臣审其议论，察其图书，参互考稽，悉皆不妄。臣闻繇余、西戎之旧臣，佐秦兴霸；金日磾，西域之世子，为汉名卿。苟利于国，远近何论焉？①

金日磾为外国人而有益于中国，西来会士又何尝不是？故此他们所论所说，中国人亦应不嫌远近。韩霖紧接着便引一则西方"典范"故事，再证"非礼勿视"的福报：

> 西国王德默，有两臣，未知其心，令传语其后宫，其一还，王问曰："尔视后何若？"对曰："倾城倾国，绝世独立"；其一还，王问如何，对曰："王命臣传语，弗命视也，但闻其言温惠耳"。王大喜，厚赏任用之。谓先一臣曰："汝目不贞，汝心亦尔"，遽遣之。②

此则"典范"故事，韩霖所据是庞迪我《七克》卷六。③《七克》卷六"坊淫"，系论罪宗七端（seven deadly sins）第六罪"迷色"（luxuria）。"坊淫"者何？庞君谓："淫如水溢，以贞坊之，作坊淫。"比对《七克》所引与韩霖之述，后者只有数字之别而已。这则故事，若以中世纪修辞学视之，应属古典型"世说"（Chreia）式典范故事（exemplum），然故事中的"西国王德默"，究竟是谁？查杜巴哈的《中世纪典范故事索引》（Index Exemplorum）④，知此故事曾收入 13 世纪末成书的《罗马人事迹》（Gesta Romanorum），由于此书流传版本甚多，笔者所见本子未有收入。但据杜巴哈

---

① 徐光启：《辩学章疏》，收入王重民编《除光启集》，中华书局，1963，第 432~433 页。
② 《铎书》，65b〔767〕。
③ 〔西班牙〕庞迪我：《七克》，卷 6，13a~b，收入李之藻编《天学初函》，2：1025~1026。
④ Frederic C. Tubach, *Index Exemplorum*: *A Handbook of Medieval Religious Tales*, Helsinki: Akademia scientiarum fennica, 1969, #3278.

的描述，此故事的情节与庞迪我及韩霖所引全同，唯所记国王，未见名字。据李奭学研究，古典世说式（轶事型）典范故事，常有张冠李戴的现象，事关此等故事重点在证道，内容旨意要紧，故事主人公真正属谁则为次要。"主人公"的主要作用在于加强故事"权威"，故常有把原主人公改成某名人贤王，或把流传已久却无主人公之故事，附上一位著名人士。[①] 在此，历史真实便退居为次，修辞效果才是主要关心。无论如何，德默是谁，还是有迹可循的。只据高一志《励学古言》及《达道纪言》，便有如下数则故事的主人公，拼音与德默同：

> 德默，古王，服叛城，军众强入夺掠，其间有名学之士，王所久闻，即宣而问曰：子之家资存邪？抑被军掠邪？贤者对曰：若我真资全存，即军众之强，势不能损；王喜而倍敬之。（《励学古言》）
>
> 或问于德默，审事何善，答曰：急于明而缓于断（《达道纪言》）
>
> 或问于德抹氏，友之真者由何识，答曰，其遇难事不待请而至，其遇吉事非请弗至。（《达道纪言》）[②]

查第一则故事最先出于普鲁塔克（Plutarch）的《名王名将嘉言录》，古王德默即马其顿国王 Demetrius Poliorcetes，而当中的"贤者"即 Stilpo，"真资"即知识是也。[③] 后两则名言则可见于迪莪吉倪（Diogenes Laertius）的《名哲列传》，而这位德默即 Demetrius of Phalerum（德维催），乃雅典行政官，著述等身。[④] 虽然这两位德默的传记，均无记述庞韩所述的典范故事，但比较之下，碍于后一德默不是国王，而前一德默又重选贤与能，故此《七克》与《维风说》的德默，应是指谓马其顿国王德默了。

考据既毕，容我再论《维风说》一文。韩霖此文，可说是尽显中西证道

---

① 李奭学：《中国晚明与欧洲文学》，第 101 页。

② 第一条见〔意〕高一志《励学古言》（BNF Chinois 3393），6a；第二及第三条见〔意〕高一志《达道纪言》，收入吴相湘主编《天主教东传文献三编》，台湾学生书局，1972，2：689，731。

③ 普鲁塔克的《名王名将嘉言录》（*Sayings of Kings and Commanders*），笔者查阅的是网上版本 http：//www. attalus. org/old/sayings2. html。

④ 迪莪吉倪《名哲列传》（*Lives of Eminent Philosophers*）中所记德维催事，笔者参考的是 Peter Stork，"Demetrius of Phalerum：The Sources，Text and Translation，" in Van Ophuijsen，Jan Max，Dorandi，Tiziano eds.，*Demetrius of Phalerum Text，Translation & Discussion*，Rutgers University Studies in Classical Humanities，1999，pp. 132 – 143。

之能事，当然此种做法仍以利玛窦为先驱。男女之别，固是孔门一向关心之伦理课题，但对天主教而言，又何尝不是？十诫第六诫"无行邪淫"便正是男女之训诫，罪宗七端之"迷色"，当然亦与此紧密相连。欲念之克制，尤其是"目司"之修克，于孔门来说是"非礼勿视"之持守，人伦社会之"礼"的体现与恢复。但当韩霖加上三品三仇五司之天主教义理作为诠释框架，以无欲为天神上品之境，以被欲制而无定偶为禽兽之界来做衡定准绳，如此，孔门"非礼勿视"的克欲伦理便加上浓厚的宗教意味了。笔者认为《维风说》最末，才是韩霖心之所系：

> 远于禽兽，而近于天神，三仇莫能害之，岂惟追古风，行且望天国矣。①

人间礼教与天国永生，教化与证道，合而为一矣。

---

① 《铎书》，66b〔768〕。

汉语神学与耶儒对话研究

汉语神学的滥觞：利玛窦的"帝天说"与上帝存在的证明[*]

纪建勋[**]

摘要：对于"译名之争"，以前较多关注"利玛窦派"与"龙华民派"之间的立场或派别之争，近期的研究则渐趋于持平地分析龙华民其人其文的意义。与学界对此的一系列新解读相应，本文即尝试对"帝天说"展开另一视角的研讨，期许获得新的启示。本文认为其不仅是一种在地化策略的使用及处境神学下的发明，更是一种浸润在经学与神学两大诠释传统下的上帝存在的证明。在利玛窦看来，中国古人对上帝的正确认识来自"自然法"，其本质是运用自然神学与历史框架来构建明末的上帝论。唯"帝天说"能够推证西方的天主与东方的上帝是文明本根处"同体异构"的概念，从心理及社会效应层面帮助儒家基督徒小心规避"两头蛇"式的紧张与冲突，所以士人才可以由儒入耶，并最终达成为自我及舆评所接纳的儒耶交融的理想境界。此种视域下的"帝天说"无疑带来了辩证天主教至上神存在的问题，是汉语神学的滥觞，而不应仅将其片面化处理成译名上的论争。

关键词：帝天说；利玛窦；上帝存在的证明；汉语神学

一 引言

早在 1583 年利玛窦居于肇庆时，就已经感觉到传道必须先获得中国人的尊敬，以为最善之法莫若渐以学术收揽人心，人心既附，信仰必定随之。[①] 首先，中华帝国历来是一自尊的民族，实践理性或实用理性较为发达的士大夫在面对外来文明，尤其是宗教时，往往表现得敏锐多疑甚或排外成性；其次，崇古的退化史观，包括儒家的尊古理论，在明末士大夫群体中尚具有相当的

---

　* 本文系国家社科基金一般项目"晚明中西上帝观研究"（14BZJ001），上海市高峰学科建设计划资助"中国语言文学"阶段性成果。

** 纪建勋，上海师范大学副教授。

① 〔法〕费赖之：《在华耶稣会士列传及书目》，中华书局，1995，第 32 页。

权威性和吸引力；再次，异域传教，对持不同信仰的士人来讲，基督教的权威，包括《圣经》的启示及奥义，不复有太大的说服力；最后，也是更为重要的一个原因就是中国宗法社会所特有的"家国一体"文化形态，"归化中国最大的困难并不是老百姓不愿接受基督信仰，他们对研究要理也无困难，而困难在于他们的从属关系妨碍传教工作，上有父母、官长，直到高高在上的皇帝"。①

因此之故，传教士认识到中国社会的运转枢纽实为"文人"。其将传教重心放在"文人"身上，挟学术来布道行走"上层路线"，用"间接传教""慢慢来"的适应策略以附会儒家调和儒耶关系，直至"利玛窦规矩"的形成甚或"礼仪之争"的兴起乃是必然之事。与此相应，推证上帝的存在进而向中国人显示上帝的真理时似乎唯余以下四条途径可行。一是，神学上的证明。依托官方神学实际上主要是圣托马斯的五路为"骨架"来证明上帝的存在。二是，"神经学"② 上的证明。传教士置身神学与经学两个强大的诠释系统之中，出于适应和重释儒家思想的需求，还以奥古斯丁神学与孟子之学和宋明理学的对话为"血肉"，展开其对上帝是否存在的论证。这与按照常理所想象传教士的证明中对官方神学亦步亦趋的使用状况大相径庭。③ 三是，"天算学"上的证明。教会通过天文、历算等实证学说，借明末改历之需与清初鼎革之机，建立数理和精神概念来证明上帝的存在。④ 四是，在地化的证明。明末 Deus 之 "大父母" 的说法就是在地化策略下证明天主（上帝）存在的范例。

对于中文语境中证明上帝存在进路的梳理，以上是就逻辑层面的分类而言。实际上明末的传教士与儒家基督徒在证明上帝的存在时，为求得较强的说服力或言说上的便利，诸种推证方法往往混搭在一起使用。⑤ 以 "大父母" 说法为例：明末 "Deus" 的 "大父母" 说法是天主教当时提出的影响较为

① 〔意〕利玛窦：《利玛窦书信集》（下册），罗渔译，台北光启出版社、辅仁大学出版社联合发行，1986，第433页。
② 李天纲：《代序》，《跨文化的诠释：经学与神学的相遇》，新星出版社，2007，第1~50页。
③ 纪建勋：《明末清初天主（上帝）存在证明的"良能说"：以利玛窦对孟子思想和奥古斯丁神学的运用为中心》，《北京行政学院学报》2014年第1期。
④ 关于明末天主教上帝存在的证明及儒家基督徒信仰进路两问题的分疏，参见李天纲《跨文化的诠释：经学与神学的相遇》，第42~49、73~77页。
⑤ 实际上，明末对于天主教至上神存在的证明并不那么注意逻辑。在论证的方法上，《神学大全》中严密的因果逻辑推理大多被列举的例证、生动的比喻和形象的模拟所取代。此一现象关乎中西思维方式差异也即"关联性思维"与"因果性思维"说法的最初萌蘖，值得思考。详见孙尚扬《基督教与明末儒学》，东方出版社，1994，第70~71页。

广泛的神名之一。儒家"大父母"思想肇端于易经，滥觞于理学乾父坤母的宇宙论，而天主教传统中往往强调"父"，也有崇拜圣母的传统，两者之间的契合使传教士和儒家基督徒提出"大父母"神名。这是从"神经学"角度展开的证明，也即从双方信仰和传统的应然推理出发来证明上帝的存在。另外，"大父母"说法也是一种借喻，此种"策略性"手段，耶稣会传教士们用来最为娴熟。这是在地化的证明，它是处境神学的发明，可以表明人神之间的亲密关系，也包含着令女性主义神学家们大感兴趣的价值。此外，阿奎那在论证上帝存在时使用了宇宙论证明，"大父母"神名实际上也暗含着一种宇宙论的逻辑推理在里面：每个人都有父母，再往上推，就会有一个超越个体的共有的父母，即上帝。这又是官方神学亦即阿奎那五路证明之一种了。[1]

利玛窦提出"帝天说"[2]，通过诉诸《诗经》《书经》等先秦典籍，使士大夫在复古、崇古的氛围中投向"上帝"之怀抱。长期以来，帝天说与译名之争纠缠在一起，纷讼累年[3]，莫之能息。实际上，关于译名的争论从基督教初入中国就已经开始，在其后的岁月中时沉时浮，但从来没有真正终止过。而且直到今天，这个问题也没有真正解决。譬如通行的和合本《圣经》中就仍然有所谓"上帝版"和"神版"两种版本。然而一般中国民众和汉语书写却已习惯了"上帝"这个说法，尽管后来因为礼仪之争，罗马教廷曾经禁止使用儒家经典中的上帝称呼天主教崇拜的唯一至上神，但今天对基督宗教稍

① 相关研究参见纪建勋，《明末天主教"Deus"之"大父母"说法考诠》，《道风：基督教文化评论》第 37 期。
② 有关基督教神名问题的争论，有"译名之争""圣号论""帝天说"等概称，但三者的区分并不是十分明显。一般来讲，用"译名之争"来概括明末清初时期天主教就其神的汉语名字所引发的争议，用"圣号论"来指代基督新教在中国传教时期就神的中国名字所引发的争论；利玛窦将中国先秦典籍中的"天"和"上帝"均释作天主，试图把天主教融入中国的文化传统之中，黄一农将此一天主教儒家化的诉求策略称为"帝天说"，参见黄一农《两头蛇：明末清初的第一代天主教徒》，上海古籍出版社，2006，第 12 章。英文一般以"Term Question, or Term Issue"统称之。这里采黄说，以强调耶稣会士融合儒耶的努力。文章的重点在于重新诠释《天主实义》中有关"帝天说"的内涵，借以剖析利玛窦的诠解与上帝存在证明及汉语神学滥觞之间的关联。而关于"帝天说"所引致明末活跃的思想界对天学之种种互动与对话，拟另文探讨。
③ 关于包括译名之争在内的中国礼仪之争研究，请参见李天纲《中国礼仪之争：历史、文献和意义》，上海古籍出版社，1998，第 15 ~ 20、123 ~ 130 页。从儒耶对话尤其是从翻译角度对译名之争、圣号论等的相关研究，较新的成果有程小娟《God 的汉译史：争论、接受与启示》，社会科学文献出版社，2013；李炽昌编《圣号论衡：晚清〈万国公报〉基督教"圣号论争"文献汇编》，上海古籍出版社，2008。

有了解的中国人，一提到上帝，首先想到的恐怕不会是儒家经典中所说的皇天上帝，而是基督宗教共同崇拜的那个至上神。这说明，汉语中既有的言语表述与思想资源经过诠释，会获得新的神学意义。这给今天反思汉语神学的发展以很大启发。

过往，学界对于译名之争的研究，较多关注耶稣会士中"利玛窦派"与"龙华民派"之间的立场或派别之争。与许多学者都以"莱布尼茨之姿"为利玛窦"叫屈"并一面倒地反对龙华民不同，近期的研究则渐趋于持平地分析龙华民其人其文的意义。

钟鸣旦指出两造争议的焦点在于对儒家的诠释传统也即原著和注疏间的矛盾采取了不同的回应方式：

> 龙华民的报告清楚地表明了是否可以用"上帝"和"天"的名词来表示基督教的神（God），"天神"表示天使（Angels），"灵魂"表示理性精神（Rational soul）的争议，开始并不是神学的讨论，而是基于文本诠释间的冲突。争议的主要焦点在于人们在对待常有的儒家原著和注疏间的矛盾中所应采取的态度问题。①

刘耘华从中国士大夫的角度分析西方思想的关键语汇如 Deus 等在进入中国文化语境后，对中文原有词汇如天、上帝、天主之义蕴的冲击、异变以及与此相应的西方语汇与原义的疏离：

> 总体而言，西学派对于"天"儒差别是缺乏认识的，相比之下，旧派专言差别，却体现了对西方词汇原义一定程度上的洞察。
> 从上述考察看来，文化差异必然会导致文化误读，但文化误读不一定只会导致恶果，如西学派人士对西学的接受以及由此所产生的种种观念上的异变，很大程度上都是在误读的情况下发生的；相反，对原义的洞察有时却偏偏成了中西文化交流的障碍，如旧派人士反对、排斥西人西学即为一例。②

---

① 〔比利时〕钟鸣旦：《晚明基督徒的经学研究》，《中华文史论丛》第 64 辑，2000。
② 刘耘华：《中国文化语境中的"天"、"上帝"与"天主"》，《东方丛刊》1995 年第 4 辑。

李文潮则试图对龙华民其人及其文《论中国宗教的几个问题》"平反"：

> 如同中国学者不能说明利玛窦对儒家经典的诠释是否符合天主教教义一样，中国学者的愤怒与反抗也不能"证明"龙华民的看法在神学上是错误的，充其量能够说明的，只是龙华民的看法在实践上是无法被实施的。"适应策略"的真谛只是找到了总能够使中国学者在心理上接受基督宗教信仰的方式，因为"适应策略"意在求同，而且是最低限度的同；求同导致适应，更容易导致误解。龙华民则强调差异。差异的前提是承认各自的独立性，求异并不排除误解，但差异一旦被发现，则更有价值。①

曾庆豹针对译名之争，探究在基督教直面汉语思想时，为何总是避开不了政治神学的问题：

> 利玛窦清楚地知道中国古代对于他们所承认或崇拜的对象是有其特定的称呼的，但是，当决定以"上帝"来翻译 Deus 时，即是表达了以"我们的概念"来"解释原作"的想法。所以，"解释原作"不是一种发现，它更多是一种发明。……天主教传教士所要传播的不是"西学"而是"天学"。……龙华民可能意识到"上帝与天主，特异以名"可能卷入强大的汉语诠释圈。天主教的"译名之争"恐怕永远走不出"汉语思想巨大的诠释圈"中，……其中隐匿于自然神学（现代性）背后的"政治神学"，才是"译名之争"的真正问题所在。②

笔者认为两派对待理学的驳斥立场并无不同，传教士们置身汉语思想巨大的诠释漩涡之中，对儒学原著与理学注疏之间巨大的诠释上的张力感同身受。与罗明坚、龙华民诸人仅仅批驳乃至拒斥理学不同，利玛窦不仅仅对理学持强烈批判态度，并且他还有自己的一套以亚里士多德自然哲学来解释"理"，乃至以神学来重释理学的做法。要之，"不适应派"是以"驳"为

---

① 李文潮：《龙华民及其〈论中国宗教的几个问题〉》，《汉语基督教学术论评》第 1 期，2006。
② 曾庆豹：《明末天主教的译名之争与政治神学》，《道风：基督教文化评论》第 38 期，2013。而氏著，《汉语景教经典中的政治神学问题》，《道风：基督教文化评论》第 34 期，2011，更是指认汉语基督教第一次遭逢中国"政治神学"问题自唐代景教就已经开始。

"斥"，"适应派"是以"驳"为"立"：

> "利玛窦规矩"所代表的"适应"政策适用于上层传教，而"不适应派"则大多熟稔于平民阶层布道。利玛窦、龙华民、利安当诸人不同的传教经历驱使他们选择了适合各自境遇的传教模式，是两者在各自相应环境下的应然选择。
>
> 传教对象的这种区分深植于中国自原始儒家就予以分隔的社会祭礼中礼和俗两大脉络。"其在君子，以为人道也"① 对应于"利玛窦规矩"之"帝天说"与上层传教，而"其在百姓，以为鬼事也"②，所以一直以平民百姓为布道对象的利安当甚至也包括龙华民等就只能严词拒绝接受这种宗教色彩浓厚的民间祭祀礼仪。

与上述学界对译名之争的一系列新解读相应，本文即尝试对"帝天说"展开另一视角的研讨，期许获得新的启示。认为其与明末天主教 Deus 的"大父母"说法一样，已不仅是一种处境神学下的发明③，更是一种浸润在中西经学与神学诠释传统下的上帝存在的证明，是汉语神学的滥觞，而不应仅将其片面化处理成译名上的论争。

二 汉语神学的滥觞：译名还是证明

万历三十一年，利玛窦刊行《天主实义》一书，其中有曰：

> 虽然，天地为尊之说，未易解也。夫至尊无两，惟一焉耳；曰天曰地，是二之也。吾国天主，即华言上帝，与道家所塑玄帝玉皇之像不同。彼不过一人，修居于武当山，俱亦人类耳，人恶得为天帝皇耶？
>
> 吾天主，乃古经书所称上帝也。《中庸》引孔子曰："郊社之礼，以事上帝也。"朱注曰："不言后土者，省文也。"窃意仲尼明一之以不可为二，何独省文乎？《周颂》曰："执兢武王，无兢维烈。不显成康，上帝

---

① 《荀子》，中华书局，1979，第 330 页。
② 《荀子》，中华书局，1979，第 330 页。
③ 孙尚扬：《利玛窦与汉语神学》，《中国民族报》，2010 年 5 月 1 日，06 版。曾庆豹：《明末天主教的译名之争与政治神学》，第 118 页。

是皇。"又曰："于皇来年，将受厥明，明昭上帝。"《商颂》云："圣敬日跻，昭假迟迟，上帝是祇。"《雅》云："维此文王，小心翼翼，昭事上帝。"《易》曰："帝出乎震。"夫帝也者，非天之谓。苍天者抱八方，何能出于一乎？《礼》云："五者备当，上帝其飨。"又云："天子亲耕，粢盛秬鬯，以事上帝。"《汤誓》曰："夏氏有罪，予畏上帝，不敢不正。"又曰："惟皇上帝，降衷于下民，若有恒性，克绥厥猷惟后。"《金縢》周公曰："乃命于帝庭，敷佑四方。"上帝有庭，则不以苍天为上帝可知。历观古书，而知上帝与天主特异以名也。①

在这里，利玛窦明确主张天主教最高神就是中国古经书所称上帝，是为"天主上帝同一论"的源头。然是说甫一问世，就论辩不绝。传教士间有争议，中国士大夫间也有论争，儒家基督徒严谟甚至做了一部《帝天考》，专门回应教内各方对"帝天说"的质疑。以往学界对此的研究大多从宗教术语翻译的角度将其归为神名之争，或是从在地化的策略角度将其归结为耶稣会适应儒家的努力。前者流于偏激化，后者不免简单化。如果细加体悟，将"帝天说"看成利玛窦证明上帝存在的努力，就会从在原地打转的"译名之争"这场"错位的争论"中摆脱出来，进而获得一种新的意义。这一点，对于今天发展汉语神学也当具有重要的借鉴意义，堪称汉语神学的滥觞。

与前述"大父母"说法背后潜隐着上帝存在的宇宙论证明进路不同，"帝天说"的证明进程是："吾天主，乃古经书所称上帝也"，利用士人普遍存在的崇古、信古风尚与心理，借助天主教与儒家双方历史上各自足够强大的诠释系统，将古经中的上帝诠释成天主。既然西方的天主作为基督教信仰的至上神，其存在已经通过《天主实义》的书写得到了证明，并且东方的上帝在利玛窦一派传教士和儒家基督徒视阈下，两者具有不容置疑的可通约性和互相发明之处，上帝与天主"特异以名也"。因此，儒家元典中上帝的存在就暗示和保证了天主教至上神的存在。要注意，神学和儒学发展史上各自足够强大的诠释系统在其中扮演了重要角色，保证了证明过程以一种"自然理性"的方式完成。

　　古代的中国人无论做什么，都尽力随从理性之指导，他们说理性是

---

① 〔意〕利玛窦：《天主实义》，朱维铮主编《利玛窦中文著译集》，复旦大学出版社，2001，第21页。

上天赋予的。中国人从来没有相信，上帝及其他神明，会像我们罗马人、希腊人及其埃及人等所认的，做那些坏事。因此可以希望无限慈悲的上帝，使许多按自然法生活的古人得到了救赎；那些尽力而为的人，得到了上帝惯常赐予的特殊帮助。从过去四千年的历史中，可以看出上述之希望是有根据的……①

这里，利玛窦表达出中国古经的理性和有神论观念，并且古人对上帝的这种认识来源于"自然法"，也就是说，因为人们被赋予理性，他们获得了一种对上帝的正确认识。利玛窦进而结合中国的历史来说明先民对上帝的认识，即完全凭借理性而不包含任何超自然的启示，这种自然神学层面的上帝论进路所体现的理性能在中国保持那么长久的时间，关键之处在于地理或者历史原因，中国较少受到迷信的坏影响，这使得中国人在很长一段时期内保持了纯粹的理性。利玛窦的后继者更是进一步从历史框架着手，努力把中华民族的历史与《圣经》联结起来。②

然而究竟华夏民族与犹太教不同，无法始终能够得到上帝的恩宠与启示，再加上人性的逐渐腐化，中国人慢慢丧失了原始的理性之光。终于走向了两个极端，要么耽于佛教之偶像崇拜，要么陷入宋儒之无神主义。③ 也正是从这一个层面来讲，利玛窦通过标举"帝天说"来构建上帝论，掀起了明末关于天学的集中讨论。

传教士标榜这一证明实际上也是天主教自罗马帝国时期以来的诠释系统使然。在"信仰寻求理解"口号的感召下教父们运用希腊哲学及其理性思辨把希伯来人信仰中的上帝加以理性的论证，"二希"思想交汇后教父学与阿奎那先后结合柏拉图和亚里士多德的思想形成了中古时期的新上帝观，这才提出了上帝存在的证明问题，并依据所遵循的不同思想用各种方法证明上帝的存在。尽管希腊哲学思想中依于人的理性思辨而成的"最高理念"与"不动的推动者"等观念与希伯来人由宗教信仰所显示的上帝观本非一事，但毫无疑问这是中世纪官方神学所认可的证明，也是当时来华传教士普遍拥有的神

---

① 〔意〕利玛窦：《利玛窦中国传教史》（上册），刘俊余、王玉川合译，光启出版社 、辅仁大学出版社联合发行，1986，第 80 页。

② 〔法〕梅谦立：《最初西文翻译的儒家经典》，《中山大学学报》（社会科学版）2008 年第 2 期。梅谦立、齐飞智：《〈中国哲学家孔夫子〉的上帝论》，《国际汉学》第 22 期，2012。

③ 〔意〕利玛窦：《利玛窦中国传教史》（上册），第 81 页。

学知识装备。

传教士除了用教会正统神学，主要是阿奎那的五路证明，也有部分是奥古斯丁的神学。除向士人证明上帝的存在，更因中国原始的帝、天崇拜与天主教至上神信仰存有一定程度的契合，是故努力发扬上述由奥古斯丁和阿奎那所开创的对古代哲学的诠释传统，秉持修正或驳斥的立场积极展开对中国传统思想的调适与发明，通过"帝天说"提出"天主上帝同一论"来证明上帝的存在，在东西方思想的交汇下继续论证上帝存在的问题。所谓合儒、补儒乃至超儒，所谓汉语神学的滥觞等，皆是此一证明进路下的应有之意。不是这样吗？如果不认可这种证明，除非能将上述教父学诸种证明上帝存在的努力，一并否定；如果不认可这种证明，除非认为神学的发展是一潭死水，甚至也不认可《圣经》文本由旧约到新约的发展。

"帝天说"固然首先是翻译问题，但在"译名之争"中会原地打转，更何况一般民众和书写早已习惯了"上帝"这个说法！继续争论下去只会陷入偏激而不会有多大意义。相反，如果能从上帝存在的证明角度看"帝天说"所带来中西两造文化在本根处的交流与砥砺却大有前途。汉语神学，正是要接着利玛窦讲。① 这里"上帝"与"天主"同一的证明，绝不仅是利玛窦在地化的策略下借用的一种说明，而是处境神学下的一种发明；它既涉及基督神学，也关联汉语神学，确有厘清的必要。当然，此一证明逻辑上的进路正确与否，是另一个问题。神学发展史上各种上帝存在的证明都无一例外地曾经引起过巨大的争议和批判，"帝天说"所引起的不休论争正可以做如此解读。

利玛窦在 1604 年给耶稣会总会会长的信上说道：

> 我认为在这本书（按：指《天主实义》）中，最好不要抨击他们所说的东西，而是把它说成同上帝的概念相一致，这样我们在解释原作时就不必完全按照中国人的概念，而是使原作顺从我们的概念。②

利玛窦的话语透露出的不仅是其尊孔崇儒，而且具有合儒益儒，进而补

---

① 李天纲：《"回到经典，贴近历史"：探寻汉语神学的新进路》，《神州交流》2009 年第 1 期。孙尚扬：《利玛窦与汉语神学》；孙尚扬、潘凤娟策划《汉语神学：接着利玛窦讲》，道风书社，2010。

② 〔意〕利玛窦：《利玛窦书信集》（上册），第 17 页。

儒超儒，乃至于重新诠释儒家经典的雄心。这正是关于帝天论论争两造的本质区别。传教士们都感受到了神学与儒学之间悖立的张力，但利玛窦还在尝试运用汉语思想的诠释传统，通过证明古经中的上帝就是天主教至上神来重新整合儒耶之学。

传教士这种证明上帝存在的理路正如士人们接受这种证明的进路。譬如曾为是书作序的冯应京就将"天主实义"训为：

> 天主何？上帝也。实云者，不空也。吾国"六经""四子"，圣圣贤贤，曰"畏上帝"，曰"助上帝"，曰"事上帝"，曰"格上帝"，夫谁以为空？[①]

儒家基督徒接受这一证明是士人中普遍存在的崇古信古的心理与风尚使然，并且儒家体系自身也具有强大的诠释功能与包容性。"帝天说"激扬起了明末活跃的思想界对"儒家事天之学""基督教的神学""天文历算之实学"等天学说法之种种的讨论，最终藉"通天以通神"。此处"天"指"帝""天"崇拜及相应的儒家事天、敬天、畏天之学，"神"则是指天主教至上神崇拜及相应的中世纪经院哲学。

> 自今以后，若不遵利玛窦的规矩，断不准在中国住，必逐回去。
> 且中国称"天"为"上帝"，大小之人皆一样称呼，并无别说。尔西洋呼"天主"为"陡斯"，乃意达理亚国之言，别国又异。
> 西洋地方称呼天地万物之主用"斗斯"二字，此二字在中国用不成话，所以，在中国之西洋人并入天主教之人方用"天主"两字，已经日久。从今以后总不许用"天"字，亦不许用"上帝"字眼，只称呼天地万物之主。
> 览此条约，只可说得西洋人等小人，如何言得中国之大理。况西洋人等，无一人通汉书者。说言议论，令人可笑者多。今见来臣条约，竟是和尚道士，异端小教相同。彼此乱言者莫过如此。以后不必西洋人在中国行教。禁止可也。免得多事。[②]

---

① 冯应京：《〈天主实义〉序》，朱维铮编《利玛窦中文著译集》，第97页。
② 《康熙与罗马使节关系文书》，沈云龙编《近代中国史料丛刊续编》第7辑，文海出版社，1974，第11、70~71、75、89页。

　　以上是礼仪之争爆发前后康熙对"利玛窦规矩""帝天说"的谕旨批复。很能说明没有"帝天说"的证明，不承认对"天""上帝"的使用，中国的基督教就不复存在。帝天崇拜是原初先民最为根本的信仰，在其后数千年中华文明的演进中一直绵延不绝、影响不衰。事实证明，这是传教士和儒家基督徒普遍认为天主教可以补儒的最重要地方。正因为"帝天说"能够证明西方的天主与东方的上帝是同一概念，从心理效应上可以帮助儒家基督徒小心规避"两头蛇"① 式的紧张与冲突，所以士人们才可能由儒入耶并最终达到能够为自我及社会舆评所接纳的儒耶交融的理想境界。

　　问渠哪得清如许，为有源头活水来。"帝天说"关乎中西文明本根处的两个概念是否同气连枝、同体异构的思考。要建立真正的三自教会，终究离不了神学和经学的砥砺，离不了汉语神学的发展。

　　再通过利玛窦与士人们借用儒家"大父母"说法证明上帝存在的进路来观照"帝天说"的证明。李之藻在《天主实义重刻序》中总结利玛窦所宣讲的神学时说：

　　　　利先生学术，……其言曰：人知事其父母，而不知天主之为大父母也；人知国家有正统，而不知惟帝统天之为大正统也。不事亲不可为子，不识正统不可为臣，不事天主不可为人。而尤勤恳于善恶之辩，祥殃之应……以庶几无获戾于皇天上帝。②

　　李之藻的表述清楚地揭示了利玛窦的宇宙论证明进路：从"父母"上溯"大父母"，再上推至古经中的"皇天上帝"，最终证明了天地万物之主"天主"的必然存在。不过虑及儒家"大父母"的说法很大程度上是以乾父坤母为立论之基，利玛窦也辩称：

　　　　世有智愚，差等各别。中国虽大邦，谅有智，亦不免有愚焉。以目可视为有，以目不能视为无，故但知事有色之天地，不复知有天地之主也。远方之氓，忽至长安道中，惊见皇宫殿宇巍峨截嶪，则施礼而拜，曰："吾拜吾君。"今所为奉敬天地，多是拜宫阙之类也。智者乃能推见

---

① 黄一农把身处儒耶巨大诠释漩涡中的明末清初第一代天主教徒内心的挣扎与煎熬形象地比喻为"两头蛇"，最引人遐思。
② 李之藻：《天主实义重刻序》，朱维铮编《利玛窦中文著译集》，第99页。

至隐，视此天地高广之形，而遂知有天主主宰其间，故肃心持志，以尊无形之先天。孰指兹苍苍之天，而为钦崇乎？

君子如或称天地，是语法耳。譬若知府县者，以所属府县之名为己称，南昌太守称谓南昌府，南昌县大尹称谓南昌县。比此，天地之主，或称谓天地焉。非其以天地为体也，有原主在也。吾恐人误认此物之原主，而实谓之天主，不敢不辨。①

对于"天地""天""大父母""大君"等尊称，利氏解释成是一种借代，是一种语法上的借用，所以"大父母"说法的产生及其广泛流播②很大程度上是一种在地化证明策略的体现，尽管其中潜隐着上帝存在的宇宙论证明，从证明类型上可以将其较为妥帖地纳入阿奎那五路证明。无怪乎中士说：

夫父母授我以身体发肤，我固当孝；君长赐我以田里树畜，使仰事俯育，我又当尊。矧此天主之为大父母也、大君也，为众祖之所出，众君之所命，生养万物，奚可错认而忘之？③

而帝天说却不能说是语法上的借用与一种指代，也不是一种在地化策略上的证明，从证明类型上来看应将其纳入基督教诠释系统下的"教父学式理性思辨下的证明"。其最重要的一个表征就是"最高理念""不动的推动者""诗书两经中的上帝"与天主教所信仰的至上神都不是一回事。正如同教父们的贡献在于借助古希腊哲学及其理性思辨所开创的天主教诠释传统，大大推进了神学的发展一样，利玛窦的做法也必将产生深远影响。所不同者是利氏身处中国，所借重的自然是以儒家的诠释传统为主。

数千年的儒家经典诠释史呈现一种经典中的普世价值与解经者身处的时空特性之间的张力，这种"普遍性"与"特殊性"之间的紧张性，又表现为解经者与经典互动时的紧张关系。朱子、王阳明对孟子学之解释皆以自己的精神体验加贯穿，别创新解。④ 回到明清的语境中再来看：

---

① 〔意〕利玛窦：《天主实义》，第 22～23 页。
② 纪建勋：《明末天主教"Deus"之"大父母"说法考诠》，第 108～109 页。
③ 〔意〕利玛窦：《天主实义》，第 23 页。
④ 黄俊杰：《论东亚儒家经典诠释传统中的两种张力》，《台大历史学报》第 28 辑，2001。

中士曰：世人好古，惟爱古器古文，岂如先生之据古理也，善教引
人复古道焉？然犹有未谙者：古书多以天为尊，是以朱注解帝为天、解
天惟理也；程子更加详，曰以形体谓天，以主宰谓帝，以性情谓乾。故
云奉敬天地。不识如何？①

朱熹解帝为天、解天惟理；程颐以形体谓天，以主宰谓帝；利玛窦解帝
为天主，兜售"天主上帝同一论"，在此中士敏锐指出了利玛窦证明上帝存在
的儒家诠释学立场！利玛窦明显对宋明理学关于经典的阐释采批判态度，是
一种"六经注我"而非"我注六经"的方式。其本质与理学家们借集注经
典之机而另辟新解，将"理、太极、上帝、天命"重释为形上的本原不是
正好相同吗？不同之处是利玛窦将经典中的"帝、天"释为天主教的最高
神而已，两造的诠释手段择一。理学诸子借经典著作的诠释把"上帝"看
作天道、天命和天理等一种无形的力量，这未必是经典的真义；正如同传
教士真正关心的却是如何把中国人典籍中的"上帝"重塑为一尊人格化的、
独一无二的、天地间的造物主和无所不在的神，这当然也不会是经典的
原义。

雄心勃勃的利玛窦对于理学绝不会仅满足于一驳了事，字"西泰"，时人
呼之为"利子"的利玛窦其真正目的在于重释儒典，做一名整合儒学与神学
的"泰西大儒"，其野心在于"为往圣继绝学""为天主教在中国寻找上帝"！

三　教父神学家：造生之天还是化生之天

正如把利玛窦的"帝天说"理解为对上帝存在的一种神学与经学诠释学
背景下的证明更为恰当一样，实际上，钟鸣旦甚至将儒家基督徒如严谟的
《帝天考》等从经学与神学结合的角度所展开的诠释也归入教父学一类，称其
为教父神学家，或者至少是神学生。② 通过以上的分析来看，利玛窦更有资格
被称为明末第一位"教父神学家"，不是吗？因为希腊思辨哲学中的本体与犹
太教的上帝本不是一回事，二希思想的融汇、中古时期新上帝观的形成，离
不开教父们的决定性诠释；同样地，天主与诗经和书经中的上帝也本不是一

---

① 〔意〕利玛窦：《天主实义》，第21～22页。
② 〔比利时〕钟鸣旦：《可亲的天主》，何丽霞译，光启出版社，1998，序言。

回事。现在人们一提到上帝，却是已经很难想到先秦典籍中的上帝，而是基督教的 God。这也是拜利玛窦建立在"神经学"下的诠释立场所赐，称其为教父神学家，不算过誉。

按说利氏是"据古理"，"教引人复古道"，利玛窦对殷周以来的帝天崇拜中包含有至上神的主宰蕴涵有较为清醒的认识，在严格界分先儒/后儒、经典/注疏的前提下推演"天主上帝同一说"，且再看《天主实义》中对典籍的引用。

> 《中庸》引孔子曰："郊社之礼，以事上帝也。"朱注曰："不言后土者，省文也。"窃意仲尼明一之以不可为二，何独省文乎？《周颂》曰："执竞武王，无竞维烈。不显成康，上帝是皇。"又曰："于皇来牟，将受厥明，明昭上帝。"《商颂》云："圣敬日跻，昭假迟迟，上帝是祗。"《雅》云："维此文王，小心翼翼，昭事上帝。"《易》曰："帝出乎震。"夫帝也者，非天之谓。苍天者抱八方，何能出于一乎？《礼》云："五者备当，上帝其飨。"又云："天子亲耕，粢盛秬鬯，以事上帝。"《汤誓》曰："夏氏有罪，予畏上帝，不敢不正。"又曰："惟皇上帝，降衷于下民，若有恒性，克绥厥猷惟后。"《金縢》周公曰："乃命于帝庭，敷佑四方。"[1]

在明末认可"帝天说"的传教士与士人们大都以诗、书两经为主，兼论及其他典籍。"畏上帝""助上帝""事上帝""格上帝"[2]，从古经中发现帝作为至上神的各方面蕴涵，此堪称"天主上帝同一论"最重要证据。探讨古代的帝与天概念，除却考古方面的发现以外，《诗经》与《书经》无疑最为紧要。所以利玛窦及儒家基督徒在帝与天概念上的主张，经得起学术有效性角度上的考虑，与后来的"索引派"乃至利安当等的过度诠释不可一概而论。[3] 利玛窦在论及天、上帝、天主各概念蕴涵时曰：

---

[1] 〔意〕利玛窦：《天主实义》，第21页。

[2] 冯应京：《天主实义》序，第97页。

[3] 曾庆豹：《明末天主教的译名之争与政治神学》，第124页。曾氏认为我们想借龙华民对中国宗教的理解认识到反对利玛窦的理由，实在是搞错了方向。"反驳龙华民"成了这场译名之争的主流观点，学界应该搁置莱布尼茨的误导，并有必要重新解释龙华民的《论中国宗教的若干问题》，以将龙华民和利安当两个人的立场和观点区别开来。

　　更思之，如以天解上帝，得之矣。天者一大耳。理之不可为物主宰也，昨已悉矣。上帝之称甚明，不容解，况妄解之哉？苍苍有形之天，有九重之析分，乌得为一尊也？上帝索之无形，又何以形之谓乎？天之形，圆也，而以九层断焉，彼或东或西，无头无腹，无手无足，使与其神同为一活体，岂非甚可笑讶者哉！况鬼神未尝有形，何独其最尊之神为有形哉？此非特未知论人道，亦不识天文及各类之性理矣。上天既未可为尊，况于下地，乃众足所踏践，污秽所归寓，安有可尊之势？要惟此一天，主化生天地万物，以存养人民，宇宙之间，无一物非所以育吾人者，吾宜感其天地万物之恩主，加诚奉敬之，可耳。可舍此大本大原之主，而反奉其役事吾者哉？①

　　利玛窦主张，"夫化生天地万物，乃大公之父也，又时主宰赡养之，乃无上共君也"。② 注意到利玛窦解释天地万物的始源性是用"化生"而非"造生"之外，还体悟出利玛窦的诠释似乎也暗含有一种理路在里面，即在其上帝与天主同一论之下，其言下之意当然帝与天不同！也即在明末的教会看来，对天的使用其实质是对天主教至上神的一种借喻与指代，而帝就是天主教的神。

　　古人尤其是宋儒认为天地万物无非一"气"，阳清为天，阴浊为地，精气为人，大化流行，故天地人相通相感相化，构成此一天地世界，而天主教则主张人和世界均为天主所造，实际上是否定了中国"化生"的宇宙生成观。利玛窦驳斥今儒理学，诉诸古儒古经，提出"帝天说"来证明天主教最高神的存在。

　　利玛窦的进路是"天主上帝同一论"，而不是"天主与天同一论"。对此，利玛窦及其后继者庞迪我等已有明确交代，天、天地等来指造物主，更多是一种"比喻"或者"指代"的证道策略。③ 正如同 Deus 之"大父母"说法，其背后所体现出的一个重要的差异就是儒家的大父母强调生而化有万物，天主教的天主是从虚无中创造万物，这是儒耶"大父母"思想之最大的不同。

　　据傅佩荣先生的研究，周朝以前宗教观念的厘清，前提就是要先搞清楚"帝""天"两概念的究竟原委。对于"帝"与"天"概念"商周之变"的不同解释，傅佩荣指出论者对于"帝"与"天"关系的种种观点仅止于猜想而未

---

① 〔意〕利玛窦：《天主实义》，第 22 页。
② 〔意〕利玛窦：《天主实义》，第 92 页。
③ 纪建勋：《明末天主教"Deus"之"大父母"说法考诠》，第 124 页。

能臻抵实证的层面，"这一类的假设不管如何合理，终究抵不过地下出土的一片甲骨"①。

利玛窦的观点对于"帝"与"天"两概念蕴涵演进上的解释当然至多算是一家之言，但利氏的诠释立场却从一个方面提请我们注意一个问题：古人相信天上有一位具有人格与意志的至上神，其名为帝或上帝。关于"帝"与"天"，在周朝以前两者并不等同，随着周的兴起与衰亡，天逐渐取代了帝，在以后漫长的岁月中，天概念也历经各种变化。但无论天概念其人格化与义理化蕴涵如何增减递嬗，"化生之天"是各方都能承认的。既然帝与天两概念的原委有待进一步结合"地下出土的一片甲骨"的实证，那么对于"造生之天"的说法就始终存疑。从此一角度考虑，利玛窦始终抓住帝之至上神特征，发明"天主上帝同一论"，提出上帝创造天地、化生万物的观点就很值得借鉴。

一"化"一"造"，"化生之天""造生之天"还是"造生之帝"的问题，正是在此角度上把利玛窦的"帝天说"与项、傅两位先生的往复辩论②这两个表面上不相干的问题联系在一起，使它们具有了可比性，值得深入思考。

"郊社之礼，所以事上帝也"，敬天就是敬"上帝"，但是无论如何，创造论层面的天，在中国传统的天论里面绝对算不上主流。从周朝以德配天开始，孔孟更是进一步将伦理道德的根源上挂到天上。尽管仪式活动一直得以延续，但是"天"的蕴含却可谓变迁至巨，自东汉王充以来，又经魏晋名教与自然的双重荡涤洗刷，至宋代理学兴，"天"的人格、意志化的内涵已经很淡漠了。

利玛窦的"帝天说"主张"化生之天"，而不是"造生之天"，其究竟原因或就是后者凸显了"自虚无中创造"之意，这一点圣人们并不加以特意地

---

① 傅佩荣：《儒道天论发微》，中华书局，2010，第 1 页。
② 项退结：《〈儒道天论发微〉书评》，《哲学与文化》1987 年第 2 期。傅佩荣：《为〈儒道天论发微〉澄清几点疑义》，《儒家哲学新论》，中华书局，2010，附录一 A，第 212～225 页。按对于古人指称超越界的代表性概念"天"，傅佩荣认为论者多以自然之天、主宰之天、命运之天、物质之天、义理之天来归纳"天"的五种意义，指出这种做法没有顾及天概念的起源与演变，也没有注意到这一概念与各派哲学思想在立论与发展上的密切关系。其《儒道天论发微》一书，另辟蹊径，另由主宰之天、造生之天、载行之天、启示之天、审判之天这五种性格的演变来统摄先秦的天概念。项退结则敏锐指出，"这些名词至少部分取自西方哲学"，"有基督宗教所赋予的含义"。尤其是，"造生者"在古籍中仅言"生"，加上"造"字易滋误会，也许可称"生发者"，这一评语最称有力。也引发傅氏对此一书评尤其是关于"造生者"的长篇回应。

关注或至少是存而不论；而更要紧的是利玛窦还主张"上帝降生万品，有物有则，无徒物，无空则"，"天主始制创天地，化生人物"。① 在这里，天与地的产生用"制创"，人与物的产生用"化生"，再根据其上帝与天主同一的理论，似乎可以推出是上帝在一次性造好了天地之后，就一劳永逸了，剩下的工作就是由天地化生万物，交代给"自然之天"和"义理之天"接管了。上帝能制创天地，天地能化生人物，这种进路能够很好地避免古代的"帝""天"概念与上帝论相矛盾的地方，已经很接近自然神论的观点了。士人汪汝淳也说："利先生悯焉，乃着为《天主实义》。夫上帝降衷，厥性有恒，时行物生，天道莫非至教，舍伦常物则之外，又安所庸其缮修？此吾儒大中至正之理，不券而符者也。"②

四　小结

然而"上帝"确有天主的全部属性吗？③ 当然不会。利玛窦对天主存在的"大父母"说法和"帝天说"证明就是两个典型的例子。"大父母"是一种至上神存在的证明，有宇宙论的证明在里面，但是"生"表示的是父母与子女的关系；同样地，其"帝天说"主张上帝创造天地、化生人物，其视阈中帝与天本不同，天仍然是化生之天，帝则被诠释成了天主教的造物主，其本质是发扬由奥古斯丁和阿奎那所开创的对古代哲学的诠释传统，运用自然神学与历史框架来构建明末的上帝论。

利玛窦的努力带来了明末的敬天风潮。自晚明开始，"天"的蕴含又出现了人格、意志化的倾向。至清初，这个倾向越发得到扩散、蔓延，这时的中国出现了一种与宋明理学不同的"敬天"的做法。而学界对这股风潮的研究则明显关注不够。具体的呈现方式虽各有差异，但其实质则有内在相通之处：都自觉将先秦典籍中的"天"予以人格意志化的重释，这是一种因为相信天的意志主宰品质而形成的信仰进路；"敬天仪式"的承担者也不复是帝王，而是各种身份的士大夫。它在各地传播流衍，相应地催生出各种各样具有"他

---

① 〔意〕利玛窦：《天主实义》，第30、94页。
② 汪汝淳：《重刻〈天主实义〉跋》，载朱维铮编《利玛窦中文著译集》，第101页。
③ 沈定平：《明清之际中西文化交流史：明季：趋同与辨异》，商务印书馆，2012，第73~102页。刘耘华：《利安当〈天儒印〉对〈四书〉的索隐式理解》，《世界宗教研究》2006年第1期。刘耘华：《中国文化语境中的"天"、"上帝"与"天主"》，第94~103页。

律"色彩的道德实践形式。① 儒家道德践履中自律与他律的问题、古人帝天崇拜中可畏与可亲的问题、"礼仪之争"所涉及的诸多问题都是此中应有之意，汉语神学正是要接着利玛窦讲。利玛窦的做法还有利于进行中国的上帝与西方的天主两基源性概念的"异中求同"与"同中求异"，这些本根性概念砥砺所揭示的是中西文化的同一性与差异性，其背后更是中国现代化进程信仰建构的重大问题。

利玛窦对天主存在的"帝天说"证明是一种依托在中西神学与经学强大诠释传统下的证明，其证明不可避免地带来了对儒学的双向诠释与化用。利玛窦的证明以阿奎那的自然神学证明作为骨架，又借奥古斯丁普遍认可的论证与本体论证明来与孟子的良知良能说互相诠释。这也带来了一些问题，譬如：

> 吾古之儒者，明察天地万物本性皆善，俱有宏理，不可更易，以为物有巨微，其性一体，则曰天主上帝，即在各物之内，而与物为一。故劝人勿为恶以玷己之本善焉；勿违义以犯己之本理焉；勿害物以侮其内心之上帝焉。②

士大夫所认可的"天主上帝同一论"，也即"天理"或"内心之上帝"，实际上就是孟子的良知良能，这就涉及利玛窦提出的对天主（上帝）存在的第一种证明"良能说"。该证明也带有较为浓厚的奥古斯丁思想的色彩，与一般论者认为利玛窦证明上帝的存在主要是依据阿奎那神学的观点并不一致。在自奥古斯丁以来的基督教传统里面，许多神学家致力于透过人类之良心而证明上帝存在。也有论者指出人间之良知良能是基督教和儒教的思维之共同出发点，开拓基督教和儒教之间的更有深度的对话的新地平线就应该探索人的良知良能。③ 关于利玛窦证明上帝存在的"良能说"进路及其意义的进一步研究，所涉重大，囿于篇幅，拟另文探讨之。

---

① 相关研究，请参见刘耘华《清初宁波文人的西学观：以黄宗羲为中心来考察》，《史林》2009年第3期；《依"天"立义：许三礼的敬天思想再探》，《汉语基督教学术论评》2009年第8期；《清初"程山之学"与西学：以谢文洊为中心》，《史林》2011年第1期；《清代前中期东吴文人与西学》（上、下），《基督教文化学刊》2013年第1期、第2期等一系列品质极高的论文。

② 〔意〕利玛窦：《天主实义》，第40页。

③ 〔韩〕宋荣培：《利玛窦的〈天主实义〉与儒学的融合和困境》，《世界宗教研究》1999年第1期。

哪种儒学？谁的传统？

——明清"大父母"说考

黄　芸[*]

摘要：本文以"大父母"概念为例，对明清天主教研究中的一个常见预设——凡与正统儒学不兼容的观念，都是天主教影响的结果——提出质疑。为此，本文首先利用中国基本古籍库的统计结果，梳理"大父母"概念含义的历史流变，指出当耶稣会士来到中国时，"乾坤/天地大父母"已是晚明社会中的流行观念，它以张载《西铭》为核心文本，具有《西铭》和《周易》、《西铭》和《尚书》、《西铭》和《孝经》等多个不同诠释路径。其次，本文通过对比朱熹和王阳明在墨学评价上的差异，并利用中国基本古籍库的量化统计结果，揭示"乾坤/天地大父母"的流行与阳明学兴起之间的关联，以及由此带来的《西铭》诠释由重"分殊"到重"理一"的转变。这一转变为部分晚明士人接受"天主大父母"说准备好了文化土壤。事实上，由于晚明学者多以《西铭》解《孝经》，导致儒家孝论出现宗教化倾向，这使得晚明儒耶孝论具有高度相似性。最后，本文提出以下假设：利玛窦以"大父母"来解说天主，很可能是出自两位阳明学者瞿汝夔和章潢的建议，是儒耶交会时双向选择的结果。不管有心还是无意，这个选择使得天主教在中国所传播的伦理观念在许多方面与阳明学接近，因而使得天主教能够在晚明社会传播开来，但也使它易于遭到强调等差之爱的正统儒家的攻击。

关键词：明清天主教；阳明学；大父母

引　言

在明清天主教传播史研究中，"大父母"概念向来乏人关注。钟鸣旦在研究杨廷筠思想时曾注意这个概念，然仅点到即止。到纪建勋在《道风》第37

---

* 黄芸，独立学者。

期上发表文章讨论 Deus 之"大父母"说法，才有了关于这一问题的第一篇专论。纪建勋认为，入华耶稣会士和中国教徒大多习惯于以拟血缘化的"大父母"来称呼天主，而不像西方社会那样普遍地称呼天主为"父""大父"，这是中国天主教的鲜明特点。① "大父母"概念诚然值得深究，不过，纪氏此文有许多似是而非之处，尚待澄清。

其实，在利玛窦《天主实义》中，对天主的拟血缘称谓，除了"大父母"外，还有多种，如父/慈父（8）、父母/慈父母（4）、大父（5）、公父/大公之父（3）、尊父（1）等。② "大父母"仅一见而已。罗明坚《天主圣教实录》中则仅称"父"。再以郑安德博士所编《明末清初耶稣会思想文文献汇编》第一卷所收十一篇耶稣会士中文著作来看，同样是以"父"和"大父"两种称呼居多（详见表1）。纪氏或是由于专注研究"大父母"说的缘故，注意到明清天主教文献中多见"大父母"之称，便谓传教士和华人教徒"大多数习惯于将天主称呼为'大父母'，而不是类似于西方社会，普遍性地将天主称呼为'父''大父'"③，可谓一叶障目。

纪氏还认为，"先秦的上帝和天的确具有比较浓厚的造物主宰的涵义"④，然而中国典籍中却罕见将上帝比作"大父母"者，⑤ 这种说法也有点奇怪。今日汉语界常用"上帝"来称呼基督宗教的至上神，然而，在明清天主教文献中，"天主"这个概念比"上帝"更常见。就本土传统来说，虽然"昊天"和"上帝"经常连用，且有郑玄合昊天上帝为一神，然后世注家多不赞同郑说，裴骃以为"上帝者，天之别名也"⑥，可见"天"的概念比"上帝"更重要。中文的"帝"或"上帝"本没有造物的涵义，而只有主宰义。李向平指出，虽然在商人的观念中，上帝与祖神同位同格，但是，上帝并没有一定的居所，而不是像后来的神话那样被明确地安排在天上；商王和上帝之间并没有血缘关系⑦，也不能直接向上帝求雨祈年，而只能通过先公先王等祖宗神祇

---

① 纪建勋：《明末天主教 Deus 之"大父母"说法考诠》，《道风：基督教文化评论》第 37 期，2012 年 7 月，第 103~139 页。
② 括号中数字为出现次数。
③ 纪建勋：《明末天主教 Deus 之"大父母"说法考诠》，第 138 页。
④ 纪建勋：《明末天主教 Deus 之"大父母"说法考诠》，第 127 页。
⑤ 纪建勋：《明末天主教 Deus 之"大父母"说法考诠》，第 106 页。
⑥ 《史记·封禅书》裴氏集解引郑注，转引自陈来《古代宗教与伦理——儒家思想的根源》，三联书店，1996，第 125~126 页。
⑦ 郭沫若认为殷人的帝即其祖灵，但陈梦家反对这种看法。参见陈来《古代宗教与伦理——儒家思想的根源》，第 116~117 页。

向上帝祈请。"天"字起初是"大"的同义字，以天为神的观念起源于商末，而为周人所继承。但是，周人的"天"与商人的"上帝"有一个很重要的差别：周人的始祖后稷系其母姜嫄感"天帝之气"而生，故周王又自称"天子"。由于这层血缘关系，故周王可通过一定的仪式与天沟通。虽然在后稷的感生神话中，"天"被赋予了"生"的能力，而不像商人的"上帝"那样仅是作为风雨雷电等自然神的掌控者。不过，在周人的观念中，"天"只是周这个部落的始祖而已，而非普天之下所有人、物的共同始祖。对周人来说，其历代先祖与"天"的特殊关系，正是周能代殷而王天下的原因。因此，西周中期以后的铜器铭文，多以"敢对扬天子休"，替代之前惯用的套语"敢对扬王休"。① 这样看来，《诗经》中具有形上意味的、作为人物之元始的"天"的概念，如"天生烝民"②，"上天同云，……生我百谷"③，应是较为晚起的。它大概是产生于春秋年间，当周天子已无法维系其权威，诸侯竞相争霸，时代精英们开始讨论政治之得失、盛衰之常理时。元始问题的提出，也标志着"哲学的突破"的开始。至于将"天"与"地"连用，视之为万物的共同始祖，当是更晚的事。到战国中后期，"天地为生物之本"的观念已被普遍接受，试举几例如下：

> 天地之道，……其为物不贰，则其生物不测。④
> 民受天地之中以生。⑤
> 天地感而万物化生。⑥
> 天地者，生之本也。⑦
> 天生物，地养物。⑧
> 天地之大德曰生。⑨

---

① 李向平：《王权与神权》，辽宁教育出版社，1991，第 10~47 页。
② 《诗经·大雅·荡》、《诗经·大雅·烝民》。
③ 《诗经·小雅·北山之什·信南山》。
④ 《中庸》。
⑤ 《左传·成公十三年》。
⑥ 《易传·彖传》。
⑦ 《荀子·礼论》。
⑧ 《大戴礼记·诰志》。
⑨ 《易传·系辞下》。

不过，以"天"单独作为生物之本的例子也依然存在，如：

> 天之生物也，使之一本。①
> 故天之生物，必因其材而笃焉。②
> 天能生物，不能辨物也。③

因此，如果中国古代典籍中不称"上帝"为"大父母"，这并不足以证明中西有别，因为古汉语中具有造物主宰涵义的至上神的称谓不是"上帝"，而是"天"／"天地"。早在《易传》中便已有称天地或乾坤为父母的例子："乾，天也，故称乎父；坤，地也，故称乎母。"④北宋以后的文献中，称天地或乾坤为"大父母"的更不在少数。如今已是 e 考据时代，在中国基本古籍库中以"大父母"为关键词，分别检索宋、元、明、清四代文献，可以得到不少结果。如果追根溯源的话，《易传》的"乾坤父母"说当然是"乾坤/天地大父母"说的源头，不过严格说来"父母"毕竟不等于"大父母"，"乾坤大父母"也不等于"天地大父母"。有理由认为，利玛窦将 Deus 称作"大父母"，并不是直接从《易传》中得到启发，而是直接借自时人的流行观念。纪建勋注意到《易传》的这段话⑤，也注意到朱熹曾用过"乾坤一大父母"的说法，但是，他只注意到中文文献中不称"上帝"为"大父母"，却并未尝试追溯利玛窦来华以前的"乾坤/天地大父母"说，便作结论说明清天主教徒以"大父母"称呼 Deus 是由于利玛窦的发明，这种做法在我看来是不妥的。

纪建勋还认为，乾嘉学者江永著作中的"天地是大父母，凡为天地所生之人皆犹兄弟"观念，虽由张载《西铭》及朱熹《西铭》解引出，然非儒家伦理所能涵容，当系西学渗透的结果。纪氏引证了台湾李奭学及大陆李天纲⑥。经查，在纪氏标注的李天纲《跨文化的诠释》中只说到西方格致之学

---

① 《孟子·滕文公上》。
② 《中庸》。
③ 《荀子·礼论》。
④ 《易传·说卦》。
⑤ 纪氏在此有两个硬伤，一是将《易传》误当成了《易经》，二是将王弼的注释"以乾坤为父母而求其子也"当成了《易传》的本文。
⑥ 纪建勋：《明末天主教 Deus 之"大父母"说法考诠》，第 131～132 页。

尤其是创世说对江永的影响，而未及于伦理观念①，故纪氏此说实来自李奭学。李氏《中国晚明与欧洲文学》一书于西学旁征博引，详加考订，颇受学界好评②，然就其"辅仁之学"一节而言，李氏似对明清教外思想不甚了了。例如他说焦竑虽出身泰州，其友论却不类释道而近乎王学左派，③ 显然不知王学左派正是泰州王门。李氏注意到阳明后学标举友伦，富于平等气息，却认为江永以君臣为同一"大父母"所出，"犹吾侪辈之人"，并以"兄弟"互指，"所见早已超乎儒家"，"中国传统不能完全解释"，当系西学渊源。④ 纪氏亦以为然，故引为佐证。李、纪不知，晚明儒家伦理正处于剧烈变动期，强调等级差序的正统伦理虽仍处于强势，正统之外的各种异端思潮却方兴未艾，黄宗羲谓阳明之学因泰州、龙溪而风行天下，又谓泰州后学已"非名教所能羁络"，故江永之说虽不能见容于儒家正统，却未必不能在中国传统内部获得完全解释。此事涉及明清儒耶交会之一大关键，故有认真一辩之必要。

一 "大父母"概念之流变

先秦时"大父母"一词尚不多见，查中国基本古籍库，仅得一条结果："非大父母之仇也。"（《管子·轻重甲》）其中"大父母"为大父、大母之合称，意为父之父、父之母，后世多称"祖父母"。除《管子》，《小戴礼记》中亦有"大父母"的说法："具父母、大父母，衣纯以缋。"⑤ 不过，《礼记》中称父之父、父之母为"大父""大母"的仅以上一例，最常见的称谓是"王父""王母"或"王父母"⑥，偶尔也用"祖父""祖母"或"祖父母"⑦。

---

① 李天纲：《跨文化的诠释：经学与神学的相遇》，新星出版社，2007，第 108～109 页。笔者按，李天纲此说似尚可再议，因与本文主旨无关，姑放下不论。

② 刘耘华：《评〈中国晚明与欧洲文学〉》，《中国比较文学》2006 年第 3 期（总第 64 期）。

③ 李奭学：《中国晚明与欧洲文学》，三联书店，2010，第 276 页。

④ 李奭学：《中国晚明与欧洲文学》，第 290～291 页。

⑤ 《礼记·深衣》。按，《礼记》一书以往一般认为成于汉代，近来学者根据郭店楚简重新考订《礼记》诸篇年代，认为《深衣》等篇为传经之作，当成于先秦，年代当与《仪礼》相左右。参见彭林《郭店楚简与〈礼记〉的年代》，收入《中国哲学》编委会编《郭店简与儒学研究》（中国哲学·第 21 辑），辽宁教育出版社，2000，第 41～59 页。

⑥ 《礼记》中，"王父母"一词出现 4 次（《曲礼上》2，《杂记上》1，《杂记下》1）；"王父"6 次（《曲礼上》1，《曲礼下》1，《杂记上》1，《杂记下》2，《祭统》1）；"王母"2 次（《曲礼下》、《杂记上》各 1）。

⑦ 《礼记》中，"祖父母"一词出现一次（《丧服小记》）；"祖父"三次（《檀弓下》1，《丧服小记》2）；"祖母"一次（《丧服小记》）；此外还有"外祖母"一例（《檀弓下》）。

在中国基本古籍库中，"大父母"的其他用法最早见于唐吕岩《吕子易说》："以乾坤为大父母。"① 这里的"大父母"显然不是指生物学意义上的祖父母，而是指生生之元始，是在比喻的意义上用。其中的"大"字应为"太"或"泰"的假借，正如利玛窦被称作"泰西利先生"。

吕岩即八仙传说中的吕洞宾，宋元时被神化，形成吕洞宾信仰。他虽然最早提出"乾坤大父母"说，却似乎并未产生影响。沈括《梦溪笔谈》载："江南人郑夬曾为一书谈《易》，其间一说曰：乾坤，大父母也。复姤，小父母也。"又说邵雍、秦玠亦知其大略，能洞吉凶之变，然因恐遭天谴，未曾形之于书。② 后邵雍之子邵伯温、徒张行成皆着书绍述此说，伯温更指夬尝受学于雍，因窃其论。自此，"乾坤大父母"遂成易学定说，象数易学各家皆以"大父母""小父母"解说诸卦关系，并以之推演万物生化之原。逮南宋，程大昌以邵雍、郑夬并称③，朱熹则将邵雍列入北宋"五子"，而不及郑夬，后世学者多则之，郑夬之名遂渐渐无人提起。

《周易》为儒家五经之一，易学在儒家经学中自有相当地位，然宋明理学重"四书"甚于"五经"，倘"乾坤大父母"说只用于解易，则其在明清的流行程度恐将大打折扣。"乾坤/天地大父母"说之流行，与张载《西铭》关系最大，盖《西铭》通篇讲论人事，而儒家正以人伦关怀为首位。然《西铭》中其实并无"大父母"字样，是朱熹率先以易学中的"乾坤/天地大父母"说解《西铭》起首"乾称父，坤称母"及"天地之塞吾其体，天地之帅吾其性"两句，将张、邵两条线索合而为一。元代陈栎、戈直皆承朱子，以"天地大父母"解《西铭》，又将《西铭》与《尚书》之"作民父母"相关联④，于是天子亦可称"大父母"⑤。如明代季本言："元后作民父母，是天下之大父母也。"⑥ 推而言之，天子所命之地方官员，也被称

① 吕岩：《吕子易说·卷上》"乾坤阖辟图"章，清乾隆曾燠刻本。
② 沈括：《梦溪笔谈卷七·象数一》，刘尚荣校点，辽宁教育出版社，1997，第44页。
③ 程大昌：《易原·卷八》，清武英殿聚珍版丛书本。
④ 陈栎：《尚书集传纂疏·卷四上朱子订定蔡氏集传》，清文渊阁四库全书。戈直，《贞观政要集论》卷七，四部丛刊续编景明成化刻本。
⑤ 汪莘《瑞粟歌》曰："天子大父母，愿见太平万古万万古。"（参见陈思《两宋名贤小集·卷一百九十二方壶存稿》，清文渊阁四库全书本）可见称天子为"大父母"的说法在朱熹之后不久就有了。不过，就儒家经典诠释学之演进而言，在中国基本古籍库中未能查到宋代学者引《西铭》以解《尚书》的证据。
⑥ 季本：《说理会编·卷十一经义二·三礼》，明刻本。

为一方之大父母。① "大父母" 说还被用于解释大明与安南的藩属关系。② 此皆以 "乾坤/天地大父母" 说人事者，然皆本于《西铭》。

因《周易》以乾、坤象天、地，故 "乾坤大父母" 和 "天地大父母" 两种说法常可互换，然亦略有差别。当用于解 "易" 时，一般用 "乾坤大父母"，而未见用 "天地大父母" 者。③ 当用于解《西铭》或《尚书》时，两种说法皆可用，然 "天地大父母" 一词更为常见。当用于解释万物元始时，"大" 意为 "极" "始"；当用于说人事时，则在 "极" "始" 之外，又有 "公" "共" 之意，如朱熹 "与众人家共底也"④。当 "大父母" 不是与 "乾坤" 或 "天地" 连用，而是用来称呼天子或地方官员时，则没有 "极" "始" 之意，而是为了突出其 "公" "共" 的一面，隐含着上位者不应有所偏袒的意味。例如，在万历六年徽州府的商税纷争中，生员程任卿认为："一郡犹一家然。歙，其长子也；五县，其众子也。有司，其父母也；院道，其大父母也。家有事，而长子任之，宜也。众子成立，而众分之，亦宜也。此兄弟之道也。"⑤

朱熹以 "乾坤/天地一大父母，人、物皆己兄弟" 来解说《西铭》，对 "大父母" 概念的演变产生了决定性的影响。不过，需要注意的是，在宋明理学中，对于《西铭》其实是存在不同解读的。学界最早注意到这一点的是台湾学者吕妙芬教授。吕氏梳理了由宋至明的《西铭》诠释史，指出程颐、朱熹是从 "理一分殊" 的角度来理解《西铭》，对程朱来说，《西铭》的 "乾父坤母" 只是一种比喻，目的是要借着人所熟悉的孝，引领人认识性体，并不是要求人们以事亲之道事天；晚明的《西铭》解则受到阳明后学 "仁孝一体" 观念的影响，并发展出以《西铭》解《孝经》的 "仁孝一体"《孝经》

① 明代文献多有称地方长官为 "父母" 或 "大父母" 者，兹举两例为证。陈应芳《复王云泽翁抚台题疏揭书》："昨浙中定兵变，士夫报开府书曰：'愿我民世世不忘大父母，愿大父母子孙世世来庇我民也。'" 参见陈氏《敬止集·卷三尺牍》，清文渊阁四库全书本。程敏政《涿州道中录野人语（良乡役夫）》："嗟嗟下小民，命在令与守。更有观风使，仰若大父母。" 参见程氏《篁墩集·卷六十七》，明正德二年刻本。
② 如湛若水《治权论》："我天朝圣天子，尔之大君也，尔之大父母也。" 参见湛若水《湛甘泉先生文集·卷二十一杂著》，清康熙二十年黄楷刻本。又，俞大猷《谕安南贼人》："且汝声声欲为莫氏报阮敬之雠，盖以忠臣孝子自处矣。然莫氏是汝之父母也，天朝是汝之大父母，天下古今，岂有侵犯大父母之人，为能孝其父母者乎？" 见俞大猷《正气堂集·卷二》，清道光刻本。
③ 按，这里指未见于中国基本古籍库的检索结果。
④ 黎靖德：《朱子语类》卷第九十八，明成化九年陈炜刻本。
⑤ 程任卿：《丝绢全书·竹集卷四》，明万历刻本。

解释学，和程朱的《西铭》解有相当大的差异。① 不过，不知为何，她绕过了王阳明本人，认为在王阳明的言论中并未明显反对程朱的仁孝观。② 因此本文在吕妙芬教授研究的基础上再略加分说，以澄清李奭学、纪建勋的误解。

二　朱熹《西铭》解："理一分殊"、"亲亲之杀"

《西铭》原是《正蒙·乾称篇》的开头部分，张载将它铭于学堂西壁，题为《订顽》，后被程颐改称《西铭》。《西铭》提出的"民胞物与"的观念，在今天已被人们看作儒学的代表性理念，却很少有人知道，在两宋儒家中，反对《西铭》的人远比赞成它的要多。《西铭》之得以成为儒学之正统，首先是由于二程的极力推崇，其次是得益于朱熹的大力辩护，最后借着阳明学的流行，而被广泛接受。

程颢认为，就阐发儒学精义而言，《西铭》远超韩愈之《原道》，"孟子以后未有人及此"，并作《识仁篇》，以发挥《西铭》之意。其门人杨时却认为："其弊无亲亲之杀，……故窃恐其流遂至于兼爱。"程颐则以"理一分殊"来阐释《西铭》要旨，认为它并未违背儒家亲疏有别的基本原则。不过，程颐的解释并没有完全说服杨时③，遑论其他学者。逮至南宋，则疑者更多，如汪应辰、陆子美、林栗、郭雍等皆曾因《西铭》而与朱熹发生论战。④ 朱熹作为二程的传人，承袭了程颐对《西铭》的解读，又有所发挥，这一方面表现在量上，是对《西铭》如何体现"理一分殊"逐句详加解释，另一方面又将易学中的"乾坤大父母"引入《西铭》解中，而不是像晚明王门学者那样径将"天"称作"乾父"。⑤ 不过，不知为何，朱子虽然早在乾道六年至八年（1170～1172）便已撰成《西铭解》，却一直秘而不宣，直到16年后的淳熙十五年（1188），由于多年来与汪陆林郭等人往复论战，才予以公开刊行。⑥

---

① 参见吕妙芬《〈西铭〉为〈孝经〉之正传？——论晚明仁孝关系的新意涵》，《中国文哲研究集刊》第 33 期，2008，第 139～172 页。及吕妙芬《孝治天下——〈孝经〉与近世中国的政治与文化》第三章 "晚明《孝经》著作与政教功能论述"，联经出版事业公司，2011，第 99～131 页。

② 参见吕妙芬《〈西铭〉为〈孝经〉之正传？——论晚明仁孝关系的新意涵》。

③ 参见吕妙芬《〈西铭〉为〈孝经〉之正传？——论晚明仁孝关系的新意涵》。

④ 肖发荣、史莉琴：《朱熹围绕〈西铭〉展开的论战》，《宝鸡文理学院学报》2010 年第 4 期。

⑤ 冯应京：《天主实义序》，朱维铮编《利玛窦中文著译集》，复旦大学出版社，2007，第 97 页。

⑥ 朱熹：《西铭解》，《朱子全书》（第 13 册），朱杰人、严佐之、刘永翔主编，上海古籍出版社、安徽教育出版社，2002，第 146～147 页。

在朱熹看来，《西铭》全篇句句是说"理一分殊"，是"兼爱"和"为我"之间的中道：一方面，既是"各亲其亲，各子其子"，又不是"独亲其亲，独子其子"，而是本着"天下一家"的精神，在我的亲、子之外，还同时注意到天下疲癃残疾茕独鳏寡的需要，即孟子"仁民爱物"之谓，从而不梏于为我；另一方面，"民吾同胞"却不是要抹平亲疏之别、贵贱之等，"弃了自家父母，却把乾坤做自家父母看"，将民吾同胞与自家兄弟同等对待，而是须明了父、母、宗子、家相的特殊性，令世人"各亲其亲，各子其子"，从而不流于墨家的兼爱。①

朱熹在解读《西铭》时，特别点出其中的"宗子"一词，以强调《西铭》并不是只从本原的角度讲到"万物一体"，也在发用的层面讲到"亲疏异情、贵贱异等"，如此"一统而万殊，则虽天下一家、中国一人，而不流于兼爱之蔽"。②"宗子"概念何以能证明《西铭》对等级制的认可，今人因缺乏相关生活经验，或许不大容易注意到这个问题，从而发生种种误解。例如，有的学者认为，《西铭》将天子比作家中的长子，这意味着"他管理天下之地位并非真是高人一辈，而是和人民好像兄弟一般，不过这兄弟的责任和其他有些不同，分配到不同的工作而已"。③ 这个解释恐怕没有哪个宋明儒家敢于承认。兹举明代万历年间的"国本"之争，以见其一斑：

> 万历癸巳，值有三王并封之旨，杰上疏，略曰："……臣等绎思祖训，建储重嫡，以防僭窃，皇上之恪遵是矣。然累朝多立长，未闻以待嫡而遂稽大典也。未闻以元子待嫡，年至二十龄，而犹未立也。又未闻即位已二十一年，而犹未立也。又未闻以元子待嫡，权且封王以俟也。元子与众子实难强同册立与分封，自当兼举，有册立，而后有分封，分封之制，乃册立之余也。是端其本而及其余也。夫礼有轻有重，立长为重，则待嫡为轻。孟子论礼，而以寸木岑楼较本与末。若舍册立之大典，而创分封之暂规，是不揣其本，而齐其末也。以权且迁就之说，而欲强天下臣民之从，皇上以为可乎？不可乎？宋臣胡铨有云：非惜夫帝秦之虚名，惜夫天下大势有所不可也。以元子而封王，虽曰权且，恐揆诸典

---

① 朱熹：《西铭解》，《朱子全书》（第 13 册），第 145～146 页。
② 朱熹：《西铭解》，《朱子全书》（第 13 册），第 145～146 页。
③ 方世豪：《民胞物与的儒家理想——〈西铭〉解读》，http：//www. hkshp. org/seminar/2006 - 02fong. pdf。

制，万无是理。且从此年年待嫡，年年无册立之期，恐诸臣年年烦渎未已也。皇上以为可乎？不可乎？洪武朝给事中卓敬因诸王在宫中，服饰有拟太子者，乃曰：宫中，朝廷视效，纪纲攸先，今陛下于诸王不早辨等威，而使尊卑无序，将何以令天下？上笑曰：此言良是，吾虑未及此耳。今若一并封王，则虽欲稍别等威，其势必至于此。皇上以为可乎？不可乎？惟冀虚心法祖，早集廷议，而于一并封王之旨，似不得不收回，以决大计，以端大本，以大慰天下臣民之心。①

所谓"国本"，即指储君。上述引文中的"元子"，意即宗子。宗法等级制下，宗子是皇位的法定继承人，故虽与其他众子为同胞兄弟，然服饰有等，尊卑有序。万历皇后无出，郑贵妃独擅帝宠，然其子行三，故皇帝在立储一事上久拖不决，乃至有三王并封之诏。群臣恐启日后诸子争立之端，自郑贵妃产子以来，一直敦促皇帝根据立嫡立长的宗法原则，早立太子，早定名分，以杜绝其他皇子的觊觎之心。② 故三王并封之诏出，舆论大哗，奏章迭进，咸称不可。按黄仁宇的说法，万历皇帝本是一聪明机警又精力充沛之人，亲政之初尚颇思振，③ 朝政因此而走向溃烂，当万历死时，已成沉疴痼疾，回天乏力了。

三　阳明学"西铭"解："视人犹己，视国犹家"

《王阳明全集》中没有直接提到《西铭》，也很少谈到张载，可能正是由于这个原因，吕妙芬教授忽略了王阳明对晚明《西铭》诠释的影响。但是如果我们注意到两宋围绕《西铭》的争论之焦点，再去检视王阳明对墨学的看法，那么，晚明《孝经》诠释学的来龙去脉就豁然开朗了。

自孟子辟杨墨以来，"亲疏有别，贵贱异等"便是儒家的正统观念，儒家礼学正是企图通过"衣分三色，食分五等"这样一些外在的形式，来以视觉的方式具象地表达各种尊卑等级。王阳明有时也讲爱有差等，如说"至亲与路人同是爱的，如箪食豆羹，得则生，不得则死，不能两全，宁救至亲，不

---

① 康熙十九年《新建县志》卷廿四《传三·人物·名臣·涂杰传》，第 1690～1691 页。
② 黄仁宇：《万历十五年》，第 120 页。
③ 参见黄仁宇《万历十五年》。

救路人，心又忍得"①，看起来和朱子的"墨氏……不知或有一患难，在君亲则当先救，在他人则后救之。若君亲与他人不分先后，则是待君亲犹他人也，便是无父"② 差不多，若仔细玩味的话，却有差别。朱熹在解释墨学之"兼爱"何以至于"无父"时，曾说："人也只孝得一个父母，那有七手八脚，爱得许多！能养其父无阙，则已难矣。想得他之所以养父母者，粗衣粝食，必不能堪。盖他既欲兼爱，则其爱父母也必疏，其孝也不周至，非无父而何。"③ 阳明却给"宁救至亲，不救路人"附加了一个条件："得则生，不得则死，不能两全。"这暗示着，若非生死关头，则不应在至亲和路人之间分出厚薄。

诚然，王阳明并未彻底否认血缘上的宗法制和政治上的等级制，从这个意义上说，王阳明并不反对"理一分殊"。不过，如果说朱熹解《西铭》侧重于"分殊"的那一面，那么，阳明则更注重"理一"的那一面。由于程朱强调"分殊"，因此，"乾坤/天地大父母"在他们那里只是"体"，而非"用"。对于程朱来说，"万物一体"是理智上的分析的结果，但是，当问题转到人伦日用的方面时，他们却不再强调"一体"，而是更注重"分殊"。对阳明学来说，《西铭》的意义却大不一样。王阳明主张"即体即用""知行合一"，所以"万物一体"不能停留在"体"的层面，也不能仅仅用知见去把握，而是需要在自己的心里真切体验到它，并且这种体验不能仅仅限于单独静坐之时，而是要在洒扫应对等日常活动中仍能保持这种体验。

如果说上面所引的文字还只是暗示的话，那么，在阳明学的经典文献《大学问》中，则说得相当露骨。《大学问》开篇即言：

> 大人者，以天地万物为一体者也，其视天下犹一家，中国犹一人焉。若夫间形骸而分尔我者，小人矣。大人之能以天地万物为一体也，非意之也，其心之仁本若是，其与天地万物而为一也。岂惟大人，虽小人之心亦莫不然，彼顾自小之耳。……及其动于欲，蔽于私，而利害相攻，忿怒相激，则将戕物圮类，无所不为，其甚至有骨肉相残者，而一体之仁亡矣。……是故亲吾之父，以及人之父，以及天下人之父，而后吾之

---

① 王阳明：《传习录》下，《王阳明全集》，第 108 页。
② 《朱子语类》卷第五十五，"孟子五 滕文公下 公都子问好辩章"，第 1320 页。
③ 《朱子语类》卷第五十五，"孟子五 滕文公下 公都子问好辩章"，第 1320 页。

仁实与吾之父、人之父与天下人之父而为一体。①

"天地万物一体之仁"是对程颢《识仁篇》"仁者浑然与物同体"之说的一个发挥，而《识仁》又是对《西铭》的发挥。《识仁》多是在讲"同体"，而没有怎么讲到"分殊"，因此朱熹不大喜欢，觉得"仁者浑然与物同体"的说法虽然很好，"只是说得太广，学者难入"②，也没有将《识仁》收入《近思录》中。朱熹本人也极少用到"万物一体""与物同体"这样的说法。③ 而在阳明学那里，"万物一体"或"与物同体"是一个相当重要的概念。从心性哲学来解读阳明学的学者多以"良知"说为核心，关注阳明学者社会政治实践的学者却常常对"万物一体"说更感兴趣。明代江西的赋役改革，各地阳明学者出力甚巨。赋役改革能否成功，关键在于谁来丈量。安福清丈历时五年方告完成，其间不断有流言蜚语指责丈量不公，甚至一度受到江西巡抚的怀疑。而邹守益、罗洪先等之所以愿意顶住各种压力，克服重重困难，去承担这本是官府职权之内的工作，正是出于"万物一体"观念的激励。④

在阳明学的另一经典文献《答顾东桥书》中，王阳明则将"万物一体"称为"拔本塞源之论"：

> 夫圣人之心，以天地万物为一体，其视天下之人，无外内远近，凡有血气，皆其昆弟赤子之亲，莫不欲安全而教养之，以遂其万物一体之念。……（三代）当是之时，天下之人熙熙皞皞，皆相视如一家之亲。……盖其心学纯明，而有以全其万物一体之仁，故其精神流贯，志气通达，而无有乎人己之分，物我之间。⑤

① 王阳明：《大学问》，《王阳明全集》卷二十六，第 968 ~ 969 页。
② 《朱子语类》卷第六十，"孟子十 尽心上 万物皆备于我矣章"，第 1437 页。
③ 参见张艺曦《社群、家族与王学的乡里实践——以明中晚期江西吉水、安福两县为例》，台湾大学博士学位论文，2004，第 101 ~ 108 页。
④ 关于江右王门学者的赋役改革工作，参见张艺曦《社群、家族与王学的乡里实践——以明中晚期江西吉水、安福两县为例》第五章第四、五节："安福丈量"和"安福赋役改革"，台湾大学博士学位论文，2004；梁洪生《江右王门学者的乡族建设——以流坑村为例》，收入梁氏编《地方历史文献与区域社会研究》，中国社会科学出版社，2010，第 159 ~ 189 页；张卫红《罗念庵的生命历程与思想世界》第四章第四、五节："出入不悖：闭门尽有缨冠事"、"学术成熟：也将收敛论精神"，三联书店，2009，第 263 ~ 285 页。
⑤ 王阳明：《答顾东桥书》，《王阳明全集·卷二传习录中》，第 54 页。

朱子之解《西铭》，为强调它与墨学的区别，而屡屡重申"各亲其亲，各子其子"，"其分不同，故所施不能无差等耳"①。王阳明注重的却是"视人犹己，视国犹家"②，要求"亲吾之父以及人之父""亲吾之兄以及人之兄"③，"而无有乎人己之分，物我之间"④。也正因此，阳明不像朱熹那样步孟子后尘，力辟墨子，却屡屡替墨学辩护，认为墨子"亦当时之贤者，使与孟子并世而生，未必不以之为贤"。在朱熹看来，"人之有爱，本由亲立；推而及物，自有等级"⑤，墨家讲爱无差等，这是"视其父如路人"，是"二本"⑥。阳明眼中的墨学之弊，则是在于父子兄弟之爱，如木之抽芽，乃是人心之仁念的发端处，墨子讲"爱无差等"，将自家父子兄弟和路人一般看待，令仁无处发端⑦。因此，墨子"兼爱"说是"行仁而过"，虽有流弊，却并非"灭理乱常之甚，而足以眩天下"⑧。似乎可以说，在朱熹看来，"爱无差等"说的错误是在本体的层面，是理论性的，阳明眼中的墨学之弊，则是在工夫论层面，是实践性的，这个危害，比起当时将儒学作为科举考试敲门砖的俗学来，要小得多。在阳明看来，孟子之所以力辟杨墨，是因为当时杨墨之言盈满天下，而当今之世，杨墨已非儒学主要的敌人："今世学术之弊，其谓之学仁而过者乎？谓之学义而过者乎？抑谓之学不仁不义而过者乎？"⑨

在明代中后期，或许是由于王阳明的影响，出现了一股刊刻和评点《墨子》的热潮。明代的《墨子》刻本，在阳明学兴起以前，只有两种。然而，从嘉靖后期开始，到明亡以前，总共出现了25种《墨子》刻本，且其刊刻者中有多位阳明后学，如焦竑、李贽、叶向高、唐尧臣等⑩。由此，对于罗洪先的高度评价王阳明"拔本塞源论"，谓之为"发千古之秘"，认为"微先生，则孔门一脉几于绝矣"⑪，才可以获得同情的理解，而无夸张突兀之嫌。

尽管朱熹极力替《西铭》辩解，且把张载列为北宋道学兴起的五位功

① 朱熹：《西铭解》，《朱子全书》（第13册），第145~146页。
② 王阳明：《答聂文蔚》，《王阳明全集》卷二传习录，第79页。
③ 王阳明：《亲民堂记》，《王阳明全集》卷七，第251页。
④ 王阳明：《答顾东桥书》，《传习录》，《王阳明全集》卷二，第55页。
⑤ 《朱子语类》卷第五十五，"孟子五 滕文公上 墨者夷之章"，第1313页。
⑥ 《朱子语类》卷第五十五，"孟子五 滕文公下 公都子问好辩章"，第1319~1321页。
⑦ 《传习录》，《王阳明全集》第25~26页。
⑧ 《答罗整庵少宰书》，《传习录》，《王阳明全集》卷二，第77页。
⑨ 《答罗整庵少宰书》，《传习录》，《王阳明全集》卷二，第77~78页。
⑩ 郑杰文：《中国墨学通史》，人民出版社，2006，第298~299页。
⑪ 罗洪先：《跋阳明先生与双江公书》，《念庵文集》卷十，第22页。

臣之一，可是，他的几位门人，如黄榦、陈淳，以及再传弟子真德秀，在谈到道统传承时，却都不约而同地忽略张载，直接从周程跳到朱熹。① 如前文所述，吕妙芬教授指出，对程朱来说，《西铭》的"乾父坤母"只是一种比喻，目的是要借着人所熟悉的孝，引领人认识性体，并不是要求人们以事亲之道事天；晚明的《西铭》解则受到阳明学"仁孝一体"观念的影响，并发展出以《西铭》解《孝经》的"仁孝一体"《孝经》解释学。② 吕教授认为，在宋、元没有人用《西铭》解释《孝经》，可是当我用"大父母"作关键词在中国基本古籍库中搜索时，意外地发现，元代理学家吴澄已经这样做了：

> 夫孝者，非止顾父母之养而已。至若擢儒科、登仕版，以荣其亲，亦世俗之所荣，君子不以为荣也。然则孝当如之何？曰：生我者，父母也；所以生我者，天地也。天地吾之大父母乎？吾所受于亲以为身者，全之而一无所伤，是之谓孝子。吾所受于天以为心者，全之而一无亏，是之谓仁人。孝子者，仁人之基。仁人者，孝子之极。故孝子之事亲也如事天，仁人之事天也如事亲。斯言也，张子"订顽"具言之。汉章盖有所已学，亦有所未学，其尚以是自勉哉。③

不过，吴澄的这个诠释路径，在很长时间里并未得到注意。中国基本古籍库的检索结果显示，从南宋至明初，以"大父母"概念解易者多，以"大父母"概念说人事者少，而在相对而言为数不多的第二类例子中，大多数是沿袭程朱以"理一分殊"解《西铭》的路子。进入 16 世纪以后，第二种例子大量增加，其中多数具有明确的"用"的指向。而且，我们可以在其中发现不少阳明后学的名字：季本（阳明亲传弟子）、唐顺之（阳明亲传弟子）、徐阶、胡直、耿天台、焦竑、瞿九思……因此有理由认为，这个变化是由于王阳明的影响。

李奭学、纪建勋认为，利玛窦重新定孝之说，以天主为"大父母"，以君臣为"兄弟"，与正统儒家伦理格格不入。奇怪的是，纪建勋明明注意到朱熹

---

① 参见田浩《朱熹的思维世界》（增订版），江苏人民出版社，2009，第 286、289、295 页。

② 参见吕妙芬《〈西铭〉为〈孝经〉之正传？——论晚明仁孝关系的新意涵》，及《孝治天下——〈孝经〉与近世中国的政治与文化》第三章"晚明《孝经》著作与政教功能论述"。

③ 吴澄：《吴文正集卷三十·送潘汉章序》，清文渊阁四库全书本。

以"乾坤一大父母，人、物皆己兄弟"来解说《西铭》，却并不觉得朱熹的这种说法和正统儒家伦理有何冲突。其实，朱熹的说法自南宋末年起就获得正统地位，此后历元明清三朝而未动摇。但是，视君臣如兄弟的观点是正统还是异端，端看对"兄弟"关系如何理解：是如程朱那样强调"宗子"的特殊地位，从而维护宗法等级呢，还是如阳明那样强调"视人犹己，视国犹家"，并因而具有某种平等主义倾向？

小　结

晚明江南地区商业发达，形成许多新兴城镇，对儒家以小农经济为基础的、强调宗法等级的正统伦理形成强烈冲击。阳明学是儒学在其容许范围内的一次自我调整，它的平等主义倾向使之能够比正统朱子学更好地回应社会变化，因而得以在打压之下迅速传播开来，但也正因这种平等主义倾向，使得它饱受正统学者的攻击。因此，当利玛窦打着交友的名义，提出"君臣父子皆平为兄弟"的主张时，便深受阳明学者的欢迎。[①] 利玛窦因而得以顺利融入晚明士林，开始他的"学术传教"策略。

晚明中国社会的观念多样化程度，是自秦灭六国以后的 2000 年中罕见的，那一时期出现的多种关于道统的论著，正是基于这个背景。学者自发的统一学术的努力未能成功，清兵入关结束了诸子争鸣的局面，程朱之学的正统地位得到巩固。不过，在晚明天主教进入中国之初，儒学内部的正统与异端之辩却正激烈。朱子学是得到官方承认的正统学说，王阳明却在朱子学之外另立新说，并且自命为"正学"，其门徒在许多地方设立的书院都取名为"正学书院"，而那些只知死背朱子教条以通过科举考试的所谓"俗儒"被反过来攻击为异端。虽然，当王阳明去世时，他的学说被朝廷作为"伪学"加以打压，本该由其子继承的爵位也被削夺，但是，当利玛窦于 1583 年进入中国内地时，阳明学却正要迎来它的发展高峰。在 1584 年，王阳明获得了入祀孔庙的殊荣。[②] 这意味着，阳明学从被打压的对象，摇身变成官学的一部分，不必再担心政治上的迫害。这也意味着，虽然朱子学仍是科举取士的标准，但已不是唯一合法的标准，

① 参见黄芸《〈交友论〉的接受基础及与阳明学友道观念的比较》，收入陈声柏主编《宗教对话与和谐社会》第三辑，宗教文化出版社，2012，第 175～202 页。
② 朱鸿林《〈王文成公全书〉刊行与王阳明从祀争议的意义》，收入氏著《中国近世儒学实质的思辨与习学》，北京大学出版社，2005，第 312～333 页。

官学内部现在有了两个不同的，虽然并不是完全对立的声音。结果是，从此一角度看来是异端的，对彼来说却可能是无害的，有时甚至是有益的，反之亦然。正是在这样的背景下，利玛窦带来的新信仰才会令一些儒家产生警惕，却被另一些儒家所宽容，还有一小部分儒家则选择了归信。

第一个与利玛窦结下友谊，并劝说他改穿儒服的儒生瞿汝夔，曾经在江西的白鹿洞书院学习，是章潢的门生之一，而章潢则是隆庆、万历年间南昌府阳明学社群的领袖。① 1589 年利玛窦在肇庆时便认识了瞿汝夔，不久利氏迁到韶州，又与瞿汝夔相遇，瞿氏遂拜利氏为师，向他学习西洋科学。纪建勋注意到，利玛窦首次用"大父母"称呼天主，是在 1590 年写的一封以罗马教宗名义致中国皇帝的外交函件中，而且该国书的写作得到一位中国学者的帮助②，这位中国学者显然就是瞿汝夔。几年后利玛窦得到机会北上，在南昌住了三年，其间与章潢过从甚密，曾多次参加章潢主持的阳明学讲会，还曾受邀到白鹿洞书院讲学。也正是在南昌期间，利玛窦写出了《天主实义》的大部分，并曾交章潢过目，帮助润色文字。因此，《天主实义》中的"大父母"一词，很可能是在章潢的建议下采用的。章潢并不赞成利玛窦的天堂地狱说，不过，他仍对利玛窦给予了极大的尊重和帮助。瞿汝夔则在接触西学多年之后，终于下决心受洗入教。不过，黄一农曾经指出，明清天主教徒都具有"两头蛇"的特点：一个头是基督宗教，另一个头则是儒家。这两个头在许多时候可以相安无事，甚至可能像徐光启所希望的那样彼此互补。然而，在另一些时候，它们之间可能发生尖锐的、令人痛苦的冲突。但是，阳明学与朱子学之间的状况又何尝不是这样？因此，我们不宜把明清天主教徒的任何不同于正统儒家伦理的观念都说成是西来的。但是，我们的确有必要去追问：是哪些人皈依了天主教？他们为何选择这种信仰？

进而言之，目前明清天主教研究的学者多谓平等的兄弟之爱是基督宗教的特色，问题是在 16～17 世纪的欧洲，在宗教改革正进行得如火如荼、新旧两派斗得腥风血雨的欧洲，《天主实义》中的"君臣父子皆平为兄弟"观念，真能得到两派的赞同吗？不过，这是另一个更为复杂的问题，限于篇幅，只能另文讨论了。

---

① 详见黄芸《1607 年南昌教案》，《基督教文化学刊》第 28 辑，2013。
② 纪建勋：《明末天主教 Deus 之"大父母"说法考诠》，第 112～113 页。

附　表

表 1　耶稣会士中文著作中关于 Deus 的拟血缘称谓统计

序号	书名	作者	摘引
1	《天主圣教实录》	罗明坚	1. 第一曰罢德肋，译言父也 2. 即授者，谓之罢德肋父也，第一位也 3. 又父明其所生之子，必不能不爱之；子明其所授生之父，必不能不亲之。父子相亲爱，则爱情由发矣 4. 天主似乎父师，父责其子，师责其徒
2	《天主实义》	利玛窦	1. 在肖子，如父母之恩也 2. 顾吾人钦若上尊，非特焚香祭祀，在常想万物原父造化大功 3. 被难者吁哀望救，如望慈父母焉 4. 二氏之徒，并天主大父所生，则吾弟兄矣 5. 矧此天主之为"大父母"也，"大君"也 6. 大父之慈，将必佑讲者以传之 7. 上帝公父，尔寔生吾人辈于尔 8. 天主乃万灵之父 9. 先辱示以天主为兆民尊父 10. 大父之慈，恐人以外物幻其内仁 11. 又不知瞻仰天帝以祈慈父之佑 12. 则以天主为父母，以世人为兄弟 13. 欲定孝之说，先定父子之说。凡人在宇内有三父：一谓天主，二谓国君，三谓家君也；逆三父之旨者为不孝子矣 14. 若使比乎天主之公父乎，世人虽君臣父子，平为兄弟耳焉 15. 夫化生天地万物，乃大公之父也；又时主宰安养之，乃无上共君也。世人弗仰弗奉，则无父无君，至无忠、至无孝也 16. 侮狎君父一至于此，盖昭事上帝之学，久已陵夷 17. 伪为众师，以扬虚名，供养其口；冒民父母，要誉取资。至于世人大父、宇宙公君，泯其迹而僭其位，殆哉！殆哉！ 18. 然吾频领大教，称天主无所不通，无所不能，其既为世人慈父，乌忍我侪久居暗晦，不认本原大父，贸贸此道途？曷不自降世界亲引群迷，俾万国之子者明睹真父，了无二尚，岂不快哉？ 19. 天主以父慈恤之 20. 而为之一引于天主圣教，则充之皆为同父之弟兄 21. 且使吾大明之世，得承大父圣旨而遵守之也
3	《畸人十篇》	利玛窦	1. 吾人本国，天国也，天国主乃吾世人大父
4	《利先生复虞铨部书》	利玛窦	1. 为奉天主至道，欲相阐明，使人人为肖子，即于大父母得效涓埃之报
5	《三山论学》	艾儒略	1. 为我等一大父母 2. 错认邻人为父母，非其所当皈依也 3. 若使陷罪即灭，将法无自新之路，非大父母慈爱心矣 4. 奉天地之大主，悦吾人之大父 5. 真信既得，知为天地大主宰，万民大父母

序号	书名	作者	摘引
6	《万物真原》	艾儒略	1. 言天主，犹言天地万物之真主、万民之大父母云 2. 天地万物皆天主为人所生，则天主实万物之天主，吾侪之大父母也
7	《口铎日抄》	艾儒略	1. 释氏既为天主所生，则当一心敬事天主，以仰答大父之恩 2. 至慈大父 3. 为人子者宁有不顺大父之旨乎 4. 故天主亦常在其心，如慈父之抚肖子 5. 吾恐不事父母，决难逃不孝之辜；不事大父母，决难逭为恶之罚 6. 罢德肋为父 7. 彼人世之父子，尚不如天主父、天主子之为真也 8. 斯其父为真父、子为真子 9. 天主吾人公父母也，父母之于子，无偏厚薄 10. 善人，天主之孝子也。岂有孝子喜于久淹逆旅，不愿速回本家，而见其父母乎？ 11. 耶稣圣训有曰：爱我者，必守我之言。我大父亦爱之 12. 我大父者，天主罢德肋也。……故大父必喜而爱之 13. 如其不可，惟我父之旨是奉 14. 天主吾大父母 15. 《经》云："人求纯粹之德，宜学在天之大父。"是不特希贤、希圣，而直以大父为表也 16. 今天主万民之大父也 17. 夫孝于主者事天主，一如孝子之事父母也
8	《天主降生言行纪略》	艾儒略	1. 天地真主，理义深奥，难以穷尽，且欲称之，亦难命名，势必强借人世尊称而称之，如曰主、曰君、曰父是也。至于或曰天主、大父、上主、造物主、万有真宰等称，无非表其至尊无对，万有无原之原，为我万民一大父 2. 以华言译之，罢德肋为父 3. 称罢德肋为父，又自称为父所遣者 4. 弗知壹有吾父之事 5. 则圣父弥显其为真主 6. 大父钟爱其子，与以宰制万物之权 7. 安忍以吾父之堂为市哉 8. 亦不在协露撒棱拜大父也 9. 承行吾父之旨 10. 我父造化无方 11. 父（指天主罢德肋而言，后仿此）有所作为，其子亦有所作为。父能令死者复活，其子亦然。父不自审判，以其权与其子。人能尊子，即尊父；若不敬子，即不敬父也 12. 大父与我所为，即我之证，顷父亦已证我矣 13. 我缘大父之名来 14. 尔勿虑我愬尔于父也 15. 且归功上主赞美尔大父焉

序号	书名	作者	摘引
8	《天主降生言行纪略》	艾儒略	16. 乃大父彻见其隐 17. 盖天主，尔之大父 18. 在天我等父者，我等愿尔名见圣 19. 则在天尔父，亦赦尔罪 20. 一草木之微大父必顾存之 21. 尔大父自知尔需 22. 尔至善大父，将美贻尔 23. 必遵我父在天之旨 24. 惟如我父之旨而行 25. 盖承顺在天我父之旨，即吾兄弟、吾姊妹，即吾母也 26. 盖彼际所答，非尔辈自出，乃尔大父神告也 27. 夫雀之微，非大父之命，亦不堕地。尔辈即毛发之数，大父纪之，尔勿惧焉 28. 凡今向众前认识我者，我将于吾父之前，亦云识彼；若今向众前，不认识我者，我将于吾父之前，亦云不识彼 29. 人子者将与焉，亦大父之命与尔也 30. 信于大父所遣者是矣 31. 乃今吾父锡尔真粮 32. 凡父所付我者，必亲就我 33. 大父遣我之旨 34. 非我父启佑者，不能就我 35. 犹父遣我，我固因父而生 36. 苟非我父所与，则不能近我信我耳 37. 非大父所植，必被拔也 38. 乃在天我父默示尔者 39. 彼之护守天神，尝对越在天我父也 40. 在天我父之待尔亦如是 41. 盖非我独断，乃与大父同断也 42. 我己证，亦以我之父证 43. 众曰："尔父安在？"耶稣曰："尔不识我，则不识我之父。若能识我，或能识我之父矣。" 44. 盖耶稣所指大父，乃天主罢德肋 45. 知我非有为，惟因父所论而谕耳 46. 吾主耶稣万民之大君父也 47. 众曰："吾辈惟以天主为父矣。"耶稣曰："以天主为尔父，必爱我也。" 48. 所云遣我者，即天主父也
9	《天主降生引义》	艾儒略	1. 以华言译之。罢德肋为父 2. 故常自称为子，称罢德肋为父，又自称为父所遣者 3. 屡蒙圣训，言及罢德肋圣父 4. 见我者即见我父。吾与父，一而已

序号	书名	作者	摘引
9	《天主降生引义》	艾儒略	5. 必待造命之大父 6. 义当顺天主为其大父、大君 7. 复识认真主，孝事其大父，尽忠于大君

　　注：（1）由于精力和资料所限，本文仅根据郑安德博士所编《明末清初耶稣会思想文献汇编》第一册进行不完全统计；（2）中国学者为耶稣会士著作所撰序文中的称谓不纳入统计。

论明末清初"儒家天主教徒"的儒家本位

贾未舟[*]

摘要： 明末清初，天主教来华所产生的"儒家天主教徒"这一独特群体，是当时特殊的历史文化环境下耶儒融合的结果。尽管明末清初较长时间的跨度以及剧烈的历史文化条件变化，三代儒家天主教徒的交际网络、对待天主教的态度以及儒学环境也变化甚巨，他们的入教心路、自我认知、社会影响也各有不同，但是这一独特社会群体的社会属性以及价值取向大体上却是一脉相承。本文从社会学和哲学两个角度，试图说明明末清初儒家天主教徒在实践和理论两个层面，在救心、救世、救人的不同主题下始终坚持儒家本位。这个问题的判断关涉明末清初文化本位的攻防，也从另一个角度说明了明末清初天主教在中华帝国悲剧命运的原因不仅是政治，也是深层次文化心理的结果。

关键词： 儒家天主教徒；儒家；天主教；儒家本位

一

明末清初这个概念在历史学、社会学、思想史等不同视域下的时间跨度有所不同[①]，从耶儒对话角度而言，本文把明末清初界定为万历中后期利玛窦来华到中国礼仪之争后雍正帝完全禁教这一段时期（约 1583 ~ 1727）。天主教来华造成"中国天主教神哲学"这一独特的思想景观，令明末清初这段历史显得异常有趣。明末清初又可以分为明末早期、明末后期与清初早期、中国礼仪之争时期，分别对应着三代"儒家天主教徒"。"儒家天主教徒"这个概念最早由比利时汉学家钟鸣旦提出[②]，用以指称在明末清初耶儒对话的历史文

---

[*] 贾未舟，广东财经大学副教授。

[①] 不同学科关注点不同可能导致明末清初这一时间段的起讫有所差异，对于这个问题较为完备的说明参见许军《明末清初起讫考》，《天水师范学院学报》2007 年第 1 期。

[②] 〔比利时〕钟鸣旦：《杨廷筠：儒者天主教徒》，圣神研究中心译，中国社会科学出版社，2000。

化背景下产生的在思想和实践层面上融合耶儒的特殊群体，这一群体又可以分为两部分：一是披着儒学外衣的外来传教士，二是顶着天主教光环的本土儒家士大夫。本文所说的"儒家天主教徒"是指后者。①

中国本土"儒家天主教徒"的产生是以利玛窦为代表的传教士"文化适应"路线的产物，代表了中国儒家知识分子在对儒学的自我审视和批判中，通过与西来的天主教神学思想的融会贯通，借以重构儒学传统的思想探索。思想史表明，这种融合和重构不仅是可能的，而且是事实。"儒家天主教徒"现象不仅是社会学的研究课题，同时也是哲学和思想史考察的任务。在明末清初绵延一个半世纪的耶儒对话中，"儒家天主教徒"作为一种独特的社会角色发展出独特的理论体系。问题是，"儒家天主教徒"的社会归属和根本的价值取向究竟是什么，换言之"儒家天主教徒"以儒家为本位还是天主教？究竟是儒家天主教化还是天主教儒化？

如果要胪列出明末清初"儒家天主教徒"的名单，从早期的教会三柱石到中后期的韩霖、李九功、王徵再到后期的严谟、朱宗元、张星曜等人，我们会发现，他们虽然都是儒家的知识分子，绝大部分身居官位，可以划分至上层社会的行列。但是我们不得不说，他们不能算是当时一流的大思想家，甚至大部分连二流都算不上。但是或许正因为如此，才能摒弃文化优越论的心态，从而正视自身文化的不足，平等对待外来文化，同时保持着儒家修齐治平的入世传统以及对于文化生态的敏锐洞察力。揆诸整个中国思想史，以修齐治平为职志的儒家知识分子在剧烈的社会变迁中承担着"士"之责任，处于因应时局的最前列。中国儒家知识分子承担着两种当仁不让的社会功能和角色：其一，教士角色；其二，先知角色。在社会相对比较稳定时，前一种角色相对突出；当社会剧烈变迁时，后一种角色相对突出。而明末清初将近两百年的时间里，经历了明王朝由盛转衰直至灭亡，以及大清鼎革的剧烈历史大变动，"儒家天主教徒"因缘际会，同时肩负起教师和先知的双重角

---

① "儒家天主教徒"代表了文化对话和融合的结构，其英文对应为 Confucian Christian，在这里 Confucian 是一个所有格"儒家的"而不是形容词"儒家式的"。钟鸣旦区分了三种"儒家天主教徒"：其一是对天学实用性上，以徐光启、李之藻为代表；其二是注重基督教道德，以王徵、张赓、韩霖、李九功兄弟为代表；其三是宗教方面，以杨廷筠为代表。20世纪80年代出现的"文化基督徒""自由主义基督徒"的说法和"儒家天主教徒"的主体性有所不同。田童心另有专文《论儒家的基督徒》，只是其信徒的身份过于明显和强烈，在论述这个问题上的立场明显偏向基督宗教。参见氏著《论儒家的基督徒》，载罗秉祥、谢文郁主编《耶儒对谈：问题在哪里》（下），广西师范大学出版社，2010，第495～519页。

色。相对而言，先知角色的味道更浓一些。他们引入天主教，也正是认为天
主教可以是儒学的有效补充，在破中有所立，而非仅仅固守教士角色抱残守
缺。但是具体说来，三个时期的"儒家天主教徒"由于所处时代环境不同，
他们遇到的最迫在眉睫的问题也有所不同。第一代"儒家天主教徒"处于明
末早期，此时利玛窦等传教士初来，这个时候帝国国运已经渐露颓势，文化
心理也渐失高势，社会日趋腐败，人心日趋不古，整个社会弥漫着奢靡淫逸
的风气，一种死亡前狂欢的空虚。而传统的理学已经不能打动人心，王学末
流则是逃禅入虚，救心是那个时代的主题，即王阳明所谓破"心中贼"。以徐
光启、杨廷筠、李之藻为代表的早期"儒家天主教徒"出儒入耶，援耶入儒，
莫不以救"心"为鹄的。到了明末后期，明王朝已经内忧外患，病入膏肓，
此时"救世"是中心课题，王徵、韩霖等人悬道济世，胼手胝足，力挽狂澜。
中国礼仪之争时期，天主教传教的外部环境大变，先是其他修会围攻耶稣会
的会通路线，后罗马教宗圣谕禁止祭祖祭天，最终导致了康熙和雍正朝两度
禁教。按照"利玛窦规矩"平和存在了大半个世纪的"儒家天主教徒"，发
现自己的身份认同和文化认同都成了问题，他们于是通过对天主教典籍以及
中国经典的双向解读来试图论证自身的合法性问题，同时也是为了维护一个
世纪以来耶儒融合中国开教大业，这个时候的主题既不是救心也不是救世而
是"救己、救教"了，清早期相对比较深刻的天主教教化未能延续。综观以
上，三代"儒家天主教徒"尽管在各个时期所面临的问题有所差异，但是他
们的解决方法实际上是一致的，他们自觉的历史文化使命是相同的，在这个
意义上，可以将三代"儒家天主教徒"视作一个整体。

二

　　明末清初"儒家天主教徒"是否经历了深刻的文化和信仰转换，从儒家
身份完全转化成天主教徒？宗教社会学家路易斯·兰博将宗教皈依概括为五
种类型，包括背教、强化、强征、体制型转化、传统转化。"儒家天主教徒"
在明末清初社会变革的历史情境里，确实有一个自发的自我转化的过程，他
们都是基于对自身传统的不满而寻求新的文化和信仰的出路。对比路易
斯·兰博的分类，他们大体应该属于"传统转化"这一类型。兰博谈到这一
类型时说："个人或集体从一种大宗教传统转向另一种大宗教传统的运动，从
一种世界观、礼仪体系、象征世界和生活方式转向另一种，这是一个复杂的

过程，它通常发生在两种文化接触和产生冲撞的背景中。"但是，绝对意义上的"从一种世界观、礼仪体系、象征世界和生活方式转向另一种"的宗教皈依，在明末清初的中国没有发生过，即使对于儒家基督徒这个小的群体也是如此。要注意天主教在明末第三次来华时，中国文化和中国国力在世界上虽然沉疴负重，但仍然处于高地。兰博继续说道，"传统转化"这种皈依类型"这样的运动在整个历史上，尤其是在18、19、20世纪都曾出现过，那时由于欧洲的殖民扩张，无数人被卷入这种皈依"。① 可见，仅从兰博的分类而言，明末清初"儒家天主教徒"甚至连一种标准的"传统皈依"都算不上。更何况"儒家天主教徒"都是融合论者，虽然他们也对自己的传统有批判和反思，但是远远达不到扬弃的程度。他们采取融合论的立场而非完全天主教化，不仅因为传统在当时的影响力，也是由于他们对于传统的体认，因而采取被后世习惯称作"中体西用"的方案。因此，姑且可以笼统地说，既然完全皈依没有发生，那么明末清初那些接受了天主教的儒家知识分子也就不存在改变自己的儒家本位的可能。但是这么说，绝不是怀疑明末清初"儒家天主教徒"信仰的真诚，融合论在严格意义上是一种两全其美的做法，既可满足自身信仰的需要，又可以心安理得地不完全背弃传统。② 就中国人固有的实用理性而言，这似乎并不困难。

从"儒家天主教徒"接受天主教的动机、了解天主教的程度以及儒化天主教的做法也可以加强这一论断。接受一种信仰的动机可能是多元的，有理智型，也有感情型，也有灵异型，还有工具型以及他人影响型，大多时候可能是多种原因而导致信仰和改信。考虑信仰活动牵涉文化传统、礼仪设置、生活方式等方面的巨大转变，更是如此。明末清初"儒家天主教徒"接触天主教并发生信仰，是一个很复杂的事件，难以一一厘清，但是大体而言，理智型和灵异型作为两个对立的极端，都是极少见的，但是这两种却是宗教信仰动机中最为纯粹的。他们的入教大都混杂着感情型、工具型以及他人影响型等多种动机，而对于一种宗教信仰而言，这些动机都不是成熟的也不是纯粹的。如果我们实际考察明末清初"儒家天主教徒"对于来华的"天学"的

① Lewis Rambo, *Understanding Religious Conversion*, New Haven and London: Yale University Press, 1993, pp. 13 – 14.
② 中国思想史上儒学是教/非教之争的起源正是肇于中国礼仪之争时期。明末清初"儒家天主教徒"不认为儒学是一种严格的宗教，这样就不会存在宗教冲突问题。参见韩星《儒教是教非教说的历史起源与启示》，《宗教学研究》2002年第2期。

了解程度，以及对天主教圣学（天学）化、道德化、实学化的做法，也可以印证这一点。

　　明末清初"儒家天主教徒"对天主教的理解其实是不足的，这有两个方面的原因。其一，由于受客观条件诸如语言、翻译、思想禁止等方面的限制，直到中国礼仪之争爆发，中国本土信徒实际上连一本完整的《圣经》都见不到[①]，当然这也跟天主教的教理有关，天主教并不认为民众和信徒应该直接阅读《圣经》。其二，和传教士有关，不同修会的传教士实际上教义也不尽相同。对中国教会影响最大的耶稣会意识到中国是一个拥有强大文化传统的、超稳定的政治力量的国度，他们制定自上而下面向知识和士大夫阶层的"文化适应"策略，使得他们并不追求信徒认知架构、价值系统上的全面转化和灵性的完全神化。为了达到传教的表面效果，甚至对天主教理论中的基督论都在一定程度上有意回避，而是彰显上帝论，仅因为上帝论可以和中国古书相配合相映证，而无论如何中国人是无法理解基督论的。传教士的做法自然也影响中国信徒对待天主教理论的严谨性，他们的融合理论实质上就是以一种"拟同"的方法将之纳入自身原有的认知结构。法国汉学家谢和耐的观点很有见地，他就认为明末清初的中西文化交流建立在双方"误读"基础之上。[②]

　　中国是一个伦理型社会，总是习惯以道德的角度看待一切，明末清初的中国人把来华的天主教做了道德化的解读，这一点直到被禁教也是如此。宗教固然提供一种道德教化，但是中国人似乎对其中的基督论、超越论及救赎论无法理解，也无法接受。天主教道德化不但降低了宗教的深度也使得中国人觉得西方的道德高度实际上和中国相比并不十分高明，这当然会降低天主教的绝对权威。徐光启说："间尝反复送难，以致燕语杂谭，百千万言中，求一语不合忠孝大旨，求一语无益于人心世道者，竟不可得。"（《增订徐文定公集》卷一《几何原本序》）再有就是"圣学"化或者天学化。"天"在中国文化中具有独特的宗教、道德等多种的含义，以天学来称谓西方文化，是典型

---

① 第一本天主教全译本《圣经》要到400多年后的1953年才出现，这实在叫人惊讶。马歇尔·布鲁姆霍（Marshall Broomhall）在其所著《圣经在中国》一书中对于《圣经》在中国之阙如深为不解。参见〔比利时〕钟鸣旦《〈圣经〉在十七世纪的中国》，孙尚扬译，《世界汉学》2005年第3期。

② 〔法〕谢和耐：《中国文化与基督教——中西文化的首次撞击》（增补本），耿昇译，上海古籍出版社，2003，第64~76页。

的文化中心主义的做法。另外，中国的文化传统中，没有很严格的学科概念，笼统地以"学""教"来称谓古代留下来的文化遗产。皈依天主教的中国士大夫们从来就不曾把天主教当作一个独立的信仰体系来对待，因为在中国传统的政教模式中，宗教是依附于政治而存在的，中国语言中实际上也没有一个词语可以和西方的"Religious"相对应。而中国本土的"儒家天主教徒"们也从来未曾觉得接触天主教的唯一目的就是信仰，中国人会觉得，西来的天主教和它的科学、技术是一个系统，是一个整体。有趣的是，耶稣会士很多时候也是一边向中国人展示奇淫怪巧的科技器物一边传教的，这使得中国人以中国式的"学"来指称他们看到的西方文化，这样就强化了以"中"为体的文化本位意识。这样，进一步将西方文化纳入"圣学"体系，以体现"道学圣脉"，无论是对西方的科学还是宗教，都是如此处理。比如，徐光启就认为西方的数学不在圣学之外："我中夏自黄帝命隶首作算，以佐荣成，至周大备……孔门弟子身通六艺者，谓之登堂入室。使数学可废，则周孔之教舛矣。"[1] 李之藻编选的《天学初函》，就是"胪作理器两编，编各十种"，徐光启在对"天学"分类时，也说"先生（利玛窦）之学，略有三种，大者修身事天，小者格物穷理，物理之一端别为象数"。[2] 完全以中国的文化习惯来裁量西学，"中体西用"意图明显。

将"天学"实学化也可以体现明末清初"儒家天主教徒"对待天主教的略显工具心态。明中叶后王学末流临空蹈虚，束书不观，空谈心性，包括诸多"儒家天主教徒"在内的知识分子大倡实学，希冀提振世风，挽救明末颓局。利玛窦来华，使得中国知识分子看到"天学"在道德、民生诸多方面的实际补益，倒是天主教的宗教精神反而显得退居其次。他们从现实功用的角度来说明皈依"天学"、传播"天学"的正当性和有用性，也是为了迎合当时社会思潮的需要。同时也在表明中国儒家知识分子"济世"的渴望。将西方文化天学化、圣学化、道德化、实学化，既是中国文化高势的表现，也是一个具有悠久传统的民族文化惯性的体现。但是明末清初"儒家天主教徒"如此而为的时候，并不是说完全忽略了天主教的宗教性，也不是说他们采取融合论的时候没看到两种文化的差异，但是他们了解天主教很不完整，不纯粹对待天主教也是史实。

---

① 徐宗泽：《明清间耶稣会士译著提要》，中华书局，1989，第265页。
② 徐宗泽：《明清间耶稣会士译著提要》，第328页。

明末清初"儒家天主教徒"在存在方式和行为方式上，很大程度上仍然保持儒家本色。此处分析的困难在于"儒家天主教徒"时期不同、人数众多，分析是否会以偏概全，这其中的"度"如何把握。而且存在方式和行为方式的分析涉及日常生活的实践，社会学的要求要大于理论分析。

首先要回答两个问题，其一究竟什么是儒家，其二在明末清初儒家有什么特色。儒家就是遵循儒学基本原理并身体力行之的人，也可以称为儒者。在中国学术史上，最早探讨儒之起源的是汉代学者刘歆。据《汉书·艺文志》引其《别录》说："儒家者流，盖出于司徒之官，助人君顺阴阳明教化者也。游文于六经之中，留意于仁义之际，祖述尧舜，宪章文武，宗师仲尼，以重其言，以道为最高。"这里的"儒家者流"，按语曰："儒者，主于诵法先王，以适实用，不必言心言性而后谓之道也。"① 在春秋战国礼崩乐坏"道术为天下裂"的生活环境中，孔子创立了儒学学派，这是"君子儒"的真正开始。孔子将"儒"提升为"儒家"，儒家是具有儒学背景且实践儒学精神的学派，并且经过孔子及其弟子的阐创力行，形成了一套儒家的理论体系和存在方式，体现了一种独特的儒家精神。

儒学经历了历代的演化，虽然在理论上有不少删改和加持，但是原始儒家济世尊礼、修身俟命的精神却保留下来，张载一句"为天地立心，为生民立命，为往圣继绝学，为万世开太平"最能体现儒家的使命感和理想人格追求。到明末，关于儒家的存在方式经过历史积淀已经大致成形。明末清初的"儒家天主教徒"多为士大夫，他们从小浸润于儒家的纲常伦理和礼仪中，那个时候佛教已经和儒家相互渗透影响，但是当他们接触到一种新的宗教并认信之，就在他们固有的伦理传统和生活方式中产生了巨大的冲突，黄一农将徘徊在天、儒间"首鼠两端"的明末清初第一代"儒家天主教徒"称为"两头蛇"。② 儒家这一称谓不仅是理论追求还包括行为，这也是中国文化所谓"知行合一"。"儒家天主教徒"仍然保持着儒家的生活方式和行为方式，包括如下四点特征。（1）他们在入教后仍然保持传统士大夫"入世"的社会情

---

① 关于这个问题的研究，章太炎、胡适、郭沫若、冯友兰的见解影响最大。章氏沿着刘歆的论断，认为诸子皆出于王官，并提出"儒"达名、类名、私名的洞见，体现了"儒"从广到狭的历史演变过程。但是康有为论证刘歆的说法多从秦汉文献，所依据的《周礼》系伪造。胡适认为"儒"在殷商已形成。儒最早是提供丧葬服务的术士，以后逐步演变为助人君顺阴阳明教化的古代经典的传承者。反对者如郭沫若在《驳说儒》中称胡适的研究成果不可信，冯友兰说，"照我们的看法，儒之起是起于贵族政治崩坏之后，所谓'官失其守'之时"。

② 黄一农：《两头蛇：明末清初的第一代天主教徒》自序，上海古籍出版社，2006。

怀和忧患意识；（2）他们入教后仍然大致按照儒家伦理修身、生活；（3）他们在入教后作为天主教信徒的生活是不稳定、随机且很难善终的；（4）同时做儒家和天主教徒，在现实生活中是很艰难的，当二者发生冲突时，最终回归儒家。不过，清初较明末天主教的认信的程度要高，在张信曜、李九功李九标兄弟以及严谟、朱宗元等人身上表现出的天主教信仰追求非常强烈[①]，可能和一个多世纪的神学积累浸润有关，他们身上的"阳'天'阴儒"的色彩要强一些，但是儒家本位仍然没有改变。

<h1 style="text-align:center">三</h1>

最后考察明末清初"儒家天主教徒"的文本写作所体现的理论性质。明末的学术大势是在思想正统层面，理学仍然是官方的教导，但是也越发显现出僵化，影响日衰。作为对理学批判革命的王学在经历数十年的思想革命后，王学末流走向逃禅入虚，引发东林学派的纠缠，主要是在道德层面，同时还包括技艺层面的实学。但是到了清初，理学由于政治的原因再度复兴。

明末的有识之士敏锐地认识到儒家思想内在的不足，而在经历宋代儒佛道思想的互补互生后，佛教似乎也已经耗尽动力，不可能帮助儒家别开生面。追求新的思想资源以挽救思想的积弊，重开言路而不失儒家正统，成为儒家知识分子的睿智判断。要注意的是明末的社会和思想环境并不同于清末，后者已经在各个层面显露出病态和弱势，而西方的强势是很明显的，"中体西用"明显缺乏社会基础。而在明末，儒家思想相较其他思想，其主体地位不是轻易可以撼动的。万历年间初来中华的天主教传教士发现的是一个具有悠久传统但是稍显疲态的东方，文化适应路线是唯一可行的选择。况且传教士来华所带来的西方文化仍然停留在中古时代，除了宗教信仰无法比较，其他的只能说是新，不能说特别先进。从历史经验的角度看，儒家士大夫接触全新的西方文化和信仰时，一定是欣喜的，但是也一定是理智的。走耶儒融合思路，援耶入儒，补儒、翼儒，应该是他们的思想路径。尽管传教士们最终的目标是"超儒"，但是这不应该是儒家士大夫所关心的，徐光启"补益王化、救正佛法"的思想意图很明显：

---

① 在张信曜的基督教诗歌里可以感受到那种虔诚的信仰，但是在儒家和天主教之间的紧张反而强烈。参见张海浩《中国信徒张信曜（1625～1696）的基督教诗歌》，载李天纲主编《道风：基督教文化评论》2007 年第 27 期。

盖彼国教人，皆务修身以事上主，闻中国圣贤之教亦皆修身事天，理相符合。是以辛苦艰难，履危蹈险，来相印证，欲使人人为善，以称上天爱人之意。其说以昭示上帝为宗本，以保救身灵为切要，以忠孝慈爱为功夫，以迁善改过为入门，以忏悔涤除为进修，以升天真福为作善之荣赏，以地狱永殃为作恶之苦报。……臣尝论古来帝王之赏罚，圣贤之是非皆范人与善，禁人于恶，至详极备。然赏罚是非，能及人之外行，不能及人之中情。又如司马迁所云，颜回之夭，盗跖之寿，使人疑于善恶之无报。是以防范愈严，欺诈愈甚，一法立，百弊生，空有愿治之心，恨无必治之术。于是假释氏之说以辅之，其言善恶之报在于身后，则外行中情，颜回盗跖，似乎皆得其报，谓宜为善去恶不旋踵矣。奈何佛教东来千八百年，而世道人心未能改易，则其言似是而非也。说禅宗者衍老庄之旨，幽邈而无当，行瑜迦者杂符箓之法，乖谬而无理。且欲抗佛而加于上主之上，则既与古帝王圣贤之旨悖矣，使人何所适从，何所依据乎？必欲使人尽为善，则诸陪臣所传事天之学，真可以补益王化，左右儒术，救正佛法者也。①

他还有一句意味深长的话：欲求超越，必先会通。超越什么，当然是超越外来的文化。清初的儒家天主教徒张星曜 "超儒" 的味道浓一些，但是他也曾说道：

予友诸子际南先生，示予以天主教之书。予读未竟，胸中之疑尽释。方知天壤间，是有真理，儒教已备而犹有未尽晰者，非得天主教以益之不可。②

基本上讲，在传教士入华早期，耶儒融合的深度比较深，思想创造比较突出，越往后时事逼迫，理论功夫越浅，实用性要求以及救亡图存的需要越强烈。那么，"儒家天主教徒" 耶儒会通的结果是什么？我们先来看看他们是如何会通的，然后来分析他们会通所产生的理论体系的性质。

---

① （明）徐光启：《辩学章疏》，收入朱维铮、李天纲主编《徐光启全集》第九册，上海古籍出版社，2011，第 250～251 页。
② （清）张信曜：《天儒同异考·弁言》，《明清间耶稣会士译著提要》，中华书局，1989，第128 页。

　　会通或融合的前提是二者的本质共同性①，但是，无论是传教士还是中国本土儒家知识分子都没有去深思这个问题，他们想当然地认为陆象山"东海西海心同理同"的说法一样适用于西方文化。对于传教士而言，他们的目的当然不是要帮助中国除弊开新，他们的目的是在信仰上归化中国，这决定了合儒排佛的路线完全是策略性的，他们当然也较少深思理论的真理性问题。②专注那些可以一定程度的融合，而对那些根本性差异方面则加以忽略，这是传教士和儒家天主教徒共同的做法。比如，天主教里的"Dues"很容易在古儒中用"上帝"的概念对应，而对儒学里的一些基本概念、命题和原理的处理，就非常注重技术性。

　　"斥近儒、合古儒"是传教士和"儒家天主教徒"儒学重建的策略，近儒就是宋明理学，而古儒就是秦汉之前保留在古代经典里的思想。他们给出的理由是经过秦汉以后，尤其是经过佛道思想的侵蚀，儒家思想已经异化，面目全非。利玛窦在《天主实义》里就明确认为理学的"天理""太极"概念完全背离了上古具有人格神形象的"上帝"的存在。③中国本土"儒家天主教徒"追随传教士的路线，除了感情上相惜，还有一点就是"儒家天主教徒"大多是心学家，对理学本身就排斥，他们出心学入"天学"，最后的理论结晶则是"天主教化儒学"。

　　从"天主教化儒学"本身的性质看，它的思想属性也仍然停留在儒学范围。首先，从对待西学或天学的总体态度看，徐光启在《辩学章疏》中所谓"欲求超胜，必须会通，会通之前，需先翻译"的会通路线以及"补益王化，左右儒术，救正佛法"的说法可以说是整个晚明入教儒士对待天主教的总体态度。至少在晚明，"合儒""补儒"是他们所认可的，至于"超儒"，更多是传教士念兹在兹的目标。徐光启的路线后来都被奉教儒士认可，有意识地

---

①　事实上，儒学和"天学"也只是在伦理领域具有对话的可能性，但是谢和耐就认为基督教伦理和儒家伦理只是具有表面的相似性，在这种表面相似性的外衣下，双方功利性的意图可以去糅合二者。但是，天主教理论本质上是一种宗教理论，而儒家本质上不是一种宗教理论，要么一种完全改造另一方，那种枝节性的调整是没有生命力的。见氏著《中国与基督教——中西文化的首次撞击》（增补本），上海古籍出版社，2003，第137页。

②　在《天主实义》中，利氏通过改造古经中之天、上帝概念，给儒家宇宙体系加上一个人格的主宰神即天主；通过天主赋性观念，给传统儒家人性论引入理性灵魂概念；通过论证灵魂不朽，来世天堂地狱之赏罚，把儒家此世的社会价值观，改造成为来世的宗教价值观等。参见张晓林《天主实义与中国学统》，学林出版社，2005，第89～92页。

③　〔意〕利玛窦：《天主实义》，收入朱维铮主编《利玛窦中文著译集》，复旦大学出版社，2003，第56页。

把天主教纳入中国传统思想的范围，以耶释儒、以儒释耶，因异求同、以同述异，在中国传统文化框架下阐发儒家思想新的统绪。儒家天主教徒这种"曲线救国"的路线甚至导致清初蔚为壮观的"西学中源"论①，传统的力量可见一斑。若说中国儒家知识分子以儒家为主干去同化天学，这是完全可以理解的。其次，从"天主教化儒学"的语言结构看，则基本上是在中国文化的框架内去以耶释儒、以儒释耶。儒家天主教徒断定"耶儒原同"，然后去"合"儒，却是仍然运用中国的汉语言的语词和理解习惯去"本土化"天主教教义和教理。奉教儒士以天主教教义教理去阐释一些儒家基本命题和思想时，基本上保持着汉语的认知习惯。汉学家谢和耐问道："希腊哲学或中世纪经院哲学的发展，是否是可根据诸如汉语那样的中国语言来理解呢？"以至于后来的一位基督教传教士哀叹道："汉语是如此不完善和如此臃肿的工具，以至于很难用它来传播神学真诠。"②汉语言在语言结构、文法等方面如此和西方语言不同，考虑洪堡和尼采等人所论证的语言、思想、思维方式之间的一致性，以至于可以推定，儒家天主教徒用传统汉语想要建构起一套天主教教理哪怕是本土化的天主教教理，在晚明不算太长的时间内，是不可能的，也是不现实的。

"儒学一神论"中的"儒学"和"一神论"两种文化传统相互作用因而构成一种新的思想体系，并且保持着儒学的思想属性。按照人类学家张光直的观点，中国文化传统以及信仰体系缺乏犹太教、天主教、伊斯兰教式的高级宗教形态的"一神论"，这种论断有两部分的含义。一是中国文化和社会是多神论甚至是泛神论传统，实用理性决定了中国人在信仰问题上"追寻一己之福"③，"逢神必拜"，那种绝对神圣的信仰对中国人而言是很陌生的；二是中国文化中的"神"和天主教等一神论理解的具有绝对超越性质意义上的"神"的含义大不同。中国文化中的"神"和"鬼"一样只是既死生命的两种存在方式之一，明代的《正字通·示部》释"神"为"神，阳魂为神，阴魄为鬼；气之伸者为神，气之屈者为鬼"。《道德经》中"天、地、神、人"的四方结构也很能说明问题。"儒学一神论"是把儒学中的被模糊了的上古天

---

① 陈卫平：《第一页与胚胎：明清之际的中西文化交流》，上海人民出版社，1992，第 126～132 页。也有儒家天主教徒的"中学西来"论，比如清初儒家天主教徒李祖白的《天学传概》。

② 〔美〕卫三畏：《中华帝国总论》，转引自〔法〕谢和耐《中国与基督教——中西文化的首次撞击》（增补本），第 218 页。

③ 蒲慕州：《追寻一己之福——中国古代的信仰世界》（修订版）序，上海古籍出版社，2007。

道信仰的"一神论"化，把天主教中的唯一神"Deus"等同于中国古典中的"天"或"上帝"，也就是张星曜所谓"儒教已备而犹有未尽晰者，非得天主教以益之不可"。希望借助天主教解决晚明社会价值失序信仰混乱，在整个晚明儒学宗教化背景下把儒学天主教化也就是"一神化"，并且认为这只不过是回复原始儒学本已有之的天道信仰，"天主教化儒学"的生存论基础就在于此，本质上讲"天主教化儒学"是儒学的宗教化。

不过，需要指出的是，中国文化缺乏张光直所谓严格的犹太教、基督宗教的一神论传统，并不是说中国文化中没有一神论追求。张光直的结论是根据先秦的文献和考古所得出的结论，这一结论对于先秦以后的儒学并不太合适。在晚明，儒家天主教徒实际上对一神论的传统并不算太陌生。因为宋明以后的儒家追求天人合一、理气统一，儒家这种一元论本体论里面已经包含有一神论或者一神教的因素，比如，他们反对"淫祀"，主张"天地唯一""理一分殊"。莱布尼兹在《论中国人的自然神学——致雷蒙德的信》中就说中国人的儒学中所信奉的"天""道""理"是一种"自然宗教（或自然神学）"①，而伏尔泰更是直言中国宗教是一种西方宗教才配有的"理性宗教"。17世纪欧洲的中国观认为中国文化是唯一可以和西方文化相媲美的，即使是宗教层面也达到相当高级的程度，而他们的论断是以宋明儒学为依据的。从以前的论述里可知，晚明儒家天主教徒并不像传教士一样对宋明理学采取完全拒斥的态度，他们是有选择的接受，毕竟他们从小就浸染其中。晚明儒家天主教徒理解并接受一神论的传统因而是有思想铺垫的，他们接受天主教中的一神论，是和先秦以后尤其是宋明理学的形上一元论的思维方式相关的。他们基于宋明、借鉴天学、宣称复活古儒中业已存在的"一神"信仰，逻辑上也是说得通的。

有人认为"儒学一神论"中儒家天主教徒已经改变了自身所秉执的儒家此世的价值传统，因而儒家天主教徒已经背离了儒家传统，应该把儒家天主教徒的神哲学思想抽逸出儒家思想传统来理解，这是对于儒家思想尤其是经过了宋明受佛教影响后的儒学的不理解。中国儒家传统从来就不仅限于"此世"价值，也不是无神论的，准确讲应该是非神论，是"天道（具有神圣）—人道"互动的神人体系。晚明的中国，已经受佛教浸染了1000来年，来世、灵魂、报应的观念早已深入人心，即使是纯粹的儒家士大夫也是不排

---

① 〔加拿大〕秦家懿编著《德国哲学家论中国》，联经出版事业公司，1999，第67页。

斥的。判断儒家的标准根本上讲不是关注点在此世还是来世的问题，而是此世的状态问题，也就是说，一个具有儒家此世性的儒者来世怎样都不重要，关键是在此世是否"尽人事"，宋儒孜孜以求的"天人合一"不也是一种非此世状态吗？儒家天主教徒转向天主教之前也不是纯粹的原始儒家了，他们大多亦儒亦佛，但是仍然自称儒家，现在由耶代佛，仍然能保持儒家，是可以做到的。有人认为天主教和佛教不同，但是儒家天主教徒所接触的天主教是纯粹意义上的天主教吗？不是的，这里的天主教本身就是"儒家式"的天主教，"天主教化儒学"的结构、叙述方式也基本上仍旧是儒家式的，而内容则是经过天主教改造过后的儒家，天主教的那种天堂地狱说、三位一体说、道成肉身论、救赎论等最具天主教特色的理论从来就不是儒家天主教徒思想的中心，他们的理论的中心仍旧是在儒家的框架内思考安身立世的问题，只不过以复活中国古儒的名义为注重此世的儒家安置了来世，这种安置一点儿也不影响此世的担当。所以那种认为天主教来华方改变了中国人的此世世界观的说法是不成立的。连利玛窦也深信中国人的那种"志尽于有生，语绝于无验"的自然理性极不容易接受启示真理中的超理性、超自然的神学教义，所以晚明的儒者成为"天主教徒"，也不可能是那种完全宗教皈依的以来世为绝对价值追求的天主教徒。中国本土儒家天主教徒的神哲学体系只是复活了被秦汉以后所隐没了的人格神性，实际上，这种人格神性在先秦典籍里"古已有之"。

魏晋玄学一系、宋明理学一系都可以算作儒学思想的新路向，如何回归古儒，用天主教昭明古代信仰如何就不是一种新的言路？如何可以说秦汉以前的人格神信仰的路向就是完全被抛弃的呢？[1] 对于思想而言，是不能完全用进化的角度来判比的。应该说，晚明的儒家天主教徒的神哲学体系是一种接续古儒的新学统体系。他们对于那个时代的学统思想不满，在天主教此时来华时，借助于天主教教义创造性地回归古儒，在补儒前提下，寻求儒家思想的新的出路，也可以为自身的天主教信仰做出合理性的解释和证明，使得耶儒实现某种程度的融合和统一。他们甚至认为天主教才是真儒，宋明理学掺杂进太多佛道思想而背离古儒。所以说，应该放宽儒家和儒学的观念，历史的诠释本来就是开放的，儒家天主教徒仍然坚持在儒学框架内融合耶儒。即便是晚明传教晚期，"超儒"的提法开始从传教士延伸至奉教儒士，那种绝对

---

① 张晓林：《天主实义与中国学统》，学林出版社，2005，第339页。

的"超儒"从来没有发生，实质上仍然是在儒学的语境下对儒学思想进化的一种尝试。后来的反教运动，实际上也都是站在理学正统立场上的非议，是在用一种儒学立场反对另一种儒学立场。这充分说明晚明儒家天主教徒的"天主教化儒学"或者说神哲学体系的儒家本位性。如果考虑历史上中外文化交流中中国士人根深蒂固的中国文化本位意识，以及对比佛教入华后儒释融合所产生的所谓"佛教徒儒士"①，儒家天主教徒的"天主教化儒学"的儒学本位性是很显然的。

在学统的意义上讲，我们可以把晚明儒家天主教徒"天主教化儒学"视作儒学在晚明时期新的变种和发展，代表了晚明儒学困境中重建儒学的理学和心学之外的第三种发展道路，应该放在儒学发展史和儒学形态演化史的视野下予以考察。晚明清初，儒学形态转化是思想界的基本主题，其间经世之学的兴起可以说是儒学道德经世形态对宋明以来儒学形上学形态的背离，就像宋明理学是对汉代经学以及政治儒学所做的那样，也都是对先秦原始儒学"实存道德描述形态"的历史性发展。晚明儒家天主教徒的"天主教化儒学"，是撇开"近儒"上接原始儒学也就是"古儒"的一种儒学新形态。

这种儒学新形态或者说儒学的新学统有三个重要的特征。其一就是显而易见的耶儒互补。其二就是其强烈的宗教性特征。"天主教化儒学"的宗教性绝不是说它成了一种宗教，而只是思想层面表现出对"至高存在者的响应"，这个"至高存在者"是被天主教教义和教理显性化了的古儒之"上帝"，宗教性第一次成为儒学直接的而非隐含义。应该说这是对于一向以"内圣外王"式的成人成德的现世诉求，也是"天人合一"式的终极关怀的儒学追求的一种思想深化。但是"天主教化儒学"不会是一种宗教理论本身，它不是宗教，却有"一神论"的神学。客观上讲，称为一种"宗教人文主义"倒是比较中肯的。

《诗经》《尚书》等古典中的"帝""天"信仰一起构成中国早期的宗教信仰体系。在殷周之际，正如王国维所言发生了中国文化的巨大变革，人文主义出现，从"天命不僭"到"天命靡常"，于是周公提出"皇天无亲、惟德是辅"的"以德配天"的思想。但是人文主义运动并没有改变中国文化的宗教属性，"天"仍然是人格神，这样，周初以后的中国思想就是宗教和人文主义的奇特的混合体，也就是"人文主义宗教"。从马王堆帛书《要》篇得

---

① 李承贵：《儒士佛教观研究的学术价值》，《哲学动态》2007 年第 1 期。

知，孔子看到《周易》的三个层面的思想指向，就是属于宗教层面的"赞和数"，以及属于人文主义层面的"德"。人文主义在西周后期、春秋之际才有实质性的进展，性与天道问题开始提出，也就是说，人性论以及"义理之天"出现了，这样以儒学为代表的人文主义才与宗教相比逐步占据主体地位，中国文化属性开始嬗变为"宗教人文主义"①。这一点《论语》里有表现，尽管《论语》里关于"天"的属性，正如冯友兰所言，依然是多重的。所以《论语》的时代，"宗教人文主义"的特征比较明显，但是孔子之后的儒家思想越来越趋近人文主义。这样，从宗教与人文主义的关系看，就很清晰地看到中国思想的一个谱系：原始宗教—人文主义宗教—宗教人文主义—人文主义（包括以后的宋明理学）。

晚明儒家天主教徒的"天主教化儒学"，所要回归的正是"古儒"的"宗教人文主义"，也就是说，越过宋明儒学的形上儒学以及人文主义的儒学，回到《论语》和《论语》以前的"宗教人文主义"形态，而不同于传教士们的"儒化天主教"要回归的"宗教人文主义"兴起之前的纯粹宗教形态。在这个意义上讲，晚明儒家天主教徒的"天主教化儒学"保有儒学的宗教性，是一种"宗教人文主义"。② 只是这种"宗教人文主义"和传统儒学本身所具有的"宗教人文主义"相比，因为天主教思想的加入，其宗教性程度更重一些。这样天主教意义上的一神论和儒学的结合所产生的儒学的宗教性也就是"宗教人文主义"，构成了"天主教化儒学"的一种基本特征。宗教性本身就蕴含在儒学中，但是儒学思想氛围中一神论意义上的宗教性却是新颖的。

再有就是它的"实学性"。它是在晚明大兴经世之学的思想环境下的一种儒学诉求。因为晚明理学僵硬、心学空疏，儒家天主教徒除了要响应"至高存在"，还有就是把天主教当作一种具有实心、可以实行、有实功的实学。晚

---

① 陈来分析了原先宗教的"礼"由宗教性向宗教性、人文性两种属性的转变，他说："从西周后期的理解来看，'礼'最重要的特征不是宗教性，而是'圣'、'俗'结合，'神圣性'与'人文性'结合的体系，是包容某种宗教性、带有某种神圣性的人文文化体系。"见氏著《古代宗教与伦理——儒家思想的根源》，三联书店，2009，第293页。

② 有趣的是，耶稣会的思想也极具宗教人文主义特征，裴化行称耶稣会士为基督教人文主义者。晚明儒家天主教徒与耶稣会士，在这一点上是相合的。参见刘耘华《诠释的圆环——明末清初传教士对儒家经典的解释及其本土回应》，北京大学出版社，2005，第29～32页。涂尔干也持此论，参见氏著《教育思想的演进》，李康译，上海人民出版社，2001，第346页。裴化行以"文艺复兴"和"人文主义"视角看待欧洲和明中叶以后的中国社会思潮，为以"宗教人文主义"角度来理解耶稣会士的思想和晚明儒家天主教徒"天主教化儒学"提供了契机。参见〔法〕裴化行《利玛窦神父传》上册，管震湖译，商务印书馆，1993，第133～152页。

明的道德困境正是徐光启所谓"帝王之赏罚，圣贤之是非，能及人之外行，不能及人之中情"，因而"空有愿治之心，恨无必治之术"，天主教却是"实学""实行"之学。杨廷筠说道：

> 西贤之行皆实行也，其学皆实学也。……以敬天地之主为宗，即小心昭事之旨也；以爱人如己为事，即成己成物之功也；以十诫为约束，即敬主爱人之条件也；以省愆悔罪为善生善死，即改过迁善降祥降殃之明训也。近之，愚不肖可以与能；极之，贤智圣人有所不能尽。时有课，日有稽，月有省，岁有简察，循序渐积，皆有实功。一步蹉跌，即为玷缺，如是乃为实学耳。①

晚明实学的含义除了利用厚生的技艺之学，再有就是能够实现有效道德践履解决人生终极问题的宗教—伦理方面的需要，这正合朱熹所谓"放之则弥六合，卷之则退藏于密，其味无穷，皆实学也"之论。在晚明经世之学思潮背景下来理解儒家天主教徒的"天主教化儒学"的学统构建，是符合当时的思想环境的，也符合在前面第三章谈到的儒家天主教教徒对儒学的批判以及改造的目标。另外，"天主教化儒学"所带有的"一神论"式宗教信仰的思想特性，可以改变儒学所畏之"天"之漫云无证所导致的"善恶无报"的难题，这正是用明确的"天主"训导来实现对王阳明所描绘的中晚明以来"波退风靡、为日已久"以至于"何异于病革临绝"的道德颓丧的有力矫治。在这个意义上，儒家天主教徒依然是把宗教和伦理混同，认为在本质上是一个问题。晚明儒家天主教徒习惯于伦理化天主教，也是中国传统宗教伦理化的思维惯式。儒家天主教徒希望通过引入天主教来解决社会问题，也希望融合耶儒学理来为儒学重开言路。所以，以实学的角度理解"天主教化儒学"是可以的，就像它本身具有的宗教性一样，并不妨碍"天主教化儒学"的儒学本性。在上述意义而言，晚明儒家天主教徒"天主教化儒学"并没有逸出儒学思想史的范围。

---

① （明）杨廷筠：《代疑续篇·蹑实》，土山湾印书馆，1935。

天儒一体：耶稣会索隐主义对中国文化的解读

李　云[*]

摘要： 本文认为明清时期的耶稣会索隐主义用基督教神学思想，理解和解释以《易经》为基础的儒道相融的中国文化，大致可以分为五个角度：第一，对汉字的理解，白晋与马若瑟认为，对汉字的索隐式解读既是对中国文化来源的解读，也是对上帝启示的揭示；第二，索隐主义认为伏羲实际上就是以诺，并且中国人对圣人的盼望，实际上是在期盼弥赛亚的到来；第三，索隐主义认为中国人所崇拜的"天"，实际上就是基督教所敬拜的"上帝"；第四，索隐主义认为太极与上主和喀巴拉的"Ain Suph"极具相似性，并完全可以等同，因为它们都是万物产生的源头，同时弥赛亚的另外一个象征物就是道；第五，索隐主义认为17世纪的欧洲将世界史分为的三个阶段，在《易经》中以另一种略不同的形式出现。本文认为索隐主义的以上五点理解和解释，作为一套在17~18世纪为解决天主教与儒家思想之间冲突的融合体系有其自身的价值，为东西方的交流提供了良好的人文主义基础。

关键词： 耶稣会索隐主义；中国文化；白晋；《易经》

随着利玛窦（Matteo Ricci, 1552—1610）与罗明坚（Michele Ruggieri, 1543—1607）在肇庆建立第一个传教驻地，基督教进入对华传教的第三时期。[①] 这一时期以耶稣会、多明我会、方济各会与巴黎外方传教会等为代表。而随着法国耶稣会士的来华，基督教第三次在华传教进入一个新阶段，不仅因为法国耶稣会士与葡系耶稣会士的分庭抗礼，还因为他们对中国文化有深入的研究，在华传教策略灵活，对当时基督教在中国的传播及中西文化交流

---

* 李云，同济大学人文学院硕士研究生。

① 著名史学家陈垣先生将基督教入华传播历史分为四个时期：第一次是唐朝时"景教"的传入；第二次是元朝的"也里可温教"，也称"十字教"；第三次是明末清初天主教的传入，以耶稣会为代表；第四次是清朝以后的耶稣教。

都产生了极大的影响。以白晋（Joachim Bouvet，1656—1730）为代表的耶稣会索隐派就是其中的代表。

与利玛窦关于中国文化的理解主要集中于儒家不同，索隐派将其根基建立在以《易经》为基础的儒道相融的中国文化，因此索隐派又常被称为来华耶稣会士中的易经学派。索隐派之所以重视《易经》，一方面与康熙帝由于"西学中源"的需要而安排白晋研究《易经》有重大关联，是索隐主义产生的直接原因；另一方面也与白晋对中国文化的理解有重大关系。白晋在研究中国典籍的早期著作《天学本义》的自序中说："秦始皇焚书，大《易》失传，天学尽失。"于是，"白晋将中国古籍中的教义或哲学体系分为外显（external sense）和内隐（internal sense），外显是对自然或科学的符合进行皮相阐释，即《易经》的数字化表现形式，而发现真理是要揭示数字或符号的内隐，也就是说外显之下隐藏着基督教的玄义，即创世说、救赎论、三位一体说等一整套圣教体系。通过这样的方式来理解《易经》，会发现中国的传统比西方非犹太人的传统更纯洁，与基督教玄义更接近"。[①]

同时，白晋在对中国文化的研究过程中，多次与康熙帝及易学大臣（李光地等）的讨论，使白晋加深了对《易经》的理解。白晋不仅认识到《易经》在中国文化的地位，同时也意识到康熙对《易经》的重视，因此不管是对中国文化做基督教的解释，还是抱着同化康熙帝的目的，白晋都需要对《易经》进行深入的研究。最终白晋与傅圣泽（Jean-Francois Foucquet，1665—1741）、马若瑟（Joseph de Prémare，1666—1736）三人[②]，建立了以基督教的"前见"分析以《易经》为基础的儒道相融的中国文化的索隐主义[③]。下文将对索隐主义具体如何分析中国文化进行初步的探索。

[①] 张国刚等：《明清传教士与欧洲汉学》，中国社会科学出版社，2001，第 192～193 页。

[②] 一说还包括郭中传，但关于他的记叙很少，在李天纲的《"人文主义"还是"殖民主义"——17、18 世纪中西方的知识交流》一文中发现其著作《中国人之起源及其历史年表》，是"用'象数派'的方法，探究中国古史与《圣经》记载的关系问题，把中文象形字看作是预言时代的证据"。参见李秋零、杨熙楠主编《现代性传统变迁与汉语神学》，华东师范大学出版社，2010，第 506 页。

[③] 索隐主义是由白晋及其追随者傅圣泽、马若瑟和郭中传创立的一套理解和解释中国文化的思想体系。索隐派则是对这几位创建者的统称。

一　索隐主义对汉字的理解

　　索隐主义对中国古籍和文化的阐释与对汉字的分析联系在一起，相辅相成、浑然一体。对汉字的索隐式解读①是索隐方法的重要一环。"汉字被作为最重要的证据说明中国文化源于犹太—基督传统。伏羲既是《易经》的作者又是汉字的发明者，他被认同为以诺，通过神奇的卦象和象形文字隐藏了基督教的真理，或者说体现了纯正的逻各斯……白晋希望以此重建上帝传达给古人的智慧，并最终发现宇宙的终极真理。"② 索隐主义正是抱着这一态度和理想进入对汉字和中国文化的解读。

　　对汉字的索隐式解读，有欧洲追求普遍语言的背景，并直接受穆勒和门采尔关于"中文之钥"的追寻的影响。"18 世纪正是欧洲词源学兴盛的时期，人们热衷于研究语言的起源，因为事物的起源被认为说明了事物的本质。人们寻求原始词根，它被看作语言符号最基本的要素，是词的天然起源与理性基础，从而也是人类思想本质的体现。与此同时，在中国的索隐主义希望通过对汉字做词源学式的分析与阐释，以恢复它们的原初意义，即汉字的创造者在这些符号中传达的基督教真理。"③

　　因此，马若瑟在白晋对汉字和《易经》的交互解释后，对汉字的构造理论做了系统研究，为汉字的词源学研究做理论基础。马若瑟在《六书实义》中，对许慎所说的汉字创造的六个基本原则（六书）进行再解释。马若瑟认为六书的造字体系和汉字本身一样古老，"都是由上帝赋予给我们的祖先，它们都充满了令人鼓舞的预言。六书体系是打开隐藏在这些预言的神秘钥匙"。④

　　六书的内容是象形、指事、会意、形声、转注、假借，是古人解说汉字的结构和使用方法而归纳出来的六种条例，其中前两项是造字法，中两项是组字法，后两项是用字法。而在象形和指事两种造字法中，哪一项更能代表汉字的意义，马若瑟在认为，指事比象形更加重要，并且象形字也是按照指事字的意义而产生。并且在关于中国文字和《易经》的关系问题上，马若瑟

---

①　黄保罗教授称这一解读为汉字字形分析法。
②　张国刚等：《明清传教士与欧洲汉学》，第 273 ~ 274 页。
③　张国刚等：《明清传教士与欧洲汉学》，第 278 页。
④　〔丹麦〕龙伯格：《清代来华传教士马若瑟研究》，李真、骆洁译，大象出版社，2009，第 189页。

认为："指事明，而假借如指掌；假借明，而六经如指掌；六经明，而圣人之道又如指掌也。大易者，乃文字之祖、五经之宗也。"① 因此对汉字的"指事"研究成为索隐主义论述的关键，成为索隐式解读的重要内容。

索隐主义对汉字"指事"的研究，首先是对汉字的基本组成笔画和独体字的索隐式解读。如白晋认为："中国人用'、'表示最高的统治者和万物的原则，希伯来人则用 Jod 来表示上主。"② 马若瑟认为："'、'表示上帝，'一'、'二'、'三'表示圣三位一体的三个位格，'人'表示耶稣基督，'十'表示十字架，'彐'表示神的手，'口'表示宇宙……'丄'表示上天，等等。"③ 然后对由这些笔画和独体字组成的汉字进行解读，比如白晋对"光"的解读："在这个字的组成部分中，'丄'是天的意思，'丷'表示圣三位一体的第二个位格，'儿'表示人，也就是上帝道成肉身的形象——象征着世界之光的到来。"④ 还有对"苦"的解读："这个字由表示植物的'艹'和'古'组成——表示人类劳作的苦难和受到的惩罚来自偷吃了禁果的原因。"⑤

还有马若瑟对"乘"和"来"的解读：乘，意思是在适当的时候登上一辆双轮战车。由"、"、"人"、"十"和"北"组成。耶稣基督，在天父的命令下，从他的右手边下来，就在恰当的时候登到了十字上面，好像乘上了一辆双轮战车。先知以西结（Ezekiel）说过，他听到这辆神秘的战车来自北方。

"来，意思是来到。两部字典的作者都认为'木'字清楚地表明一个人被缚在十字架上的形象。马若瑟说白晋把两个小的人（从）解释为普通的犯罪者，当他们在十字架上发现了神之后，他们认出了他；神同样也看到了这两个犯罪者，而耶稣基督被钉死在了他们两个人之间的十字架上。"⑥

白晋和马若瑟认为，对汉字的索隐式解读既是对中国文化来源的解读，也是对上帝启示的揭示。从现在的角度来看，虽然解读得很牵强，但作为一种跨文化的理解和创造，仍具有重要的人文价值和历史意义。

---

① 标点为自己所加。〔法〕马若瑟：《六书实义》，收入〔比利时〕钟鸣旦、〔荷〕杜鼎克、蒙曦主编《法国国家图书馆明清天主教文献》第二十五卷，台北利氏学社，2009，第 487 ~ 488页。
② 〔德〕柯兰霓：《耶稣会士白晋的生平与著作》，李岩译，大象出版社，2009，第 152 页。
③ 〔丹麦〕龙伯格：《清代来华传教士马若瑟研究》，第 171 页。
④ 〔丹麦〕龙伯格：《清代来华传教士马若瑟研究》，第 170 页。
⑤ 〔丹麦〕龙伯格：《清代来华传教士马若瑟研究》，第 170 页。
⑥ 〔丹麦〕龙伯格：《清代来华传教士马若瑟研究》，第 171 页。

二 伏羲与以诺，圣人与弥赛亚

白晋所创立的索隐主义，继承了欧洲的神学传统，即喀巴拉学说、原始神学和索隐式解释方式的神学解释学。喀巴拉学者认为："人类的始祖亚当在被驱逐出伊甸园之后十分后悔，由于他真诚的忏悔，上主最终抚慰了他，并且告诉他第一个启示。这个启示包含的预言是，整个人类的救世主将从亚当躯体中诞生，他将为全人类的救赎而献身。喀巴拉的拥护者把这个预言称为'喀巴拉'。"①

关键是亚当不仅得到预言，还从上主那得到许多科学和艺术的知识，并传给后代，主要是塞特和以诺。以诺又把观察星系运行所得到的认识补充进去，并对隐藏在创世工程中的学问，如数学、几何、力学及声学等进行过研究。白晋认为，《易经》的作者伏羲，实际上是亚当长子该隐的儿子以诺（Henoch，亦译赫诺克）。傅圣泽也为伏羲与以诺的等同列了五点理由："一是认为根据圣书传统，二者乃同时代人；二是两人都在其相关谱系中位于古代圣祖的第七位；三是两人都被尊为逻各斯的守护者，以及科学、美德、技艺和文学的祖先；四是二者都以书写形式论及宇宙从原始物质之生成及发展的问题；五是二者都谈到未来将实施的奖惩；此外二者还都被描述为在其生命终结时已被引往另一种未来生活。"②

喀巴拉所拥护的上主的第一个启示最初是以口头流传的方式保存下来的，白晋索隐式地认为，带有这一启示的以诺书实际和中国古籍是一致的，因为这些书可能由诺亚的子孙带到中国，汉字"古"可以证明上主的第一个启示最初是以口头流传的方式保存下来的真实性："'古'字由'十'和'口'组成，'十'代表的就是数字十，'口'是嘴的意思。由此白晋认为，神圣的学说是通过十位先祖口头传下去的。如果以盘古为开端的话，这十位先祖的第十位就是尧，这和《圣经》中处在第十位的诺亚是相一致的。在中国，正是儒家的学者将这种口头流传的传统保持了下来，他们世代相传的内容中就包含着诸如弥赛亚的第二次到来的秘密。"③

---

① 〔丹麦〕龙伯格：《清代来华传教士马若瑟研究》，第137页。
② 卓新平：《索隐派与中西文化认同》，《道风：汉语神学学刊》第八期，香港：汉语基督教研究所，1998，第157页。
③ 卓新平：《索隐派与中西文化认同》，《道风：汉语神学学刊》第八期，第137~138页。

　　白晋认为，这一原始启示，同样可以在中国人所谓"道"中重新发现。因为白晋认为"道"是永恒的真理，即原始的启示。白晋认为《周易大全》中对"道"的解释是："在'圣人'出生之前，'道'就像一个'救赎性的法律'在天上发出，正如在一个'妙境'之上，但在'圣人'出生后，这个'道'能在圣人身上看到。白晋由此得出下列结论：此处的'圣人'和'最高者'几乎毫无二致，因此这里的'道'就是上主的'法则'，上主在中国人那里也被尊称为'上帝'，并且受到世人的敬仰。"① 白晋认为中国人所尊崇的"圣人"，实际上就是上主的第一个启示：整个人类的救世主将诞生，并将为全人类的救赎而献身；中国人对圣人的盼望，实际上是在期盼弥赛亚的到来。

　　实际上，喀巴拉中所预言的救世主，就是基督教所尊崇的弥赛亚。白晋认为，中国人所尊崇的顺应天道而生，并体现天道之德的圣人，实际上就是弥赛亚的诞生。因此，中国古代典籍中所蕴含的真实意义，是与弥赛亚的法则喀巴拉，即天主教教义相吻合的。

三　天与上帝

　　在论证了伏羲与以诺相等同的同时，索隐主义也在致力于论证中国人所崇拜的"天"，实际上就是基督教所敬拜的"上帝"。白晋在阐释这一类同性时，大量用到了对中国汉字的索隐式解析，即按其组成部分对汉字进行分解，并确定各部分的象征意义后，揭示这个汉字背后隐藏的意义，是对汉字"指事"功能的具体索隐式分析。

　　白晋在1701年11月4日致莱布尼茨的信中，分析了"太一"。白晋认为："'太一'这种表达方式和'上帝'这个称谓是相一致的，这两个词都表示的是天主教中的上主；'大'表示'伟大'，'丶'表示'统治者'，'一'表示的是'独一'或'同一'，合起来的意思就是'独一无二的伟大的统治者'。"

　　白晋继续写道："'天'字表示的同样是'上帝'的意思，因为它由表示伟大的'大'和表示同一的'一'组成。因为这种组合方式，白晋认为'天'字代表的不是物质的，而是精神的天。'天'字的读者也和希腊文中的

①〔德〕柯兰霓：《耶稣会士白晋的生平与著作》，第139页。

'theism'（神）十分相似。然后白晋又提到了汉语中另外一个表示上主的词——'主宰'，即统治者的意思。'主'由表示帝王的'天'和'丶'组成。'宰'字由表示被天覆盖的'宀'和表示10的'十'，以及表示建立的'立'组成，这个词合起来的意思，他解释为'天与地的创造者'。"①

　　白晋不仅从对汉字的索隐式分析中，证明中国所敬拜的"天"就是基督教的"上帝"，而且对中国经典进行了索隐式解读。在《古今敬天鉴》中，白晋先引用中国经典中提到"天""上帝"等词的一句或一段话，引用后先进行中国文化的解释，并强调引文中"天"与"上帝"等词的重要性，然后进行索隐式解读，如："《易》卦鼎：圣人亨以享上帝。讲曰：报功之典，莫大于享帝。《礼》：次诸侯之列，赋之牺牲，以共皇天上帝。在天下九州之民者，无不咸献其力，以共皇天上帝。《中庸》十九章：郊社之礼，所以事上帝也。"白晋随后的索隐式解说为："自古合经典之旨，所敬畏事之天，非有形无灵之天，真为至神至灵，至上而临下，有心有意有思，而无所不照见之天主。"②

　　马若瑟在《天学总论》中，引用六经中的话语，证明儒学所崇之"天"，就是天主教所敬拜的上帝："礼曰，万物本乎天；诗曰，天生烝民；书曰，惟天生民；易曰，有天地，然后有万物，有万物，然后有男女。据此经文，则中华之有众，与四方之庶民，原从二人一男一女而出，系天帝所生，而为同胞兄弟也。昭、矣，夫当太始之时，吾人之祖宗，乃是一家，同仰一天帝，以为其父母，以为其君，以为其师，以为其所学而已矣。"③

　　虽然索隐主义意图论证中国人信仰的"天"与基督教中的上帝是同一个内容，但实际在中国，天有多层涵义，有儒家的义理之天，有道家的自然本性之天，有佛学的六道中的天道之天。虽然索隐主义论述的是古儒所信奉的"天"，但其与"上帝"的区别还是很大，上帝有造物主的一面，这是中国人信仰的"天"没有的属性。即使有"女娲造人"这一造物主的传说，但在崇尚仁义的中国人的思维中，更愿意将具有人格神的造物主"女娲"视为神话。因此，当索隐主义在说明中国人所信仰的"天"就是基督教所说的上帝的时

① 〔德〕柯兰霓：《耶稣会士白晋的生平与著作》，第147页。
② 标点为笔者所加。〔法〕白晋：《古今敬天鉴》，收入〔比利时〕钟鸣旦、〔荷〕杜鼎克、蒙曦主编《法国国家图书馆明清天主教文献》第二十六卷，台北利氏学社，2009，第54~55页。
③ 标点为笔者所加。〔法〕马若瑟：《天学总论》，收入〔比利时〕钟鸣旦、〔荷〕杜鼎克、蒙曦主编《法国国家图书馆明清天主教文献》第二十六卷，第489~490页。

候，实际是在说东西方信仰中的最高者，不管这个最高者的具体称呼是什么，属性如何。

四 太极和 Ain Suph，弥赛亚和道

在白晋看来，中国古儒①所敬拜的"天"，就是天主教所说之"上帝"，那么上帝所预示的"道"也同样蕴涵在中国古籍里。因此白晋对中国典籍中的太极和道，与天主教的上帝、弥赛亚等概念进行了比较分析。

孔颖达对《周易·系辞上》"易有太极，始生两仪，两仪生四象，四象生八卦"中的"太极"的疏解是："太极谓天地未分之前，元气混而为一，即是太初、太一也。"②"1715 年白晋将太极描述为万物的三重法则，这里的三重法则指的不是物质的、被创造的和有限的，而是非物质的、不被创造的和无限的。没有开始也没有终结，即上主。"③ 白晋将中国文化里关于意识产生前的状态——太极，视作对上帝的认识。

喀巴拉学者基歇尔对喀巴拉中的"Ain Suph"的分析是："它是一种无始无终的存在，该词同时具有存在的有限性和存在的无限性两重特性，它不是一种不可想象和不可言状的力量，隐藏在能够追溯到的最久远的上主那里……它是希伯来喀巴拉的否定神学，是'不知之神'。"④ 因此，在白晋看来，中国文化的太极，与基督教的上主、喀巴拉的"Ain Suph"极具相似性，并完全可以等同，因为它们都是万物产生的源头。

白晋将最高者化生万物的原因，归结为太极、道与上主的一致性，其特性是："三重最高原则、理性、法则、道路、智慧、被创造的和被拯救了的世界本原，太极就是无处不在的对立，如水与火、天与地、静止与运动……太极这个符号就是万能的上主的象征，但是这里的上主化身在弥赛亚中，而弥赛亚的另外一个象征物就是道。"⑤ 正是抱着这一想法，白晋在《古今敬天鉴》中对"易有太极，易生两仪"的分析是："太极，谓至极无上，以主宰

---

① 夏、商、周、春秋时的儒家思想和儒士。
② （魏）王弼、（晋）韩康伯注，（唐）孔颖达疏，余培德点校《周易正义》，九州出版社，2004，第 647 页。
③ 〔德〕柯兰霓：《耶稣会士白晋的生平与著作》，第 149 页。
④ 〔德〕柯兰霓：《耶稣会士白晋的生平与著作》，第 150 页。
⑤ 〔德〕柯兰霓：《耶稣会士白晋的生平与著作》，第 150~151 页。

万化之理言。易固生生不已、变化无端矣，然必有至一不变之理，主宰于中，以为生生之本，太极是也。"①

《周易·系辞上》中的"易有太极，是生两仪"，是"太极"一词在中国文化中首次出现，并与同文中"一阴一阳之谓道"有互释之义。中国文化中"太极"与"道"在解释宇宙原初样式方面，确有同义，无怪乎白晋将二者等同。并且白晋将太极与喀巴拉中的"Ain Suph"的类比，诚如白晋所言，其在各自人民心中的地位类似，在性质上也有类似的地方。弥赛亚与道的关系，从中国文化的角度来说，弥赛亚是道的人格化身；从西方文化的角度来说，道是弥赛亚所遵循的规律，这规律为上帝所创。因此在白晋看来，中国古儒所敬拜的有人格性质的"天"和上帝类似，并且在中国文化中，自然天地未分之前的"太极"的性质和上帝的性质同样相似，并且这一相似性，可以用中西方文化都认同的"道"来表示。

从中国文化来说，蕴含在"道"的自然哲学里面，即太极是生生之本，而道是太极生两仪（一阴一阳）之因与果的显现。从基督教来说，上主通过弥赛亚这一道成肉身，来显现自己创世的原因——让自由意志选择善。基督教对道德择善的应然性，与儒学对道的自然哲学之描述过程②，及其带来的择善的应然性③的相似性，极容易让白晋看到太极、Ain Suph、弥赛亚三者与道之间的互动性和相似性，使得白晋产生中国是保存了基督教原初信仰的民族的想法。

五 三个阶段和三重状态

17世纪的欧洲，人们将世界史分为三个阶段："（1）自然法则时代，从创世到摩西；（2）成文法典时代，从摩西到耶稣；（3）恩宠之法的时代，即从基督到现在。"④ 白晋发现，这种世界历史三阶段的古老天主教理论，在《易经》中以另一种略不同的形式出现："（1）'逍遥'（Leichtigkeit）状态，白晋将这一状态看作是原始恩宠的状态。（2）变换的状态，由于发生起义和

---

① 标点为笔者所加。〔法〕白晋：《古今敬天鉴》，收入〔比利时〕钟鸣旦、〔荷〕杜鼎克、蒙曦主编《法国国家图书馆明清天主教文献》第二十六卷，第37页。

② 太极生道，道即阴阳之动。

③ 天道乾，君子以自强不息；地势坤，君子以厚德载物。

④ 〔德〕柯兰霓：《耶稣会士白晋的生平与著作》，第154页。

反抗而导致的。（3）稳定的状态，由一位具有神的品质的人而带来的。"①

白晋将这三种状态分别用一个图形表示出来，然后继续分析道："（1）第一阶段，象征着最初的和谐与公正，那时人和天使都没有罪也没有错，这种状态就叫作'易简'。（2）第二阶段，表人的意志被蒙蔽了。《易经》第一卦中的'飞龙在天'，就像魔鬼撒旦飞跃到星星上（《依撒意亚先知》14 章 12 节），使得大地为黑暗所笼罩一样，这种状态称作'易变'，即原始的和睦发生了变换。（3）第三阶段，这个半白半黑的人字在《易经》中代表的是'神人'，他为日月的光所环绕，这种状态叫'不易'。白晋认为，对这三种状态的描述，更确切地说是宣告第三阶段的到来，才是整个《易经》原来的内容和意义的所在。"②

白晋进一步认为，三重状态中的前两重状态分别和《易经》中的泰卦和否卦相符。泰卦是下乾上坤，"地天泰"，又称"消息卦"，最能反映阴消阳长的消息。泰表示的是处在阴阳交感，天地交泰之时，所以无比地通泰舒畅。白晋认为，泰卦中，处在下面的三条阳爻组成的乾卦"代表的是以君、父、夫三种身份出现的造物神对世间万物的统治，而由三条阴爻组成的坤卦代表的则是三种顺从，就是所有受造物对天主应有的顺从"。③ 按中国对"泰"解释的美好，白晋认为其表示的和谐状态即是世界的第一阶段。之后，白晋又在中国文化里找了很多例子来阐释这一阶段，如白晋所认为的《庄子》《书经》和《淮南子》等描述第一阶段的句子。第二阶段是在天使和人叛乱后，人与神的隔离，体现了人将自我突显出来，并放在神的位置，从而导致了人与神关系的破裂，而否卦象征了世界的堕落。同样，白晋在中国文化中找了很多例子来阐释第二阶段，如乾卦中关于巨龙陨落的描述，关于蚩尤的传说等。"为了促成第三阶段，就必须重新把颠倒的卦象还原本来面目，这是由'圣者'的'降生'来完成的，'圣者'通过自己的三重顺从完成了世界的救赎，促成了天与地的和解。"④

耶稣基督的降临，他的死为我们赎了罪，只要我们重新归顺神，我们就能死后升天堂。这一逻辑用泰、否二卦来解释还是很恰当的：泰卦中，乾阳在下，将往上升，坤阴在上，将往下降，阴阳二气相交，与天地运行之道吻

---

① 〔德〕柯兰霓：《耶稣会士白晋的生平与著作》，第 155 页。
② 〔德〕柯兰霓：《耶稣会士白晋的生平与著作》，第 155～156 页。
③ 〔德〕柯兰霓：《耶稣会士白晋的生平与著作》，第 156 页。
④ 〔德〕柯兰霓：《耶稣会士白晋的生平与著作》，第 157 页。

合，是很美好的状态，以之类比人在伊甸园中与神交融的状态也是很合适的；同理，否卦乾阳在上往上升，坤阴在下往下沉，而没有交感的状态，以此比喻人神关系的背离。因此，否极泰来的关键是乾阳与坤阴位置的交换，即回到归顺上帝的人神关系。

通过以上分析，索隐主义大致就是从这五个角度得出以儒道为基础的中国文化与欧洲文化一样也来自上帝启示的结论，并认为中国文化比欧洲文化更加古老。虽然索隐主义没有成为基督教内外认可的思想体系，但作为一套在 17～18 世纪为解决天主教与儒家思想之间冲突的融合体系，有其自身的价值，为东西方的交流提供了良好的人文主义基础。东西方只有在相互理解的基础上，各取所需进行文化创造，才能产生良好的文化交流、形成良好的文化氛围，才有可能创造新的人类文化。

明清天主教历史研究

17 世纪法国入华传教士
东西交通路线初探

——早期法国远东扩张和天主教入华传教的相互关系

谢子卿*

摘要： 首位入华的法国耶稣会士罗历山回国后，与陆方济等人在罗马教廷的支持下成立了巴黎外方传教会，这个传教团体努力探索从中东到印度洋的海陆结合路线，同时帮助法国将其远东势力扩张至暹罗，为法国传教士建立起一条通向中国的全新路线。之后在法国耶稣会士的斡旋下，法国商船在 17 世纪末抵达中国，打通了法国和中国之间的海路。法国传教士为此所作出的贡献有目共睹，一方面出于在 17 世纪已很明显的民族国家意识；另一方面是希望法国可以为传教士在远东的海外传教保驾护航。

关键词： 巴黎外方传教会；耶稣会；法国；暹罗

17 世纪入华的法国传教士在中国天主教史上占据着重要位置，对中西交流做出过重要贡献。这些年来他们在华的传教、汉学、艺术、科技以及医学等各个方面都有新的研究成果陆续涌现，关于东西交通的最新成果有《国家清史编纂委员会·编译丛刊》翻译出版的研究法国耶稣会士的系列专著①，这些著作均对 17 世纪末期法国耶稣会士以国王数学家之名入华的过程进行了详细论述。由于种种原

---

* 谢子卿，上海高校智库复旦大学宗教与中国国家安全研究中心博士后。

① 《国家清史编纂委员会·编译丛刊》翻译出版的这系列专著中，有关法国传教士入华通道的研究成果可参见〔法〕伊夫斯·德·托玛斯·德·博西耶尔夫人：《耶稣会士张诚：路易十四派往中国的五位数学家之一》，辛岩译，大象出版社，2009；〔丹麦〕龙伯格：《清代来华传教士马若瑟研究》，李真、骆洁译，大象出版社，2009；〔德〕柯兰霓：《耶稣会士白晋的生平与著作》，李岩译，大象出版社，2009；〔美〕魏若望：《耶稣会士傅圣泽神甫传：索隐派思想在中国及欧洲》，吴莉苇译，大象出版社，2006；〔法〕李明：《中国近事报道（1687—1692）》，郭强译，大象出版社，2004。其他还有：〔法〕杜赫德编：《耶稣会士中国书简集：中国回忆录（上中下卷）》，大象出版社，2001；杜赫德编：《耶稣会士中国书简集（4、5、6）》，大象出版社，2005。〔西班牙〕闵明我：《上帝许给的土地——闵明我行记和礼仪之争》，何高济、吴翊楣译，大象出版社，2009。

因，对于以 17 世纪所有入华法国传教士的东西交通为研究对象的考察并不充分，这大致可以体现在以下三点：第一，葡萄牙远东保教权对于法国传教士入华通道的影响；第二，巴黎外方传教会开辟暹罗作为入华中转站的历史；第三，法国传教士和母国在开辟远东路线时的密切合作。针对上述三点，本文试图以东西交通线路和法国的远东扩张两者之间的紧密关系为切入点，将不同传教团体的法国传教士作为一个整体进行考察，论述早期全球化视野中天主教国家"传教和贸易并举"的时代特征在法国传教士身上的体现。

一　早期法国耶稣会士的入华通道

1583～1687 年，据费赖之《明清间在华耶稣会士列传（1552—1773）》[①]的统计共有 20 位左右的法国耶稣会士入华，他们都受葡萄牙保教权[②]的庇护才得以从澳门进入中国。其中最早入华的是罗历山神父（Alexandre de Rhode，1591.3.15—1660.11.5），他于 1619 年 4 月 4 日从里斯本出发，大概在 7 月 20 日左右绕过好望角，10 月 9 日抵达印度果阿，在当地逗留一段时日后于 1622 年 7 月 28 日抵达当时由葡萄牙控制的马六甲（Malaque）[③]。由于天气原因停留了 9 个月后再度启程，终于在 1623 年 5 月 29 日抵达澳门；原先在墨西哥传教的颜尔定神父（Partin Burgent，？—1629）于 1629 年横穿太平洋途经马尼拉抵达澳门；接着方德望神父（Etienne Le Fèvre，1598—1659.5.22）从里斯本出发于 1630 年抵达澳门。这三位神父有一共同点，那就是他们最初的目的地是日本而非中国，这主要是因为当时的日本是远东天主教传教最成功的

---

① 法国耶稣会士费赖之神父所著《明清间在华耶稣会士列传（1552—1773）》的译本有两种，一种是梅乘骐、梅乘骏的译本，由天主教上海教区光启社出版；另一种是冯承钧的译本，本文所查耶稣会士资料以光启社译本为准。此外，其他法国耶稣会士的传记可参见荣振华《在华耶稣会士列传及书目补编》，耿昇译，中华书局，1995。亦可以酌情参见〔法〕荣振华、〔法〕方立中、〔法〕热拉尔·穆赛、〔法〕布里吉特·阿帕鸟编《16—20 世纪入华天主教传教士列传》，耿昇译，广西师范大学出版社，2010。

② 自大航海时代起天主教随着葡萄牙在远东的海外扩张而传播，为此罗马教廷授予葡萄牙保护传教士传教相关权益的相关规定简称为保教权，其中要点有：（1）为殖民地的传教事业提供经费，包括神职人员的薪俸及培养费用；（2）从欧洲出发前往亚洲的传教士搭乘葡国船只，葡王并为传教士们提供一定的旅费；（3）从里斯本的传教士们，不仅要向天主教和教宗宣誓效忠，还要向葡萄牙国王宣誓效忠。可参见顾卫民《"以天主和利益的名义"：早期葡萄牙海洋扩张的历史》，社会科学文献出版社，2013，第 343 页。

③ 现在是马来西亚的马六甲市（Malcca），位处马六甲海峡，与苏门答腊岛相遥望，葡萄牙人在 1511 年占领该地，不过在 1641 年被荷兰占领。

地区，因此对传教士更有具吸引力。不过无论是去日本还是中国，澳门都是他们的必经之地。当时德川幕府掀起教难使得他们不得不滞留澳门以便转至其他地方继续传教。由此，颜尔定和方德望被耶稣会的上级委派深入中国内地传教直至去世。而罗历山在 1627～1630 年、1640～1645 年这两段时期内先后在东京和交趾支那①传教，1630～1640 年的十年他在澳门和广州传教，1645年 12 月 20 日他启程从澳门出发于 1649 年 6 月 29 日回到罗马，在罗马述职期间撰写的有关越南和中国传教见闻的著作出版后进一步激发了耶稣会士的传教热情。由此耶稣会总会长尼格尔神父（Nickel）在 1654～1655 年先后派出四批传教士共 18 人奔赴远东，其中 16 人为法国人，他们大部分都先到里斯本，经葡萄牙保教权批准后，由葡萄牙方面全额提供经费沿着葡萄牙的远东航线抵达澳门，随后再根据耶稣会的指令前往越南、日本或者中国内地。

当时海路的凶险非现在所能想象。据不完全统计明清时期耶稣会士的海难死亡率约有三成②，猝不及防的恶劣天气、险象环生的暗礁险滩、致命的各类流行病以及海盗打劫等使传信部和耶稣会都试图另辟一条去中国的新路线。总会长尼格尔神父 1654 年派出的第一批法籍耶稣会士刘迪我神父（Jacques Le Favre，1610—1676.1.28）、聂仲迁神父（Adrien Greslon，1614—1695）、洪度贞神父（Humbert Augery，1616—1673.7.7）等人就没有从里斯本走海路出发，而是尝试"取道叙利亚，沿幼发拉底河道，入波斯湾，进印度洋，然后到了暹罗王国"③，再北上从澳门进入内地。④ 由于要穿越奥斯曼帝国、伊朗的萨菲王朝以及莫卧儿帝国三个伊斯兰国家，这条陆海结合的线路比葡萄牙的海路更

---

① 东京（Tonkin）指越南北部；交趾支那（Cochinchine）指越南南部地区。
② 吴孟雪：《明清时期——欧洲人眼中的中国》，中华书局，2000，第 105 页。
③ 〔法〕费赖之：《明清间在华耶稣会士列传（1552—1773）》，梅乘骐、梅乘骏译，天主教上海教区光启社，1997，第 328 页。
④ 据《明清时期——欧洲人眼中的中国》所述，1652 年法国耶稣会士已经在伊斯法罕建立据点。而且，罗历山神父在教廷的支持下成为中东传教的负责人，他挑选苏纳和白乃心两位神父试图通过中亚进入中国，不过未能成功，因此他们二人亦只能最后走海路入华。苏纳去世后，在京的汤若望神父委派吴尔铎代替苏纳神父，和白乃心神父二人从北京出发经过兰州、西宁、拉萨、加德满都、印度阿格拉、达大（Tattah）、忽鲁谟斯、伊斯法罕、士麦拉回到欧洲。汤若望神父的继任者南怀仁神父亦同样试图探寻穿越俄罗斯的道路，不过由于中俄尼布楚战争而引起俄国警觉，17 世纪 90 年代耶稣会士闵我神父的努力亦失败而告终。总体来说，穿越中亚、俄罗斯或者西藏入华的陆路交通线路探索并未成功，海路依旧是法国传教士，乃至所有入华传教士的主要入华通道。可参见吴孟雪《明清时期——欧洲人眼中的中国》，第 96～136 页；吴莉苇：《17 世纪耶稣会士对通往中国之陆上通道的探索》，收入《天主教研究论辑》第四辑，宗教文化出版社，2007，第 154～175 页。

危险，所花费的时间更长，不稳定因素更多；所以日后入华的耶稣会士绝大多数还是选择海路，他们乘坐的葡萄牙船至少可以在葡属远东殖民地或者商战补给，还可以躲避陆路上的打劫和宗教迫害。由此可见，若没有葡萄牙保教权的庇护，耶稣会很难进入中国，因此这一时期入华的法国耶稣会士为保入华通道也会为葡萄牙的国家利益效力，例如当鳌拜等辅政大臣为执行康熙元年的"迁海"和"禁海"令意欲让葡萄牙人离开澳门时，时任耶稣会南京住院院长的刘迪我神父就即刻进京同汤若望神父一同商议对策，两位神父为保澳门出力不少。①

总体来看，早期法国耶稣会士入华的共性就在于他们将修会利益置于国家利益之上。为了能入华传教，他们向葡萄牙国王宣誓效忠，得到葡萄牙保教权的许可后才得以进入澳门。因此，对于这些法国耶稣会士来说，效忠葡萄牙和效忠罗马教廷是一致的；接受葡萄牙保教权的庇护、履行他们对葡萄牙保教权的义务同维护耶稣会在远东的利益也是一致的；反过来，要保持耶稣会在远东传教的优势地位，他们也必须尽全力保护葡萄牙在远东的殖民地，以免耶稣会入华的交通线有被隔断的可能。尽管耶稣会为葡萄牙在远东的海外扩张贡献良多，但是葡萄牙远东帝国的衰落已露端倪。当罗历山于 1645 年 12 月 20 日由澳门启程回罗马述职时，他的上级就命令他"优先搭乘荷兰船去欧洲而非葡萄牙船，因为从果阿到里斯本的发船间隔太长了"②，这恰恰从侧面反映出葡萄牙在远东的贸易地位正在下降。最明显的例子就是荷兰人于 1641 年 1 月 14 日从葡萄牙手中夺走马六甲从而完全支配了马六甲海峡。罗历山于 1646 年 1 月 14 日抵达马六甲时，同船的葡萄牙人曾告诉他说："当时只有 25 人的守军在没有得到果阿援助的情况下依旧坚持抵抗到了最后，并且围城中有一半人饿死"③，虽然葡方的勇气令人敬佩，但是葡萄牙的颓势已依稀可见，一方面当地守军人数明显不足，另一方面葡萄牙远东的中心果阿也未能及时给予回应，只能坐等荷兰人"垄断了苏门答腊西岸一切香料贸易和马来群岛大部分香料贸易"。④ 对此罗历山深

① 黄庆华：《中葡关系史》（上），黄山书社，2006，第 282～283 页。
② Alexandre de Rhodes, *Voyages et missions du Père Alexandre de Rhodes de la Compagnie de Jésus en la Chine et autres royaumes de l'Orient*, Julien, Paris：Lanier et Cie，1854，p. 343.
③ Alexandre de Rhodes, *Voyages et missions du Père Alexandre de Rhodes de la Compagnie de Jésus en la Chine et autres royaumes de l'Orient*, Julien, Paris：Lanier et Cie，1854，pp. 340 - 341.
④ 朱杰勤：《东南亚华侨史》，中华书局，2008，第 30 页。

有感触，他抵达马六甲的当天看到荷兰人欢庆占领日的盛大场面，加上随后他在巴达维亚（Jacquetra）① 因被怀疑传播天主教而被囚禁 10 个月的经历，皆让其产生出一种深刻的危机意识。他意识到葡萄牙的衰弱已不可避免，为防止天主教的远东传教会随之衰弱，就必须寻找到另一股足以抗衡荷兰和英国的力量，对于罗历山而言，路易十四统治下的法国就是最佳选择。

二　巴黎外方传教会探索入华通道

罗历山神父是首个提出天主教传教和法国远东扩张并举的传教士②，他于 1652 年回国后大力呼吁国人积极参与远东传教，除了上文提到的 16 名法国耶稣会士外，还有一批法国青年响应了他的号召，经罗马教廷批准后他们成立了巴黎外方传教会（the Society of Foreign Missions of Paris）③，教宗希望通过任命该组织中的三位成员担任中国和越南的宗座代牧（Vicaire Apostolique）④，以此借助法国人的力量突破葡萄牙保教权的垄断直接管理远东教务。因此，

① 今天的印尼首都雅加达，荷属东印度殖民地的中心。

② Alexandre de Rhodes, *Voyages et missions du Père Alexandre de Rhodes de la Compagnie de Jésus en la Chine et autres royaumes de l'Orient*, Julien, Pairs: Lanier et Cie, 1854, pp. 435 – 436. 有关罗历山神父研究具有代表性的论文，可参见苏一扬《耶稣会士罗历山：第一个在澳门的法国人》，张廷茂译，《文化杂志》（澳门）2014 年第 93 期。

③ 有关巴黎外方传教会东西交通、葡萄牙保教权以及中国礼仪之争等相关问题的中文研究，可参见吴莉苇《文化争议后的权力交锋——"礼仪之争"中的宗教修会冲突》，《世界历史》2004 年第 3 期；谢子卿：《17 世纪法国和暹罗邦交过程中的巴黎外方传教会》，《南洋问题研究》2015 年第 1 期；郭丽娜：《清代中叶巴黎外方传教会在川活动研究》，学苑出版社，2012；韦羽：《18 世纪天主教在四川的传播》，广东人民出版社，2014。有关巴黎外方传教会东西交通的法文史料和研究，可参见 Adrien Launay, Frédéric Mantienne, *Lettres de Monseigneur Pallu: Ecrites de 1654 à 1684*, Paris: Les Indes savantes, 2008; Adrien Launay, *histoire générale de la société des missions étrangères*, Paris: Téqui, 1894, tome1; *Relation des missions et des voyages des evesques vicaires apostoliques, et de leurs ecclésiastiques és années 1672, 1673, 1674 et 1675*, Paris: Angot, 1680. *Adrien Launay, Histoire de la mission de Siam, 1622 – 1811; documents historiqlies*, Paris: Charles Douniol and Retaux, 1920。

④ 宗座代牧又称为代牧主教，他是由罗马教宗钦点派往尚未建立圣统制的传教区域管理发展天主教传教事业的最高级别的负责人，他们直接对教宗负责，不受葡萄牙和西班牙保教权的节制。这三位宗座代牧是陆方济（François Pallu）被封为赫利奥波利斯主教（Héliopoli），"东京宗座代牧，中国云南、贵州、湖广、四川、广西以及老挝的管理者"；德拉莫特（Pierre Lambert de La Motte）被封为贝鲁特主教（Bérythe），"交趾支那宗座代牧，中国浙江、福建、广东、广西和海南岛的管理者"；科托吕蒂（Ignace Cotolendi）被封为梅戴洛波里斯主教（Métellopolis），南京宗座代牧，中国直隶、山西、河南、山东以及鞑靼、朝鲜的管理者。有关巴黎外方传教会传教士的人物档案简介，可以参见巴黎外方传教会官网的任务资料索引库搜索查阅 http://archives.mepasie.org/。

葡方绝对不会允许巴黎外方传教会的传教士从里斯本出发，也绝对不会让他们在任何葡属领地和商站补给，更不会让他们经澳门入华，这就迫使他们必须另辟蹊径。

三位宗座代牧首先谋划的是海路，陆方济提议与法国马达加斯加公司联合成立一个新公司，这个公司"主要是为了荣耀上帝和拯救灵魂"① 而非专门从事贸易活动。他和公司签订的议定中规定："给予陆方济 20 个登船名额；免费托运传教士的行李；传教士分摊首航费用；总计 8 万法郎预算由公司和宗座代牧平摊；宗座代牧有参与决定起航和停泊的权力……"② 根据协议，他们决定建造一艘名为"圣路易号"（Saint Louis）的军舰，由一个名叫费尔芒（Pierre Fermanel de Favery）③ 的法国鲁昂军火商设计并在荷兰建造，法国驻海牙大使图（de Thou）以路易十四的名义成为军舰的所有者，不过完工后却被荷兰人扣住无法交付使用，最后"圣路易号"于 1660 年 12 月 19 日不幸在荷兰特塞尔（Texel）附近水域遭遇风暴而沉没④，这使得他们的计划暂时搁浅。

无奈三位宗座代牧只能尝试走陆海结合路线，最先动身的是德拉莫特，他于 1660 年 7 月 18 日在布尔热⑤的陪同下从巴黎动身，抵达马赛后同戴迪耶⑥会合，10 月 27 日三位传教士从马赛搭船出发，次年 1 月 11 日抵达伊斯肯德伦（Alexandrette）⑦，然后途经摩苏尔（Mossoul）和巴格达抵达伊斯法罕，

---

① Henri Cordier, *Histoire générale de la Chine et ses relations avec les pays étrangers: depuis les temps les plus anciens jusqu' à la chute de la dynastie Mandchoue*, Paris: P. Geuthner, 1920 – 1921, tome 3, p. 303.

② Adrien Launay, *Histoire générale de la société des missions étrangères*, Paris: Téqui, 1894, tome1, pp. 56 – 57.

③ 他的儿子 Luc Fermanel de Favery 是德拉莫特的署务员，巴黎外方传教会神学院管理会成员。

④ Henri Cordier, *Histoire générale de la Chine et ses relations avec les pays étrangers: depuis les temps les plus anciens jusqu' à la chute de la dynastie Mandchoue*, Paris: P. Geuthner, 1920 – 1921, tome 3, p. 304.

⑤ 巴黎外方传教会传教士档案编号 2：Jacques Bourge（1630.1.1—1714.8.9）他在越南传教成绩斐然，1679 年 11 月 25 日被任命为东京东宗座代牧，同时册封为（奥朗主教）；1686 年被任命为中国传教最高管理者接替 1684 年去世的陆方济，不过他并未到任。

⑥ 巴黎外方传教会传教士档案编号 3：François Dédier（1634.9.28—1693.7.1）他和布尔热一同在越南传教，其到达暹罗而后去东京，陆方济卸下东京宗座代牧之后于 1679 年 11 月 25 日和他一同晋封主教，被任命为东京西宗座代牧。

⑦ 土耳其南部地中海沿岸城市，靠近黎巴嫩和叙利亚边境地区。

再从这里南下抵达阿巴斯港（Bender-Abbas-si）① 后坐阿拉伯人的商船去印度西海岸的苏拉特（Surate），横穿印度后再从东海岸的默苏利珀德姆（Mazulipatam）坐船到当时由阿瑜陀耶王朝统治下的墨吉（Mergui）②，穿过马六甲半岛后抵达湄南河口，最后于 1662 年 8 月 22 日到达暹罗首都阿瑜陀耶（Juthia）。陆方济于 1661 年 11 月 8 日从巴黎启程，次年 1 月 2 日从马赛港搭船去伊斯肯德伦，然后从叙利亚的阿勒颇（Alep）去奥斯曼帝国东部城市埃尔祖鲁姆（Erzeroum），再北上抵达亚美尼亚首都埃里温，然后途经伊朗的大不里士（Tauris）抵达伊斯法罕；在从阿巴斯港（Bender-Abbas-si）③ 出发去苏拉特然后徒步至默苏利珀德姆，之后沿着德拉莫特进入暹罗的路线于 1664 年 1 月 27 日抵达阿瑜陀耶。第三位宗座代牧科托吕蒂（Cotolendi）所选路线和他们相仿，不过他于 1662 年 9 月 20 日在印度默苏利珀德姆 8 公里远的 Palacol 可能因感染了类似痢疾的肠道疾病不幸去世。

两位宗座代牧会合后决定由德拉莫特长驻暹罗，陆方济返回罗马述职，他于 1665 年 1 月 20 日启程去墨吉搭船抵达乌木海岸，然后坐英国船返回欧洲。④ 1670 年 4 月 11 日又搭乘法国凤凰公司的商船二度奔赴暹罗，不过刚刚绕过好望角就不幸沉没，千钧一发之际偶遇由雅各布·布拉凯（Jacob Blanquet）率领的法国首支赴印度洋的海军编队，这支舰队于 1670 年从法国的罗什福尔港（Rochefort）出发，拥有 9 艘各类舰只载有 2100 名士兵和 4 个贸易公司共计 100 多人的职员，他们搭救了陆方济一行人，司令布拉凯同意带着传教士上路，于 10 月 23 日到达马达加斯加岛南部的太子堡（Fort-Dauphin）⑤。1671 年 9 月 27 日，其一行人等随舰队抵苏拉特。次年 2 月 17 日，陆方济乘坐法国东印度公司的商船再度出发于 4 月 30 日抵达万丹，由于

①　阿巴斯市位于伊朗南部波斯湾霍尔木兹海峡，现为伊朗霍尔木兹甘省首府，是控制波斯湾船只出入的"咽喉"，中国古称"忽鲁模斯"，郑和下西洋时曾到过此地。天主教传教士凡走陆路，多选择在此地搭船前往印度或者东南亚。

②　现在的缅甸"丹老"，当时由暹罗统治。

③　阿巴斯市位于伊朗南部波斯湾霍尔木兹海峡，现为伊朗霍尔木兹甘省首府，是控制波斯湾船只出入的"咽喉"，中国古称"忽鲁模斯"，郑和下西洋时曾到过此地。

④　乌木海岸（Coromandel）是与斯里兰卡相遥望的印度半岛东海湾，具体在哪个商站登船并未提及，参见 Adrien Launay, *Histoire de la mission de Siam*, 1622 – 1811: *documents historiques*, Paris: Charles Douniol and Retaux, 1920, tome1, p. 12。

⑤　Jules Sottas, *Une Escadre française aux Indes en 1690*, *Histoire de la Compagnie royale des Indes Orientales*, 1664 – 1719, *Ouvrage accompagné de gravures et d'un appendice de technique navale*. Plon Nourrit et Cie, 1905, pp. 43 – 45.

季节不利于航行且又急于上路，他于 6 月 29 日搭乘英国商船去了钦奈（Madraspatnam）①，由于船已满载，不得不把教宗和路易十四委托其赠送给暹罗国王那莱（Phra-naraï）的礼物留在了万丹②。其一行在 8 月 20 日左右抵达孟加拉湾，不过未能在该地进港，最后停靠在了附近的法国商战巴拉松（balasson）。在当地逗留半年后，他们于 3 月 8 日搭上暹罗商船于同月 28 日抵达墨吉，5 月 27 日进入阿瑜陀耶。10 月 18 日，陆方济等人正式觐见那莱王，之后于 1674 年 8 月 20 日登上一艘法国人的船去东京，但是在顺化附近海域遭遇台风被带至菲律宾群岛③，马尼拉方面将其拘禁于 1675 年 4 月 4 日下令将其送至马德里，他于 6 月 1 日坐船去西属墨西哥，12 月抵达墨西哥太平洋沿岸港口城市阿卡普尔科（Acapulco），墨西哥大主教令其暂住在大西洋沿岸港口韦拉克鲁斯（Veracruz）不远的一座方济各会修道院内，之后途经哈瓦那于 1676 年 11 月抵达西班牙本土港口加的斯（Cadiz）。1770 年 1 月，陆方济抵达马德里觐见了国王卡洛斯二世（1665.9.17—1700.10.1 在位），在法国政府和教宗英诺森十一世（1676.10.4—1689.8.12 在位）的干预下，陆方济于 1677 年获释并赴罗马述职，由此以"环球旅行"的方式结束其第二次远东之行。同前两次相比，陆方济第三次远东之行相对顺利，他于 1681 年 3 月 25 日带着 10 名传教士登上"会长号"（Président）和"白松号"（Blancpignon）从法国圣路易港出发，绕过好望角后在苏拉特与尹大任会合④，之后又分别坐船动身，陆方济于同年 7 月 4 日抵达湄南河口。

巴黎外方传教会探索暹罗入华的过程并不顺利。第一个进入中国的是布兰多⑤，不过他在澳门以未经葡萄牙保教权授权擅自入境的罪名被捕，后被送至果阿宗教裁判所；德拉莫特坐帆船于 1663 年 7 月 16 日启程，不过在柬埔寨海岸附近遭遇风暴后不得不退回距离阿瑜陀耶城 4 公里左右的一座小村庄并在那里险些被果阿派来的人抓走。第一个进入内地的是陆方济，1683 年暹罗

① 旧称马德拉斯，英译为 Madras 或 Madraspatnam。
② *Relation des missions et des voyages des evesques vicaires apostoliques, et de leurs ecclésiastiques és années* 1672, 1673, 1674 et 1675. Paris：Angot，1680，pp. 94 – 95.
③ Adrien Launay, *histoire générale de la société des missions étrangères*, Paris：Téqui，1894，tome1，p. 224. 另一种说法是巴黎外方传教会传教士档案 3：François Pallu（1626.8.31—1684.10.29）提到陆方济此行的目的地是中国。
④ 崔维孝：《明清之际西班牙方济各会在华传教研究（1579—1732）》，中华书局，2006，第 297 页。
⑤ 巴黎外方传教会传教士档案编号 15：Pierre Brindeau（1636.1.1—1671.1.1）在果阿被释放后于 1669 年去交趾支那传教。

国王得知其欲赴中国传教后，为他提供船只并且命令暹罗派赴广东的使节待陆方济抵达后资助他 2000 埃居的旅费①，他们一行原本会在广州登陆，不过 7 月 8 日（康熙二十二年六月十四日）施琅率军攻台澎湖海战打响，他们在海上被国姓爷②（ko-chinga）的舰队俘虏，在台湾被扣近 5 个月，次年在厦门登陆并且在多明我会士马熹诺（Magino Ventallol）的陪同下于 1684 年 1 月 27 日抵达福建漳州。

三　法国传教士入华通道的初步建立

由上文可知，1680 年前后巴黎外方传教会的入华路线基本成型，其中最重要的海路要归功于国家扶植的法国东印度公司③，这一过程中传教和贸易并举的特点一目了然：法国东印度公司负责运送巴黎外方传教会士；反之，巴黎外方传教会为公司能在暹罗建立商站居功至伟④，不过暹罗到中国的路线由于澳门的阻拦未有突破，待到 1685 年（康熙二十四年）粤海关成立后他们入华相对容易，可以搭乘各国的商船无须经过澳门直接在广州登陆。⑤这个初建的通道大致可分为三部分：第一部分从法国到苏拉特；第二部分从苏拉特到暹罗；第三部分从暹罗到中国。第一部分有两条线路，其一是搭乘

---

① Adrien Launay, *Histoire de la mission de Siam*, 1622 – 1811: *documents historiques*, Paris: Charles Douniol and Retaux, 1920, tome1, p. 118.

② ko-chinga 是闽南语的音译，不过郑成功 1662 年就已去世，到底是何人领队带走陆方济一行人等尚待确证。

③ 法国东印度公司（La Compagnie des Indes orientales）成立于 1664 年，它和英国以及荷兰的东印度公司不同，是由王室为大股东，由国家领导融资配股的垄断机构，其目的就是发展法国在远东的海外扩张事业。有关 17 世纪法国东印度公司在印度和远东的发展，可参见 Jules Sottas, *Une escadre française aux Indes en 1690*, *histoire de la Compagnie royale des Indes Orientales 1664 – 1719*, Plon Nourrit et Cie, 1905。

④ 巴黎外方传教会的迪歇纳（Pierre Joseph Duchesne）于 1679 年途经苏拉特时成功说服法国东印度公司苏拉特商站经理巴龙（Baron）派遣三艘商船去东南亚，其中一艘“秃鹰号”（Vautour）载着迪歇纳以及巴龙委派的东印度公司代理人布荣·德朗德尔（Boureau Desdlande）驶往暹罗并于 1680 年 9 月抵达湄南河口。如此，巴黎外方传教会就成功帮助了法国东印度公司在暹罗建成商站。可参见谢子卿《17 世纪法国和暹罗邦交过程中的巴黎外方传教会》，《南洋问题研究》2015 年第 1 期。

⑤ 顺治三年（1646）清廷施行海禁政策，但是一直未真正落实到位。康熙二十三年（1684）清廷设立粤海关、闽海关、浙海关、江海关管理对外贸易和征收关税。康熙五十六年（1717），清廷禁止南洋贸易，但未禁止西洋贸易。雍正五年（1727），时隔十年后清廷重新开放南洋贸易。乾隆二十二年（1757）西方人只可以在广州通商。

法国东印度公司的商船绕过好望角，可在马达加斯加和留尼汪补给后抵达苏拉特；其二是横穿中东和伊朗高原，然后在波斯湾选择港口坐船抵达苏拉特。这其中穿越奥斯曼帝国最为危险，一般情况下他们会穿上突厥人的服饰或者像罗历山一样伪装成亚美尼亚商人跟随骆驼商队前行，不过即便如此也很有可能会遇到强盗土匪和库尔德人武装。① 但是巴黎外方传教会依旧很重视这条路线尤其是返程，这是因为 17 世纪的法国没有能力保障远东航线的稳定性，例如盖姆（Claude Gayme）② 陪同暹罗使节出使法国所搭乘的 "东日号"（Soleil-d'Orient）就在好望角附近失事，更何况法国船还时不时地会遭到荷兰人的阻击。法国和土耳其重新修订的《基督徒在土领事裁判权协定》（la capitulation）③，对保护法籍传教士在奥斯曼帝国境内的安全起到了更积极的作用。至于波斯，综合罗历山的旅行见闻和南志恒整理的史料来看这段路线相对安全，这主要得益于萨菲王朝的阿巴斯看到了外交同盟关系和国际贸易的潜在利益，使得他欢迎并保护来自欧洲的商人和传教士。④

第二部分的起点苏拉特是印度半岛西岸的贸易重镇，因此传教士都将其作为旅行的中转站，莫卧儿王朝苏丹奥朗则布（Aurangzeb）批准法国东印度公司在那里建立商站后，当地更是成为巴黎外方传教会的必经之路。从苏拉特横穿印度半岛抵达乌木海岸并非首选，耗时过长且环境恶劣，陪同陆方济首次奔赴

---

① Alexandre de Rhodes, *Voyages et missions du Père Alexandre de Rhodes de la Compagnie de Jésus en la Chine et autres royaumes de l'Orient*, Julien, Paris: Lanier et Cie, 1854, pp. 343 – 439.

② 巴黎外方传教会传教士档案编号 37：Claude Gayme（1642.1.1—1982.1.1），他于 1670 年 2 月 3 日动身去暹罗，根据官网档案记载，推测 "东日号" 的沉没时间是 1682 年 1 月 1 日。

③ 这份条约旨在保护法国外交官和商人在奥斯曼帝国境内享有优惠于其他基督教国家的权益。根据 1604 年法王亨利四世与土耳其再次修订的协议中规定："不得有人阻碍法王的臣民以及他的友人朝圣耶路撒冷。再者，凡在耶稣撒冷圣墓教堂（Comame）暂留的基督教教士都应给予厚待和保护，并为其提供必要的帮助，不得阻挠他们朝圣。" 1673 年 6 月 5 日路易十四世期重新修订协定新增如下条款："在加拉达区（Galata）的耶稣会和嘉布遣会神父可以永久享有他们的教堂。鉴于嘉布遣会的教堂已被拆除，我们特许他们重建。所有人不得滋扰所有法国人在伊兹密尔、塞达（Seyde）、亚历山大港以及帝国境内所有通商口岸建造的教堂，也不得向其征收任何税收。" 参见 Gustave Cyrille, *le régime des capitulations: son histoire, ses modifications*, Paris: E. Plon, Nourrit et Cie, 1896, pp. 101 – 139。

④ 〔美〕丹尼尔：《伊朗史》，李铁匠译，东方出版中心，2010，第 94～95 页。

暹罗的八位传教士中二位死在阿拉伯海，三位死在印度，只有布兰多和朗莫①幸存下来，不过印度对于德拉莫特和陆方济来说另具意义，因为他们考虑过从加德满都北上翻越喜马拉雅山，然后从西藏进入中国以避开葡萄牙人对他们的阻击。不过最后还是选择了横穿印度抵达默苏利珀德姆后再坐船去暹罗，虽然有可能会被抓住，但是"一旦抵达暹罗后找不到办法进入中国的话，至少可以重新回到印度走陆路进入中国"，② 而随着法国东印度公司③在默苏利珀德姆（1669）、本地治里（Pondichéry）（1673）、万丹以及暹罗（1680）建立商站，穿越马六甲海峡和巽他海峡已非难事，例如从曼谷出发在万丹补给后，可以北上去本地治里或者苏拉特也可以南下去马达加斯加或者留尼旺④补给后绕过好望角返回法国，反之亦然。还有一条路线是在墨吉登陆后走陆路去阿瑜陀耶，这样就可以避开荷兰人控制的马六甲海峡，1685 年法暹结盟后法军驻扎墨吉控制了这条线路，不过暹罗政变后法军于 1689 年撤回本地，因此失去了控制权。

第三块的难点在于澳门，因为自从巴黎外方传教会进入暹罗后，葡萄牙人就对所有法国人都心存芥蒂，1665～1687 年，连法籍耶稣会士都不可以经澳门入华，更不用说德拉莫特等人了。对此巴黎外方传教会只有两种选择，第一是穿越泰国北部进入中国，第二是搭船去中国；德拉莫特选择了后者，

---

① 巴黎外方传教会传教士档案编号 9；Louis Laneau（1637.5.31—1696.3.16）1661 年 9 月从巴黎出发，1664 年 1 月 27 日抵达暹罗后负责管理由德拉莫特建立的当地神学院，1673 年担任暹罗宗座代牧，1688 年暹罗政变，法国势力被赶出暹罗，遂被囚禁。1890 年，Louis Laneau 获释回到神学院旧址继续传教。

② Adrien Launay, *Histoire de la mission de Siam，1622 – 1811：documents historiques*, Paris：Charles Douniol and Retaux, 1920, Tome1, p. 71.

③ 1667 年陆方济第一次返回法国后就试图和法国东印度公司合作，其上书法国国王路易十四和首相科尔伯（Colbert），表示愿意为法国远东的海外扩张提供必要的支持和服务。他的目的是希望法国政府也放过来支持巴黎外方传教会在远东的传教以保护他们的传教士免遭葡萄牙保教权的迫害和驱逐。参见 Adrien Launay, Frédéric Mantienne, *Lettres de Monseigneur Pallu：Ecrites de 1654 à 1684*, Paris：Les Indes savantes, 2008, p. 18.（257 号信）陆方济于 1670 年致信感谢路易十四为巴黎外方传教会提供津贴；（261 号信）1672 年 1 月 2 日在苏拉特致信路易十四；（258 号信）1671 年 8 月 4 日在马达加斯加致信科尔伯；（262、263、264 号信）1672 年 1 月 2 日再度致信科尔伯希望路易十四可以出面支持巴黎外方传教会在远东可以不受葡萄牙保教权的限制，同时亦主动提出愿意为法国在印度和远东的商站提供他国情报和信息；（269 号信）1672 年 6 月 4 日其在万丹致信科尔伯向其汇报远东其他欧洲国家海外扩张的情况。参见 Adrien Launay, Frédéric Mantienne, *Lettres de Monseigneur Pallu：Ecrites de 1654 à 1684*, Paris：Les Indes savantes, 2008, pp. 601 – 618、625 – 627.

④ 当时名叫波旁岛（l'île Bourbon）。

这是因为一方面北上的路途过于艰难，另一方面纳莱王统治时期"不论在暹罗或海外的一切海上事务和商业事务都是交由中国人经理的"①，由此就可以搭乘华侨控制的官船或者私船避开澳门进入中国②；而陆方济及时调整了远东传教战略，他向路易十四奏报说法国东印度公司若以暹罗为远东中心不仅可以"打通南至印尼群岛，西至印度和马达加斯加的路线；也可以有助于在越南、中国以及日本建立据点"。③ 不过他的梦想并未实现，一方面法国东印度公司驻暹罗代表布荣·德朗德尔（Boureau Desdlande）不相信中国商人，不太愿意与之交往④；另一方面康熙解除海禁后 3 年就发生了暹罗政变，除巴黎外方传教会以外的所有法国势力均被驱逐出去，因此法国开辟暹罗至中国的航

---

① 〔美〕G. 威廉·史金纳：《古代的暹罗华侨》，王云翔译，《南洋问题资料译丛》1962 年第 2 期，第 112 页。

② 法国杂志《优雅信使》（*Mercure Galant*）历史悠久（1672～1965）并享有王室特许，在 17 世纪主要刊登诗歌为特色的文学作品以及各地的奇闻逸事。1691 年 1 月刊中有一篇《一封有关印度见闻的信》（lettre contant plusieurs nouvelles des Indes）披露一些关于远东法国传教士在中国和印度之间航行的相关信息。其中提到的第一点："据大家从暹罗入华的安排以及刚刚洪若翰神父那里收到的信，大家考虑借用英国人在马德拉斯（金奈，Madras）去 Emouy（可能指的是厦门）和广东的商船。"参见 *Mercure Galant*，1691.1，p. 91。第二点："由于英国东印度公司和荷兰东印度公司在打仗，使得去中国的商船不得不推迟一个月出发。最后，马德拉斯的执政官还是同意我们坐上一艘名为'奥德里奇'号（Mr. Eldrich）的英国小商船。船长一开始对我们很是为难，因为有消息说有一个法国传教士坐他们的船偷偷从广东溜进中国，于是澳门方面威胁没靠港的英国船只。不过执政官大人对我们一直很友善，他看到国王（Sa Majesté）（路易十四）给我们的特许状后，无谓的担心就此烟消云散了。我们于 1689 年 3 月 30 日登船。"参见 *Mercure Galant*，1691，pp. 100 – 101。第三处提道："事实上，梁弘仁主教也曾经和我们一样在马德拉斯等去中国的船有一个月，他在我们来到（据全文所述该城市叫 Malaque）之后曾逗留数日。他在一由波尔多和英格兰去马德拉斯的犹太商船上，他们要去中国的 Emoüy（可能指的是厦门）。和他在一起的是让·潘，他在中国曾待了超过 10 年，后于 1689 年 2 月返回（罗马）。"参见 *Mercure Galant*，1691，pp. 107 – 108. Notice bibliographique de Artus de Lionne，Archives des missionnaires des MEP/EDA，N. 78 巴黎外方传教会传教士官方传记档案编号 78；梁弘仁（Artus de Lionne，1655. 1. 1—1713. 2. 8），1687 年 2 月 5 日由教宗英诺森十世晋升为 Rosalie 主教，但被其婉拒；1689 年入华；1693 年阎当发布禁止谕令时，其认真研究过后支持其决定。祝圣后，其被巴黎外方传教会神学院领导迅速召回巴黎和罗马参与制定传教会会规和应对中国礼仪问题，1702 年 10 月带黄嘉略抵巴黎，并携其一同于 1703 年至罗马觐见教宗，在那里待至 1706 年。

③ Adrien Launay，*Siam et les missionnaires français*，A. Mame et fils，1896，p. 71. 由此可见，虽然暹罗至中国内陆的航线未能成功开闭，不过由于清廷放开海禁，法国传教士可以搭乘各国船只往来东西，由此可以避开澳门，免遭葡萄牙保教权的骚扰。

④ 另一个可能的原因是中国商人在巴黎外方传教会神学院和法国人发生冲突以至于纳莱王亲自干预，参见 Pierre Margry，*Relation et mémoires inédits pour servir à l'histoire de la France dans les pays d'outre-mer*，*tirés des archives du ministère de la Marine et des colonies*，Paris：Challamel，1867，pp. 162 – 166。

线就此失败。①

四 17 世纪末期法国耶稣会士的入华通道

这一时期法国耶稣会士的入华路径除了经葡萄牙保教权允许由澳门入华外②，大致分两种：第一种是巴黎外方传教会的路线；另一种是在此基础上的新开拓，指的是法国船"安菲特利特号"（Amphitrite）搭载两批法籍耶稣会士于 1698 和 1701 年直接登陆广州。

据费赖之的《明清间在华耶稣会士列传（1552—1773）》可查，当时有四位法国耶稣会士苏安当神父（Antoine Chomel，1669—1702）、赫苍璧神父（J. P. Hervieu，1671.1.14—1746.8.26）、隆盛神父（Guillaume Melon，1663—1706.6.7）以及聂若翰神父（Fr. Jean Noëlas，1669.6.17—1724）穿越中东抵达苏拉特后搭船于 1701 年抵达广州，他们走的是巴黎外方传教会走过的陆海结合路线。

1687 年入华的法国耶稣会士洪若翰神父（Jean de Fontaney，1643.2.17—1710.1.16）、白晋神父（Joachim Bouvet，1656.7.18—1730.6.28）、李明神父（Louis Le Comte，1655.10.10—1728.4.18）、张诚神父（Jean-François Gerbillon，1654.6.11—1707.3.22）以及刘应神父（Claude de Visdelou，1656.8.12—1737.11.11）走海路入华。他们以"国王数学家"的身份来中国进行科学考察和传教，由于他们是路易十四委派的，所以对于里斯本而言他们和巴黎外方传教会士并无区别，都是葡萄牙保教权的敌人，因此他们很难经澳门入华。正当他们为入华途经担心时，巴黎外方传教会陪同的暹罗使团正在凡尔赛与政府洽谈派遣法国特使回访暹罗的事宜，于是路易十四就决定

---

① 1688 年 5 月，暹罗的象队统帅帕·碧罗阁（Pretatcha）在纳莱王病危之际发动政变称王，华尔康被杀，法军被逐被迫退回本地治里（Pondichéry），法国东印度公司的商站被关闭，所有未能离开的法国人都被囚禁，巴黎外方传教会在当地的神学院也被查封，法国势力几乎都被清除干净，直至法军于 1691 年最终放弃重回暹罗后，碧罗阁才将神学院归还给朗莫主教。有关法国人在 1688 年暹罗政变时候的情况，可参考的中文研究有〔苏联〕别尔津《十七世纪下半叶法国殖民者在暹罗的活动》，陈远峰译，《东南亚资料研究》1963 年第 2 期；吕颖：《17 世纪末法国与暹罗外交的斡旋者——塔查尔》，《南洋问题研究》2012 年第 2 期；谢子卿：《17 世纪法国和暹罗邦交过程中的巴黎外方传教会》，《南洋问题研究》2015 年第 1 期。

② 他们有罗斐理神父（Philippe-Félix Carossi，1687 年入华）、樊西元神父（Jean-Joseph-Simon Bayard，1694 年入华）、冯秉正神父（Moyriac de Mailla，1703 入华）等人。

利用载法国大使的船送他们一程。① 1685 年 3 月 3 日他们就跟随着法国使团登上"飞鸟号"（L'oyseau）从布雷斯特启程，5 月 30 日绕过好望角，6 月 19 日抵达马达加斯加，他们没有北上而是一直西行停靠巴达维亚（雅加达），9 月 23 日抵达湄南河口。1686 年 7 月 2 日他们坐船启程去澳门②，不过由于遇到船体漏水又遇到台风他们不得不折返并于 9 月回到暹罗，由于缺少去中国的船只他们不得不等到 1687 年 6 月 19 日搭乘"暹罗附粤商人王华士的中国帆船"③ 于 7 月 23 日抵达宁波。

这批法国耶稣会士很受康熙信任，皇帝决定委派白晋作为特使回法国招募耶稣会士来华筹建中国科学院，同时试图与路易十四建立联系。④ 由于他是朝廷的特使，澳门当局不敢怠慢，他从广州去澳门于 1694 年 1 月 10 日搭乘英国船启程，途经苏拉特后于 1697 年 3 月才抵达法国的布雷斯特。白晋觐见路易十四后请求派王室官船入华，不过法国不愿意以番邦朝贡的形式委曲求全⑤，因此搭载白晋第二次赴华的"安菲特利特号"同他先前搭乘的"飞鸟号"不同，"安菲特利特号"不是官船而是法国东印度公司于 1697 年在白晋游说下授权给商人儒尔丹（Jean Jourdan）去中国从事贸易的商船，由此"安菲特利特号"承载着两项使命，第一是试图与中国进行直接贸易；第二是运送白晋、瞿敬臣（Charles Dolzé，1663—1701. 7. 24）、雷孝思（Jean-Baptist Régis，1663. 2. 2—1738. 11. 24）、利圣学（de Broissia）、马若瑟（Joseph-Henry-Marie de Prépare，1666. 7. 17—1735）、巴多明（Dominique Parrenin，1701. 7. 31—1741. 9. 29）、颜理伯（Philibert Geneix，1665—1699. 9. 30）、卫嘉禄（Charles de Bellebille，1656—?）、孟正气（Jean Domenge，1666. 4. 7—

---

① 〔美〕魏若望：《耶稣会士傅圣泽神甫传：索隐派思想在中国及欧洲》，吴莉苇译，大象出版社，2006，第 27 页。有关法国耶稣会士东西交通的经过可参考本文开篇注释所列书目。由狄考（Henri Cordier）校对的《张诚神父从北京发出的五封信》可在法国国家图书馆网上免费获取，其中前三封都关于其等的航海以及在暹罗的经历，参见 Jean-François Gerbillon, Cinq lettres inédites du P. Gerbillon, S. J., missionnaire français à Pe-King：（XVII e et XVIIIe siècles），1906。
② 杜赫德的《中华帝国全志》中有一篇《华人记载开辟暹罗至中国陆路交通的摘要》（Route par terre depuis Siam jusqu' à la Chine tirée des Mémoires de quelques Chinois qui en ont fait le chemin）说明在暹罗的耶稣会士也曾经研究过经老挝进入中国的方式，参见 le P. J. -B. Du Halde, Description géographique, historique, chronologique, politique et physique de l'Empire de la Chine et de la Tartarie chinoise, Pairs：P. G. Le Mercier, 1735, Tome 1, pp. 105 – 108。
③ 吴旻、韩琦校注：《熙朝崇正集 熙朝定案（外三种）》，中华书局，2006，第 342 页。
④ 柯兰霓：《耶稣会士白晋的生平与著作》，李岩译，大象出版社，2009，第 26 页。
⑤ 耿昇：《从法国安菲特利特号船远航中国看 17—18 世纪的海上丝绸之路》，《西北第二民族学院学报：哲学社会科学版》2001 年第 2 期。

1735.12.9）和卜纳爵（Ignace-Gabriel Baborier，1663.9.4—1727.6.14）共计 10 名法籍耶稣会士入华。他们于 1698 年 3 月 6 日从拉罗歇尔港（la Rochelle）出发，6 月 10 日绕过好望角，8 月 18 日抵达班达亚齐①，转入马六甲海峡后停靠马六甲，然后北上于 10 月 5 日抵达上川岛，在沙勿略墓地逗留一天后于 24 日抵达澳门，11 月 6 日抵达广州，"安菲特利特号"是第一艘登陆中国的法国船。

白晋物色的另一批法籍耶稣会士搭乘德奥热（M. des Augers）指挥的舰队于 1698 年 1 月出发，傅圣泽（Jean-François Foucquet，1663.3.12—1741）和樊继训（Pierre Frapperie，1664—1703.11.2）乘坐"拉邦号"（le Bon）、卜纳爵乘坐"拉泽兰号"（la Zelande）、殷弘绪（François-Xavier d'Entrecolles，1662—1741.7.2）和孟正气乘坐"卡斯特里肯号"（Castricon）。②他们和"安菲特利特号"在赤道和好望角两度相遇，在好望角时白晋安排卜纳爵和孟正气与之同船，剩下三人则北上抵达孟加拉湾的金德讷格尔（Chandernagor）③并遇到宋若翰（Jean-François Pelisson）和罗德先（Bernard Rhodes，1645—1715.11.10），他们五人于 12 月乘坐"乔安娜号"（Joanne）去乌木海岸的金奈（Madras）④，1699 年 1 月 29 日又从当地搭乘英国船"乔安娜号"于 4 月 10 日抵达雅加达，5 月 20 日傅圣泽、殷弘绪和罗德先三人转乘另一艘英国船"萨拉加利号"（Saragalley），23 日抵达巨港（Palembang）⑤之后驶向马六甲，6 月 24 日启程于 7 月 24 日抵达厦门，而其余两位也于次日搭乘"乔安娜号"搭乘顺利抵达。

"安菲特利特号"在广州逗留一年多后于 1700 年 1 月 26 日启程回国，8 月 3 日回到法国圣路易港。1701 年 3 月 7 日又搭载第二批法籍耶稣会士共八人再赴广州，他们是由 1684 年入华的洪若翰带领从圣路易港出发，绕过好望角直奔爪哇岛，然后绕过巽他海峡和邦加海峡（Banka）北上途经西沙群岛，7 月 1 日登上上川岛瞻仰沙勿略之墓，清朝官员坐船前来接走了卜文气（Louis Porquet，1671.4.7—1752.7.14）、沙守信（Emeric de Chavagnac，1670.3.1—1717.9.14）、戈维里（Pierre de Goville，1668—1758.1.23）、顾铎泽（Eienne-Joseph le Couteulx，1667 或 1669.7.31—1731.8.8）、杜德美

---

① 位于苏门答腊岛最西北端，是印尼穆斯林赴麦加朝圣的枢纽。
② 〔美〕魏若望：《耶稣会士傅圣泽神甫传：索隐派思想在中国及欧洲》，吴莉苇译，第 82 页。
③ 1688 年成为法国殖民地，是孟加拉湾的贸易中心。
④ 古称"马德拉斯"是当时英国属地，距离法属本地治里很近。
⑤ 苏门答腊岛东南方面的荷兰商站，中国古称"巴林冯"或"旧港"。

（Pierre Jartoux，1668—1720.11.30）、方全纪（Jérôme Franchi，1667—1718.2.13）① 于 9 月 9 日抵达广州。汤尚贤（P. V. Du Tartre，1669.1.22—1724.2.25）和龚当信（Cyr Contancin，1670.5.25—1733.11.21）留在"安菲特利特号"上任执勤司铎职，随后于 11 月 25 日抵达广州②，而这艘法国船在广州停留了四个月后于 1703 年 8 月 17 日返回法国布雷斯特港。

五　试评法国传教士东西交通路线的影响

（一）对远东传教格局的影响

巴黎外方传教会和法国耶稣会积极帮助法国开辟远东交通路线最直接的受益者正是他们自己，这不仅使得 17 世纪下半叶成为法国传教士进入远东的峰值期，而且在深度和广度上都在远东传教史上达到了一个新高度。

1679 年，先是迪歇纳③成功说服法国苏拉特商站经理巴龙（Baron）委派东印度公司代理人布荣·德朗德尔在暹罗建立商站。不久后瓦歇④于 1684 年全程陪同暹罗使团出访法国顺利促成两国建交，从而打通了法国通向暹罗的道路，其结果是暹罗成为巴黎外方传教会的势力范围，一举打破了葡萄牙保教权对远东教务的垄断；不仅如此他们从暹罗进入越南后，在当地的势力也已经完全可以达到和耶稣会分庭抗礼的程度，例如布尔热于 1672～1677 年在东京为 34605 人受洗，戴迪耶光 1670 年一年就在东京当地为 1 万余人受洗；1684 年陆方济携阎当⑤等人抵达中国后也对耶稣会在华传教的传统地位发起挑战。

"飞鸟号"（1687）和"安菲特利特号"（1698、1701）运送入华的三批法国耶稣会士中涌现出许多对中西交流功勋卓著的知名传教士如洪若翰、白晋、李明、张诚、刘应、马若瑟、巴明多、傅圣泽以及殷弘绪等人，他们在

---

① 方全纪是意大利人，抵达中国后原属耶稣会法国传教区，后划归葡萄牙副省区。
② 〔法〕费赖之：《明清间在华耶稣会士列传（1552—1773）》，梅乘骐、梅乘骏译，第 711 页。
③ 巴黎外方传教会传教士官方档案编号 65：Pierre Joseph Duchesne（1646.11.829—1684.6.17）：1678 年 12 月 22 日出发去暹罗。
④ 巴黎外方传教会传教士官方档案编号 31：Bénigne Vachet（1641.10.31—1720.1.2）暹罗政变后去波斯传教后回国。
⑤ 巴黎外方传教会传教士官方档案编号 77：Charles Maigrot（1652.1.1—1730.2.28）他于 1687 年被任命为福建宗座代牧，之后发布禁止中国教徒祭孔祭祖的《阎当训令》，是中国礼仪之争中最主要的当事人之一，也是巴黎外方传教会在陆方济去世后在中国的实际负责人，是耶稣会传教政策最主要的反对者之一。

当时东西方的影响力和学术成就已经远远超越了葡萄牙籍的耶稣会士①；更关键的是他们和巴黎外方传教会一样绕过葡萄牙保教权，依靠法国人自己开辟的路线来华，此举势必威胁葡萄牙在远东的利益，由此直接导致了耶稣会内部葡萄牙籍和法籍耶稣会士的分裂。

因此，法国传教士开辟的新路线对远东传教格局产生了深远影响，耶稣会的优势地位因内讧而被削弱，从而转变为一种多层次错综复杂的混乱关系。对于巴黎外方传教会来说，一方面它代表罗马教廷进入远东的最终目标是要从葡萄牙保教权手中拿回传教事业的主导权，此举势必和法国耶稣会士忠于本会的意愿产生矛盾；另一方面他们又要和法国耶稣会士携手合作帮助法国在远东扩张，对此他们自始至终并未能处理得当。②

对于法国耶稣会来说，一方面他们作为耶稣会士需要和巴黎外方传教会竞争以尽力维持耶稣会在远东传教的领导地位，另一方面他们同为法国人却又应该携手共助法国的远东扩张一臂之力，这必然使得他们身处修会利益和国家利益冲突的夹缝中左右为难；对于忠于葡萄牙保教权的耶稣会士来说，他们要面对来自巴黎外方传教会和法国耶稣会的双重压力。因此，三方混战是造成中国礼仪之争在康熙朝后期严重激化的重要因素，最具讽刺意味的是

---

① 持有类似见解的有耿昇《从基督宗教的第 3 次入华高潮到西方早期中国观的形成》的代序，〔法〕谢和耐等：《明清间耶稣会士入华与中西汇通》，耿昇译，东方出版社，2011，第 7 ~ 10 页。

② 传信部于 1678 年 10 月 10 日重申了 1673 年 12 月 23 日发布的赦令 Decet romanum 和 Illius qui Caritas，以及 1674 年 6 月 8 日的赦令 Christianae religionis，要求所有远东传教士，无论任何修会和团体皆须向管辖教区内宗座代牧宣誓效忠。问题是派赴远东的宗座代牧都是由巴黎外方传教会的传教士担任，这就等于是说所有远东传教修会或者团体的传教士进入代牧区都必须听命于巴黎外方传教会的领导，这自然会引起其他修会，尤其是耶稣会的反弹，一份 1680 年 1 月 29 日传信部秘书的报告显示有四位耶稣会神父拒绝宣誓，结果陆方济致信耶稣会总会长要求其召回这四位耶稣会传教士；就在同一天，一封以教宗英诺森十一世名义写给耶稣会总会长的信则要求他立刻召回这四位神父，同时还要求今后派赴远东宗座代牧辖区内的耶稣会士要事先效忠以免引起不必要的麻烦。对此，时任的总会长奥利瓦（Oliva）宣布召回四位耶稣会士，同时他也提到不必强迫在中国的耶稣会士向他们宣誓，因为宗座代牧的权限仅限于越南和暹罗两地，他还警告说若中国和日本的宣誓问题处理不当，里斯本可能会停止资助耶稣会在中国的活动。有关宣誓问题的内容可参见 Notice bibliographique de François Pallu，Archives des missionnaires des MEP/EDA，N. 12（巴黎外方传教会传教士官方传记档案编号 12）。〔法〕维吉尔·毕诺：《中国对法国哲学思想形成的影响》，耿昇译，商务印书馆，2000，第 63 页。Adrien Launay, *Documents histoires relatifs à la Société des Missions étrangères*, 1905, pp. 89 - 94.

虽然法国到中国的海路最终打通了①，但是由于中国礼仪之争引起的百年禁教使得他们在中国的传教事业人为地被暂停下来。

（二） 对法国远东扩张的影响

法国传教士积极参与法国的远东海外扩张，主动探索东西交通的初衷是希望一个强大的法国可以为传教提供足够的安全保障，但是随着新路线的建立法国的野心也随之膨胀，17 世纪后半叶的法暹交往就是明证。荷兰控制马六甲海峡后在印度洋和东南亚的势力已达巅峰，纳莱王从巴黎外方传教会士口中得知法国是西方最强大的国家后寄希望于以夷治夷提防荷兰对暹罗的馋涎②，巴黎外方传教会敏锐地察觉到这一点于是引领两国建交，并且事实上在东南亚形成了法国（暹罗）和荷兰（印尼）双雄并立的局面，这对于在远东是后起之秀的法国来说可谓占尽便宜。但是，法国人并没有把握住这次机会，法国传教士利用东方国家的专制王权为传教和母国利益牟利，但是权力反过来也会以彼之道还之彼身。法国耶稣会士塔查尔（Guy Tachard）③ 被暹罗权臣华尔康（Constance Phaulkon）④ 所蒙蔽，为路易十四带去不实情报，致使法国方面做出派兵进驻暹罗的错误决定，最终引起 1688 年的暹罗政变使得法国人的势力被基本清除出暹罗。由此，法国失去了通往中国的中转站，"安菲特利特号" 以及 18 世纪入华贸易的法国商船在东南亚只能停靠荷兰人的商站补给，整个东南亚都拱手让与了荷兰⑤，直至第二次鸦片战争第二帝国重返印度

---

① "1699 年至 1833 年法国商船入粤共计 141 艘。"参见王巨新《清朝前期涉外法律研究——以广东地区来华外国人管理为中心》，人民出版社，2012，第 443～452 页。

② Adrien Launay, *Siam et les missionnaires français*, A. Mame et fils, 1896, pp. 69 - 79.

③ 塔查尔原本应跟随洪若瀚 1687 年入华，但是被那莱王挽留下来，因为他希望塔查尔神父可以回法国招募耶稣会士来暹罗，参见吕颖《17 世纪末法国与暹罗外交的斡旋者——塔查尔》，《南洋问题研究》2012 年第 2 期。

④ 华尔康希腊人，原本受雇于英国东印度公司去暹罗开设商站，后来成为那莱王的左右手，他知道暹罗一直忧心荷兰人会入侵，所以一直向国王鼓吹和法国结盟，他撇开巴黎外方传教会和法国特使，瞒着那莱王和暹罗朝廷，诱使塔查尔神父担任两国结盟的秘密联络人，目的只是巩固他在暹罗宫廷中岌岌可危的地位。

⑤ 暹罗政变后只有西方人中的荷兰人被允许留下经商，1703 年推翻华尔康的碧罗阇去世后，他的儿子又在巴黎外方传教会士西塞（Louis Champion de Cicé, 1648.9.24—1727.4.1）的斡旋下重新和法国建立联系，这位新国王同意法国东印度公司在当地在此设立商战并且给予他们同荷兰人一样的贸易地位，而这 15 年间西方国家只有荷兰被允许在暹罗进行贸易活动。西塞出发传教之日为 1682 年 4 月 6 日，目的地不详，只知道他曾经赴中国和暹罗传教，1700 年 1 月 19 日被封为 Sabule 主教，管辖地为暹罗，其入华和离华之日皆不详。参见 Adrien Launay, *Siam et les missionnaires français*, A. Mame et fils, 1896。

支那和中国为止。

六 结语

综上所述，巴黎外方传教会和法国东印度公司相互配合在 17 世纪中后叶开辟出法国到印度和暹罗的远东交通网络，法国耶稣会在此基础上于 17 世纪末更进一步打通了法国到中国的航线。由此可以得出结论，认为法国传教士对于法国远东扩张事业的起步和发展贡献良多，传教和贸易并举的时代特征在法国传教士探索入华通道的过程中得以充分体现，不过他们过度参与政治以及相互之间争斗竞逐也同时破坏，甚至毁灭了自己努力开创的传教事业。

国家治理与君臣之谊：康熙颁布容教诏令的考量

马伟华[*]

摘要： 学界对康熙三十一年容教诏令的研究，多关注于南怀仁、索额图等人的作用，对康熙在容教诏令颁发过程中的核心地位认识不足。实际上，康熙主导了清廷的天主教政策，南怀仁、索额图等人的活动都围绕康熙展开。康熙起先禁止天主教在华传播，后因南怀仁等人效忠清廷的行为，又逐渐默许天主教传播。容教诏令颁发前，康熙对天主教的策略是限制其传播。与此同时，康熙通过各种途径密查传教士的行为，得出其不为非作歹的结论。康熙一面禁教、一面默许天主教传播的政策，最终导致了杭州教案的发生。康熙企图继续维持先前政策，但耶稣会士的强烈反应，触动了康熙。在权衡利弊之后，康熙最终颁布容教诏令。天主教的传播不会威胁皇权统治，构成了康熙颁布容教诏令的必要条件，而康熙对待西学的强烈求知欲则促成了容教诏令的最终颁布。

关键词： 康熙；南怀仁；容教诏令

康熙三十一年（1692）二月，清廷颁布容教诏令，允许天主教在华传播，实现了明末以来利玛窦等耶稣会士孜孜以求的在华传教自由，天主教在中国传播的合法性获得清廷的认可。对于此一明清天主教在华传教史上的重要事件，张先清在其《康熙三十一年容教诏令初探》一文中对容教诏令颁布的全过程进行了细致入微的研究。在研读《康熙三十一年容教诏令初探》及相关研究论著时[①]，笔者

---

* 马伟华，郑州大学历史学院讲师。

① 相关研究参见张先清《康熙三十一年容教诏令初探》，《历史研究》2006 年第 5 期；林金水《试论南怀仁对康熙皇帝天主教政策的影响》，收入魏若望编《传教士·科学家·工程师·外交家南怀仁（1623～1688）》，社会科学文献出版社，2001，第 403～438 页；吴伯娅《康雍乾三帝与西学东渐》，宗教文化出版社，2002，第 124～139 页；吴伯娅《康熙帝事考两则》，收入中国社会科学院历史研究所清史研究室编《清史论丛》（2009 年号），中国广播电视出版社，2008，第 187～196 页；龚缨晏、陈雪军《康熙 "1692 年宽容敕令" 与浙江》，收入黄爱平、黄兴涛编《西学与清代文化》，中华书局，2008，第 178～182 页；曹增友《康熙时期耶稣会传教士所为及政府政策的演变》，收入张西平主编《莱布尼茨思想中的中国元素》，大象出版社，2010，第 355～387 页。

发现在前辈学者的描述中，南怀仁、索额图等人是推动容教诏令颁发的主要人物，康熙只是处于被动接受者的角色。南怀仁等传教士有意识地向康熙传播有关天主教的知识，使康熙加深了对天主教的了解；杭州教案发生后，索额图则劝说康熙、礼部等允许天主教公开传播。

学界这样的论述，与历史上康熙的形象完全不同。南怀仁曾这样描述康熙："他显著不同于其他统治者的一点是，从他开始实行统治到现在，他始终掌管着政府，从不允许任何人替他代行政务，也不许可官员们自行处理和解决任何公共事务。"① 而南怀仁在临终前曾留下一封呈送给康熙的信，信中宣称自己把一生的分分秒秒都用来为康熙效劳了，做这一切之唯一目的就是"在东方最伟大君主身上获得世界上最神圣的宗教的保护者"。② 在南怀仁的眼中，康熙手握权柄，乾坤独断，绝对不允许任何王公大臣替代自己管理政务。南怀仁等耶稣会士来华之首要目的就是传教，而天主教是否能在华传播显然属于由康熙亲自决断的政务，因而南怀仁等积极谋求康熙为天主教传播打开方便之门。本文以康熙对待天主教政策的变化为主线，分析康熙天主教政策的变化的原因，阐释康熙在容教诏令颁发过程中的主导地位。

一 康熙禁止天主教在华传播

明清之际，西方传教士不远万里来到中国之目的就是在华传播天主教，汤若望曾经明确地表示："臣自大西洋八万里航海来京，不婚不宦，专以昭事上帝，阐扬天主圣教为本。"③ 顺治年间，清廷并未对天主教的传播进行过多的干预。而且由于汤若望陆续获得顺治赐地新建天主教堂、御赐匾额、撰写《天主堂碑记》等一系列的恩典，教会也从中受益匪浅，自顺治八年（1651）顺治亲政至康熙三年（1664），全国的信教人数急速增加。④ 然而，康熙三年

---

① 南怀仁：《扈从康熙皇帝巡幸西鞑靼记》，张美华译，《清史研究通讯》1987 年第 1 期，第 38 页。

② 李明：《中国近事报道（1687—1692）》，郭强等译，大象出版社，2004，第 55 页。

③ 徐光启等《西洋新法历书·汤若望奏疏》，收入薄树人主编《中国科学技术典籍通汇·天文卷八》，河南教育出版社，1993，第 859 页。

④ 南怀仁估计每年新加入天主教的人数在万人左右，毕嘉估计在 1651 年（顺治八年）至 1664 年（康熙三年）的 14 年时间里，中国领洗入教者至少有 104980 人；而卫匡国维估算在 1581～1650 年的 70 年中，领洗入教的人数约有 15 万。由此可见，天主教在这 14 年的迅猛传播。参见魏特《汤若望传》，杨丙辰译，商务印书馆，1949，第 348 页。

杨光先状告汤若望谋叛清廷，造传妖书惑众，且 30 所天主教堂散布于全国，
"逆形已成"，要求清廷剪除天主教①，康熙历狱随即发生。尽管康熙历狱最
终并未以"谋叛"和"妖书"判处汤若望等人，不过历狱仍对天主教在华传
播构成一次巨大打击，清廷下令收缴天主教圣物，将栗安当等西洋传教士驿
送广东，禁止其继续传教。

康熙八年（1669），历狱翻案时机到来，利类思、安文思、南怀仁通过礼
部上奏，申明天主教并非邪教，汤若望亦未曾谋叛清廷。② 礼部复查后认为天
主教乃儒、释、道三教以外之教，并非正教，不便弛禁。③ 和硕康亲王杰淑等
讨论后奏称，信奉天主教之人并没有为非作歹的行为，天主教应准许西洋人
照旧供奉；但是天主教集会，散发《天学传概》、铜像等事，应照旧禁止；因
历狱而被解送广东的栗安当等 25 名传教士，可驿送来京候旨。康熙对此批复
道："栗安当等二十五人不必取来京城，其天主教除南怀仁等照常自行外，恐
直隶各省或复立堂入家，仍着严行晓谕禁止。"④ 康熙明令禁止天主教在华传
播，此即后来杭州教案中数次提及的 1669 年禁教令。

康熙之所以在 1669 年禁止天主教传播，最主要的原因是天主教并不符合
清廷的治国方针。杭州教案期间，浙江巡抚张鹏翮的禁教令反而更好地反映
了康熙的治国之策。张鹏翮说他谨遵康熙的旨意，努力使人民恪守儒家之道。
因为儒家之道使得百姓对长辈讲求孝悌，臣民效忠皇上，人们以仁义和孝悌
之道修身养性，从而实现百姓安居乐业，国家长治久安。禁令中说康熙皇帝
更是树立了独尊儒术的榜样，他以熟读四书五经作为官员晋升的必经之路，
各级官员也以此来治理各行各业的百姓。而一些生性愚钝的百姓，却盲目地
被天主教这一非法的宗教所吸引，背离了皇帝禁教的诏令，因此要惩罚那些
执迷不悟的信徒。⑤ 既然天主教教导人们关注死后之事，不同于康熙治国之本
的儒家之道，就无怪乎康熙多次发布禁教令了。

况且，正如礼部所奏，天主教乃儒、释、道三教以外之教，且顺治曾因

① 杨光先：《不得已》，收入薄树人主编《中国科学技术典籍通汇·天文卷六》，河南教育出版社，1993，第 898~899 页。
② 利类思等：《利类思安文思南怀仁奏疏》，收入〔比利时〕钟鸣旦、〔荷〕杜鼎克、黄一农、祝平一等编《徐家汇藏书楼明清天主教文献》第二册，方济出版社，1996，第 998~1001 页。
③ 〔德〕莱布尼茨编《中国近事——为了照亮我们这个时代的历史》，杨保筠译，大象出版社，2005，第 8~9 页。
④ 南怀仁：《熙朝定案》，第 83 页。
⑤ 〔德〕莱布尼茨编《中国近事——为了照亮我们这个时代的历史》，第 22~23 页。

左道惑众结党，夜聚晓散，颁上谕要求严禁儒释道以外邪教之流传。彼时，康熙刚刚接触传教士与天主教，对其了解不深，颁布禁教令实属情理之中。此外，作为清廷的最高统治者，康熙处理问题的出发点是维护和加强自己的统治，"因为一有风吹草动，其皇位就可能动摇"。① 可康熙历狱中杨光先所描述的天主教"布党京省"，聚众结社的情形，使康熙不得不对天主教加以提防，这也是在一段时间内康熙不愿允许天主教传播的重要考虑之一。

最后，尽管康熙最终颁布了容教诏令，但康熙对天主教并无特殊的好感，更谈不上有信奉天主教的可能。② 据白晋的描述，康熙行事缜密，从不流露自己的意图，"致使人们感到越是接近皇上，却越加难于察觉他的想法"。③ 因为康熙从不表露自己的想法，白晋也看不出康熙内心对天主教的真正态度。④ 康熙三十年，传教士向康熙禀明杭州教案时，康熙问传教士为何总是关心一个他们从没有到过的世界，而对现在生活的世界视若无睹，他建议传教士将那些只对死人有好处的关心放到生命结束之后，"对于我来说，我对另一个世界的所有这些事情都不怎么感兴趣，我才不会费心竭力去裁决有关这些看不见的思想的所有诉讼"。⑤ 由此可见，康熙自己内心并不接受天主教，将其教义视为虚无缥缈的东西。南怀仁也认识到康熙"有耽溺于享乐的倾向，因之，他似乎不信仰基督教"。⑥

二 康熙默许传教士传教

康熙禁止百姓入教的命令，显然与传教士进入中国传教之根本目的相悖，利类思、南怀仁等人必然为寻找传教空间而努力。从名义上来讲，各地的传教士只能自己信奉天主教，但不允许向百姓传教。而南怀仁在利类思、安文思去世后，利用他日渐扩大的影响力拓展传教空间，"凭其特殊才

---

① 李明：《中国近事报道（1687—1692）》，第272页。
② 白晋因康熙公开保护天主教，及向臣民表露对天主教的好感，进而认为康熙离"天国已经不远了"。参见白晋《中国现任皇帝传》，收入莱布尼茨编《中国近事——为了照亮我们这个时代的历史》，第96页。
③ 白晋：《中国现任皇帝传》，收入莱布尼茨编《中国近事——为了照亮我们这个时代的历史》，第57页。
④ 白晋：《中国现任皇帝传》，收入莱布尼茨编《中国近事——为了照亮我们这个时代的历史》，第96页。
⑤ 李明：《中国近事报道（1687—1692）》，第348～349页。
⑥ 南怀仁：《鞑靼旅行记》，收录于杜文凯编《清代西人见闻录》，第84页。

华与远见卓识，与中国人很快打成一片，使反对天主教者转变态度，拓展天主神国"。①

康熙自然成为南怀仁希望说服的第一个目标。在具体的传教策略上，南怀仁强烈主张"不要急于向清廷要求天主教在华之自由，而只有我们对皇上和清廷的效忠和我们的仁德懿风才能保证产生更好的结果"。② 南怀仁在为清廷治理历法、铸造火炮的过程中，兢兢业业、勤勤恳恳，可谓忠心耿耿、尽职尽责。南怀仁的所作所为，无一不表明他效忠康熙和清廷的立场。南怀仁的努力获得了回报，白晋曾说："康熙皇帝非常喜欢那些愿意效力、必要时肯做出自我牺牲的人，赐予他们殊荣。"③ 康熙逐渐认可在京耶稣会士忠诚于清廷，因而康熙对天主教释放出更多的善意。康熙二十七年三月，康熙在给理藩院下旨时明确表示耶稣会士忠诚可信："朕看所用西洋人真实而诚悫可信，罗刹着徐日升去，会喇第诺文字，其文妥当。"④

南怀仁则利用向康熙传授科学以及和康熙接触的各种有利机会，有意识地向康熙传播和灌输天主教的信仰和知识。⑤ 这些努力渐渐也有了结果。康熙十年（1671）冬，康熙书写"敬天"匾额悬挂天主堂中，并说"敬天"二字为敬天主之意。康熙十九年（1680）八月，康熙赐给李守谦"奉旨传教"四字，准许他前往各省传教。南怀仁在跟随康熙巡视沈阳时，向达官贵人宣讲天主教义，人们还"看见了皇帝象（像）在讲坛上讲演一般地来同我讨论我们的信仰"⑥ 康熙二十三年（1684），恩理格去世后，康熙御赐恩利格"海隅之秀"的匾额。康熙二十六年（1687），法国耶稣会士李明到达中国后，受到了康熙的接见，并感受到康熙给予他们特殊的款待，他在寄往欧洲的信中写道：

> 您对崇拜偶像的人民的君主如此公开厚待宗教大概会感到吃惊吧。而且，可能您更想知道他如此对待我们的动机。这种善心大概来源于长

---

① 〔德〕莱布尼茨编《中国近事——为了照亮我们这个时代的历史》，第16页。
② 〔德〕莱布尼茨编《中国近事——为了照亮我们这个时代的历史》，第17页。
③ 白晋：《中国现任皇帝传》，收入莱布尼茨编《中国近事——为了照亮我们这个时代的历史》，第72页。
④ 南怀仁：《熙朝定案》，第170页。罗刹是俄罗斯东部。
⑤ 南怀仁对康熙的传教方式和内容，参见林金水《试论南怀仁对康熙皇帝天主教政策的影响》，载魏若望编《传教士·科学家·工程师·外交家南怀仁（1623~1688）》，第411~416页。
⑥ 南怀仁：《鞑靼旅行记》，收录于杜文凯编《清代西人见闻录》，第81页。

期以来，他对北京传教士所形成的敬重：除了科学使他们成为受欢迎的人外，他一直承认在他们身上有正直和善良的美德，以火一般的热情为他服务，对他的意愿的忠诚（当意愿与宗教无关时），他们令他极其崇尚的淳朴的生活，还有那宣扬真正上帝的强烈愿望。①

李明十分准确恰当地指出了康熙款待传教士的缘由：南怀仁等在京传教士忠诚清朝的立场、在天文历法等科学方面的贡献以及传教士自身良好的品德修养。康熙虽然颁布了 1669 年禁教令，然而即使他本人也没有督促严格执行这一法令，"北京的福音传教甚至宣扬到了皇上的眼皮底下，却没有任何人指责"。② 由于康熙对传教士的示好行为，并且没有督促禁教政策的严格执行，如此一来就形成较为宽松的传教氛围。

康熙宽待天主教的态度也影响了群臣执行禁教令的力度。南怀仁积极劝服大臣们不严厉执行禁教令③，为此，南怀仁常出入皇宫，谦和地和皇室大臣谈论问题；当大臣聚会时，常常送给他们一些西洋工艺品；如果有人不在场，就寄信给他们。南怀仁取得了成功，禁教政策没有被严格地实行。④ 此种情形下，散布各地的传教士在明知 1669 年禁教令的情形下，开始了传教活动：

> 传教士并不是不知道这些禁令，但他们特殊的热忱和北京的榜样使他们跨越了人类谨慎的普遍准则，北京的福音传教甚至宣扬到了皇上的眼皮底下，却没有任何人指责。同样的考虑已经让各省大部分的官员装作没看见；当他们中有人准备遏制宗教进展时，我们就用礼物和北京的神父为我们搞到的说项的信来缓和他；或者如果必要的话，我们甚至使用皇上的权威来对抗他。⑤

传教士开始瞒着清廷在各省安置传教士，修建新的教堂，劝导大批百姓

---

① 李明：《中国近事报道（1687—1692）》，第 55 页。
② 李明：《中国近事报道（1687—1692）》，第 342 页。
③ 笔者推测，康熙对待天主教的态度很可能成为南怀仁说服群臣的重要砝码。
④ 〔德〕莱布尼茨编《中国近事——为了照亮我们这个时代的历史》，第 16 页。
⑤ 李明：《中国近事报道（1687—1692）》，第 342 页。

信仰天主教。① 李明来到中国时（1687），全国各地大约有 200 余座大小不等的天主教堂。② 这些传教成绩很大程度上归功南怀仁在清廷中央政权内部积极拓展的传教空间。1681 年，教皇英诺森十一世在向南怀仁颁发的敕书中说道，从康熙历狱以后，南怀仁"成为信仰的保护者，成为各省受到中国官员骚扰或迫害的传教士的依靠"。③

三 康熙限制天主教传播的策略

康熙默许传教士传教，但绝不是任由传教士自由传教。康熙二十六年三月，南怀仁在权衡当时天主教的处境之后，征得徐日昇和安多的同意，上奏陈述清廷对待天主教的诸多不公之处，请求依照康熙历狱发生前的情形，允许传教士可以在华不受任何阻碍，自由地传教：

> 既然事实已经证明西士不是为了覆灭圣朝，恰恰相反，而是为了维护圣朝，并使他强大，既然臣这许多年来的所作所为已经驳倒那些控告，朝廷应该颁布敕命，允许任何人接受和信仰天主教，断绝某些诬告者的任何诽谤。④

礼部、工部查明奏称天主教只准西洋人信奉，不允许其自由传教。礼部等反对天主教自由传播的理由应与以往相同，即天主教系外来宗教，如果允许天主教自由传播，有失大清国之光彩；允许天主教传播，加入该教的老百姓会很快增长，于大清江山不利。⑤ 康熙充分肯定了礼部等的意见："天主教应行禁止，部议极当。但见地方官禁止条约内，将天主教同于白莲教谋叛字样，此言太过，着删去。"⑥

康熙一面明令禁止天主教传播，一面默许传教士传教，却又不愿意给予天主教传教自由。这些政策看似存在矛盾，实际上都根源于康熙限制天主教

---

① 李明：《中国近事报道（1687—1692）》，第 349 页。

② 李明：《中国近事报道（1687—1692）》，第 333 页。

③ 〔法〕杜赫德编《耶稣会士中国书简集——中国回忆录》第 1 卷，郑德弟等译，第 265 页。

④ 《南怀仁通信集》，第 535～537 页，转引自林金水《试论南怀仁对康熙皇帝天主教政策的影响》，《世界宗教研究》1991 年第 1 期。

⑤ 〔德〕莱布尼茨编《中国近事——为了照亮我们这个时代的历史》，第 14～15 页。

⑥ 中国第一历史档案馆整理《康熙起居注》第二册，中华书局，1984，第 1617 页。

传播的策略。南怀仁等传教士为清廷效力颇多，康熙却无法用功名利禄来驾驭他们，因此康熙通过限制天主教传播规模的策略来笼络传教士。这样，即能让传教士更好地为清廷服务，又能将天主教的传播限制在一定范围内，同时又不放任百姓信教，不会使天主教的传播威胁到清朝的统治。① 南怀仁曾经看透康熙的心思：“皇帝的意志对我们是处处限制，如违背他的意志，或者对此有任何轻微的表现，都立刻危害我们的整个传教事业。”② 尽管康熙重申禁教令，或许考虑到南怀仁等效忠清廷的立场，以及对天主教义了解的加深，康熙下令将天主教等同谋叛的字样删除。

南怀仁等传教士进入中国的唯一目的就是传播天主教，康熙也很清楚这一点，张诚说：“陛下知道我们从远处来到他的帝国，留在他的宫廷中效力，唯一系念的事就是达到传教的目的。”③ 为了获得皇帝对传播天主教某种程度的允可，传教士才会心甘情愿地为清廷效力。世俗社会的高官厚禄、恩荣宠幸对传教士来说都是浮云，康熙也意识到无法用这些来操控传教士，而他又需要传教士为其服务，从传教士那里学习西学。当康熙发现天主教并不会对他的政权构成威胁后，他在默许传教中寻找到了禁教和利用传教士两者之间的最佳平衡点。如此一来，既能让传教士为清廷服务，又限制了天主教传播的规模和速度。

四　康熙密查传教士的修为

据白晋描述，康熙“对所有值得调查的事情，都要搜集大量的有关情报，与六部的公开调查相反，他委派各种身份的人秘密进行调查”。④ 传教士对待清朝和康熙本人的态度，以及天主教的传播是否会影响到清朝的统治，显然属于康熙认为值得调查的内容。张诚在日记中记载康熙不但在朝廷中考察传

---

① 《张诚日记》中记载康熙曾对徐日升等传教士说道：“他可以庇护在中国的外国传教士，但是不愿放任信教的中国人，这些中国教徒以为依仗我们（指传教士，笔者注），便可以抬高他们自己的身价任性妄为，那是他所不能容许的。”参见张诚《张诚日记》，陈霞飞译，第79页。
② 南怀仁：《扈从康熙皇帝巡幸西鞑靼记》，张美华译，《清史研究通讯》1987年第1期，第39页。
③ 张诚：《张诚日记》，陈霞飞译，第79页。
④ 白晋：《中国现任皇帝传》，收入莱布尼茨编《中国近事——为了照亮我们这个时代的历史》，第57页。

教士，还特地派人住在传教士家中，甚至派出可靠的人去外省考察教会人士在那里的举动。①《中国近事报道》中对康熙秘密考察传教士行为的记载更为详细：

> 他（康熙）派暗探到教士们的住处去打探，对他们禁欲修行和肉体上的苦修一清二楚。皇帝还委派了一名有学问的满族人到神父那儿，美其名曰学习哲学，实际上是去了解最隐秘的事情。那人与传教士一起待了一年时间，人们居然都没有发现皇帝的用意是命令他去发现传教士们藏而不露的放荡生活，尤其是想知道传教士究竟是怎么看待皇帝本人的。②

康熙派人刺探传教士是为了知晓传教士是如何看待他本人，也就是如何对待清朝统治的。而康熙似乎对他派遣的人也不太信任，当那位满族暗探称传教士高洁无邪时，康熙通过酷刑来证明那名暗探没有收受传教士的贿赂。③康熙平常交往最多的仍是在京耶稣会士，虽然康熙得出在京耶稣会士忠诚可靠的判断，但是对散处各地的传教士知之不多。为了对各地传教士的行为有所了解，康熙自然不会放弃亲自考察他们的机会。在南巡期间，康熙频繁地召见传教士。

康熙一生共六次南巡，其南巡主要目的在于促进生产，安抚民心。④南巡过程中，康熙曾多次接见传教士。根据史料记载统计后即可发现，康熙在容教诏令颁发前的第二次南巡（1689）过程中，接触会见传教士的频率次数，大大超过历次南巡。康熙此举乃有意为之，目的在于广泛接触各地传教士，考察他们的言行举止。

康熙二十三年，在平定三藩叛乱，收复台湾，政治局势总体安定的背景下，康熙开始了第一次南巡。康熙南巡刚至济南，就差人前往济南天主堂查看，不料汪儒望不在堂内。康熙一到南京，即向簇拥的百姓询问城内

---

① 张诚：《张诚日记》，陈霞飞译，第 71～72 页。
② 李明：《中国近事报道（1687—1692）》，第 292 页。
③ 李明：《中国近事报道（1687—1692）》，第 292 页。
④ 有关康熙南巡的内容参见商鸿逵《康熙南巡与治理黄河》，《北京大学学报》（哲学社会科学版）1981 年第 4 期，第 42～51 页；刘潞《康熙南巡浅论》，《故宫博物院院刊》1983 年第 2 期，第 70～79 页。

天主堂在何处。随即派侍卫赵昌前去询问为何济南天主堂内没有西洋神甫，传教士毕嘉回奏因汪儒望来南京探访，故而堂中无人。康熙获悉缘由后，差人召汪、毕二位传教士觐见，两人向康熙进献方物，康熙赏赐两人银两等物。康熙仔细询问两人姓名、年龄、何时到中国、旅居南京几年，两人一一作答。康熙问两人在此"何所恃以度日"，两人奏云："蒙皇上已开海禁，今得西洋寄来用度。"① 康熙又问两人是否知道格物穷理之学，身上是否带有天主像等物。康熙返回北京后，南怀仁前去谢恩，康熙又一一询问了何省何处有天主堂。

康熙一到济南、南京就先打听天主堂在何处，又急于知晓济南天主堂内为何没有西洋人。在与毕嘉、汪儒望不经意的谈话中，康熙考察两人传教的经济来源、汉语水平、宗教虔诚与否等事，又从南怀仁口中得知天主堂在国内的布局。由此可见，康熙希望了解天主教传播的心态。尽管有了这次接触，或许是因为康熙二十六年南怀仁向其祈求允许天主教自由传播的因素，康熙在第二次南巡中在更大范围内考察各地传教士。

康熙二十八年（1689），康熙第二次南巡。在济南的迎接人群中，康熙看到传教士柯若瑟即召前询问。在杭州遇到殷铎泽时，康熙询问他与徐日昇是否有书信来往，因殷铎泽在康熙历狱时被带到京城，还曾见过汤若望，两人又回忆起康熙历狱。在苏州康熙询问潘国良可曾读过中文书籍，是否晓得松江方言。康熙询问传教士的内容主要包括姓名、年龄、到中国几年、曾在何处居住、是否到过北京、是否通晓汉语和历法、天主堂所在何处等事。在南京，康熙派人询问毕嘉、洪若两位传教士。

康熙除亲自考察和派人刺探传教士，还通过各级官员关注传教士的举动。如上述康熙二十九年，山东发生牵扯传教士的案件时，康熙即要求山东巡抚查明原委。山东巡抚佛伦在奏明处理结果时充分肯定了传教士的修为："臣看得，西洋人学问真实，断不为不义之事。"② 康熙五十四年（1715），河北真定府发生因拖欠传教士地租而发生的斗殴事件，康熙给直隶总督下旨要求其细察缘由，并说："西洋人到中国将三百年，未见不好，若事无大关，从宽亦可。"③ 由此可知，康熙还通过考察历史来了解传教士。

从上面康熙与传教士的交往中，我们可以推断康熙会获取如下信息：大

---

① 南怀仁：《熙朝定案》，第 156 页。
② 中国第一历史档案馆编《康熙朝满文朱批奏折全译》，第 12 页。
③ 中国第一历史档案馆编《康熙朝汉文朱批奏折汇编》第六册，档案出版社，1985，第 122 页。

多数传教士熟知汉语，有人甚至可以使用地方方言交谈；传教士在华生活的经济来源；传教士熟知并遵从中国礼仪和习俗，如每次毕恭毕敬地跪迎恭送、呈递给康熙的奏折要用小字撰写等；传教士大多有真才实学，如毕嘉可以测量星宿。从下文康熙颁布容教诏令来看，康熙通过各种途径，应该没有得到有关传教士及教徒为非作歹的消息，而对于传教士来说没有坏消息就是好消息。康熙或许在第二次南巡后已经得出了以上结论，不过直到康熙四十八年（1709），在给传教士的圣谕中康熙才明确表明这一点：

> 西洋人自南怀仁、安文思、徐日昇、利类思等在廷效力，俱勉力公事，未尝有错，中国人多有不信，朕向深知真诚可信。即历年以来，朕细访伊等之行实，凡非礼之事，断不去做，岂有过犯可指。①

上述史料前半部分所述内容，南怀仁等通过效力清廷使康熙得出在京耶稣会士忠诚可靠的判断。后半部分史料所述"历年以来"考察传教士，显然包括康熙派人刺探传教士，以及第一次、第二次南巡时亲自考察各地传教士的行为。总之，康熙通过各种途径，得出传教士及教徒不做非礼之事，不为非作歹的结论。

传教士及教徒不为非作歹，一方面是由于天主教教义的约束，一方面也是传教士有意为之。传教士感觉在中国犹如"被抛弃的孤儿"一般，因而努力避免诉讼、争吵和最小的争执。② 徐日昇就曾劝告教友应尽量避免与清朝官宦发生冲撞，应尽量听从他们。③

五　杭州教案：康熙对天主教矛盾政策的产物

康熙认可在京耶稣会士忠诚可靠、得出传教士不为非作歹等判断为容教诏令的颁发奠定了基础，而杭州教案的发生则直接促成康熙最终决定颁布容教诏令。杭州教案的发生，根源于康熙一面明令禁止天主教的传播，一面又默许传教士传播的限制策略。

---

① 黄伯禄：《正教奉褒》，载韩琦等校注《熙朝崇正集熙朝定案（外三种）》，中华书局，2006，第367页。
② 李明：《中国近事报道（1687—1692）》，第356页。
③ 〔德〕莱布尼茨编《中国近事——为了照亮我们这个时代的历史》，第19页。

康熙对传教士的示好行为，以及南巡时接见各地传教士，使得传教士过于乐观地估计了当时的传教形势，他们有时在与清廷地方官员交往时变得不那么谨慎，有时甚至有些狂妄。杭州教案源于浙江省兰溪县和临安县发生的反教风波，当地方官员质问多明我会传教士阿尔卡拉为何在兰溪城定居，并且还宣扬外国宗教时。阿尔卡拉援引康熙允许洪若等五位法国耶稣会士在清朝居住的命令，称自己是为他们购买并代管房子；他还声称康熙已允许传教士从流放地返回教堂，而自己也在那份返回人员的名单中。① 地方官员并不理会阿尔卡拉的解释，张贴告示禁止在自己的辖区内信奉天主教。

本来事件只是局限在很小的范围内，可是由于耶稣会浙江省负责人殷铎泽的参与导致事件急剧升温。殷铎泽因为康熙曾下令在地方条约删去"天主教同于白莲教谋叛"的字样，认为"一个小官吏用私人的权力为皇上似乎已经同意的事情定罪是一个应受到惩罚的轻率举动"。② 他自以为有权按照程序控告兰溪县发生的反教事件。因此，殷铎泽向浙江巡抚张鹏翮写了"一封措辞极为强硬的信，请求总督迫使这位下级官员推翻前言，并让人撕掉这个不公正的告示。他甚至还写道，为了修正这个错误，他希望这个官员在以前张贴告示的地方贴上其他的更有利于宗教和更符合皇上意图的告示"。③ 殷铎泽因康熙对传教士的示好行为，擅自揣测康熙善待天主教的意图，而完全没有考虑 1669 年的禁教令。

浙江巡抚张鹏翮在收到这封信后，将信转给了临安县令，表明当时他并未做出如何处理此事的决定。而临安县令则找出康熙八年禁止百姓信奉天主教的敕令，证明自己所作所为完全有据可依。站在浙江巡抚的立场，一方是临安县令给出了禁教的法理依据，而且康熙在二十六年重申了禁止百姓入教的规定；一方是一位西洋人以皇帝的意图为名要求推翻政府官员的决定。浙江巡抚当然是要遵从康熙明文颁布的敕令，他发布命令要求遵从康熙的旨意，禁止百姓入教，惩罚执迷不悟的基督徒，让那些已经信奉天主教的人放弃信仰。

客观来讲，殷铎泽作为一名西洋传教士，没有任何理由要求浙江省的最高行政长官去推翻下属做出的合法决定，他提出张贴有利于基督教告示的要求更属无理。正是由于殷铎泽的"狂妄"行为才导致在整个浙江省掀起大规

① 李明：《中国近事报道（1687—1692）》，第 340 页。
② 李明：《中国近事报道（1687—1692）》，第 341 页。
③ 李明：《中国近事报道（1687—1692）》，第 341 页。

模的禁教运动，他混淆了在中国"默许"与"大张旗鼓"之间的差异。殷铎泽之所以会如此激进，根源在于当时宽松的传教氛围。虽然传教士知道禁止百姓入教的禁令，但是他们可以大摇大摆地在北京、在康熙眼皮底下传教，却没有受到任何指责，在各省传教也没有受到阻碍；康熙下令删除地方法令中天主教等同谋叛的字句；康熙南巡时接见传教士，派侍卫去天主堂朝拜并颁赐银两等行为，使得传教士过于乐观，以为可以明目张胆地要求地方官员支持其传教行为。

浙江巡抚开始追究殷铎泽没有获得任何许可即定居杭州一事[①]，并命令传教士烧掉所有的宗教书籍和印刷模板。殷铎泽则以他在康熙南巡时，受到皇帝的接见和礼遇为由替自己辩护，声称因为皇帝对他的种种示好行为，因此他相信他不会再遭受皇帝任何一个官员的苛刻待遇和侮辱。[②] 可是当时的法令仍然禁止传教士自由居住，殷铎泽受到浙江省官员的审讯和盘问。浙江省的天主教徒也受到处罚，殷铎泽给洪若的信中写道："人们对我的可怜的基督徒施行的暴力；人们抢劫他们的钱财，进入他们的住宅，虐待他们，扔掉他们的圣像，使他们终日不得安宁。"[③] 此种情形下，殷铎泽不得不向居住在北京的张诚、徐日昇等人求救。

由于殷铎泽的狂妄，西洋传教士在民间私自传教的行为被公布于众，而这明显违背康熙禁教的敕令。张诚获悉这一事件后，认为不应向康熙提及此事，他恳请索额图写信给浙江巡抚张鹏翮，劝说其停止禁教活动。索额图的信并没有发生效用，这样就把传教士逼到了一个两难的境地。如果传教士任由浙江省的禁教活动发展，迫害天主教徒的行为会产生不良的示范作用，会对他们在华传教事业造成莫大的损害。而如果传教士请求康熙干预此事，等于向康熙表明他们违反了皇帝的敕令，从事传教活动。由于当时，徐日昇、张诚、安多等在向康熙讲授西方知识过程中，与康熙之间形成了一种亲切的气氛，"当杭州教案爆发时，正是这种气氛最好的时候"。[④] 再加上基于天主教义他们也有义务向受难的教友伸出援助之手。权衡利弊之后，传教士决定向康熙禀明杭州教案。

---

① 殷铎泽于1660~1665年在江西传教，1665年被解送北京。1671年返回欧洲，1674年返回中国后，在杭州定居。
② 李明：《中国近事报道（1687—1692）》，第343页。
③ 〔法〕杜赫德编《耶稣会士中国书简集——中国回忆录》第1卷，郑德弟等译，第281页。
④ 〔法〕杜赫德编《耶稣会士中国书简集——中国回忆录》第1卷，郑德弟等译，第281页。

六　维持原状：康熙继续禁止天主教传播

在收到殷铎泽的信件两个月之后，康熙三十年十一月初三（1691 年 12 月 21 日），徐日昇等人终于求见康熙，请求皇帝干预杭州教案。传教士对他们私自传教之事避而不谈，集中向康熙禀明两点：第一，浙江巡抚违抗皇帝的谕旨，要将浙江境内的传教士驱逐出境①；第二，废除以前的禁教法令②，"恭敬地请求他给予在各省的教友以在北京、在陛下视线中和保护下享有的那种幸福的平静"。③ 康熙当时似乎也面临"两难"的境况，浙江巡抚在严格执行禁止天主教集会，禁止百姓信仰天主教的诏令；而传教士则要求康熙将他默许传教士在北京传教，不追究信徒责任的做法推行到全国。两者的要求似乎都没有错，康熙并没有接见传教士，而是通过大臣向他们提供了两个解决问题的方案。第一个办法，由康熙发给浙江巡抚一道密令，让他停止禁教活动；第二个办法，传教士撰写奏折，将此事提交大臣讨论。康熙让传教士在两种方法之间选择最适合当时形势的一个，第二天再禀明他们的最终决定。④ 康熙提供的解决方法真可谓妙不可言，第一个方法延续了他默许传教的政策，确实最简单易行，既能迅速平息杭州教案，满足传教士的要求，又不破坏他限制天主教传播的策略。第二个方法，如果传教士坚持要求废除以前的禁教法令，他们就需要冒着一定的风险，将此事提交大臣决定，因为以前的禁教法令就是由议政王、贝勒、大臣、九卿等共同商定的。如果大臣们继续坚持要求实施禁教令，康熙就有理由将责任推卸到大臣深身上。

传教士为采用哪一种办法而犹豫不定。他们考虑如果将案子交到礼部处置，修建新教堂、传播天主教等明显违反禁教令的行为，有可能在全国掀起一场反对天主教的浪潮。⑤ 可是传教士、天主教徒受到的成见和蔑视，以及时常发生的针对天主教徒的迫害行为，使传教士期待"如果基督信仰一旦被法令所公开承认，将来任何事务也不能影响它的建立"。⑥ 对如此巨大好处的期

---

① 〔德〕莱布尼茨编《中国近事——为了照亮我们这个时代的历史》，第 25 页。
② 〔德〕莱布尼茨编《中国近事——为了照亮我们这个时代的历史》，第 25 页。
③ 李明：《中国近事报道（1687—1692）》，第 348 页。
④ 李明：《中国近事报道（1687—1692）》，第 349 页。
⑤ 李明：《中国近事报道（1687—1692）》，第 349 页。
⑥ 李明：《中国近事报道（1687—1692）》，第 350 页。

盼，再加上传教士认为未来再也找不到比当时更有利于成功的机会了，"因为现在我们每天都在皇上身边，皇上对我们的恩宠有目共睹，可以阻止人们对我们的兄弟和我们神圣的教义如此施暴，但当我们不再有这种荣幸的时候，我们怎能不担忧呢？"① 传教士讨论后决定采取第二个方法，他们需要谋求保护天主教的长久之计。

康熙三十年十一月初十日，徐日昇等人私下将一封奏折进呈给康熙，我们并不知道这封奏折的内容。几天后，康熙派侍卫前往传教士处所，宣读了一封满文所写的信。这封信让传教士很兴奋，认为他们获得了格外的隆恩，徐日昇让侍卫回禀康熙说："皇上对我们实乃仁至义尽，超乎我们原本的希望与想象。我们简直不能想象，本来生命垂危的我们，还能恢复生命活力。的确，我们把天主教的进步置于一切幸福之首。"② 同样，我们无法知晓康熙回复的内容，不过这封信使传教士对于推翻禁教令抱有特别大的期望。

康熙三十年十二月十六日，徐日昇、安多再次上奏康熙，奏本中说浙江巡抚将天主教视为邪教，要将传教士驱逐出浙江省，在回顾了顺治和康熙对天主教、传教士的恩典后，奏疏写道："皇上统一天下，用人无方，何特使殷铎泽无容身之地乎？……惟愿皇上睿鉴，将臣等无私可矜之处查明施行。"③《中国近事报道》中记录的奏稿，则更为悲情：

> 陛下如此明智地治理一个庞大的君主国，如此信任地俯允使用我们，怎么允许看到惟独有一个相当不理智的官员拒绝我们的一个教友生活在他的省份？陛下，实际上，我们不能够不为这位善良的老者的命运感到悲伤，他只是谦恭地在地球的一小角要求一块他需要平静度过余生的地方，但都不能够得到。
>
> ……陛下，请怜悯那些没有犯下任何罪行的人；如果陛下在了解了我们的行为之后，确实认为我们是无辜的，我们请求您用一道敕令告示整个帝国您对我们品行和教义的评价。④

---

① 〔法〕杜赫德编《耶稣会士中国书简集——中国回忆录》第 1 卷，郑德弟等译，第 281 ～ 282 页。
② 〔德〕莱布尼茨编《中国近事——为了照亮我们这个时代的历史》，第 26 页。
③ 南怀仁：《熙朝定案》，第 183 页。
④ 李明：《中国近事报道（1687—1692）》，第 355 ～ 356 页。

徐日昇的奏疏中，依然丝毫不曾提及他们违法传教的行为，只是突出强调殷铎泽被驱逐出浙江和要求康熙发布对他们品行、教义评价的敕令这两点上。康熙让礼部商议此事，礼部回奏准许杭州的天主堂照旧保留，但是天主教仍只许西洋人供奉，康熙批准了这一决议。

七　康熙权衡利弊后决定颁布容教诏令

礼部的决议虽然同意殷铎泽继续在杭州居住，但是康熙并没有公布对天主教教义的评价，仍然禁止百姓信仰天主教。这对传教士来说是一个意外的打击，因为他们本来满怀希望康熙会推翻禁教令。康熙派一名侍卫前去安抚传教士，传教士对侍卫说："我们好像是死了父母的人"[1]，巨大的痛苦使传教士说出了以下话语：

> 我们希望热忱能博得他最终批准他的子民信仰我们宣扬的宗教；主啊，为什么要向您隐瞒这一点呢，您长期以来一直了解我们心中的真正感受，您知道，这就是我们一切行动的惟一动机；如果我们神圣信仰的利益没有使我们投身其中的话，无论这位君主是如何强大如何慷慨，我们也不会想从那么远的地方来为他效劳。然而，他今天竟禁止了我们的信仰，并亲自签署了取缔我们的耻辱判决。主啊，这就是我父母的希望所得到的结果；这就是而我们所有工作的结果。比起这个性质的法令来，我们将会坦然的多地接受死刑的判决！因为反正您也不考虑我们失去基督教能否继续生存。[2]

这一番夹杂着痛苦和泪水的讲话听起来似乎更像是对康熙的告白，而这名侍卫也确实绘声绘色地向康熙描述了传教士的痛苦。

传教士在陷入巨大苦楚的同时，张诚等人央求索额图再去康熙面前为他们求情。索额图在康熙面前，重提传教士在为清廷服务时付出的心血，他对康熙说：

---

① 〔法〕杜赫德编《耶稣会士中国书简集——中国回忆录》第 1 卷，郑德弟等译，第 283 页。
② 李明：《中国近事报道（1687—1692）》，第 357 页。

陛下，这是一些为了遵从您或取悦您面（而）把他们的生命视若无物的人。的确，如果此外他们的信仰是危险的，那么所有这一切都不应该使您批准它；但是曾经有过一个比他们的教义更纯洁和对统治人民更有用的教义吗？①

索额图的说辞集中在两点：一是，传教士效忠康熙；二是，天主教的传播不会威胁到清朝的统治。这也是康熙作为清朝最高统治者最为看重的东西。

恰在此时，康熙对西学有着极强的求知欲，他需要从西方传教士那里学习西学。康熙虽然曾向南怀仁学习西方科学，但并未对西学形成真正的兴趣。而在康熙二十六年，张诚等法国耶稣会士"达到北京之后的一两年内，康熙的求知欲极强，经常把传教士请到宫中，传授西学。此后的近二十年间，他对西学颇有好感，深信不疑"。② 由于康熙对西学的求知欲，使得他经常召见在京耶稣会士向他传授知识，并对其以礼相待。据史料记载：

> 康熙二十八年十二月二十五日，上召徐日昇、张诚、白进（晋）、安多等至内廷，谕以自后每日轮班养心殿，以清语授讲量法等西学。上万几之暇，专心学问，好量法、测算、天文、形性、格致诸学，自是，即或临幸畅春园，及巡行省方，必谕张诚等随行，或每日，或间日，授讲西学。③

于是就出现了这样的场景，音乐教师徐日昇努力制造一些乐器，张诚、白晋与安多给皇上介绍他们翻译成满文的欧几里得几何学与哲学，安多给康熙讲解数学。④ 而康熙也在学习数学等西学的过程中感受到巨大的乐趣。杭州教案发生时，正值康熙学习西学兴趣正浓之时。

南怀仁等在治理历法、铸造火炮方面的贡献，使康熙认可耶稣会士效忠

---

① 李明：《中国近事报道（1687—1692）》，第 358～359 页。

② 韩琦：《康熙时代的历算活动：基于档案资料的新研究》，收入张先清编《史料与视界——中文文献与中国基督教史研究》，上海人民出版社，2007，第 54 页。

③ 黄伯禄：《正教奉褒》，载韩琦等校注《熙朝崇正集熙朝定案（外三种）》，中华书局，第 352 页。

④ 〔德〕莱布尼茨编《中国近事——为了照亮我们这个时代的历史》，第 21 页。

清廷；康熙考察各地传教士，得出其不为非作歹的结论；传教士因没有取消禁教令而产生的强烈反应；以及索额图的劝说；康熙对西学强烈的求知欲；这些因素的迭加在一起，终于促使康熙改变禁止传教与默许传教的限制策略，颁布容教诏令。康熙三十一年正月三十日，康熙给大学士伊桑阿下达谕旨："西洋人治理历法，用兵之际修造兵器，效力勤劳，且天主教并无为恶乱行之处，其进香之人，应仍照常行走，前部议奏疏着掣回销毁。"①

两天后，康熙再给伊桑阿等内阁大臣下达圣谕，除了重复前面旨意的内容，重申天主教被视为邪教，实属无辜，要求内阁会同吏部商议。康熙之所以在如此短的时间内连下两道圣谕，很可能是因为大臣们对允许天主教传播持有异议。大臣们的疑虑与康熙一样，就是担心天主教的快速传播对清朝江山不利。② 尽管中国"实行的是不折不扣的君主专政政体，惟独皇帝享有至高无上的权力。下级必须无条件地服从上级"。③ 但是大臣们的考虑毕竟也是从维护清廷的统治出发，法令的颁布也需要服众，这时索额图就担当了康熙说客的角色④，他劝告大臣们实现皇上的意志：

> 难道你们对传教士为中华帝国所做出的贡献视而不见，反要惩罚他们吗？难道你们没有发现他们如此卖力工作只为修正我们的天文学？他们效忠朝廷，平息反叛。……我们与俄罗斯人之间之所以能签订合约，功劳不在我，也不在别人，而完全归功于传教士。……关于他们所传播与信奉的宗教，我跟他们经常讨论，而我发现这个宗教实为圣善之宗：崇拜天地万物的创造者，服从皇上与长上，孝敬父母，不发虚誓，毋杀人，毋贪求他人之妻。这就是他们所信奉的。……如果你们找到了任何恶，不必隐讳，我们定不容许这个宗教。但若他们的宗教是善的，我们不能禁止它，就像我们禁止恶一样。⑤

索额图的说辞与说服康熙时一样，仍然集中在传教士效忠清廷和天主教

① 南怀仁：《熙朝定案》，第 184 页。
② 礼部等禁止天主教传播理由，详见莱布尼茨编《中国近事——为了照亮我们这个时代的历史》，第 14~15 页。
③ 白晋：《中国现任皇帝传》，收入莱布尼茨编《中国近事——为了照亮我们这个时代的历史》，第 64 页。
④ 没有康熙的旨意和授权，索额图是无论如何不可能擅自在内阁会议上做出这一番陈述的。
⑤ 〔德〕莱布尼茨编《中国近事——为了照亮我们这个时代的历史》，第 33 页。

不为恶两点上。因为允许天主教传播是康熙的旨意，再加上索额图的劝告，康熙三十一年二月初三日，礼部尚书等上报了协商后的结果：

> 查得西洋人仰慕圣化，由万里航海而来，现今治理历法，用兵之际，力造军器火炮，差往阿罗素，诚心效力，克成其事，劳绩甚多。各省居住西洋人，并无为恶乱行之处，又并非左道惑众，异端生事。喇嘛僧道等寺庙尚容人烧香行走，西洋人并无违法之事，反行禁止，似属不宜。相应将各处天主堂俱照旧存留，凡进香供奉之人，仍许照常行走，不必禁止。俟命下之日，通行直隶各省可也。①

康熙批准了这一决议，容教诏令下发全国。

传教士得到消息后兴奋异常，在康熙批准诏令的当天，他们就进宫谢恩。徐日昇代表传教士叩谢，说容教令是他们昼思夜想的愿望，终于得以实现，这是他们最幸福的时刻，而这一切都是康熙赐予他们的，"今天所领受的恩惠，我们永远无法偿还，我们所有传教士只有终生效忠皇上"。② 康熙表示这是他给予传教士最大的优待，同时他提醒徐日昇等写信告诫各省的传教士小心谨慎，不能滥用这个许可，不要让他收到官员的抱怨，"因为如果他们向朕抱怨的话，朕将立即取消这种许可，那么，神父们就只能怪自己了"。③ 同时，康熙还明确向传教士表示，天主教应与中国的风俗习惯相适应，"如果天主教不排斥有关中国的风土人情、朝廷皇权，中国人很可能不会排斥基督宗教"。④

八　小结

史景迁曾这样描述康熙对待耶稣会士的态度："极度的亲切混合着精明，只要一发现任何对皇权的威胁，无论是真实的还是想象中的，貌似的随意就

---

① 南怀仁：《熙朝定案》，第 185 页。
② 〔德〕莱布尼茨编《中国近事——为了照亮我们这个时代的历史》，第 35 页。
③ 〔法〕杜赫德编《耶稣会士中国书简集——中国回忆录》第 1 卷，第 285 页。
④ 〔德〕莱布尼茨编《中国近事——为了照亮我们这个时代的历史》，第 35 页。

会即刻消失。"① 皇权在中国古代政治体制中处于中枢位置，而统治者一切方针最重要的出发点就是维护加强其统治。从以上论述中可以看出，康熙主导了康熙初年清廷的天主教政策。天主教的传播是否威胁清廷的统治，成为康熙对天主教政策最主要的考量。白晋曾清楚地观察到这一点："康熙皇帝是个政治家，但他如果对天主教和儒教的一致性稍有疑惑，就绝不会准许天主教的存在。"② 康熙确认天主教传播不会威胁清朝统治，是康熙决定颁布容教诏令的必要条件，而康熙对西学强烈的求知欲则促成了康熙最终颁布容教诏令。

容教诏令的颁发也与康熙的宗教政策有关。康熙认为佛教、道教的教义虚幻，无益于政治，曾说："至于僧道邪教，素悖礼法，其惑世诬民尤甚。"③ 尽管如此，康熙并不禁止其流传，他认为"僧道二教皆起自中国，递传而降，历有岁年，此并非我朝所始。朕但听其僧仍为僧，道仍为道，守其成规而已，何必禁耶？"④ 虽然如此，康熙仍然为全国的名庙古刹题写匾额，晚年回忆总数大概有一千余块。不过康熙通过控制僧道出家人数、限制寺院的发展等措施，对其进行管理。⑤ 将此与康熙对待天主教的策略对比，就会发现康熙赐给传教士匾额、优待传教士等行为，并无特甚特别之处，这些都只是康熙笼络人心的手段。康熙在与传教士的接触过程中，对天主教义也有所了解，正如索额图所说天主教劝人向善，不为恶，与儒家学说并无根本性的相悖之处。况且，天主教并非邪教，与佛、道两教的区别在于其来自西洋、流传不久，既然它不会对清朝的政权构成威胁，佛教、道教尚且允许百姓信奉，也就没有必要继续禁止天主教的流传了。

此外，索额图在容教令的颁发过程中发挥了什么样的作用？是否如吴伯娅、张先清等学者所说起了重要作用？据耶稣会士白晋的描述，康熙没有宠臣，他不受制于任何人，越接近康熙的人，越难以察觉他的想法，因而大臣们坦言："行政事务中的成就，与其说是靠他们自己的本事，莫如说是依靠皇

---

① 史景迁：《曹寅与康熙——一个皇室宠臣的生涯揭秘》，陈引驰等译，上海远东出版社，2005，第 155～156 页。
② 白晋：《中国现任皇帝传》，收入莱布尼茨编《中国近事——为了照亮我们这个时代的历史》，第 94 页。
③ 中国第一历史档案馆编《康熙起居注》第二册，中华书局，1984，第 1595 页。
④ 中国第一历史档案馆编《康熙起居注》第三册，中华书局，1984，第 2440 页。
⑤ 张践：《康熙的实学思想和宗教政策》，《开封大学学报》1998 年第 4 期。

上授予他们的旨意才取得的。"① 索额图因杭州教案在给浙江巡抚张鹏翮的信中说："皇上寻找一切机会帮助基督教信仰的学者，你迫害他们又如何能够取悦皇上呢？"② 表明索额图是在根据康熙以往的作为劝说浙江巡抚。而当这封信没有起到作用后，索额图又让徐日昇不要告诉康熙他曾经给浙江巡抚写过信③，这个细节更印证了白晋所描述的康熙。索额图之所以敢于劝说康熙容教，原因在于康熙以往优待南怀仁等传教士的行为，以及康熙对默许传教的态度；索额图在内阁会议上是为天主教辩护，更是在不折不扣地执行康熙的旨意。索额图在容教令颁发过程中的作用十分有限，他的所作所为只不过康熙对待天主教态度的延伸而已。

康熙三十一年容教诏令的颁发，标志着明清耶稣会士学术传教策略的成功。南怀仁等耶稣会士凭借天文历法等西方科学知识，维持了在康熙皇帝周围和清廷中央政权中的存在，打通了"通天快捷方式"④，并借此拓展天主教在华传播的空间。容教诏令的颁发，在很大程度上归功于康熙和传教士之间因西学而发生的良性互动。容教诏令颁发后，在中国和欧洲都引起了较大的反响，耶稣会士通过各种途径积极在欧洲宣传容教诏令。⑤ 这些宣传在招募更多耶稣会士来华的同时，客观上也吸引许多非耶稣会传教士来到中国，为耶稣会文化适应策略招来更多的反对者，一定程度上为后来礼仪之争的发生埋下了伏笔。⑥

① 白晋：《中国现任皇帝传》，收入莱布尼茨编《中国近事——为了照亮我们这个时代的历史》，第 58 页。
② 李明：《中国近事报道（1687—1692）》，第 344 页。
③ 〔德〕莱布尼茨编《中国近事——为了照亮我们这个时代的历史》，第 24 页。
④ 江晓原曾用"通天捷径"四字概括明清之际耶稣会士在华传播欧洲天文学说的作用与意义，其中"通天"两字的一层意思即指耶稣会士借助天文学从而打入中国社会之最上层——北京宫廷。参见江晓原《通天捷径——明清之际耶稣会士在华传播的欧洲天文学说及其作用与意义》，收入江晓原、钮卫星著《天文西东渐集》，上海书店出版社，2001，第 399 ~ 413 页。
⑤ 关于此的详细论述，参见张先清《康熙三十一年容教诏令初探》，《历史研究》2006 年第 5 期。
⑥ 此观点参见 Liam Matthew Brockey, *Journey to the East: The Jesuit Mission to China*, 1579 – 1724, Belknap Press, 2007, pp. 169 – 192。

西学与西教：郭子章与郭廷裳研究新探

肖清和[*]

摘要： 因为郭子章曾与利玛窦有过交往，而郭子章又为明末著名士大夫，其玄孙郭廷裳则受洗入教成为天主教徒。因此，学者对其多有关注与研究。但因材料付之阙如，相关结论颇有疑问。根据最新的材料，本文厘清现有结论，认为郭子章是在 1585～1586 年与利玛窦交往；郭子章是虔诚的佛教徒，绝无可能入教；郭廷裳为郭子章之玄孙，非其孙。郭廷裳在清初定居于赣州，曾撰有《太平万年书》，以推广天主教的思想。

关键词： 郭子章；郭廷裳；西学；天主教；《太平万年书》

郭子章为明末著名士大夫，历任潮州知府、四川提学、浙江参政、山西按察使、湖广福建布政使、贵州巡抚，后擢兵部尚书，兼都察院右副都御史，赠太子少保。因平播州之乱、平苗民之乱而闻于世，其父因其功而七次被诏封。郭子章著述颇丰，相关研究主要集中于郭子章与利玛窦的交往、郭子章的军功及地理学等方面。[①] 本文依据《郭子章年谱》《青螺公遗书合编》《冠朝郭氏续谱》《太平万年书》等资料，探讨郭氏家族与西学、西教之间的关系，对郭子章的宗教体验、郭子章家族、郭子章玄孙郭廷裳的生平事迹等深入探析，对学界相关的现有成果进行厘正与补充。郭子章曾与传教士利玛窦有过交往，其玄孙郭廷裳则入教受洗成为天主教徒。本文指出，郭子章是虔诚的佛教徒，虽与传教士有交往，但绝无可能入教；玄孙郭廷裳则是天主教

---

[*] 肖清和，上海大学历史系副教授。

[①] 如 Pasquale M. d'Elia，"Due amici del P. Matteo Ricci S. J. ridotti all'unità，" in *Archivum Historicum Societatis Iesu* 6，1937，pp. 303 – 310；林金水与黄一农的著作均提及郭子章与利玛窦的交往情况，方豪则对郭廷裳有初步研究，具体参见下文的讨论。吴情华：《明末贵州巡抚郭子章与利玛窦世界地图研究》，《贵州社会科学》2012 年第 2 期；黄万机：《郭子章与平播战役》，《贵州社会科学》2002 年第 6 期；陈其泰：《郭子章〈潮中杂记〉的文献价值》，《学术研究》2009 年第 2 期；华林甫：《郭子章及其〈郡县释名〉述论》，《中国历史地理论丛》1995 年第 3 期。学位论文有张燕《郭子章与晚明社会（1543～1618）》，南昌大学未刊硕士学位论文，2012。

徒，并企图通过上疏而推广天主教，最终因诸多原因未果，但从中可以发现清初天主教徒融合耶儒之努力，并可管窥清初天主教徒的思想世界之一般。

一　郭子章的宗教体验及其与西学的关系

郭子章（1543—1618），名相奎，号青螺，又号蠙衣生、寄园居士，以字行。① 江西吉安府泰和县冠朝人，隆庆四年（1570）举人，辛未（1571）进士。万历十年（1582）至万历十四年（1586）任潮州知府。《年谱》载："壬午十年公四十岁，春正月，迁潮州太守，莅任作教议，约法吏民。"② 值得注意的是郭子章在潮州驱鬼之经历。《年谱》载冬十月，"公为文告城隍驱独鬼"：

> 万历九年五月，城南有鬼腾趋于杨氏家，侵其女而淫之，自称曰独鬼。女坐鬼坐，女行鬼行，女卧鬼卧，亡日夕离。合家大惊，请巫禳之，不能除；诉于城隍，亦不能除。时公入觐，次舟三河，闻其妖，移文城隍驱之。鬼语女曰："郭使君，正人也。有牒严驱，当疾走，不得复留此矣。"独鬼灭迹。③

郭子章驱鬼之经历虽然被年谱作者（即其子郭孔建）用之赞扬传主刚正之美德，但从中可以看出郭子章有着丰富的宗教体验；同时亦可看出郭子章对于鬼神、梦等超自然事件深信不疑。《年谱》中亦可见郭子章梦见西王母、为文求雨、向城隍祈晴等类似的内容。④ 郭子章自己亦如此说道：

> 敬鬼神，非媚鬼神也。君子无众寡无小大无敢慢，况鬼神乎？远之非但不媚鬼神也，以远祸也。………吾见今士大夫以撤寺观而斩祀者，

---

① 现有成果以及《泰和县志》认为郭子章，字相奎，但《冠朝郭氏续谱》认为名相奎，字子章，以字行，参见郭桂（字荣霆）修：（道光）《冠朝郭氏续谱》卷四《列传·郭子章》，景字号循伏堂，道光十六年版，第41a页；《年谱》则认为郭子章，字相奎，由其祖父郭奇士取名子章，参《资德大夫兵部尚书郭公青螺年谱》，载《北京图书馆藏珍本年谱丛刊》第52册，北京图书馆出版社，1999，第497页。
② 《资德大夫兵部尚书郭公青螺年谱》，第514页。
③ 《资德大夫兵部尚书郭公青螺年谱》，第516页；相同内容见《冠朝郭氏续谱》卷四《列传·郭子章》，第42a页。《文告》，载《蠙衣生粤草》卷十，收入《四库全书存目丛书》集部第154册，齐鲁书社，1996，第605下~607页上。
④ 诸如《祈雨太湖文》《谢晴文》，俱载《蠙衣生粤草》卷十，第608页上。

以伐神丛而病亡者，一方一隅，区区鬼神，尚能祸任，而况其大乎？……
鬼神无疑，而人何疑于梦耶？①

在郭子章所撰的《大洋洲萧侯庙志》中，我们可以看到郭子章撰写《庙
志》之由来，乃是其为了民间信仰"水神"萧天任"许官至尚书"之回报：

> 章由蜀督学迁浙参知官，舫泊大洋洲（按：今新干县大洋洲镇）。予
> 舟解缆，内子舟忽胶焉。予亦停舟江左待之，而暝色延洲，暮不可开。
> 内子焚香舟中祷。是夕梦侯来舟畔，语曰："不知夫人舟泊庙前。明五鼓
> 即开，亡过虑。为语郭尚书，功名远大，幸自爱。"丙夜大雨水涨，黎明
> 舟合。内子始为予言。予炷香谢神而纪之。……播州之役，幸以微
> 功……而晋子章兵部尚书，上及祖父，下及孙玄，锦衣之阴，加升一级。
> 呜呼！主恩厚矣！神之梦亦何灵耶？予同内子叩头谢主恩，复谢神，许
> 为文纪之石。②

郭子章以自己的亲身经历，描述了萧侯之预言及其实现，证明了萧侯信
仰之灵验。郭子章镇压播州叛乱之后，朝廷升其为兵部尚书。萧侯所谓"郭
尚书"至此完全实现。实际上，在升尚书之前，郭子章对其妻子所梦不以为
然。直到其官至尚书后，郭子章才许诺对于他们所遇到萧后的灵异事件"为
文纪之石"，但因其忙于公务未果。后来因为"内子去世，年家甘幼龙来吊，
夜宿大洋洲"，萧侯托梦给甘幼龙（应虬）催促郭子章实现自己的许诺，"许
公官至尚书，公亦许为碑文"。因此，便有了《大洋洲萧侯庙志》并勒石为
铭。萧侯庙主要供奉三位萧氏神灵，即萧伯轩、萧祥叔、萧天任。自元代之
后，当地人信奉萧氏神灵为水神，并在明初受封为英佑侯，故称其庙为萧侯
庙。通过以上，我们可知郭子章有比较丰富的民间信仰经历与宗教体验。

据林金水先生考证，1588～1589 年，郭子章与利玛窦在肇庆交游。③ 但
据年谱，1586～1588 年，郭子章已由潮州知府升任四川提学佥事。1589 年 8
月，郭子章则迁两浙参政。又据《利玛窦中国札记》，利玛窦是在肇庆的教堂

---

① 郭孔太辑《青螺公遗书合编》卷九，郭子仁刻，光绪八年，上海图书馆藏，第 33b 页。
② 郭子章编《大洋洲萧侯庙志》卷二《大洋洲萧侯传》，新淦萧恒庆堂，1932，上海图书馆藏，
第 1b～2b 页。
③ 林金水：《利玛窦与中国》，中国社会科学出版社，1996，第 289 页。

完工之后，认识郭子章等士大夫。教堂约完工于 1585 年农历四月。① 因此，利玛窦与郭子章之间的交往应该在 1585～1586 年之间。其间，郭子章任潮州知府，而两广总督则是吴文华（1521—1598）。吴文华，字子彬，号小江，福建连江县学前铺义井街人，嘉靖三十五年（1556）进士。郭子章在《督抚吴小江先生寿序》提及"不佞当年同籍称兄弟者，今按而数之两都列卿，董董十余人。今两越督府御史大夫吴公，其一焉"。② 吴小江任两广总督时间为 1583～1587 年。③ 由于二人有同学之谊，且"称兄弟"，因此当吴在肇庆任督抚，郭任潮州知府时，二人很可能会在肇庆碰面。而利玛窦等传教士在肇庆颇有名声，是故 1585～1586 年，郭子章在肇庆遇见利玛窦并有交往。《利玛窦中国札记》记载利玛窦等人"就是在这里（按：肇庆教堂），我们结识了当时的将领或兵备道徐大任……还认识了另一个做了贵州省总督的大官"。④ 此处所谓的"贵州省总督的大官"即指郭子章。

万历二十年（1592），郭子章迁山西按察使。万历二十一年（1593）十月迁湖广右布政使。万历二十三年（1595）十月迁福建左布政使。万历二十六年（1598）十月诏起为贵州巡抚。万历三十二年（1604），郭子章升右都御史、兵部右侍郎，兼贵州巡抚，阴一子锦衣卫左指挥佥事。此时，郭子章获得利玛窦新刻《山海舆地全图》，立即将其翻刻，并撰写序文。万历三十六年（1608）奉旨归养。万历四十六年（1618）卒于家。

黄一农提及郭子章"似乎并未入教"。⑤ 实际上，一方面郭子章有着传教士极力批评的民间信仰，另一方面又佞佛，因此其绝非天主教徒。郭子章在《明州阿育王寺志序》中明确指出：

> 余生平事佛率以名理取胜，多采诸最上乘门，与吾灵台有所发明者而雅尚之。至于一切报应因果等说，皆置而弗问。中年宦辙四方，多更事故，凡有所求屡著。……殆万历庚子奉命讨播酋，以孤军冒重围，举家百口入于万死一生之地，恐畏百至，虽委身于国，听命于天，而未尝

① 〔意〕利玛窦、金尼阁：《利玛窦中国札记》，何高济等译，中华书局，1983，第 217 页；宋黎明：《神父的新装：利玛窦在中国（1582—1610）》，南京大学出版社，2011，第 23 页。
② 郭子章：《督抚吴小江先生寿序》，载氏著《蠙衣生粤草》卷三，第 516 页下。
③ 吴廷燮：《明督抚年表》，中华书局，1982，第 664 页。继任者为吴善（1587—1588），吴死后继任者为刘继文（1588—1591）。
④ 《利玛窦中国札记》，第 217 页。
⑤ 黄一农：《两头蛇：明末清初的第一代天主教徒》，上海古籍出版社，2006，第 99 页。

不有祷于三宝。祷即应，应即审。事非影响？加之与关侯通于梦寐，播
首授首，多赖神助。余于是不惟于报应之道加详，而于生平所尚名理益
著。近奉旨归养，乃舍宅建忠孝寺，皆所以报国恩，答神贶，以彰至理
之不诬也。吾儿孔延、孔太、孔陵皆与余同茹茶甘，昭格见闻，故于此
道颇遵庭训。

　　通过上序可知，郭子章不仅生平"事佛"，而且在万历庚子（1600）往
贵州镇压杨应龙叛乱之后，对佛教的信仰更进一步。殆与其在贵州所遇战事
有关。因为心学之传统，郭子章在平播之前只是从义理上接纳佛教，而平播
之后则对果报、神应等超自然"神迹"深信不疑。① 郭子章将其在贵州的
"逢凶化吉"、甚至打败杨应龙均归功于"神助"。致仕之后，郭子章舍宅建
寺（即净圣堂、太虚观②），还与其子一起茹素，即邹德溥所谓"树辟土之
勋，世拜玺书无虚岁，公独归功于佛佑，帅其家茹澹忍苦，内外竭施"。③ 邹
元标谓"举室茹素，相为勤施，甚至大忠孝寺不靳重赀新之"。④ 因此，郭子
章可谓是一个地地道道的佛教信徒。其子孔太、孔陵等人亦是佛教徒，曾捐
修阿育王寺塔殿，郭子章为之撰《阿育王寺志》。憨山德清称赞道："累代王
臣兴建于前，太宰陆公、相国沈公重兴于昔，司马郭公及诸公子再振于今。"⑤
郭子章的母亲、外祖母均佞佛茹素。⑥ 郭子章对佛教的信仰，甚至影响其对儒
家思想的理解。四库馆臣批评郭子章对《易经》的理解已有偏差，"（郭子
章）谓雷之所击，皆治其宿生之业。孔氏之门，安得是言哉？"
　　在《阿育王寺志》卷一《地舆融结》中，有郭子章《通论地舆》。从中
可以看出郭子章对于地舆等看法，可与其《山海舆地全图序》作一比较。郭
子章在《通论地舆》中使用了佛教地理观、宇宙观来诠释天地山川的形成、
分布及形态：

① 参见张燕《郭子章与晚明社会（1543~1618）》，第 29 页。
② 万历四十四年（1616）落成，郭子章撰有《太虚观净圣堂二长明灯田碑记》，参见肖用桁《泰和县新发现郭子章撰〈太虚观净圣堂二长明灯田碑记〉》，《南方文物》2006 年第 3 期。还有其他寺观，参见张燕《郭子章与晚明社会（1543~1618）》，第 20、31 页。
③ 邹德溥：《叙阿育王山志》，载郭子章《明州阿育王山志》，收入《四库全书存目丛书》史部第 230 册，第 393 页下。
④ 邹元标：《阿育王志跋》，载《明州阿育王山志》，第 401 页上。
⑤ 释德清：《明州鄮山阿育王舍利塔记》，载《明州阿育王山志》，第 393 页上。
⑥ 郭子章：《外王母刘太孺人七十序》，载氏著《蠙衣生粤草》卷三，第 522 页上。

蕅衣生曰：……故曰天如卵白，地如卵黄。第此方论天地大，合为言得其形似而已矣。方外为言天无涯而先无涘。论涯涘者，约一佛化境也。何以言之？盖一佛化境，谓之三千大千世界，有百亿日月，百亿须受山，百亿大海水，百亿铁围山，百亿四太洲。铁围绕其外，海水聚其内，须弥峙其中，四洲罗其下，日月照临乎其上。百亿铁围之外，更有一大铁围总括之，……大千外更有大千，不知其纪极，故曰天无涯而地无涘。然则载山岳者海，载大海者地，载大地者水，载水轮者火，载火轮者金，载金轮者又风轮为之执持也。故《楞严》云，觉明空昧，相待成摇，故有风轮执持世界，乃至宝明生润，火光上蒸，故有水轮含十方世界，……故曰天位乎上，亦位乎下。岂非上天之上复有大地，大地之下复有上天？……中国名山祖于西域雪山，其次昆仑，又其次为五岳七山，离而复合，合而复离。

郭子章认为传统所谓"天如卵白、地如卵黄"只是言天地无涯无涘。郭子章使用佛教宇宙观来解释天地无涯无涘。佛教宇宙观认为，三千大千世界由小千、中千世界辗转集成。小千、中千、大千世界形式皆同，以须弥山为中心，上自色界初禅，下抵风轮，其间包括四大部洲、日月、欲界六天及色界梵世天等。须弥山矗立在地轮上，地轮之下为金轮，再下为火轮，再下为风轮，风轮之外便是虚空。一千个小千世界，集成一个中千世界；一千中千世界，上覆盖四禅九天，为一大千世界。三千大千世界只是一位佛所渡化众生的世界，所有的世间则是因为有无数量的佛，所以有无数量的三千大千世界。比较佛教宇宙观与《通论地舆》可以分发现，郭子章的地舆的思想均来自佛教。而在《山海舆地全图序》中，郭子章的舆地观则主要来自邹衍的"大九州"说：

……邹衍以为儒者所谓中国者于天下，乃八十一分居其一分耳。禹序九州之中国名曰赤县神州，中国外如赤县神州者九，乃名九州，有大瀛海环其外，实天地之际焉。其说盖出于《括地象》与《山海经》。……晋太康汲冢竹书出《穆天子传》，载穆王袭昆仑之丘，游轩辕之宫，勒石王母之山，纪迹玄圃之上，然后知邹子之语似非不经，而马迁所云张骞未睹者，原非乌有，故郭璞云竹书潜出于千载，正以作徵于今日。其知言乎？虽然犹以书证书也。不谓四千载后太西国利生持山海舆地全图入中国，为邹子忠臣也，则以人证书也。非若竹书之托空言也。

传统儒家如司马迁、桓宽、王充等认为《山海经》、邹衍的"九州说"以及张骞凿空为"闳大不经""迂怪虚妄""荧惑诸侯"。郭子章指出虽然《穆天子传》能够证实九州说，即中国是九州之一，在中国之外另有与中国类似之八州；但仍然只是"以书证书"，不能令人信服。而利玛窦持《山海舆地全图》入中国，则是"以人证书"，"非若竹书之托空言也"。因此，郭子章认为利玛窦乃"邹子忠臣也"。在这里，郭子章似乎认可传统的"大九州说"。其对利玛窦的《山海舆地全图》的理解亦是基于"大九州说"的框架之下：

> 利生之图说曰：天有南北二极，地亦有之。天分三百六十度，地亦同之。故有天球，有地球，有经线，有纬线。地之东西南北各一周九万里，地之厚二万八千六百余丈；上下四旁皆生齿所居。浑沦一球，原无上下。此则中国千古以来未闻之说者，而暗与《括地象》《山海经》合，岂非邹子一确证耶？

虽然利玛窦的《山海舆地全图》可以证明"大九州说"，即表明中国只不过是世界之一部分，但《山海舆地全图》还引入了全新的地理观，即地圆说。对于晚明中国人来说，地圆说是全新的地理知识，郭子章即认为地圆说是"中国千古以来未闻之说"，但仍认为此说"暗与《括地象》《山海经》合"。换言之，郭子章认为地圆说虽然是全新的观念，但与《山海经》等暗合，因此亦可视作是对邹衍"九州说"之"确证"。郭子章大胆引入利玛窦的地圆说，并将其《山海舆地全图》缩刻，以方便携带与传播，从中可以看出郭子章等心学士人对于新知识之包容与接纳，亦可以看出明末西学在士人之中流播情况。对于明末士人来说，东海西海、心同理同往往成为他们接纳西学西教的原因。对于守旧派来说，利玛窦所引入的全新的地圆说与儒家传统"天圆地方"迥异，因此断定"其图其说未必一一与天地券合"。换言之，利玛窦所引入的地理观念未必是正确的，但郭子章认为"不然"：

> 郭子曰：不然。郑子能言少皋官名，仲尼闻而学之。既而告人曰：天子失官，学在四夷。介葛庐闻牛鸣而知其为三牺，左氏纪之于传。孔、

左何心？而吾辈便生藩篱，不令利生为今日之郑、介邪？且利居中国久，夫夷而中国也，则中国之矣。[①]

虽然在《山海舆地全图序》中，郭子章只是简要介绍了利玛窦所引入的地圆说，在其思想世界中，有关宇宙、世界的看法仍然是传统的"九州说"，但是其对新知的开放心态，以及"天子失官、学在四夷"的辩论，似可作为晚明心学士人对待新事物的态度之代表。

通过以上，我们可以知道，虽然郭子章与利玛窦有过交往，并积极刻印利玛窦的《山海舆地全图》、传播西学新知，但其人信仰佛教。利玛窦所引入的西方地理学、天文学知识虽然借以其翻刻《山海舆地全图》而得到传播，但在其思想世界中，传统儒家或佛教宇宙观、世界观则占据了主导地位。作为王学士人之一，郭子章对待西学西教的态度反映出心学开放、自信、包容之心态，但对于西教则不一定予以接纳，一方面在于其信仰佛教及民间宗教，另一方面则如其认为儒家"善言天"：

> 昔孔子不语怪而间说梦，不语神而喜言天，居常梦周公，陈蔡梦见先君。其语王孙贾曰：获罪于天，无所祷也。及病，病矣。子路请祷，曰：祷久矣。使门人为臣曰，欺天乎？陌于桓匡之际曰：天生德于予，天未丧斯文。动以天自信，而天之受命也。如向五老降庭，万子孙世世无变，何其泽之姚长也。孔子从先进，故梦周公与其先君。道合天，故天不违夫天之佑。善助顺也，时冯于物以昭其馨香而合其嘉好，故《易》曰天地者，所以成变化而行鬼神也。[②]

在这里，郭子章突出孔子对于天的信仰，并强调孔子因而信天而致"五老降庭"。换言之，郭子章认为孔子本人并非不关注超验世界（如祷之于天）和神秘事件（如梦周公及其先君）。因此，对于郭子章来说，传教士所谓的"天学"在孔子那里已经完备。需要注意的是，上述"五老降庭"之文字是郭子章为刘继文《圆通神应集》所撰写的序言。刘继文于 1588～1591 年任两

---

① 郭子章：《山海舆地全图序》，载氏著《蠙衣生黔草》卷十一，收入《四库全书存目丛书》集部第 155 册，第 357 页下。

② 郭子章：《圆通神应集序》，载氏著《蠙衣生蜀草》卷一，收入《四库全书存目丛书》集部第 154 册，第 614 下～615 页上。

广总督，并与利玛窦等传教士有过交往，且迫使后者离开肇庆而前往韶州。①
在此篇序言中，刘继文及其母亲笃信观音大士，郭子章则通过孔子言天来诠
释佛教的教义，即其所谓"借天以笃论"大士，并认为佛教因果即天受之，
"神应之，是天受之矣"。郭子章还为刘继文撰写《历宦赠言录序》《方伯刘
节斋先生考绩诏褒三代序》等序②，以及《赠刘节斋中丞督府西粤二首》《题
圆通神应二首为刘节斋中丞》等诗。

刘继文，字永谟，号节斋，直隶灵璧县人，嘉靖四十一年进士，曾任江
西万安知县，万安离郭子章老家泰和很近，后又任两广总督，故郭、刘二人
交往已久。据《灵璧县志》及《掖垣人鉴》，刘曾因"不媚江陵（按：指张
居正）"，于万历六年（1578）"奉旨致仕"。"江陵败，（按：万历十四年）起
四川布政使，升都宪，巡抚广西。寻总制两广，歼海寇有功，晋户部侍郎。
卒于家。继文少孤，历官三十年，所在流清惠名，自奉甚约。治家有规矩，
孙鸣阳以阴补浔州府同知，能守安静之教。"③ 与利玛窦等记录的不同，《灵
璧县志》称刘继文"卒于家"。从上述记录可知，刘继文之所以驱赶利玛窦殆
与其"歼海寇"之举有关。④ 新发现的史料《利玛（窦）传》（刘承范撰，
时任韶州同知），亦明确指出刘继文因歼海寇而以免利玛窦等人泄密而驱赶
之。⑤ 刘继文不仅佞佛，而且还认为佛教与"吾儒合"，且"又自阴助吾儒
者也"：

---

① 《利玛窦中国札记》记载刘觊觎教堂，现有研究则不一定是此原因。参见宋黎明《神父的新
　装：利玛窦在中国（1582—1610）》，第 54、57 页。
② 《历宦赠言录序》载《蠙衣生蜀草》卷一，第 615 下~616 上页；《方伯刘节斋先生考绩诏褒
　三代序》，载《蠙衣生蜀草》卷三，第 629 下~630 页下。
③ （乾隆）《灵璧志略》卷三《乡贤》，载《中国地方志集成·安徽府县志辑 30》，江苏古籍出
　版社；上海书店；巴蜀书社，1998，第 55 页下；宋黎明：《神父的新装：利玛窦在中国
　（1582—1610）》，第 57 页。刘之生平简介，亦可参萧彦等撰《掖垣人鉴》卷十五，收入《四
　库全书存目丛书》史部第 259 册，第 321 页下。
④ 宋黎明提及原因为烧制金银，参见氏著，第 57~59 页；1588 年歼海贼情况载《明神宗实录》
　卷 213，台湾中研院历史语言研究所，1966~1967，第 4005 页。万历十八年（1590）以"以
　擒叛贼李茂陈德乐等功升两广总督"，参见《明神宗实录》卷 220，第 4127 页。万历十九年
　（1591）甲辰升总督两广刘继文为户部右侍郎，参见《明神宗实录》卷 233，第 4314 页。万
　历十九年十二月，王德完劾刘继文"妄杀邀功"，参见《明神宗实录》卷 243，第 4536 页。
　万历二十年（1592）二月，刘继文上疏辩护，参见《明神宗实录》卷 245，第 4566 页。兵科
　给事许子伟奏两广督臣刘继文疏辩，参见《明神宗实录》卷 245，第 4568~4569 页。《明神
　宗实录》并没有提及刘继文"冒功"案之结果。
⑤ 刘明强：《万历韶州同知刘承范及其〈利玛传〉》，《韶关学院学报》2010 年第 11 期；宋黎
　明：《"Liu Sanfu"：吕良佐还是刘承范?》，《韶关学院学报》2011 年第 11 期。

　　禅教与吾儒未始不相发明。吾儒曰性善，又曰人性上不加一物。彼则曰明心见性。惠能顿悟自性偈曰，本来无一物，何处惹尘埃。因此遂得信具，卓为南宗。揆厥本旨，实默与吾儒合。且鸷桀之徒，顽嚚之妇，以圣谟王法，彼皆悍然不顾。而一语之以禅家之因果，则靡不降心而揖志焉。惟恐不克于佛氏之收，以庶几于善之什一。则禅教又自阴助吾儒者也。①

　　刘继文之观点颇有代表性。明末江右是心学重镇，利玛窦等传教士在南昌等地亦受士大夫欢迎。心学士大夫与传教士结交者亦颇众多。郭子章师从江右心学翘楚胡直，治学"不为空言"。②虽其服膺于阳明心学，但非为空谈心性：

　　公（即郭子章）师事同县胡庐山直。胡氏之学盖出文成。然予考公论学大旨，颇欲以汉儒通经之功，救末流空疏之失，可谓善承师说哉。③

　　瞿鸿机认为郭子章之学旨在"以汉儒通经之功，救末流空疏之失"。因此，郭子章虽属王学，并佞佛信道，但其治学以匡时弊、救人心、致实用为依归。瞿鸿机还以郭子章为例，反驳了晚明之祸由心学造成之说法：

　　世之好苛论者，动谓晚明之祸，阳明氏实酿成之。以予所闻，明自中叶以降，上之政教虽偾，下之风俗犹茂。其一时志节道义之士而膺时用者兢兢然树立不苟，大抵私淑阳明之教为多焉。如公盖其一己且夫君子之为学，岂惟是苟焉。猎取名位争一日华宠而止哉？④

　　郭子章曾与邹元标讲学于青原山与白鹭洲，二人同师于胡直。⑤邹元标曾

---

① 刘继文：《重修南华寺碑记》，载《重修漕溪通志》卷四，收入《中国佛寺史志汇刊》第 2 辑第 4 册，明文书局，1980，第 341 ~ 346 页。
② 胡直曾撰《赠司马公赴冬官序》提及郭子"旧学于予"，载《冠朝郭氏续谱》卷十二《艺文纪三》，第 73a ~ 74a 页。
③ 瞿鸿机序，载《青螺公遗书合编》，第 1a 页。
④ 瞿鸿机序，载《青螺公遗书合编》，第 1b 页。
⑤ （清）杨蚓、徐迪慧等纂修：（道光）《泰和县志》卷二十一，道光六年刊本，《中国方志丛书》第 839 号，成文出版社，1989，第 1270 页。

跋郭子章《明州阿育王山志》，并为郭子章父亲撰《封潮州公七十序》《寿封中丞公八十序》等寿文及《墓志铭》，自署"通家眷晚生"①，表明邹与郭子章有通家姻亲关系。邹元标亦与传教士利玛窦、郭居静有过交往。邹元标与冯从吾创立首善书院，利玛窦"南堂"即在书院隔壁。清初则成为南堂之一部分。② 邹元标《愿学集》有《答西国利玛窦》，认为西学西教与"吾国圣人语不异"，但"吾国圣人及诸儒"发挥更加详尽无余。与郭子章类似，于儒学颇为自信的邹元标，虽然对于西学西教亦持宽容、开放之心态，但还是认为儒学业已将西学西教相关内容阐述殆尽，二者有所不同之处则因为"习尚不同"：

> 得接郭仰老（按：郭居静），已出望外，又得门下手教，真不啻之海岛而见异人也，喜次于面。门下二三兄弟，欲以天主学行中国，此其意良厚。仆尝窥其奥，与吾国圣人语不异，吾国圣人及诸儒发挥更详尽无余。门下肯信其无异乎？中微有不同者，则习尚之不同耳。门下取《易经》读之，乾即曰"统天"，不知门下以为然否？③

郭子章所交往的士人中还有郭应聘、王佐、刘斗墟④、冯琦、冯应京、熊明遇、祁承爜、黄汝亨、杨廷筠、孙承宗、焦竑、董其昌、李维桢。他们或与利玛窦等传教士有过交往，或本身就是天主教徒，或与天主教徒（西学）有过交往。其中，郭应聘于万历十一年（1583）任两广总督时，在肇庆与利玛窦交往。⑤ 郭应聘于第二年"召掌南京都察院"⑥，郭子章撰有《赠督府郭华溪先生入掌南院序》。⑦ 王佐于1596年在南昌（时任南昌知府）与利玛窦

---

① 《冠朝郭氏续谱》卷十二《艺文纪三》，第40b～42a页；44a～46a；98b～102b。
② "故明首善书院，今为西洋天主堂矣。"纪昀：《阅微草堂笔记》卷十《如是我闻四》，浙江古籍出版社，2010，第144页。
③ 邹元标：《愿学集》卷三《答西国利玛窦书》，《景印文渊阁四库全书》第1294册，台北：商务印书馆，1986，第89页下。
④ 郭子章有诗题曰《春日邹诠谏南皋同曾仪部金简、刘观察斗墟、萧郡丞观我联顾山中，时门人康生仲扬、刘生宗鲁，儿陵、孙昊并伺，漫次周益公访杨文节公韵得二首》，载《青螺公遗书合编》卷三十五，29a；郭子章：《传草》卷五，收入《四库全书存目丛书》集部第156册，第17上～下页。
⑤ 林金水：《利玛窦与中国》，第287页。
⑥ 吴廷燮：《明督抚年表》，第663页。
⑦ 郭子章：《蠙衣生粤草》卷二，第501下～502页下。

有过往来，王佐则校郭子章所撰《郡县释名》。① 祁承爍（号夷度）是祁彪佳之父，其所撰《澹生堂藏书目》史部统志类收录有传教士撰《海外舆图全说》。② 郭子章则有《祁夷度、沈五知两公祖枉顾山中赋谢》等诗③，及《祁尔光公祖澹生堂藏书训约序》《上郡侯祁夷度公祖论守江要害》等文。④ 祁承□曾校郭子章《明州阿育王山志》第一卷。⑤ 郭子章长子郭孔建早卒，有《垂杨馆集》十四卷行世，黄汝亨为之序。⑥ 黄则是信徒杨廷筠父亲杨兆坊之门生。⑦ 郭孔建曾于万历癸巳（1593）参加秋试，时吉安知府为汪可受（1559—1620）。郭子章《长子孔建传》载"八月郡守汪公可受季试卷，属安成（按：安福县）令杨公廷筠署其卷曰：'出奇如淮阴用兵，因地制形，变幻万状，而字字匠心，言言名理，七之五类离伦者上之。'置第一。"⑧ 孙承宗为郭子章父亲撰有《寿封大中丞公八十有六序》⑨，其是天主教徒徐光启的同年好友，曾协助天主教徒孙元化获授经略衙门赞画军需一职。⑩ 焦竑乃明末著名天主教徒、三柱石之一徐光启的座师，与利玛窦于南京会见；其为郭子章父亲撰有《寿封中丞公八十序》，自署"通家晚生"。⑪，并有诗赠郭子章七十寿。⑫ 董其昌则与天主教徒韩霖（1598—1649）往来密切⑬，其为郭子章父亲第六次诏封而撰诗，亦有诗赠郭子章七十寿。⑭ 李维桢有《赠司马公平播加恩

---

① 郭子章：《郡县释名》，收入《四库全书存目丛书》史部第 166 册，第 570 页下。
② 王国荣：《明末清初传教士对五大洲说的早期传播》，《船山学刊》2009 年第 1 期。
③ 郭子章：《传草》卷五，《四库全书存目丛书》集部第 156 册，第 18 页下。
④ 郭子章：《传草》卷二之四，《四库全书存目丛书》集部第 155 册，第 682 上～683 页上；《传草》卷七，《四库全书存目丛书》集部第 156 册，第 57 上～58 页上。
⑤ 郭子章：《明州阿育王山志》卷一，第 405 页下。
⑥ 郭子章：《传草》卷十八，《四库全书存目丛书》集部第 156 册，第 238 页下。
⑦ 黄汝亨并是熊明遇的老师、顾起元的好友，熊、顾均与传教士有交往，参见黄汝亨《杨氏塾训序》，载杨兆坊《杨氏塾训》，收入《四库全书存目丛书》子部第 152 册，第 85 上～86 页下；熊明遇：《寓林集序》，载黄汝亨《寓林集》，收入《四库禁毁书丛刊》集部第 042 册，北京出版社，2000，第 18 上～20 页下；顾起元：《寓林集序》，载《寓林集》，第 2 上～4 页下。
⑧ 《青螺公遗书合编》卷三十，第 3b 页。
⑨ 《冠朝郭氏续谱》卷十二《艺文纪三》，第 89a～90b 页。
⑩ 黄一农：《两头蛇：明末清初的第一代天主教徒》，第 92、122 页。
⑪ 《冠朝郭氏续谱》卷十二《艺文纪三》，第 48a～50b 页。
⑫ 《冠朝郭氏续谱》卷十三《艺文纪四》，第 55a～b 页。
⑬ 黄一农：《两头蛇：明末清初的第一代天主教徒》，第 236、238 页。
⑭ 郭孔太：《师中家庆集序》，《冠朝郭氏续谱》卷十二《艺文纪三》，第 88a～89a 页；卷十三《艺文纪四》，第 56a 页。

序》，自署"旧治乡眷侍生"①；有诗《寿司马公偕萧夫人七旬》。② 虽然其认为利玛窦的地图可为邹衍一证，但又指责《山海图》"狭小中国"：

抑余尝观司马传邹衍作迂怪之谈，列中国名山、大川、广谷、禽兽、水土所殖、物类所珍，因而推之海外，人所不睹，谓中国于天下，八十一分之一耳。王公大人奇其言而尊事之。顷有海外人利西泰为《山海图》，狭小中国，略与衍同。而冯盱眙称之，无乃吊诡之过欤？③

郭子章的人际网络中除了上述与西学西教往来密切外，亦有反教人士，如校《阿育王山志》之魏濬。④ 魏濬（1553—1625），字禹钦（又作禹卿），号苍水，松溪人，万历三十二年（1604）进士。⑤ 魏濬"少警敏，随口属对皆工妙"，郭子章"一见以远大期之"。郭子章"分校丙子闱，得苏濬，因时称闽中二濬"。⑥ 因此，魏濬是郭子章之门人，曾校郭子章《蠙衣生传草》。⑦ 值得注意的是虽然郭子章推介利玛窦的《山海舆地全图》，并引入地圆说；但同为佛教居士的魏濬，则认为利玛窦的《舆地全图》，"洸洋宵渺，直欺人以其目之所不能见，足之所不能至，无可按验耳，真所谓画工之画鬼魅也"。⑧ 魏濬还认为"中国于全图之中，居稍偏西而近于北"是错误的，中国"当居正中"。魏濬认为利玛窦地图所传达的地理及天文知识"肆谈无忌""诞妄又甚于衍矣"。

郭子章还与憨山德清有过交往。憨山德清虽然未见有反教文字，但其弟子反教者颇多。甚至到清初，有截流沙门相传为德清转世，大力批判天主教。⑨ 郭子章亦与曾凤仪曾校《胡子衡齐》，后者则参与了南京教案，曾则为邹元标的

① 《冠朝郭氏续谱》卷十二《艺文纪三》，第81a~83a页。
② 《冠朝郭氏续谱》卷十三《艺文纪四》，第54a~55a页。
③ 李维桢：《方舆胜略序》，载氏著《大泌山房集》卷十五，收入《四库全书存目丛书》集部第150册，第609下~610页上。
④ 郭子章：《明州阿育王山志》卷二，第408页下。
⑤ 潘拱辰：（乾隆）《松溪县志》卷八《选举志》，国家图书馆藏，第3b页。
⑥ 《松溪县志》卷九《人物志》，第21a页。
⑦ 郭子章：《传草》卷首，《四库全书存目丛书》集部第155册，第574页上。
⑧ 魏濬：《利说荒唐惑世》，载徐昌治《圣朝破邪集》卷三，收入《四库未收书辑刊》第10辑第4册，北京出版社，2000，第379页上。
⑨ 即普仁截流行策，撰有《辟妄辟》，清初天主教徒又撰《〈辟妄辟〉条驳》，载《耶稣会罗马档案馆明清天主教文献》第9册，利氏学社，2002，第389~528页。

"年眷弟"。① 曾凤仪 "性耽内典"，"生平以宏护圣教为己任"。郭子章有《侍曾金简、邹南皋随喜忠孝寺，漫次来韵；附刘京兆明自、曾仪部金简、邹铨部南皋三公诗》等诗。② 曾亦校郭子章《明州阿育王山志》第四卷。③《郭子章亦与曾反击利玛窦批判佛教的黄辉有交往，后者则撰有《赠司马公平播序》，力赞郭子章平播之功④；亦撰有《寿封中丞公八十序》《诰晋大中丞少司马两峰先生郭太公眉寿六封暨青螺老公祖功成晋秩荫子序》，自署 "通家晚生"。⑤

　　郭子章虽然属于江右心学，并佞佛信道，且旁及民间信仰，但并不妨碍他与利玛窦交往。晚明心学士大夫对于西学、新知的开放、自信在郭子章那里得到显著体现。与郭子章交往的不乏与西学、西教有接触（甚至信仰）的士大夫，郭子章极易获取西学知识。通过对郭子章著作目录的分析，我们可以知道其广采众说、知识广博，尤对地理学深有研究。因此，其刻印利玛窦的《山海舆地全图》，并撰写序言积极引入地圆说；但因其信仰佛教及民间宗教，虽未取妾，最终未能入教，但其玄孙郭廷裳则受洗入教成为天主教徒。

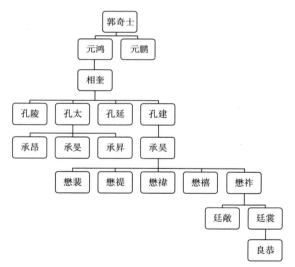

图 1　郭廷裳家族与世系图

---

①　胡直：《胡子衡齐》卷一，《四库全书存目丛书》子部第 11 册，第 135 页下。

②　郭子章：《传草》卷五，《四库全书存目丛书》集部第 156 册，第 11 页上。

③　郭子章：《明州阿育王山志》卷四，第 435 页下。

④　《冠朝郭氏续谱》卷十二《艺文纪三》，第 76a～78b 页。

⑤　《冠朝郭氏续谱》卷十二《艺文纪三》，第 46a～48a；58a～61a 页。

郭子章先祖为周平王时序封于阳曲之虢公，后衍为郭姓。祖辈中最为显者为汾阳王郭子仪。后经过八次迁徙之后，郭氏定居于吉安府泰和县层溪，后改名冠朝。① 十二世祖为郭子仪五世孙郭延嵩，官至枢密观察使。至郭子章父亲郭元鸿则为三十三世。

郭元鸿，字于逵，号两峰。《冠朝郭氏续谱》称其"少负奇气，不屑于世，以孝友质行闻"。少时郭元鸿从师学易，授《易经程传》，其认为"是详于理而略于数"。私批《焦氏易林》，因旁通数学。郭氏家传《易》学，殆从郭元鸿始。《续谱》认为郭元鸿"子孙荣显数世"，其原因主要在于郭元鸿生前所做的善事。如嘉靖庚申（1560），广寇（指张琏的起义军）侵犯郭元鸿的家乡泰和：

> 时汪宪副（按：江西副使汪一中）遇害后，上官得杀宪副，贼悬其首于里。公为私藏窖中。无何取献阙下，其首无恙。里人谢曰："匪公见吾属祸不浅矣。"贼退而岁屡不登，谷直昂，公发仓平粜，不翔一钱。不能粜者，粥之，所活不可数计。人以是德公，公益为济人利物事。如设渡舟、凿阜、济渠，捐赀葺南台寺。又上书行自运法于乡，既而通行一邑，更佐大吏行官运法，诸里甲赖以甦。其利于家者，祭则有田，赈荒有义谷，劝学有书台。自奉则布衣蔬食，不改其素。虽孙曾林立，朱紫满门，若弗知也者。

以上引文表明，郭元鸿在张琏起义军攻打泰和后，因为私藏被起义军所杀害的汪一中的首级而被其家属称赞。起义被镇压之后，谷物价格飞涨，郭元鸿开仓发粮，平抑谷价，并直接向无钱购买粮食的穷人施粥，"所活不可数计"。除此之外，郭元鸿在家乡还开设渡舟、凿阜、济渠，捐资修葺南台寺等等。从中亦可看出，郭元鸿家境颇为殷实。

郭元鸿后因郭子章平播功被封资政大夫、都察院右都御史兼兵部右侍郎。董其昌称赞其为"师中家庆"。郭元鸿死于万历三十七年十二月二十五日，享年八十七岁。万历四十年又以郭子章平苗功赠郭元鸿资德大夫、太子少保、兵部尚书。郭元鸿著有《壶史谱议》《孝思录》藏于家。因此，可谓郭子章出身于书香门第。

郭子章是郭元鸿的独子。《冠朝郭氏续谱》载，郭子章，名相奎，字子章，号青螺，一号蠙衣生，以字行于世。嘉靖壬寅（1542）十二月廿五日子

---

① 《郭氏八迁图》，《冠朝郭氏续谱》卷一，第 13b～14b 页。

时生，万历戊午（1618）六月十七卒，享年七十六岁。① 关于郭子章的出生则有如此记载：公（按：郭子章）生之夕，祖奇士梦负弩矢从东方射日怀归。筮之得震卦。俄而公生，两手文有二世字。祖喜曰："此吾家祖之庆也。" 如此神异情节在《郭子章传》中历历可见，诸如其父梦见郭子章中式名次、郭子章审猿案、驱独鬼、步祷祈雨等。郭子章有子四：孔建、孔延、孔太、孔陵，有女二：贞文、贞玉，均因痘殇。

长子郭孔建，字学立，一字建公，一字司曜，小字大瓯，万历癸酉（1573）生于福建建州。少时师从于康用光。万历戊子娶万安张敏德女。杨廷筠任江西安福知县时，曾称赞郭孔建文章。万历乙未"入闽北面于李见罗先生，讲学武夷"。万历丁酉（1597），"赴督学试，置第二。秋闱中式（乡试）第八十一名。明年（1598）会试下第，归病，病十月卒"。年仅 26 岁。有《垂杨馆集》十四卷传于世。有子一：承昊，字世忠，以郭子章平播功世袭锦衣卫指挥佥事。万历壬子，以郭子章平苗功，于原荫加升一级。

次子郭孔延，字学久，一字千秋，号瞻阙，恩荫官生。万历甲戌生，娶庐陵左布政使彭应时女，次陆氏，副彭氏。族谱记载，郭孔延"读父书诗词古文，自成一家言"。著有《评释刘子》《元史通》二十卷，并撰有郭子章年谱。

三子郭孔太，字学初，一字太乙，号玉笥，邑庠入南监，恩荫官生，万历丙子生，崇祯丙子卒，娶欧阳宗翰女，子一；次杨氏，子二。编订《师中家庆集》，著有《续诗话》十二卷，《正误》三卷。

季子郭孔陵，字学山，一字陵舄，号四谦，由邑庠入南监，授恩荫官生，万历己卯生，娶杨寅秋女；次陈氏，子一。族谱记载，郭孔陵"书法绝伦，获其片纸只字者，珍如拱璧"。其诗则载于张贞生所辑《王山遗响》。又载其"生平忠义果毅"，"相传司马公建武功，公实佐戎行云。"

郭子章后辈中唯一与西学西教有关系的是郭廷裳。黄一农认为郭廷裳为郭子章之孙。实际上，郭廷裳为郭子章玄孙。

郭廷裳祖父郭承昊，郭子章孙，郭孔建子，为冠朝郭氏第三十六世，字世忠，号三顾，又号长瀛。万历乙巳，承昊年十三，以郭子章平播功荫授锦衣卫衣左所指挥佥事世袭。万历己酉，以荫袭中式江西乡试武举第三十八名。

---

① 族谱记载郭子章有两种享年，一为 77 岁，参见《冠朝郭氏族谱》卷七《南谱》，第 75a 页；一为 76 岁，参见《冠朝郭氏族谱》卷四《列传》，第 45a 页；《年谱》则计享年 76 岁，参见《资德大夫兵部尚书郭公青螺年谱》，第 571 页。按照阴历，郭子章生卒年为 1542—1618；按照公历，则为 1543—1618。

万历壬子，以郭子章平苗功加升锦衣卫衣左所指挥同知世袭。族谱记载，郭承昊累官至太子少师，后军都督府左都督、锦衣卫指挥使掌卫事、侍经筵，赐蟒玉，寻加少傅、泰和伯。"甲申（1644）三月，流寇陷燕京"，郭承昊"因道梗从王入粤，卒于粤"。万历癸巳生，顺治庚寅（1650）卒。娶庐陵刘孟雷女，封夫人；次张氏，子二；次沈氏，子二；次戴氏、刘氏，封夫人；次许氏，子一；次袁氏。著述有《锦衣卫志》三十卷。

而据其他资料，郭承昊于崇祯间，诌媚宦官，官至都督同知，太子少保。后归故里，以货殖豪纵为害乡里。[①] 隆武时期，赴闽以资历掌锦衣卫事；闽陷入粤，加左都督；南明永历时期，刘承胤当权，郭承昊以女乐贿赂刘承胤而被封泰和伯："锦衣郭承昊以女乐一部贿承胤，马吉翔、严云从皆诌附之。承胤遂请封三人伯。"[②] 族谱所谓"泰和伯"，当为永历时事。郭承昊"挟宝玉金币钜万金，女乐十余人，从上至武冈。以女乐分馈承胤、吉翔"，与王坤、马吉翔相比为奸，"江、楚无赖求仕进者皆附之"。又于顺治四年（1647）随刘承胤降清。[③] 顺治六年（1649）被封为"拜他喇布勒哈番"（骑都尉）："郭民性、郭承昊……为拜他喇布勒哈番。"[④] 王夫之《永历实录》将郭承昊列为"佞幸"，有传：

> 郭承昊，江西泰和人，故都御史郭子章之孙也。以子章军功，荫授锦衣卫千户。崇祯间，诌事内竖，屡官至都督同知、太子少保。驰驿归里，以货殖豪纵为乡里惠。隆武元年，赴闽陛见，以积资掌锦衣卫事。闽陷走粤，依附拥戴，加左都督。与王坤、马吉翔比。从上至全州，结刘承胤。承胤为请封伯爵，御史毛寿登参劾之，被削。承昊遂得封泰和伯。承昊挟宝玉金币钜万金，女乐十余人，从上至武冈。以女乐分馈承胤、吉翔，相比为奸。江、楚无赖求仕进者皆附之。已而随承胤降清，见杀。[⑤]

郭承昊应该继承了郭子章佞佛的传统，曾多次捐俸刻印佛经，如崇祯甲申捐俸刻《王法正理论》一卷、《瑜伽师地论释》一卷、《显扬圣教论颂》一

---

① 参见杨惠玲《戏曲班社研究：明清家班》，厦门大学出版社，2006，第175页。
② （清）王夫之：《永历实录》卷二十六《叛臣列传》，上海古籍出版社，1987，第217页。
③ 黄彰健：《明清史研究丛稿》卷四《读清世祖实录》，台湾商务印书馆，1977，第604~605页。
④ 《清实录·世祖章皇帝实录》第三册，中华书局，1985，第341页下。
⑤ （清）王夫之：《永历实录》卷二十四《佞幸列传》，第207页。

卷、《能断金刚波若波罗蜜多经论释》三卷、《略明般若末后一颂赞述》一卷、《妙法莲华经优波提舍》二卷、《妙法莲华经论优波提舍》二卷、《大宝积经论》四卷等。①

郭廷裳父郭懋祚，郭承昊长子，郭子章曾孙，为冠朝郭氏第三十七世，字永锡，一字仁山。崇祯时顺天官籍贡生，以世荫中考选，入侍青宫。族谱载："陛见之日，上目而指之曰：'此子英气异常，是殆有祖风者。'寻以召对平台，称上旨，将大用之。"后因议时政，"忤中贵意，谪监军宁夏。继室袁氏习骑射，善用槊，故锦衣将军之女。李自成入关，其父兄并死难，因与仁山誓杀贼雪君父耻。"甲申（1644），李自成入关，郭懋祚与继室袁淑人誓杀贼雪君父仇。八月，李自成为吴三桂所败入陕。郭懋祚"独将轻骑由玉门直趋平凉，追击千里，至洮城遇贼将闯塌天，战于城南。袁氏戎装跃马，突冲入阵，大呼杀贼，运槊三中贼肩，手刃贼首甚众，贼遂溃。"后仁山备兵粤西，提军永州，日励战守。"大兵围之，期年不下，援绝粮尽，被执绝食七日，求死不得，顷获逸去，招所部残师于灵武山起义，复败，奔南岳为僧，不知所终。"著有《群书备考教子十二卷》《续二卷》，又有《仁山焚余》《读史编》行世。族谱又载，郭懋祚天启壬戌（1622）生，康熙丁巳（1677）卒，娶萧氏、继戴氏，子二；继袁氏，封淑人。乾隆《泰和县志》有郭懋祚传，但将"懋祚"二字空而不刻，殆因其起兵抗清事而避清人之讳。②

钱海岳《南明史》有传：

> 懋祚，字仁山，泰和人。尚书子章裔，岁贡。崇祯中，以任子侍东宫。议时政，谪宁夏监军。妻袁，精骑射。李自成入关，父兄死难，因与懋祚起兵。十七年八月，以骑兵縣玉门趋平凉，追击至洮城，遇闯塌天。袁突阵破之，手刃寇多，寇溃。后谒肇庆，授广西佥事，以兵至永州。清围之期年不下，援绝执，不食七日，求死不得。逸去，招故部，起兵灵州，复败，入南岳为僧。③

---

① 章宏伟：《毛晋与〈嘉兴藏〉》，载氏著《十六—十九世纪中国出版研究》，上海人民出版社，2011，第 314～316 页。还有其他佛经，参见瞿冕良编著《中国古籍版刻辞典》（增订本），苏州大学出版社，2009，第 728～729 页。

② （清）冉棠纂：（乾隆）《泰和县志》卷二十三《人物补传》，乾隆十八年刻本，国家图书馆藏，第 18a～19b 页。

③ 钱海岳：《南明史》卷七十一《列传第四十七》，第 9 册，中华书局，2006，第 3445 页。

此传内容与《冠朝郭氏续谱》《泰和县志》所载内容大同小异，其共同来源为泰和李友杜所撰《仁山公墓志铭》，收入氏著《书舫文集》。其撰墓志铭，正是受郭廷裳所请。

郭廷裳，字龙孙（又作隆生），号姑射山人。族谱载其顺治壬辰（1652）生，娶罗氏，子一，即郭良恭。郭良恭，康熙丙辰生，娶黄氏，子六。自郭廷裳开始徙居赣州，郭良恭及其子均生居赣州，但郭良恭仲子郭时和则迁居万安。

据方豪，郭廷裳为天主教徒，圣名保禄，故其又署宝六。其有关天主教的著作，一为《太平万年书》，一为《南京罗主教神道碑记》，均藏于法国巴黎国家图书馆。前者约撰于康熙四十年（1701），罗历山逝世于康熙四十三年（1704），因此后者应撰于同年或之后。

关于郭廷裳的生平事迹，现有材料难觅踪迹，但据《冠朝郭氏续谱》，我们或可对郭廷裳的人生做一简单勾勒。郭廷裳生于1652年，其父郭懋祚起兵抗清失败之后，不知所终。郭廷裳一直寻找乃父，并搜其遗文：

> 子廷裳念父出亡有年，终日呜呜作孺子泣，一日愤焉饮泣出门，徧历安南、交趾数千里间关，以踪迹所在不得归。至郧隅，询诸土人。或曰："是顽民，亦义士也。尝客此，今失所之矣。"及衡岳皮佛峒，见壁间题诗有"有气须从天外吐，无心可向月中明。长江如练飞流寂，万点青山一抹横。"之句，稔为父笔，不觉放声长号，急徧讯之，始获父殖某寺中，奉而归，以某年月日卜地于本里曾家园之原，与淑人合葬焉。一时道旁观者无不叹息感慨子孝臣忠。夫义妇烈归于一门，称全备矣。乃廷裳犹不自已，搜其家得《读史编》《仁山焚余》手墨若干卷，日夜手钞，泣授诸梓行世，冀不没其父志，以寄哀思。

根据以上，可知郭廷裳为了寻找其父，远至安南、交趾数千里，1673年至湖南营阳，当地人称赞郭懋祚"殷之义士也，亦夷齐之流"。后郭廷裳至南岳衡山皮佛洞，看到洞壁有题诗，郭廷裳知为乃父所题，才获其父骨殖于寺中，既而与袁淑人合葬，并请李友杜撰写墓志铭。郭廷裳又搜郭懋祚遗文，编《仁山焚余》，亦请时人撰写序言。

因此，在1677年前后，郭廷裳为了寻找其父亲一直在南部奔走。在获得其父遗骨之后，郭廷裳主要的工作是搜集乃父遗文，付之剞劂。

李渔曾为《仁山焚余》撰写序言，赞其"陈词丽藻，有少年英锐之气，博雅淹洽，得老师宿儒之才。于子史诸经，靡不节解条入，取其行事，以言断之，不刻舟求剑，不吹毛求疵，不立非匕之见，不矜察察之明而究归于理之所然而后已。"自署"壬戌秋月湖上笠翁李渔题于望湖亭之西阁"。但康熙壬戌为1682年，而李渔于1680年去世，故此序存疑。

郭廷裳好友章贡云，亦于1693年为《仁山焚余》撰序。章贡云，字芳修，龙岩新罗人。按（民国）《龙岩县志》，章贡云"邃于星术，阴阳五行医卜等书，无不讨源溯流，窥其蕴奥"。壮年浪迹云游，自号"番果老"。"寻游京师，往来公卿间，名宿多为折倒。"著有《番果老集》，惟存《命理星案》二卷，其中附著《罗经奇门脉诀》诸篇。康熙间，侨寓都门十余年，受业者几遍海内。① 但为郭廷裳撰写序言时，章居于赣州易居山房，其与郭廷裳"游业有年"。殆因对方技、占卜有深究，二者成为好友。郭廷裳于壬申（1692）秋刻印郭子章《理冤案》，又刊《仁山焚余》，请章贡云撰序。章读之不禁怃然曰：

> 秦皇焚书而壮士起，先生焚余而手泽存。虽芳踪飘渺于云端，而浩气则塞于寰宇也。观其尺幅之中，不下百字，而语挟风霜，句琢金玉。即起古人于当日，未有不首肯者。至于论经书可补注疏断诸子实驾群儒，非天资之高迈与世笃忠贞者，未易易也。先生著述甚富，雁于灰烬。今兹《焚余》，尤先圣绝笔于获麟。

郭廷裳另一好友李友杜（1632—1679），谱名显猷，字亦仙，号书舫，泰和南冈人，拔贡生，好古文词，著有《书舫文集》。② 李友杜在《赠姑射山人廷裳公序》详细描绘了二人相识的过程，并对郭廷裳的相貌、在赣州的生活境况有所刻画。因此资料极为重要，兹全录如下：

> 客虔城（按：即赣州）十日，淫雨弗休，楗户不出见客。忽有欸门投刺者，从帘间窥之，疎眉修髯，宽袍方屦，瞿瞿立墀中，从容挥扇，

---

① （民国）马龢鸣修：（民国）《龙岩县志》卷三十四《方技传》，收入《中国方志丛书》第八十六号，民国九年铅印本，第312页上。

② （乾隆）《泰和县志》卷二十五《人物·文学》，第13a页。另参（清）李友杜、李汝学等纂修：《南冈李氏族谱》"东派长房世系"，康熙三十六年刻本，第228b～229a页。感谢慈溪收藏家励双杰先生提供资料。

有闲雅自得之致。心窃异之，意所称"有道而隐者"非耶？遽出肃而进之。始知为邑先贤大司马郭公青螺裔孙，而仁山中节先生之长君也。叙述温寒毕，徐出司马公后先为吏时决疑狱公案集、尊人中节公读史评以赠。且曰："此予所手钞，暂付枣栗，以志不没先世之志。行且尽搜遗文以寿诸梓，竟吾愿耳。"予异之益甚。明日报谒，觅踪迹所在不得，则蹴居一廛户，垂疏帘门，外榜姑射山人字，始知山人卖卜虎头果市而隐者也。从帘间望见余来，欣喜跃出，笑携而入。斗室中，图书盈案，脱帽解衣，布席坐与谈。山人呼酒，有童子挈壶以进，意当不应门偁数目摄之。山人呼呼曰："孺子！同乡有客，盍来肃揖。"及询之，始知为山人之子，曰策曰符。微闻帘内连呼，易瓶注酒，觞进累累，不绝如绳。山人长啸，掀髯挥觥，劝客咲语移日，曾无几微愁苦怨愤，形于颜回，而室中妻孥亦各欢然泰然，有偕隐自得之风。吾于是而叹为不可及，曰："是可以隐矣。"且夫贫贱单寒之子，蓬窠而行，鸣琴在室，歌呜呜出，金石彼自行。吾素耳，抑何足异？若乃华胄裔人，则细旃广厦，出而裘马，拥从游遨，谦集歌呼懽赏，自鸣得意，此固其所。一旦濩落不偶，隘巷席门中踡身容膝，市人乌竖皆得从而狎处玩睨之，则未有不感愤激昂，抑塞沮丧而不得其平焉者。吾观山人旷怀逸致。若视其先世拥师百万，高牙大纛，隶驱将帅，指顾生杀，邈如他人事，初不自知其为谁氏子者。然又夜每篝灯手自钞其先世著述不辍，日向人谈五行、论休咎、决吉凶晦吝之理，而取其资汲乜焉，剞劂以传，此何心哉？古有市隐君子，如严君平、宋清、司马季主之属，山人殆其流亚此，则予之所以感叹为不可及，故曰可以隐也。山人讳廷裳，字龙孙，自署其号曰"姑射"。盖亦微示其门市廛而心山林，仙乜霞举，飘然尘外，令人可望而不可即之意。其视帘外逐名走利、影织声附，纷纷藉藉，日过其前，不知且作何如观耶？于是欢饮而醉，既醉更酌酊醄，敬书以赠之。

李友杜所见到的郭廷裳"疎眉修髯，宽袍方履，瞿瞿立墀中，从容挥扇"，颇有"闲雅自得之致"，实足一幅"有道而隐者"的形象。郭廷裳所居住的地方比较局促，"蹴居一廛户"，"垂疏帘门，外榜姑射山人字"。郭廷裳在赣州主要是通过卖卜为生，"卖卜虎头果市"，即在赣州果市边为人占卜。李友杜写道"山人长啸，掀髯挥觥，劝客咲语移日，曾无几微愁苦怨愤，形于颜回，室中妻孥亦各欢然泰然，有偕隐自得之风"。从中可以看出郭廷裳及其家人，虽然条件艰苦，但心态颇为自逸。李友杜还提及郭廷裳有子曰策曰符，《冠朝郭氏续谱》有按语："裳公世系，子一良恭，孙六，以泰和冠朝中街六字取名。缘公卖卜虎城，遂家于彼，不忘祖居，故云尔。而序内云山人之子曰策曰符二人名，今失考。"

李友杜亦有诗赠郭廷裳：

> 世路共嗟蜀道难，文园归卧寄衰残；故人远隔青山老，愁绪新添白发繁；寺忆嵯峨吟月下，仙携姑射话云端；何时李郭舟还共，潦倒樽前兴未阑。

禾川李躍珠，字水心，有赠诗：

> 相逢各自叹蓬飘，市隐如君兴颇饶；玩世何妨权卖卜，穷途且漫学吹箫，汾阳簪笏遗多少，忠武勋名也寂寥，世事浮云供笑柄，姑将浊酒换金貂。

李之辙，字苏颖，有赠诗：

> 耳热鸿名梦寐稠，偶从醉后叶嘤求；清光照我玉尤润，淑气迎人春更周；足迹风尘声价远，指挥世路性情幽；汾阳事业振千古，绍述如君孰与俦。

这些赠诗均表现出郭廷裳"隐者"形象，亦可看出郭廷裳淡泊名利、安贫乐道的"山人"形象。

二　郭廷裳与《太平万年书》

据方豪考证，郭廷裳上《太平万年书》的时间为康熙三十年后，康熙四十年前后。而此书内，郭廷裳明确指出自己的圣名为保禄。因此，此书成书或郭廷裳上书之前，业已受洗入教。《太平万年书》或谓《太平万年国是书》，实则是一本奏折：

上书人郭廷裳系江西吉安府泰和县山林草莽臣谨奏，为敬陈管见一得之愚，仰佐太平万年，无疆之休，上隆圣治，下扩宪化，乞奏御览，俯赐采择，国民均沾，万世永赖等事云云。

现存《太平万年书》刻本藏巴黎法国国家图书馆，Courant 编号 Chinois 4935。其中仅存是书目录、各级官员批文以及《附补先祖青螺〈易解〉内言天地之理》。其中有 12 道各级官员批文：

前任道宪吴讳□，今升河南按察使司批：嘉谟入告，大臣之责；处士横议，君子所戒。虽具经济良猷，亦应席珍以待，未奉督抚两院核实，不便遽题。

吴为吴国柱。按《赣州府志》：吴国柱，辽东人，康熙三十三年分巡赣南道[1]；又按《清实录》："康熙三十七年升江西赣南道吴国柱，为河南按察司按察使。"[2] 吴认为，郭廷裳虽有"经济良猷"，但应该"席珍以待"，不可以横议朝政。疏文未经核实，不便上报。

按顺治二年制定、三年制成并颁行全国之《大清律集解附例·仪制》卷十二《上书陈言》："若百工技艺之人，应有可言之事，亦许直至御前奏闻。其言可用，即付所司施行。各衙门但有阻挡者，鞫问明白，斩。"但同时又有规定："若纵横之徒，假以上书巧言令色，希求进用者，杖一百。"沈之奇注为"禁止辨乱之言，纵横之徒，不由正道，其辨给巧言，诌媚令色，足以倾动人主。假以上书为由，希求进用者，杖一百"。[3] 吴国柱所谓"处士横议"殆指《大清律》"纵横之徒""巧言令色"之禁。

奉钦敕江西等处提刑按察使司、副使、分巡赣南道宪刘讳□批：吉安府泰和县布衣郭廷裳为乞奏御览《太平万年国是书》批语：士欲学古，

---

① （清）魏瀛等修：（同治）《赣州府志》卷三十四《统辖表》，同治十二年刊本，《中国方志丛书·华中地区》第 100 号，成文出版社，1970，第 623 页下。
② 《清实录·圣祖仁皇帝实录》第五册，第 1020 页下。
③ （清）沈之奇：《大清律辑注》，怀效锋、李俊点校，法律出版社，2000，第 401~402 页；（清）沈之奇：《大清律集解附例·仪制》卷十二《上书陈言》，北京大学图书馆藏，第 7a~b 页。

必先通今。学古考历代源流，勤诵读者皆能之。通今必度身度世，量势揆时，圣贤复生，亦多束手处。且书传所载，有可行于古，而不可行于今者，种种最多。日来心驰簿书，几忘领教；适取而观之，颇富于学，涉猎广博，足愧寒俭之士，留心当世，有意民物，知非章句腐儒，但于条内有数事，非惟不可行，更有不可言者。执而进治安，恐非所宜。本道以地方官，簿书期会，惟日仆仆，进昌言、转奏牍，非其事也。有心上献，当诣北阙。嘉客赐教，毋以为礼，聊具一饭，以谢我三益之友。

刘为刘荫枢。按《赣州府志》，刘荫枢，字相斗，陕西韩城人，康熙己酉进士，康熙三十八年由给事中分巡赣南道，"居官仁而廉"。① 按《清实录》，康熙四十三年，以原任赣南道刘荫枢、为云南按察使司按察使。② 刘称赞《万年书》"颇富于学，涉猎广博"，赞赏郭廷裳"留心当世，有意民物"，"非章句腐儒"。但是，刘认为《万年书》所奏之事有些不仅不可行，而且"不可言"。如果转交朝廷，"恐非所宜"。刘建议郭廷裳，"有心上献，当诣北阙"。刘最终没有完成郭廷裳转交疏文之愿。

奉钦差监督赣关桥税务、兵部郎中兼参领事赫讳□批：郭廷裳《太平万年书》批语：阅兹奏章，知为豫章之材，惜乎未遇匠师耳。十五条内，建议发论，痛切时弊，洵有益于人心政治，非可以腐儒迂谈目之也。但揆时度势，其中未免有如刘宪所谓非宜言者，北阙上进，不若南阳高尚，韬匮而藏，俟他日弓旌之聘，辎轩之采，何如？

赫为赫鉅，兵部主事，康熙三十八年任税务监督。③ 赫虽然认为《万年书》"痛切时弊""有益于人心政治"，但也认可刘荫枢所说的，书内有"非宜言者"，"北阙上进"，不如"韬匮而藏"。

---

① （同治）《赣州府志》卷三十四《统辖表》，第 623 页下；卷四十一《统辖名宦》，第 776 页下；（清）傅应奎等修：（嘉庆）《韩城县志》卷五《科举表》，嘉庆二十三年刻本，国家图书馆藏，第 31a 页。
② 《清实录·圣祖仁皇帝实录》第六册，第 185 页上。
③ （同治）《赣州府志》卷三十四《榷使表》，第 626 页下；祁美琴：《清代榷关制度研究》，内蒙古大学出版社，2004，第 420 页。

奉赣州府赣县正堂曹讳□批：条陈各款，不但切中时弊，更且议论极正，具见家学渊源，抱负宏伟，但天下有道，则庶民不议，姑准报宪，以备采用，可也。

曹指曹炯曾（1656—1720）[①]，字世宏，号梧冈，上海人，康熙三十三年以府学廪贡生任赣县知县，有政声，如设义仓、减浮耗、课农桑、通商惠工、辑兵弭盗。[②] 曹认为《万年书》"切中时弊""议论极正"，但"天下有道""庶民不议"。曹建议将疏文提交给刘荫枢，由刘代交给朝廷。

复奉钦敕道宪大老爷刘□批郭廷裳为恩赐移请等事批语：文移申转，自有定例，本道未便违越，该生既怀瑾瑜，速自叩宪，以凭核实具题。

此处刘某，亦应指刘荫枢，按《赣州府志》，与曹炯曾同时，且任"道台"刘姓者，只有刘荫枢。刘在接到曹的转文之后，认为"文移申转，自有定例"，其不可以违越。

江南总督阿□批：存阅。又批：前拟呈阅各条，其中多有未协，既士子抱负经纶，怀才欲售，盍就正途，自有进身之地，奚为汲汲速此条陈一二上达乎？应归潜心肄业，以俟用，舍何为？

阿指两江（江南江西）总督满洲人阿山。[③] 按《清实录》：康熙三十九年，以礼部侍郎管翰林院学士事阿山为江南江西总督；康熙四十五年升江南江西总督阿山为刑部尚书。[④] 值得注意的是其前任为曾有反教行为的张鹏翮（字运青，1649—1725，康熙三十八年任江南江西总督，康熙三十九年任河道总督）。[⑤] 阿

---

① 《中国天主教史人物传》为"曹炯会"，应为误植，参氏著，宗教文化出版社，2007，第490页。
② （同治）《赣州府志》卷三十六《县秩官表》，第673页上；卷四十三《县名宦》，第823页上。另参（清）应宝时等修：（同治）《上海县志》卷二十《人物三》，同治十年刻本，国家图书馆藏，第17b页。黄秀文主编：《中国年谱辞典》，百家出版社，1997，第380页。
③ （清）谢旻等修：（雍正）《江西通志》卷四十八《秩官》，雍正十年刻本，国家图书馆藏，第1b页。
④ 《清实录·圣祖仁皇帝实录》第六册，第22页下、第279页下。
⑤ 萧若瑟：《天主教传行中国考》，载《中国天主教史籍汇编》，辅仁大学出版社，2003，第184页。

山认为，曹炯曾等人的批文"未协"，认为郭廷裳应通过"正途""潜心肄业"，来实现自己的"抱负经纶"，不可以通过"汲汲速此条陈一二上达"。

奉巡抚江西等处地方，兼理军务，都察院右副都御使加五级马 讳□批：布衣郭廷裳为应诏上书等事，批语：细阅奏条，虽心则可嘉，而言似难行，且从无代题之例，未便准奏。

此处马指江西巡抚马如龙。马如龙，字见五，绥德人，康熙举人。① 按《清实录》：三十一年，升浙江布政使马如龙为江西巡抚；四十年，江西巡抚马如龙以老病乞休。② 马如龙认为郭廷裳的疏文"言似难行"，而且没有代为题奏之例，因此拒绝代题之请。

奉吉安府主正堂太老爷强讳致中批：条陈天下利弊，有言责者之事，今郭廷裳以一布衣，而怀当世之务，胆识洵谓有过人者，但草莽士庶，例无建言之条，又乏采访之旨。况阅条内，体式舛谬，骇人听闻，何敢代为详请。姑准留案，以备上宪采择可尔。

强致中，字诣极，宝鸡人，顺治甲午举人，三十三年任吉安知府。③ 强认为，郭廷裳以布衣上书，胆识过人，但"草莽士庶，例无建言之条"，而且书内"体式舛谬，骇人听闻"。因此不敢代为题奏，只许存案备用。

奉江西抚院大老爷批，为恳移督院会题，以隆国恩、砥砺风操等事。批语：郭廷裳以一儒生而议国政，辄意更张，夫欲何为者也？复奉都察院批，为俯赐采择，恳恩转奏，以彰朝廷有道，优游以养敢言之盛德等事。批语：有志北上，何须琐渎，不准。

据此条批文可知，江西抚院（可能为马如龙）曾请求都察院会题，转奏

---

① （雍正）《江西通志》卷四十八《秩官》，第2b页；卷五十八《名宦二》，第52b页。
② 《清实录·圣祖仁皇帝实录》第五册，第714页上；第六册，第74页上。
③ （清）卢崧等修：（乾隆）《吉安府志》卷二十《府职官表》，乾隆四十一年刻本，国家图书馆藏，第33b页；（清）许起凤等修：（乾隆）《宝鸡县志》卷七《人物》，乾隆二十九年刻本，国家图书馆藏，第15a页。

郭廷裳的《万年书》，但得到的反馈是不准转奏。

> 泰和县正堂田讳惟冀批：郭廷裳欲效郇模、张齐贤故事耶？而二宗卒莫之用。真挟斗筲管窥之小才，而妄言朝政军国之大事。据阅汝条，驰骋聪明，几数千言，然建设议论，亦无甚晓畅。子乃汝父母官耶？安肯因循？亦以虚言批奖？致贻汝后日之慽乎？急归闭户三载，细将令祖青螺先生文集，熟读评释，庶得以老其材，则玉不衒，而售者自至矣。

田惟冀，字禹先，云南永平人，康熙二十九年由廪监生任泰和知县。[①] 田斥责郭廷裳的行为是"挟斗筲管窥之小才，而妄言朝政军国之大事"，认为《太平万年书》是"驰骋聪明"，但"设议论，亦无甚晓畅"。田非常反感郭廷裳的"越轨"之举，认为郭廷裳此举是沽名钓誉，企图获得褒奖。田建议郭廷裳"急归闭户三载，细将令祖青螺先生文集，熟读评释"。

> 奉赣州府正堂太老爷谢讳□批，吉安泰和县布衣郭廷裳条陈《太平万年国是书》批语，硕议竑裁，亦自绮芬刻镂，但累句敷词，不无触忌犯讳，且士庶非奉特旨，不得建言。本府虽汲引有怀，而功令是凛，姑准留此，以备采风者之人告可耳。

谢指谢锡衮，字君章，浙江会稽人，监生，三十九年任赣州知府。[②] 谢认为郭廷裳的奏疏有"触忌犯讳"，而且士庶"非奉特旨，不得建言"。因此，谢只是将此书留存备查。

> 复奉赣州府正堂太老爷谢□批，圣人无求言之特诏，当事少博询之明文，虽具经济宏词，孰敢冒昧上请？况浑金太璞，尚须研炼而成，美锦采缯，亦俟裁割而制。若遽抱璞求售，反似投瑟于竽。幸聆教言，毋躁进也。

---

① （乾隆）《泰和县志》卷九《官师》，第 8b 页；卷十《宦迹》，第 24b～25a 页。
② （同治）《赣州府志》卷三十四《府秩官表》，第 645 页上；（民国）仇锡廷等修：（民国）《蓟县志》卷四《人物·流寓》，《中国方志丛书·华北地方》第 180 号，民国三十三年铅印本，成文出版社，1969，第 477 页。

在第二道批文中，谢还是委婉拒绝了郭廷裳转奏之请，认为该文"虽具经济宏词"，但"尚须斫炼"。谢劝告郭廷裳"幸聆教言，毋躁进"。

表1 《太平万年书》批文作者

序号	姓名	职务	籍贯	任职时间	离职时间	结果
1	吴国柱	分巡赣南道	辽东	三十三年	三十七年	待用（须督抚核实）
2	刘荫枢	分巡赣南道	韩城	三十八年	四十三年	拒绝
3	赫鉤	赣关税务监督	满洲	三十八年	三十九年	待用（认可刘的批文）
4	曹炯曾	赣县知县	上海	三十三年	四十一年	报刘荫枢
5	刘荫枢					面见核实
6	阿山	两江总督	满洲	三十九年	四十五年	待用
7	马如龙	江西巡抚	绥德	三十一年	四十年	拒绝
8	强致中	吉安知府	宝鸡	三十三年	三十九年	留存
9	江西巡抚、都察院					拒绝
10	田惟冀	泰和知县	永平	二十九年	四十三年	拒绝
11	谢锡衮	赣州知府	会稽	三十九年	四十二年	留存
12	谢锡衮					拒绝

通过以上批文，我们可知，赣县知县曹炯曾对于《万年书》还是持比较赞赏的态度，并转发给赣南道刘荫枢，刘则要求郭廷裳"报宪核实"。疏文最终被送到了都察院。江西巡抚请求都察院会题转奏，可惜最终被否定。虽然《大清律》规定士庶可以直接上书，但大部分官员认为转奏却无定例，因此拒绝了郭廷裳转奏的请求。此外，还有部分官员建议郭廷裳怀才待售或通过正常科考途径，实现自己的抱负。是故此次上书转奏行为最终没有成功。

上述批文的官员最早于康熙二十九年（1690）任职，最晚于康熙四十五年（1706）离任。因此，郭廷裳上书行为最早当为康熙二十九年，最晚不迟于康熙四十五年。换言之，郭廷裳最早于康熙二十九年（39岁）之前受洗入教，最迟为康熙四十五年（55岁）。当然，郭廷裳上书不是一次进行的，应该是持续多年。

拒绝郭廷裳请求的一个重要原因是这些官员认为《万年书》内有"有不可言者""触忌犯讳""骇人听闻"。由于原书已佚，我们仅能从现存目录中，对此书内容窥探一二。目录如下：

> 赐田租之半以遍穷檐，得劝农之法以慎游惰；添沟洫之法以备水旱，去苛政之扰以息天灾；逊河防之患以杜历弊，省亿万之饷以利无穷；练士马以备不虞，兴屯田以免刍挽；勤讲学以明人伦，教忠孝以造大节；汰僧道之冗以黜异端，禁土偶之饬以惜金铜；革神鬼之僭号帝皇者以惩不道，毁庵庙之僭名殿阁者以儆无将；禁神戏之费以节民财，劝贪福之谬以行实惠；请移院于赣州以辖四省，设屏藩于要害以固边疆；禁结婚于幼小以敦风化，杜乱萌于意外以息讼端；广开采之利以资国用，革势商之扰以免阻挠；别服色之制以辨上下，复衣冠之雅以成威仪；考律吕之制以通政和，补匏土之器以全音乐；立观政之法以练吏治之材，藉诸艰之试以老鼎铉之器；勤讲约以资政治，崇天学以正人心；较权量以同风俗，一王法永佐太平。

该目录共有 16 条，内容无所不包，既有农田、水利、赋税、军事，又有讲学、风俗、宗教、教化、资政等方面的内容；既有宏大的概略性阐述，又有具体的条议对策。其中可以看出郭廷裳的天主教信仰内容，如"汰僧道之冗以黜异端，禁土偶之饬以惜金铜"，即将佛教、道教作为异端而加以罢黜，并严禁使用金铜塑造佛像、道像。传教士将佛道视为偶像崇拜，尤其批评佛道教的塑像行为。因此，作为天主教徒郭廷裳有淘汰僧道之建议亦在情理之中。又如"革神鬼之僭号帝皇者以惩不道，毁庵庙之僭名殿阁者以儆无将"，此建议亦是受到天主教影响。传教士对于官方或民间各式各样的山川岳渎神灵封号亦持批评态度。又如"禁神戏之费以节民财，劝贪福之谬以行实惠"，此条亦可看到天主教的影响。天主教反对民间宗教的祈福活动，尤其是向神灵的祈福行为实际上就是偶像崇拜，是天主教信仰所不允许的。最为明显体现郭廷裳宗教信仰的则是第十五条，"勤讲约以资政治，崇天学以正人心"。在此条中，郭廷裳明确提出推崇天学，其目的则在于"正人心"。这些带有天主教色彩的内容，或许正是被士大夫官员认为是"触忌犯讳"的地方。

同时我们也可以看出，郭廷裳企图通过上书，以官方的力量来推广天主教。其所使用的论证方式秉承了徐光启以来的模式，即实用主义。徐光启认为，天学有补益王化、左右儒术之功能。与郭廷裳同时代的张星曜也认为天学不仅可以补充儒家，而且还在某些方面超越儒家。因此，推广天学有益于世道人心。康熙时期江西南丰信徒刘凝也认为天学东来才接续了儒家道脉。

郭廷裳上书的同一时期（1701～1704），江西赣州、南昌等地的信徒群体参与了一场由耶稣会士发起的礼仪之争"誓证"活动。这些由赣州、南昌的信徒群体签字的《誓状》，连同其他各地的《誓状》一起由各地的耶稣会士寄往罗马，并以 Summarium Novissimorum Testimoniorum Sinensium 为名出版。当然，这些《誓状》有共同的模板，且是由安多（Antoine Thomas，1644—1709）召集。签名的基督徒来自北京有 50 人，江南 204 人，湖广 96 人，其中江西有 25 人。赣州的《誓状》由意大利耶稣会士 Carlo Amiani（1661—1723）收集，在《誓状》上签名的有"候选教谕吴伯多禄""候补都司栗若瑟""生员刘若亚敬""生员生员郭奥吾斯定""生员郭伯多禄""儒童谢若翰""耆年乡约文方济各""耆年乡约谢伯多禄""教中正会长钟欧斯大觉""副会长李老楞佐"等，签署日期为康熙四十一年（1702）九月初二日。[1] 其中，"候选教谕吴伯多禄"为吴应骥，字德君，宜黄人，康熙辛酉举人，四十二年任赣县教谕。[2] 现有材料无法证实郭廷裳是否与这些赣州信徒群体有直接交往，签名中亦无郭廷裳的名字。

与郭廷裳有交往的传教士，则有罗历山（Alexandre Ciceri，1637—1704）。罗于 1680 年传教广东，1696 年为南京主教，1704 年殁于南京。[3] 罗去世后，郭廷裳撰有《南京罗主教神道碑记》。罗虽然主要在南京活动，但郭廷裳提及罗"躬巡各堂，耳提面命，历艰诸试，寒暑备尝"。清初教内有"巡堂"制度，罗历山会去赣州教堂巡视，因此认识郭廷裳。郭廷裳也指出："某等超学恩门，训叨过庭，亲炙沐爱，饮和食德，向坐春风之中，夙沾时雨之化。"此则表明，郭廷裳以及赣州教会众信徒与罗历山有过密切交往。因此，郭廷裳受众人委托为罗历山撰写《神道碑记》。在赣州传教的还有刘迪我（Jacques Le Favre，1610—1676）与聂仲迁（Adrien Greslon，1614—1695）。

此外，清初在江西的传教士还有殷铎泽（Prosper Intorcetta，1625—1696）、卫方济等。1688 年，南城人万其渊（Paul Banhes，1635—1700）晋升

---

① Nicolas Standaert, *Chinese Voices in the Rites Controversy: Travelling Books, Community Networks, Intercultural Arguments*, Roma: Institutum Historicum Societatis Iesu, 2012, pp. 189 - 193.

② （同治）《赣州府志》卷三十八《县教谕表》，第 702 页下；（清）许应鑅修：（光绪）《抚州府志》卷三十四《人物·宦业》，光绪二年刊本，《中国方志丛书·华中地方》第 253 号，第 913 页上。

③ 〔法〕费赖之：《在华耶稣会士列传及书目》上册，中华书局，1995，第 391～392 页。

为铎品神父。1702 年，卫方济、万其渊与法国耶稣会传教士马若瑟共同创设南丰漱江天主堂。除了在建昌之外，其他地方如南昌（聂伯多，穆迪我）、吉安（刘迪我）、九江（殷弘绪，Francois-Xavier' Entrecolls，1662—1741）、抚州（傅圣泽，Jean-Francois Foucquet，1663—1739）等地亦有耶稣会传教士。[①] 但郭廷裳是否与这些传教士有交往则不可知。

三　小结

明末著名士大夫郭子章在肇庆与传教士利玛窦的一段交往，使西学因其弘扬而得以广泛传播，郭氏也因此成为明清天主教史研究者所关注的对象；而其玄孙郭廷裳则受洗入教成为天主教徒，更是郭氏家族与西学西教相遇而结下的果实。本文通过《郭子章年谱》《冠朝郭氏续谱》等资料，对郭子章、郭廷裳家族世系，天主教徒郭廷裳的生平事迹，郭廷裳与《太平万年书》等进行深入考证，对学界现有的相关成果进行厘正与补充。通过本文研究发现，利玛窦与郭子章之间的交往应该在 1585～1586 年；郭子章虽未娶妾并对西学有所好感与推广，但其自身是虔诚的佛教徒，且有丰富的民间宗教体验，因此并未受洗入教；清初天主教徒郭廷裳为郭子章玄孙，生于 1652 年，业已由郭氏祖居泰和迁居赣县；郭廷裳前半生事迹主要为寻找乃父郭懋祚，并搜集其遗文刊刻付梓；郭廷裳入教之前的主要职业是为人卜算；入教之后，于康熙二十九年至康熙四十五年期间企图通过向朝廷上书来推广天主教的教义与思想，其受洗时间最早亦应最早为康熙二十九年（39 岁），最迟为康熙四十五年（55 岁）。现有资料表明，与郭廷裳有直接交往的传教士为罗历山，并为后者撰有《神道碑记》。郭廷裳企图通过上疏而推广天主教，最终因诸多原因未果，但从中可以发现清初天主教徒融合耶儒之努力，并可管窥清初天主教徒的思想世界之一斑。

---

① 参见吴薇《明清时期江西天主教的传播》，江西师范大学历史文化与旅游学院，硕士学位论文，2003。

论谢肇淛的天释观*

代国庆**

摘要： 谢肇淛是明季一儒家士大夫，他积极倡导"实学"，反对"有体而无用"的程朱理学，亦对"一味空寂"之佛教持批判态度。相较而言，谢肇淛对利玛窦所宣扬之"天学"抱有好感。在谢肇淛眼中，天主教"其说近于儒"。谢肇淛的"天释观"充分反映在其所写笔记《五杂组》中。这些论点自然引起佛教徒们的不满，其中一位释子释行元写了《为翼邪者言》一文，指责谢肇淛背离了儒家道统。但是，这一指责与史实并不完全相符。

关键词： 谢肇淛；《五杂组》；佛教；天主教

明季入华耶稣会士倡导的"实行"、"实学"之"天学"，恰合当时"经世致用"之学风。利玛窦开创的"合儒"策略，一定程度上消弭了部分士大夫的"华夷之防"。由此，"天学"在士人阶层中影响日重，反教人士对此颇感无奈："独奈何夷族之讲求瞻礼者，我中国之章绝也；夷书之撰文辑序者，我中国之输墨也；夷类之为景教堂者，我中国之画轩华栋也。迁乔入幽，用夷变夏，噫嘻嗟哉！是尚可忍言乎？"① 此乃佛教徒释行元的反教言论，有趣的是，他站在儒家道统立场上，指责中国士人崇奉"天学"乃是"用夷变夏"之举。这其实反映了耶稣会士"合儒易佛"策略的成功，佛教徒不得不"联儒反耶"，把自己装扮成儒学的卫道士，矛头直指"离经叛道"的中国奉教者："此余所以不咎天教之行于中国，而深咎中国之人行乎天教也；余固深咎中国之人行乎天教，而尤痛咎行天德之人叛乎正教也。"② 释行元明言："谢肇淛、杨弥格之类，又有冯应京、徐光启，皆翼邪者也。"杨弥格（即杨

---

　*　本文获得 2016 年度《广州大典》与广州历史文化研究专项课题资助（项目批准号：2016GZY10）。

**　代国庆，华南师范大学历史文化学院讲师。

①　释行元：《为翼邪者言》，周骕方编校《明末清初天主教史文献丛编》，北京图书馆出版社，2001，第 269 页。

②　释行元：《为翼邪者言》，周骕方编校《明末清初天主教史文献丛编》，第 270 页。

廷筠）与徐光启均为明末天学之"柱石"，他们是天主教"合儒易佛"策略的积极践行者；冯应京是利玛窦入京后所结识的第一位士大夫，两人相见恨晚，结为莫逆。冯应京刊刻了利氏诸多著作，并为之作序。他们被称为"翼邪者"并不为诬。在这四人中，唯独谢肇淛与传教士的往来交际不见经传，释行元把他归为"翼邪者"或许另有所因。

一　谢肇淛的佛教观

谢肇淛，字在杭，号武林，福建长乐人。生于隆庆元年（1567），万历二十年（1592）壬辰科进士，由此入仕，先后在浙江、北京、南京、山东、云南、广西等地任职，天启四年（1624）入觐，行至萍乡，卒于官舍。[①] 谢肇淛为官勤勉，尚实务行，治绩显著。生前好友曹学佺谓其"而有所表见于世，不颛以觚牍称"。[②]

谢肇淛对佛教和天主教的认知和评价，主要反映在其学术笔记《五杂组》中。总的来看，谢肇淛对佛教多有严厉之批判，笔者尝试归纳为以下五条。

第一，佛教有害于"治道"，"奉佛"反而"招祸"。谢氏以史实为依据，指出古今历代奉佛帝王"莫甚于梁武帝、唐懿宗"，但其结果"大则破国丧身，小亦虚耗海内"。这也就质疑了佛教的社会功效，认定崇佛有害治道，从而抽离了佛教的历史合法性，那么其存在的意义也就大打折扣。由此，谢肇淛指责那些栖心释老之人君、士君子"背本不祥，反古不智，是名教之罪人也"。[③] 这实是借古讽今，因为当时万历帝崇佛甚虔，"逮至今上，与两宫圣母首建慈寿万寿诸寺，穷丽冠海内，至度僧为替身出家，大开经厂，颁赐天下名刹殆遍，去焚佛骨时未二十年也"。[④] 显然，谢肇淛希望万历帝能以史为鉴，作一"崇儒重道之主"，以"安富尊荣，四海乂安"。[⑤]

① 《中奉大夫广西左布政使武林谢公行状》，谢肇淛：《五杂组》，上海书店出版社，2001，第346页。
② 曹学佺：《明通奉大夫广西左方伯武林谢公墓志铭》，谢肇淛：《五杂组》，第344页。
③ 谢肇淛：《五杂组》，第301页。上海书店点校出版的此一版本，本为上海图书馆所藏之如韦馆万历四十四年刻本，是为《五杂组》最早的刻本；另外，《四库禁毁书丛刊》亦收录了《五杂组》另一明刻本。如无特别说明，本文参考、引文均本于如韦馆刻本。有关《五杂组》版本流传情况，可参见廖虹虹《谢肇淛〈五杂组〉版本述略》，《五邑大学学报》2004年第3期。
④ 沈德符：《万历野获编》，中华书局，1959，第697页。
⑤ 谢肇淛：《五杂组》，第301页。

　　第二，佛教碍于"名教正道"，其害甚于杨墨、老庄，实乃"名教"之"异端"。谢肇淛说："汉唐而下，莫盛于佛、老，然道教已非柱史之旧，而世之惑溺者，不过妄意神仙，或贪黄白以图利耳，固无甚见解，而亦不足辩也。惟释氏之教入人骨髓，然彼之所谈皆高出世界四大之外，而排之者动以吾儒之粗攻释氏之精，如以羸兵敌强虏，宜其不能胜而反炽其焰也。"① 谢氏认为佛教对儒学的威胁最大，已经"入人骨髓"，但儒学并不能有效地予以抵制，"不能胜而反炽其焰"，其原因在于"以吾儒之粗攻释氏之精，如以羸兵敌强虏"。可见，谢肇淛不得不承认佛教有其优势所在。正统儒生对佛教的此种矛盾心态，恰好是历史的真实写照。宋儒们如同谢肇淛一样辟佛，但却是"明驳暗取"，以"释氏之精"补"吾儒之粗"，以佛援儒，从而形成了宋之新儒学。但程朱理学到了明末已退化为"末流"，讲求"经世致用"的士大夫们对此种华而不实的思想感到厌倦，晚明思想界出现了所谓的"裂变"。谢肇淛直斥宋儒之虚谈："宋儒有体而无用，议论繁而实效少"②，"宋儒敢为高论而轻薄世务，乃于干戈云扰之际，犹以正心诚意之说进，譬之垂绝之人，教以吐纳导引之方，足以速其死而已矣"。③ 在谢氏看来，宋儒要为宋王朝的覆灭负责。这并非仅是一种怀古之忧，而是切实之感。因为当时大明王朝败象已露，国家正遭受外侵（北虏、倭寇）、内乱（刘六、六七、萧乾之乱等）以及天灾（水旱灾疫无岁无之）等诸多变故④，由此，谢氏大声疾呼："与其高谈性命而无益于用，不如救偏补弊，随事干蛊，为有实效也。"⑤ 故对于"一味空寂而已"的佛氏之教百般贬斥也就在情理之中了。

　　第三，佛教教义不经，不足取信，不足以拯救世道、涤净人心。儒家士大夫对宗教持一种中道之态度，认可其社会价值，这便是所谓的"神道设教"之说。但同时，正统儒生对佛教教理仍持抵制态度，认为其对君子无补，于小人无益，或许仅对愚夫愚妇有所作用。谢氏对佛教轮回之说的态度就颇具代表性：

　　　　释氏轮回之说所以劝世之为善也，而有不足取信者，何也？不论修

---

① 谢肇淛：《五杂组》，第 165 页。
② 谢肇淛：《五杂组》，第 274 页。
③ 谢肇淛：《五杂组》，第 282 页。
④ 谢肇淛：《五杂组》，第 78 页。
⑤ 谢肇淛：《五杂组》，第 282 页。

行与否，但欲崇奉其教，则世岂无诋佛之君子而持经茹素之穷凶极恶乎？一也。生前之吹求太苛，而死后之忏悔太易，当其生则一物一命锱铢报应，而及其死则弥天之罪一忏即消。愚民且自以为无所逃于生前，而望翼不必然于身后，何惮而不为恶？二也。大君子之为善，原不为身后计也，至于小人，虽宪典火烈，杀人奸盗犹不绝踵，而况地狱之眇茫乎？至于回头即岸之说，大盗巨驵以此自文者多矣。惟圣人之言曰："作善，降之百祥；作不善，降之百殃。"又曰："善不积，不足以成名；恶不积，不足以灭身。"噫！何其简而易行也。①

在谢氏看来，佛教的"轮回报应"之说远比不上儒家的"善降祥，恶降殃"之道。君子不计，小人不畏，"轮回"之说的社会教化空间便被大大压缩。由"轮回"之说而导致的"戒杀"行为，谢氏虽认为"不必辟者"，但也明确了它与儒家之别："古人之戒杀，仁也；释氏之戒杀，惧也；今人之戒杀，悭也；己不杀而食人之杀者，又可笑也。"②

第四，不满佛教丛林窳败不堪之现状。明代佛教的世俗化与当时商品经济的发达密切相关，也与人们祈福避祸的心态相连。谢氏说："今佛寺中尚有清净谨严者，其供佛像，一饭一水而已，无酒果之献，无楮陌之焚，无祈祷报赛之事，此正理也。至观音祠则近秽杂矣，盖愚民徼福者多，则求必祷，得则必谢，冥楮酒果相望不绝，不知空门中安所事此？良可笑也。"③佛寺门庭若市，僧侣们哪能清净修行，遁入佛门之人，不过是持果报之念，但谢氏善意地提醒佛教僧侣们"以图果报之念而学佛，终无成佛之日矣；学佛者，从慧根入较易"。④谢肇淛对佛教丛林的指责切中时弊，当时一些僧侣也认识到丛林诸多弊病，而呼吁改革。园澄在《慨古录》中大加感慨："去古日远，丛林之规扫地尽矣。佛日将沉，僧宝殆灭，吾惧三武之祸，且起于今日也。能无叹乎？"⑤甚至有些佛教大德试图借助天主教的攻击，来警醒丛林之迷茫。际明禅师就曾表示："若谓彼攻佛教，佛教实非彼所能破。且今时释子，有名无义者多，籍此外难以惊悚之，未必非佛法之幸也。刀不磨不利，钟不击不

---

① 谢肇淛：《五杂组》，第 158 页。
② 谢肇淛：《五杂组》，第 306 页。
③ 谢肇淛：《五杂组》，第 304 页。
④ 谢肇淛：《五杂组》，第 257 页。
⑤ 转引自江灿腾《晚明佛教改革史》，广西师范大学出版社，2006，第 11 页。

鸣，三武灭僧而佛法益盛，山衲且拭目俟之矣。"①

第五，佛教毒化民俗，败坏民风。明清社会，民间形态的佛教广为流行。这虽表明佛教渗透中国社会之底层，但其教理、轨仪离佛教正典相距甚远。民间佛教沾染上诸多迷信色彩，在儒家士大夫看来，这不仅"费金"而且"害礼"。谢肇淛对民间泰山进香活动观察说："其斋戒盛服，虔心一志，不约而同，即村妇山氓皆持戒念佛，若临之在上者，云稍有不洁，即有疾病及颠蹶之患。及祷祠以毕，下山舍逆旅，则居停亲识皆为开斋，宰杀狼藉，醉舞喧呶，娈童歌倡，无不狎矣。夫既不能修善于平日，而又不能敬谨于事后，则其持戒念佛，不过以欺神明耳，曾谓泰山不如林放乎？"② 此种祭拜完全流于形式，"不过以欺神明耳"，更谈不上儒家所谓的"祭如在"思想。儒家注重内在的虔诚，但也发展出一套礼仪。其中，丧葬礼是儒家孝思与慎终思想的表达。但当时的丧葬礼"礼不循而徒作佛事"，导致"丧不哀而务观美"。③

由此可见，谢氏辟佛教之深之切，这自然会引起佛教徒的不满。值得注意的是，明末天主教徒对佛教的批判也涉及以上诸方面。如徐光启曾说："奈何佛教东来千八百年，而世道人心，未能改易，则其言，似是而非也。"④ 这与谢氏所言的奉佛而招祸的观点一致。两者虽对佛教的历史评价具有共识，但接下来的解决之道却表明，两者之间存在深刻差异。谢肇淛提出"崇儒重道"，而徐光启建议"必欲使人尽为善，则诸陪臣所传事天之学，真可以补益王化，左右儒术，救正佛法者也"。⑤ 谢肇淛知晓天主教对佛教批判之态度，他明言："其（笔者注：利玛窦）书有《天主实义》，往往与儒教互相发，而于佛、老一切虚无苦空之说皆深诋之。"⑥ 但谢肇淛并没有如同徐光启等人那样，借取天主教的文化资源辟佛补儒。下文分析将表明，虽然谢肇淛对天主教并不排斥，但还称不上天主教的辩护者，因此，释行元仍把谢肇淛与杨廷筠等奉教人士相提并论，一概视为"翼邪者"，并不妥当。

① 际明禅师：《际明禅师复柬》，周骕方编校《明末清初天主教史文献丛编》，第 261 页。
② 谢肇淛：《五杂组》，第 66 页。
③ 谢肇淛：《五杂组》，第 293 页。
④ 徐光启：《辩学疏稿》，吴相湘主编《天主教东传文献续编（一）》，台湾学生书局，1966，第 24 页。
⑤ 徐光启：《辩学疏稿》，吴相湘主编《天主教东传文献续编（一）》，第 25 页。
⑥ 谢肇淛：《五杂组》，第 82 页。

二 谢肇淛与天主教之晋接

《五杂组》中多有所涉天主教，并给予较高评价，现摘录于下。
卷之二·天部二：

> 西僧琍玛窦有自鸣钟，中设机关，每遇一时辄鸣，如是经岁无顷刻差讹也，亦神矣。①

卷之四·地部二：

> 又有天主国，更在佛国之西，其人通文理，雅儒与中国无别。有琍玛窦者，自其国来，经佛国而东，四年方至广东界。其教崇奉天主，亦犹儒之孔子、释之释迦也。其书有《天主实义》，往往与儒教互相发，而于佛、老一切虚无苦空之说皆深诋之，是亦逃杨之类耳。琍玛窦常言："彼佛教者窃吾天主之教，而加以轮回报应之说以惑世者也。吾教一无所事，只是欲人为善而已。善则登天堂，恶则堕地狱，永无忏度，永无轮回，亦不须面壁苦行，离人出家，日用所行，莫非修善也。"余甚喜其说为近于儒，而劝世较为亲切，不似释氏动以恍惚支离之语愚骇庸俗也。其天主像乃一女身，形状甚异，若古所称人首龙身者。与人言，恂恂有礼，词辩扣之不竭，异域中亦可谓有人也已，后竟卒于京师。（另一明刻本增有"其徒日庞迪"，见四库禁毁丛书子部）②

卷之五·人部一：

> （称赞北齐七宝镜台、唐妆台、元宫漏设计精妙）神工巧思，千古一人而已。近代外国琍玛窦有自鸣钟，亦其遗意也。③

可见，谢氏对外来之天主教抱有浓厚兴趣，并对利玛窦其人、其物（自

---

① 谢肇淛：《五杂组》，第38页。
② 谢肇淛：《五杂组》，第82页。
③ 谢肇淛：《五杂组》，第98页。

鸣钟）、其书（《天主实义》）赞赏有加。谢氏称赞利玛窦"与人言，恂恂有礼，词辩扣之不竭，异域中亦可谓有人也已"，这也是当时士人对利氏的普遍感观，沈德符称赞他："性好施，能缓急人，人亦感其诚厚，无敢负者。"① 这其实反映了利玛窦深谙中国礼仪，深得中国士人的尊敬。谢肇淛一再提及自鸣钟，在当时，自鸣钟实乃利玛窦交接士人、官吏乃至朝贡万历帝之物。精巧独特的自鸣钟给中国人留有深刻印象。与谢肇淛同时代的顾起元（1565—1628）、李绍文（生卒不详）、沈德符（1578—1642）、姚旅（隆庆至天启年间）等人均提及自鸣钟。与其他人不同的是，谢肇淛并非仅出于猎奇，他因由赞赏自鸣钟报时精确无讹，而批判中国占候家之误："今占候家时多不正，至于选择吉时，作事临期，但以臆断耳。烈日中尚有圭表可测，阴夜之时所凭者漏也，而漏已不正矣，况于山村中无漏可考哉？故知兴作及推禄命者，十九不得其真也。余于辛亥春得一子，夜半大风雪中，禁漏无声，行人断绝，安能定其为何时？余固不信禄命者，付之而已。"② 此种科学精神恐怕是利玛窦所意料不及的。如果谢肇淛能对利玛窦的科学才能有进一步了解的话，或许会步徐光启、李之藻之后尘，而倾心于此等实用之学。

对于利氏所宣扬的学说，谢肇淛通过《天主实义》也有所知晓，对其评价可以从两方面来看。一方面认为其说"往往与儒教互相发"，"其说为近于儒，而劝世较为亲切"。可见，谢氏对天主教并不排斥，而怀有"亲切"之感。此种"亲切"之感固然得益于当时天主教人士"合儒"策略之效，亦与谢氏所持的儒释之辨大有相关。另一方面，谢肇淛认识到天主教对佛教严厉辟驳之态度，"而于佛、老一切虚无苦空之说皆深诋之"。在反佛上，谢利二公找到了共同点，因此，谢氏称赞天主教"不似释氏动以恍惚支离之语愚骇庸俗也"。总的来看，利玛窦的"合儒辟佛"策略得到谢肇淛积极回应和认可，但谢氏并没有用天主教来"补儒""超儒"，相反他把天主教定为"逃杨之类耳"。孟子尝云"逃墨必归于杨，逃杨必归于儒"，虽"杨近墨远"，但终究不是正道，孟子甚至严厉指责"杨墨之道不息，孔子之道不著，是邪说诬民，充塞仁义也"。其实，秉持儒家道统的谢肇淛在此认为天主教实乃是一异端。可见，谢肇淛对天主教并非一味袒护，他也不可能皈依入教。因此，释行元把他归为"翼邪者"并不恰当，反而暴露出他"联儒反耶"

① 沈德符：《万历野获编》，第 785 页。
② 谢肇淛：《五杂组》，第 38 页。

的虚伪性。

《五杂组》是明末较早、较全面关注天主教的笔记之一。如此之多的信息表明，作者与天主教关系密切。就笔者目前所知，教内、教外文献对谢肇淛与传教士的交往并未提及，这或许揭示了一个事实：谢肇淛与利玛窦不曾面见叙谈，至少没有交际频仍，谢肇淛有关利玛窦及天主教的信息更可能是通过间接途经而获知，证据如下。

首先，谢肇淛撰写《五杂组》时，已得知利玛窦卒于京师（1610 年 5 月），又说"余以万历壬辰登第（万历二十年，1592）……迄今仅二十年"。①由潘方凯为《五杂组》所作的跋可知，《五杂组》刻于"丙辰仲夏"，即 1616 年阴历五月，而潘氏获得书稿时在"去秋"，即 1615 年秋。可见《五杂组》撰写时间当在 1610 年 5 月（利玛窦去世）以后，1615 年秋之前。而在此之前，谢肇淛与利玛窦会面的机会并不多。利玛窦于 1601 年入京定居，此前曾在肇庆、韶州、南昌、南京等地游历传教。而谢肇淛入仕后，先后在湖州、东昌等地任职，因此两者并没有机会交接。万历三十四年六月（1606），谢肇淛以入贺慈圣皇太后徽号抵京，公事毕旋即离京，七月登金山寺，过吴门，八月抵家。可见，此次逗京时间短暂。是年十月其父卒，此后三年居家丁忧。万历三十七年（1609）服阙，补工部屯田司主事，是年秋入京，直至万历三十九年（1611）二月离京抵张秋。②此次在京一年有余，利玛窦亦是在此期间去世。因此，两人时间、地点上的交集并不多。后来，谢氏更是远赴云南、广西任职，并客死他乡。可见，谢氏与传教士不可能有直接的交往。

其次，谢肇淛对利玛窦和天主教的认知存有明显的错漏，如称利玛窦为"西僧"、来自"天主国"，历时四年方至广州。而利玛窦《上大明皇帝贡献土物奏》自言来自"大西洋"，并已经"忝与科名，已叨禄位"即获得"西儒"之名号；"历时三年，路经八万余里，始达广东"。③谢肇淛所言的"天主像乃一女身"更是传教士无法容忍的错误。如与利玛窦有所接触，相信不会产生如此常识性的误解。其实，为数不少的明季人士乃至清初士人对利玛窦的感观仍停留在利玛窦留居广东期间僧人形象的阶段。此种滞后感观多数是因为中国士人对利玛窦的早期文字记载，后世大多因循而言，实际上并未与利玛窦或其他传教士有所交接。

① 谢肇淛：《五杂组》，第 286 页。
② 陈庆元：《谢肇淛年表》，《闽江学院学报》2009 年第 1 期。
③ 〔意〕利玛窦：《上大明皇帝贡献土物奏》，朱维铮主编《利玛窦中文著译集》，第 232 页。

再次，从《五杂组》行文内容来看，也可证明谢肇淛与利玛窦并无深交。谢肇淛虽认识到当时天文历算之积弊错漏并严厉批判道："但今之历官，但知守其法而不知穷其理，能知其数之然而不知其所以然，譬之按方下药，促其不杀人尔，不敢望其起死回生之功也"①，但并没有提出改进之道，对于利玛窦极力向万历帝及士人标榜的"天地图及度数，深测其秘，制器观象，考验日晷"②之历算才能未置一词。谢肇淛对利玛窦历算方面的了解只限于计时精确的自鸣钟，但也并不知晓其时刻划分的依据。而与利玛窦有数面之缘的沈德符对此了如指掌，"惟利西泰谈其国每日分为二十四时，每时止四刻，合之仅九十六刻，以故所制自鸣钟，以子正、午正为始"③，故称利玛窦"号精象数"。④

另一个证据是，《五杂组》如韦馆刻本（万历四十四年，1616）提及利玛窦卒于京师，并以此作结。而另一明刻本（四库禁毁书丛刊本）则加有"其徒曰庞迪"一句。此一明刻本的刊刻时间应该晚于万历四十四年，"其徒曰庞迪"是后来加上的，至于添加者是谢肇淛还是编印刊刻者不得而知。可以确定的是，在最初的如韦馆刻本中并没有此句。也就是说，当时谢肇淛并不知道庞迪我为利玛窦之徒，并负责处理利氏后事。因此，当时谢肇淛虽在北京，但对利玛窦等西洋人了解并不多。甚至可以推测，关于利玛窦的死讯，谢肇淛也非第一时间获知，而只是后来听闻而已。

利玛窦注重结交士人、官吏，自鸣钟、三棱镜等西洋器物吸引了不少中国人的关注。利玛窦的著述如《交友论》《天主实义》等在当时广为流传，主持闽中诗坛的徐𤊹就曾指出利氏所著之《天主实义》"人传诵之，而《交友论》尤切中人情"⑤，利玛窦名噪中夏。因此，谢肇淛通过间接的人际交往以及阅读相关书籍，完全可以获知天主教之信息。

谢肇淛能够评价《天主实义》一书，并引用利玛窦之言，可见他阅读过此书，惟有如此，才能不见其人而闻其言。另外，谢氏提及天主像（实为圣母子像），也有充分的证据表明他确也曾睹过目。万历三十三年乙巳腊月朔（1606年1月9日），利玛窦赠四幅宗教画给程大约⑥，程氏录之于《墨苑》

① 谢肇淛：《五杂组》，第33页。
② 〔意〕利玛窦：《上大明皇帝贡献土物奏》，朱维铮主编《利玛窦中文著译集》，第232页。
③ 沈德符：《万历野获编》，第524页。
④ 沈德符：《万历野获编》，第525页。
⑤ 徐𤊹：《笔精》，福建人民出版社，1997，第288页。
⑥ 〔意〕利玛窦：《述文赠幼博程子》，朱维铮主编《利玛窦中文著译集》，第268页。

中，其中就有一幅圣母子像。在《五杂组》中，谢肇淛多次提及《墨苑》一书，并连同《水浒》《西厢》《琵琶》及《墨谱》等书一并评价曰："反覆精聚神，穷极要眇，以天巧人工，徒为传奇耳目之玩，亦可惜也。"[1] 谢肇淛所言的天主像即为《墨苑》中的圣母子像。

最后，谢肇淛同乡好友叶向高（1559—1627）、徐㷿（1570—1645）、曹学佺（1573—1647）等均与传教士有直接交往。叶向高在南京任职时便与利玛窦相遇（1599）。利玛窦去世后，庞迪我向朝廷申请墓地，作为首辅的叶向高起了关键作用。1624年叶向高致仕归里，艾儒略随同入闽。在闽期间，艾儒略多与士人辩驳唱答。"丁卯初夏，相国再入三山。一日余造谒，适观察曹先生在座。"[2] 此"观察曹先生"即曹学佺也。三人之间的辩答即为《三山论学纪》。徐㷿在其笔记《笔精》中提及利氏之著作，另外，徐㷿还与艾儒略有所往来，有诗为证。《闽公诸公赠泰西诸先生诗初集》中收录了"闽海徐㷿"的一首诗，"闽海徐㷿"即为闽县徐㷿，其诗云：历尽沧滨九万程，廿年随处远经行。教传天主来中夏，恩沐先朝见盛明。"五大部州占广狭，两轮日月验亏盈。猗欤有美西方彦，色括天人学已成。"[3] 闽省诗坛领军人物谢肇淛曾与徐㷿、曹学佺结社唱和，关系密切，谢氏逝世后之墓志铭、行状即由曹、徐二公操刀。作为闽省士人之领袖的叶向高，自然也获得了谢肇淛的尊敬，当叶氏登首辅之位及辞官归里时，谢氏均曾赋诗以赠。[4] 谢氏通过他们而获知天主教之信息，想必并不困难，或许"天学"还是他们谈论的话题之一。

总之，谢肇淛通过社会舆论、人际交往、书籍画作等间接渠道而获知利玛窦及天主教的信息。在他自己研读《天主实义》和观赏《墨苑》中的天主图后，自然得出了"天主女身"的结论，并以中国传统文化的立场予以理解，这才有了"若古所称人首龙身者"之言。

三 "天主女身"说辨析

对利玛窦所宣扬之宗教产生误解的并非独有谢肇淛一人。早在利玛窦在

---

① 谢肇淛：《五杂组》，第266页。
② 〔意〕艾儒略：《三山论学纪》，吴相湘主编《天主教东传文献续编（一）》，台湾学生书局，1966，第435页。
③ 〔意〕艾儒略：《熙朝崇正集》，吴相湘主编《天主教东传文献》，台湾学生书局，1965，第652页。
④ 谢肇淛：《谢肇淛集·小草斋集》卷二三、二四，江苏古籍出版社，2003。

肇庆期间，便有当地民众称"天主教所崇拜的神是一女人"。① 肇庆知府王泮准许罗明坚和利玛窦建造会院，并命名为"仙花寺"。罗明坚就此曾向总会长汇报："两广总督准我在肇庆居住，建筑房舍与圣母（小）教堂。"② 可见，会院是奉献给玛利亚的。所以，罗明坚和利玛窦在祭坛上方悬挂圣母抱耶稣像，这本无可厚非。但在中国人看来，这却是"西僧"们所崇拜的神明，王泮就曾针对修建此"寺庙"说道："我们先建造一寺庙，然后，他们愿意放什么神，就放什么神。"③ 可见在宗教宽容背后，是对天主教之神的不求甚解，其结果便是天主教与佛教的混合感观。当然，神父们也认识到了此种误解，他们"赶快用救世主像取而代之。一来为消解误会，二来可以更容易讲解天主降生的道理"。④

如果说肇庆期间，此种误会还是出于传教士的无意，那么当利玛窦采取合儒策略后，则有意掩盖了基督奥秘及形象，甚至其宗教使命也变得模糊不清。李贽（1527—1602）就明言："但不知到此何为，我已经三度相会，毕竟不知到此何干也。意其欲以所学易吾周、孔之学，则又太愚，恐非是尔。"⑤ 在天津，太监马堂斥责耶稣苦像为谋杀皇帝的邪术道具，更让利玛窦大为紧张，恐怕进京入贡的计划化为泡影。对于传教事务，利玛窦变得更加谨慎而富有耐心，尽量迎合中国人的宗教情感。"利玛窦所携西域天主像，乃女人抱一婴儿"⑥ 此种对天主模棱两可的认识也就在所难免。

谢肇淛明言"天主像乃一女身"，此一论断源于程大约的《墨苑》。⑦ 在《墨苑》中，程大约把利玛窦所赠的四幅宗教画列于"缁黄"类，谢肇淛或许受此影响，而把"天主国"与"佛国"相提并论。其他三幅画作均有利玛窦的题词（汉字及拉丁文注音），而最后一幅，即圣母子像，仅有利玛窦所标示的拉丁文注音：tiēn chù。在卷目中，程大约明确标记为"天主图"，在其他三幅画作的题词中也可以找到对应的汉字。谢肇淛望文（图）生义，自然会认为，所谓的天主应是怀抱婴儿的女子而非婴儿。

"形状甚异"的评价也符合谢肇淛对整部《墨苑》的态度："反覆精聚

① 〔意〕利玛窦：《利玛窦中国传教史》，光启出版社，1986，第136页。
② 〔意〕利玛窦：《利玛窦书信集》，光启出版社，1986，第459页。
③ 〔意〕利玛窦：《利玛窦中国传教史》，第131页。
④ 〔意〕利玛窦：《利玛窦中国传教史》，第136页。
⑤ 李贽：《续焚书》，《李贽文集（第一卷）》，社会科学文献出版社，2000，第33页。
⑥ 姜绍闻：《无声诗史》（续修四库全书本），上海古籍出版社，2002，卷七。
⑦ 程大约：《程氏墨苑》（四库全书存目丛书本），齐鲁书社，1995，卷十二。

神，穷极要眇，以天巧人工，徒为传奇耳目之玩。"这副圣母子像乃典型的西洋画作，有很强的立体感，光线的明暗层次分明，这对于习惯中国画作的谢肇淛而言，显然是奇特的。画作的内容也是西洋风格，圣母子两人身着西洋服饰，其款式、花饰迥异于中国。两人头部后面的神圣光环不同于中国佛道之神光，并且圣母的光环上还有拉丁字母。圣母子头顶有三位带翼天使，其中两位正给圣母加冕。对于此种画面，谢肇淛感到"甚异"并不奇怪。

理解谢肇淛接下来所言的"若古所称人首龙身者"为何意，首先要确定"古所称人首龙身者"为何物。在中国传统文化中，是女性又具有"人首龙身"形象的无疑就是指女娲了。女娲是中国传统文化中古老的神祇，她的形象早在战国时期屈原就曾在《楚辞·天问》追问道"女娲有体，孰制匠之?"明确提及女娲"人首蛇身"形象的是东汉王逸，《楚辞·天问》王逸注："传言女娲人头蛇身"，王逸注《楚辞章句》"女娲人头蛇身，一日七十化"，王延寿最早提及了女娲"人首蛇身"的实物造像，《鲁灵光殿赋》叙述了当时的建筑和壁画，其中就记载有"伏羲鳞身，女娲蛇躯"。后世的考古挖掘，也出土了数量不少的"人首蛇身女像"，专家学者一般都认定为女娲。在明清时期，女娲虽不如战国、秦汉时那般显赫，但仍家喻户晓。胡应麟（1551—1602）就曾说："补天之说亦或不巫。补天之说五尺童子皆知之。"[1]《墨苑》中也录有一首"魏陈思王"（曹植）撰的《女娲赞》：古之国君造簧伐笙，礼物未就轩辕纂成。或云二皇人首蛇形，神化七十何德之灵。[2] 值得注意的是，在《墨苑》中女娲以普通女子的形象示人，而没有被画成人首蛇身形象，这与后世儒生多批驳"人首蛇身"之说荒诞不经，无足取信不无关系。但也有人试图给予合理的解释，徐鼒（1810—1862）在《读书杂释》中就曾解释道："上世，五行养人之用未广，食草木之实、鸟兽之肉，其气之所感者，不能无杂，故形状亦或与人殊，特浑沦未凿，所得者厚，故生而神灵，其聪明才力，既非后世之所能同，则其形体血气，亦岂必后世之所同乎?"[3]

谢肇淛在此把所谓的天主（实为玛利亚）与女娲相比附，并非仅限于外在形体上的比较。"形状甚异"的天主像仍俱完整的人形，与"人首蛇身"的女娲可比性并不大。更主要的原因，是出于两者相似的宗教内涵。谢肇淛读过利玛窦的《天主实义》一书。《天主实义》的首篇便是"论天主始制天

① 胡应麟：《少室山房笔丛》，上海书店出版社，2001，卷六。
② 程大约：《程氏墨苑》，卷四。
③ 徐鼒：《读书杂释》，中华书局，1997，卷十二。

地万物，而主宰安养之"，即论证创世人格神之存在。利玛窦多次强调"天主之称，谓物之原"，"天主生物，乃始化生物类之诸宗"。① 利玛窦所言的创世天主类似于中国上古"抟土造人，炼石补天"的女娲。汉之吕后，唐之武后为巩固其统治也刻意宣扬女娲为"天子"，"故至今以女娲为女主也"。② 在谢肇淛眼中，女娲并非仅是传说中的人物，而是确有其人的"古皇"，其《咏史一百首》之二载："共工乱天纪，狂力触不周。天柱西北折，洪水襄九州。皇皇女娲氏，雷车驷青虬。炼石补苍旻，神功参玄幽。四极既以至，元化方悠悠。萝图列前席，鸣凤在高丘。安得绝圣智，使我无愆尤。"③ 谢肇淛叙述的女娲补天之事已是后世窜改之作。《山海经·大荒西经》《楚辞·天问》《淮南子·览冥训》等早期文献记载的女娲均无提及共工触不周山之事。后世附会添加还不止于此，如制"笙簧"，创礼乐；被奉为"神媒"，设立婚姻制度等。女娲救世、创建文明的形象加重，尤如希腊神话中的普罗米修斯，而创世则被盘古所取代，诚如顾颉刚先生所言"女娲虽有修补天地的大功，当然不该再算首出御世的圣王了"。④ 作为"古之神圣女，化万物者也"⑤ 的女娲，已由创世之神转变成了救世英雄。在后来的中国儒家道统中，盘古并没位置，而女娲地位虽下降，却也位居"三皇"之一，而"三皇五帝"则被视为人文始祖。女娲也就从神坛步入人间，变成了上古圣王。这固然是儒家持理性态度对上古传说的加工。那么相应的，对于所谓的"人格神"创世之说，儒家士人就不屑一顾了。他们发展出另一套的创世之说。谢肇淛用诗意的语言说道："太极生天地，浑沌成玄黄。日月照万古，元气何茫茫。圣人运斗枢，神契合阴阳。八卦既陈列，九畴渐明章。始知鹑居世，结绳无虚王。只今泰皇瑟，徒令素女伤。"⑥ 此种非人格神终极存在说，远可追溯至老子《道德经》所言"有物混成，先天地生"之"道"，《淮南子·精神训》又加上了"阴阳"："有二神混生，经天营地。孔乎莫知其所终极，滔乎莫知其所止息。于是乃别为阴阳，离为八极；刚柔相成，万物乃形；烦气为虫，精气为人。"唐宋"太极"之说的兴起，使非人格神从无创世说变成完备的理论。

---

① 〔意〕利玛窦：《天主实义》，朱维铮主编《利玛窦中文著译集》，第12页。
② 王弘撰：《山志》，中华书局，1999，第223页。
③ 谢肇淛：《谢肇淛集·小草斋集》，卷六。
④ 顾颉刚、杨向奎：《三皇考》，吕思勉、童书业编著《古史辨（七）中编》，上海古籍出版社，1982，第153页。
⑤ 许慎撰、段玉裁注：《说文解字注》，上海书店，1992，第617页。
⑥ 谢肇淛：《谢肇淛集·小草斋集》，卷六。

谢肇淛对此也是接受的，"天地未生之初，本无也，无之中能生有，而无不可以训，故曰'《易》有太极'，盖已包管于无之先矣，即不言无极可也。若要言之，则无极之前又须有物，始得几于白马之辩矣"。① 谢肇淛认为"太极"乃宇宙之本源，创世问题已经圆满解决，无须再引入"无极"这一概念，否则又要找寻"无极"之源而陷入无谓的诡辩争执。这种思路与利玛窦在《天主实义》中运用亚里士多德理论证明"天主"为终极存在的方法如出一辙，但类似的方法却推导出不同的终极存在。正统儒生不会认可利玛窦的人格神创世说，否则就回到了远古时代的神话传说。谢肇淛把天主与女娲相比附，意味着谢氏试图在中国传统文化中为外来学说找适合的位置。但后世的女娲已丧失了原初化生万物的创世神身份，这也就意味着谢氏拒绝了利玛窦宣扬的人格神创世说。利玛窦也不会接受"天主"即是物质性的"太极"或精神性的"理"。利玛窦辩论说，太极非古儒之说，太极乃是受造之物，无智无识。"理"不过是"依赖者"而非"自立者"。这也就是传教士所言的中国儒生士人为无神论者的原因所在。

由此可见，谢肇淛对天主图的误解，固然是因为他对天主教核心教义缺乏了解所致，但利玛窦也负有责任，因为他故意隐没了基督教义，没有给天主图做一番解释。这也从一个侧面表明，谢氏与天主教的关系并非释行元所言的那么密切。谢肇淛把天主与女娲相提并论，反而表明他并不认同天主教"天主创世"说。无论谢肇淛的"辟佛"，还是对"天学"的赞赏，均是他"经世致用"之儒家道统立场使然。

---

① 谢肇淛：《五杂组》，第 1 页。

异教与邪术之间：清中叶禁教令下天主教的法律处境

方金平 *

摘要：本文探讨清中叶期间法律之于天主教发展的角色，并试图指出天主教于禁教令下之持续扩张实有法律基础。帝制中国已建立一套成熟的司法系统以规范宗教，并对具叛乱性质、法律上所谓"邪术"的异端施以严刑。然而本文指出，虽然康熙以后清廷禁止天主教再作传行，却未有视之为刑律所谓的"邪术"，于是天主教得以在禁教期间获取某种生存空间。法律向来为中国基督宗教史所忽略。本文意图补此空白，并指出传教士传行事业的背后，制度框架与法律的角色。

关键词：清代；宗教法律；邪术；禁教令

始自来华以降，耶稣会士将中国的祭祖及祭孔传统，演绎为非宗教的礼拜仪式，以调适天主教义与中国习俗的冲突。此种"适应方略"，在中国取得重大成果，然而亦遭到原教旨派多明我会（Ordo Dominicanorum）及方济各会（Ordine Francescano）的猛烈抨击。因祭祀问题引发的"礼仪之争"，在康熙末年以罗马教廷明令禁止信徒祭拜祖先、孔子，以及清圣祖［康熙帝，爱新觉罗·玄烨（1654—1722），1661～1722 在位］下令禁教而告一段落。禁令之下，天主教在中国的传行似大受打击。然而随着学者的研究日深，发现禁教时期，西教其实从未被有效禁制，且有显著发展，成为其在晚清再次兴起的重要根据。本文在此基础上，试图以法律角度指出，天主教虽然传行被禁，却与明代以来中国律例意义上具叛乱性质的"邪教"不同，因而未被严厉禁绝，致使雍乾两朝之下，仍有一定的发展空间。以下将以法律为经纬，刑案为实例，勾勒清代中叶西教发展背后的司法框架。帝制时代的中国，除却成文法典，皇令亦具法律效力，因此皇帝谕旨亦在讨论之中。本文亦系在全球化视野下，探讨帝制中国外政秩序的一种尝试。

---

* 方金平，澳洲国立大学博士研究生。

一 背景：清初教士的复振与朝廷的宗教管制

清初的天主教虽因汤若望（Johann Adam Schall von Bell，1591—1666）入狱而一度陷入困境，但兴起事端、取代汤氏的杨光先（1598—1669）因天算历法屡屡犯错，在圣祖亲政以后就被革职。曾协助汤氏左右的比利时耶稣会士南怀仁（Ferdinand Verbiest，1623—1688），由此重登钦天监。康熙八年（1669），经议政王大臣判拟，杨光先不但"历法差错，不能修理"，更因"依附鳌拜、捏词陷人"罪应问斩。后得圣祖念其年老，下旨宽宥，杨氏方得免死。① 汤氏历狱因而得以平反，西教士亦再受重用。有如汤氏在顺治朝的荣宠，南怀仁亦甚得圣祖赏识。自康熙十二年（1673）擢升监正之后，南氏累封太常寺卿、通政使司通政使及工部右侍郎。死后更获赐谥"勤敏"，为首位得清廷封谥的西洋人。② 南氏任内不但职司历算，更监制火炮，在平定三藩与台湾等役间都发挥重大作用；其所推荐的教士张诚（Jean-François Gerbillon，1654—1707）及徐日升（Tomás Pereira，1645—1708）又参与翻译及修订《尼布楚条约》，功勋卓著。加上圣祖本人的兴趣，多番请南氏介绍种种西洋的天文及科学知识，两人亦私交甚笃。③ 借由南怀仁本身的行谊地位，圣祖对西教士及天主教愈加放心，终于在康熙三十一年（1692）撤销自历狱以来朝廷所颁布的禁令，容许天主教自由传行。④

因此，在圣祖眼中天主教始终不是传统律文所指的"邪教"。历朝以来，民间以宗教起事谋反者不绝于史，清朝的自身经验亦复如是。早于入关前的清太宗［爱新觉罗·皇太极（1592--1643），1626～1643 在位］崇德七年（1642），已有善友邪教"左道惑众，潜怀异心"而遭禁制。结果"为首十六人处斩。有札付十六人，各鞭一百，贯耳鼻；无札付五十二人，止鞭一百。其不认识之九十三人，各鞭八十二"，处断实在严酷。⑤ 其入关后的顺治三年（1646），又有吏科给事中林起龙（1667 卒）条奏各地异端峰起，"白莲、大

---

① 《清实录·圣祖仁皇帝实录》卷 31，中华书局，1985，第 417 页。
② 赵尔巽等《清史稿》卷 272，〈南怀仁传〉，中华书局，1976，第 10019～100021 页。
③ 〔比利时〕钟鸣旦、孙尚扬：《一八四零年前的中国基督教》，学苑出版社，2004，第 334～338 页。
④ 参见《熙朝定案》，载《天主教东传文献续编》（三），台湾学生书局，1966，第 1789～1790 页。
⑤ 《清实录·太宗文皇帝实录》卷 60，第 825 页。此"左道惑众，潜怀异心"显然是汉官文笔，并非满语原文。然而事件始终系借神怪起事谋叛，仍能有助说明清朝如何认识宗教对政权的潜在威胁。

成、混元、无为等教，种种名色，以烧香礼忏，煽惑人心，因而或起异谋，或从盗贼"，清世祖［顺治帝，爱新觉罗·福临（1638—1661），1643～1661 在位］从速下旨严捕。① 虽然清朝未有如前明太祖一般借白莲教建国立业，但已深刻认识到规范宗教势力的必要。顺治四年，朝廷颁布的《大清律》就继受明律的"禁止师巫邪术"条，且除原来条文外，加重控制：

> 凡师巫假降邪神，书符咒水，扶鸾祷圣，自号端公、太保、师婆（名色），及妄称弥勒佛、白莲社、明尊教、白云宗等会，一应左道乱正之术，或隐藏图像，烧香集众，夜聚晓散，佯修善事，煽惑人民，为首者，绞（监候）。为从者，各杖一百，流三千里。若军民装扮神像，鸣锣击鼓，迎神赛会者，杖一百，罪坐为首之人。里长知而不首者，各笞四十。

本律条文基本上袭自明律，惟加上了本文括号表示的小注；另外底线所列，原为明律例文，都升格成为正律。一般而言，例文尚可作删改，但正律求其万世不易，可见清代对宗教活动的管制意欲更强，借重地方里长，检举"邪教"的条文都成了定律。此条文用意，正如清初律学名家沈之奇所指："盖以邪乱正，愚民易为摇动，恐致蔓延生乱，故立此重典，所以防微杜渐。"② 清律所谓的邪教，如同前明，即系假借神怪以图谋反的方术教派。施以如此"邪术"，形同叛国，因此为首者按律该判绞死。朝廷此种对于宗教的忧虑，在清世祖顺治十三年的谕令就说明得十分清楚：

> 朕惟治天下，必先正人心，正人心必先黜邪术。儒释道三教并垂，皆使人为善去恶，反邪归正，遵王法而免祸患。此外，乃有左道惑众，如无为、白莲、闻香等教名色，起会结党，夜聚晓散……京师辇毂重地，借口进香，张帜鸣锣，男女杂还，喧填衢巷，公然肆行无忌。若不立法严禁，必为治道大蠹。虽倡首奸民，罪皆自取；而愚蒙陷网罹辟，不无可悯。尔部大揭榜示，今后再有踵行邪教，仍前聚会烧香，敛钱号佛等事，在京着五城御史及该地方官，在外着督抚按道有司等官，设法缉拏

---

① 《清实录·世祖章皇帝实录》卷 26，第 223 页。
② 沈之奇：《大清律辑注》上册，法律出版社，2000，第 392 页。

穷究奸状，于定律外，加等治罪。如或徇纵养乱，尔部即指参处治。①

清世祖所忧心，系民间借神怪"养乱"，甚至要"定律外加等治罪"，更见其态度严重。终顺治一朝，清廷仍在力于征讨南明，镇服四方，世祖如此担忧有其刻下特别的时代背景。不过，宗教力量的潜在威胁，长久以来都系统治者的心腹之患。清代律法中所谓"邪教"，针对的亦是此类。如此的叛乱性质，在清圣祖、清世宗［雍正帝，爱新觉罗·胤禛（1678—1735），1722～1735 在位］以至清高宗［乾隆帝，爱新觉罗·弘历（1711—1799），1735～1796 在位］看来，都不能与天主教相提并论。

二 折中：圣祖及世宗的西教态度

有如前述，清圣祖对南怀仁等西教士以至天主教一直抱持好感。若非罗马教廷坚拒调适方略，禁止祭祖敬孔，圣祖本无意禁教，更遑论视之"邪术"。晚明以降，来华教士除耶稣会，尚有多明我会与方济各会。两会皆学院出身，多明我会尤其执掌教廷之宗教裁判，更是对教义原则不能妥协。其来华之后，渐次发现中国之祭祀习俗，绝非耶稣会所指，但存忠孝而无宗教含意，于是对之连番攻讦，引起轩然大波。康熙四十六年（1707），在欧洲的反耶稣会浪潮下，教皇克勉十一世［Clement XI, Giovanni Francesco Albani（1649—1721），1700～1721 在位］派遣主教铎罗（Charles-Thomas Maillard de Tournon，1668—1710）来华向教士宣令，禁止信徒祭孔祭祖。清圣祖闻讯大怒，立时将铎罗递解澳门拘禁；但同时传令教士，凡遵守耶稣会一贯的调适策略（清圣祖称之为"利玛窦规矩"），且宣誓不复返西洋者，可领取印票，继续在中国传教。圣祖对西教之肯定可知。② 康熙五十八年（1719），为挽救中国教业，教廷又派主教嘉乐（Carlo Ambrogio Mezzabarba，1685—1741）来华，缓和对华关系，并游说中国皇帝接受教廷禁令。然而祭祖事关孝义，乃中国伦常基础，圣祖无论对教士如何赏识，都不可能同意。在与嘉乐彼此会面磋商十三次之后，教廷始终坚持禁令，清圣祖别无他法，亦不再耐烦，在康熙六十年（1721）乃索性颁令禁教：

---

① 《清实录·世祖章皇帝实录》卷 104，第 811 页。
② 李天纲：《中国礼仪之争：历史、文献和意义》，上海古籍出版社，1998，第 71 页。

　　西洋人等小人，如何得中国大理？况西洋人等，无一人通汉书者，说言议论，令人可笑者多。今见来臣告示，竟是和尚道士，异端小教相同。此等乱言者，莫过于此。以后不必西洋人在中国行教，禁止可也，免得多事。①

由此可见，圣祖之禁令实为教廷对祭祀问题的坚持所迫，并非怀疑西教有谋叛意图。事实上，西教与叛逆无涉，在清圣祖心中早有定见。在康熙中叶解除历狱以来的禁教令前，清圣祖于康熙二十六年（1687）就曾经明示："今地方官间有禁止条约内，将天主教同于白莲教。'谋叛'字样着删去"，可见其一直不以天主教与白莲同列。② 历经礼仪之争后，如此取态亦未有改变。

　　是此态度亦为清世宗所继承。论者多以为清世宗于天主教态度严酷，然而观其对治各种教案的举措，不过切实执行康熙禁令，未有残酷用刑，也未有将天主教视为"邪术"。清世宗确实未如清圣祖对西方技艺抱持热情，也未与传教士有密切私交。葡萄牙耶稣会士穆近远（Joannes Morao，1681—1726）更因为支持九皇子允禟（爱新觉罗氏，1683—1728）而卷入康熙末年的帝位之争，引起清世宗敌意。③ 另一宗有关党争，镶红旗宗室苏努（爱新觉罗氏，1648—1724）党同八皇子允禩而获罪除爵一案，由于苏努为虔诚之天主教徒，历来亦多有论者认为其案与西教相关。其实清世宗对此早有说明。雍正五年（1727），世宗值"西洋国"上表称贺，下旨澄清："西洋人崇尚天主，夫天以阴阳五行化生万物，故曰万物本乎天，此即主宰也。自古以来，有不知敬天之人乎？……如西洋教之敬天，有何异乎？"是以西教亦与儒家伦理相合，"非圣人之所谓异端"；另外，又以"西洋人精于历法，国家用之。且其国王慕义抒诚，虔修职贡，数十年来海洋宁谧，其善亦不可泯"，对"西洋人"的功绩亦有称许。④ 对于苏努案，清世宗则说道：

　　今王大臣等因苏努父子从前所行大逆不道，请将乌尔陈等即行正法，

① 参见《教王禁约译文》，中国历史档案馆编《清前期天主教在华活动档案》，中华书局，2003，册1，第49页。
② 《熙朝定案》，载《天主教东传文献续编》（三），第1723页。
③ 世宗朱批曾谓穆近远曰："西洋人穆近远，摇尾乞怜之外，别无他技也。"参见方豪《中国天主教史人物传》，香港公教真理学会，1973，册三，第56页。
④ 《世宗宪皇帝上谕内阁》，收入《景印文渊阁四库全书》，台湾商务印书局，1984，（台湾故宫博物院藏本），史部六，诏令奏议类（诏令之属），册415，卷56，第19~20页。

所奏虽是……西洋人不知其故，必以为伊等因入西洋之教被戮，转使伊等名闻于西洋。着将乌尔陈等交与步军统领阿齐图，择一地方牢固锁禁，俾得用力穷究西洋道理。伊等如知西洋敬天之教，自然在朕前奏请改过也。①

尽管清世宗似乎一直以儒家的"敬天"来理解此"西洋敬天"，但至少认为天主教所传并不害中国；甚至认为如苏努之子乌尔陈等人能尽此"西洋道理"，也能改过迁善。于其眼中，天主教也实在不是白莲明尊等"邪教"。此种想法在世宗与教士的对谈中，就显得更加清楚。法国耶稣会士巴多明（Dominique Parrenin，1665—1741）曾向清世宗陈情，希望收回清圣祖禁令。清世宗虽然未有同意，却坦然说道：

> 你们说你们的宗教不是伪教，朕相信这一点。朕若认为它是伪教，谁能阻止朕摧毁你们的教堂、把你们赶走呢？那些以教人积善德为名煽动造反的宗教才是伪教，白莲教就是这样做的。但是如果朕派一队和尚喇嘛到你们的国家传播他们的教义，你们该怎样说呢？你们如何接待他们呢？②

亦如清圣祖，清世宗因为西教士等人一直安分守己，并无逆迹，明确地将天主教与叛党分开，指明"那些以教人积善德为名煽动造反的宗教才是伪教"。正如张先清所指，清世宗之禁制西教，更在于对社会秩序的考虑。③ 历经顺治、康熙两朝的努力，至雍正朝中国各地都遍见教士与天主堂。既然教廷已明令禁止信徒祭祖祭孔，则西教的扩张必然冲击中国伦常。雍正元年（1723），就有礼科给事中法敏（伊拉哩氏，1742 卒）上疏条陈请禁天主教，以崇正地方的风俗教化。④ 清世宗虽然不厌恶西教，却亦认为国家礼教有别，

---

① 《世宗宪皇帝上谕内阁》，收入《景印文渊阁四库全书》，台湾商务印书局，1984，（台湾故宫博物院藏本），史部六，诏令奏议类（诏令之属），册415，卷56，第37~38页。
② 〔法〕杜赫德编《耶稣会士中国书简集》册2，郑德弟、召一民、沈坚译，大象出版社，2001，第339页。
③ 参见张先清《官府、宗族与天主教：17—19世纪福安乡村教会的历史叙事》，中华书局，1999，第113~115页。
④ 中国第一历史档案馆译编《雍正朝满文朱批奏折全译》上册，黄山书社，1998，第30~31页。

可以互相尊重，但不必强求同化。在上述谕旨，清世宗在称许西洋教士之余，也说道："中国有中国之教，西洋有西洋之教。彼西洋之教不必行于中国，亦如中国之教岂能行于西洋"；如此态度十分贯彻，亦呼应了前述对谈，其向教士的反问："如果朕派一队和尚喇嘛到你们的国家传播他们的教义，你们该怎样说呢？你们如何接待他们呢？"其所关注，始终为中国伦常秩序的问题。

因此，清世宗对违法的西洋教士与民人，惩罚仍然远比触犯"禁止师巫邪术"条轻简。正如前述的清律律文，凡施行邪术，左道乱正的犯人，为首者本应判绞，从者亦杖一百，流三千里。然而清世宗明令，对各天主教教士及教众，别有处置。在康熙六十年禁教令后，雍正元年即发现有教士违法。是年浙闽总督满保（爱新觉罗氏，1673—1725）于福建福安县发现有西洋二人潜行传教，请旨处理。清世宗于是申明应对之法：

> 西洋人除留京办事人员外，其散处直隶各省者，应通行各该督抚，转饬各地方官。查明果系精通天文及有技能者，起送至京效用，余俱遣至澳门安插。其从前曾经内务府给有印票者，尽行查送内务府销毁。其所造天主堂令皆改为公所。凡误入其教者，严为禁谕，令其改行。如有仍前聚众诵经者，从重治罪。地方官若不实心禁饬，或容隐不报，如之。①

此令言辞虽一如其他律令严厉，亦从此销毁康熙末年发放的印票，不过与"邪术"律文开列的刑罚相比，实在宽大。身为教首的西洋人不但无须被绞首或流放，技艺卓著的还可送京效用，其他亦不过递解澳门。翌年（1724）在两广总督孔毓珣（1666—1730）的建议下，西教士如年老抱病不愿回国，还可继续停住广州的天主堂。② 追随者如"改过迁善"，亦没有法律责任。此谕令之后，雍乾之世的教案大抵都以此为准绳处理（详后文），可谓奠定了清代前期，朝廷对治天主教的基本方针。天主教此一"异端"就在"正教"（儒家）与"邪术"（叛国宗派）之间，处于特殊地位，虽被禁止传行，却得到宽大对待。

---

① 《清前中期天主教在华活动档案》册1，第57页。
② 《清前中期天主教在华活动档案》册1，第59～60页。

三　延续：乾隆朝的教士与教案

　　世宗如此的折中处理，后亦为高宗所沿袭。高宗本来鉴于世宗严酷，施政就以宽仁为本，对于西教士亦多番流露善意。其登极不久，即释放前述苏努案中之幸存者，又常与供职朝廷的教士饮宴。乾隆四十年（1775），北京南堂焚毁，又拨银一万两重修，并亲赐匾额对联。① 高宗虽然未如圣祖般热衷西洋科技，却对欧洲工艺大加赏识。因此除却继以西士掌管钦天监，又在宫中援用一批西洋的画师工匠。如意大利的郎世宁（Giuseppe Castiglione，1688—1766）及法国的王致诚（Jean-Denis Attiret，1702—1768）等耶稣会士，就供职宫廷画室如意馆；德意志的林济各（Franz Ludwig Stadlin，1658—1740）及法国的陆伯嘉（Jacques Brocard，1661—1718）等则为清高宗设计钟表；法国耶稣会士蒋友仁（Michel Benoist，1715—1774）亦在圆明园设计西洋水法。高宗大加选用西士，自然亦不猜疑其有谋反劣迹。不过，其与世宗一般，为维持中国伦理，地方风俗，始终未准许天主教向内地民人传播。此等教士亦难与南怀仁一般，能动摇皇帝，宽宥禁令。西教于是继续被禁。

　　此种态度于各个案例反映得十分清楚。天主教在乾隆朝已是遍地流播，因而教案层出不穷，禁不胜禁。有见清高宗经理的教案繁多，论者因而多谓其屡行迫害，大兴教难。然而考其对治之态度，不过系切实执行雍正以来的禁教成例。乾隆十一年（1746）的福安教案，引起全国各省州县搜捕教士及教徒，然而天主教自康熙末年已被禁制，如此清查只系切实禁令，并无严加迫害之意；虽然案中有教士致死问斩，但牵涉清廷习惯过分宽宥外人所致，并非成例，下文将再细表。而考乾隆朝多宗案件，西教士仍然系沿雍正成例，被解送澳门了事。如乾隆十七年（1752）十二月，福建巡抚陈宏谋（1696—1771）拏获能溪等县民人传习天主教，建议朝廷下令清查。清高宗谕覆制止，并澄清西教与邪教之别：

　　　　西洋人之崇奉天主教，自是该国习俗，闽广濒海愚民，多有习于其教者，究之尚与邪术煽诱有间。即如京师现有天主堂，亦何能遂至惑众？现在李阙娘、严恐等，既经获报到案，自应照例查办。若必概行查拏，

---

① 张泽：《清代禁教时期的天主教》，光启出版社，1992，第61～64页。

则未免滋扰，且于整饬人心风俗之处，亦未见有益，当以不必深究为是。可传谕陈宏谋知之。①

可见清高宗始终信任天主教并无谋反不法，而与"邪术煽惑有间"。或者系经过十一年福安教案以来的全国搜捕之后，清高宗为安靖地方，制止了陈宏谋清查地方之请。其管策西教，仍如清世宗，系出于社会秩序的考虑，但愿能"整饬人心风俗"。乾隆十九年，两江总督鄂容安（西林觉罗氏，1755 卒）又奏有发现地方传行天主教（"江南教案"），清高宗又明言：

> 西洋所奉天主教，乃伊土旧习相沿，亦如僧尼、道士、回回，何处无此异端？若西洋人仅在广东澳门自行其教，本在所不禁。如其潜匿各省州县村落，煽惑愚民或致男女杂处，自当严行禁绝。今该督抚等既经查办。着传谕鄂容安、喀尔吉善、庄有恭只可就案完结，毋致滋蔓。将江南现获之张若瑟、福建现获之冯大千等，解回澳门安插，并谕令广东督抚，嗣后不时留心稽察。毋任潜往他省，教诱滋事可耳。②

是以西洋人自行其教，本来并不需禁，但若其潜往各地传教，"或致男女杂处"损害中国礼俗，就"自当严行禁绝"了。至于西教士张若瑟等，仍免于"邪术"之刑，可解回澳门结案。又令广东督抚无须留心稽查，形同放松禁令之执行。如此宽容西士，贯穿高宗朝。乾隆四十七年（1782），军机大臣李绶（1713—1791）等奏报湖南湘潭、武陵、沅江等县，有民人传习天主教。时为乾隆晚期，中国管治衰落，地方行政松弛，各地乱党峰起，川楚之白莲教亦已蠢蠢欲动。高宗因而特谕"各州县严密访查"；且要"不动声色，妥为办理。不得张皇急迫，致令吏胥藉端滋事"，实在小心翼翼。不过，其令仍然说明，"天主教与回教相仿"，"不比别项邪教"。③ 纵观高宗之态度，一朝之惯例，清廷仍未有视天主教为"邪教"，对治始终未算严酷。

事实上，与之成强烈反差的是，"禁止师巫邪术"一律之条例在雍乾之世不断增修，清廷对宗教控制其实日趋严密残酷（如表 1）。

---

① 《清实录·高宗纯皇帝实录》卷 429，第 604 页
② 《清前中期天主教在华活动档案》册 1，第 247～248 页。
③ 《清实录·高宗纯皇帝实录》卷 1215，第 291 页。

表1　清初至雍乾二代"禁止师巫邪术"一律之修订

时间	修订内容	评注
康熙元年（1662）	增例：人有邪病，请巫觋道士医治者，须禀明都统，用印文报部，准其医治，违者巫觋道士正法外，请治之人亦治以罪。 雍正三年改为：凡端公、道士作为异端法术医人致死者，照斗杀律拟罪。	赠医施药系宗教的常用的传教手法。限制其医疗角色即限制其传布方式。
康熙三十七年（1698）	增例：邪教惑众，照律治罪外，如该地方官不行严禁，在京五城御史、在外督抚徇庇不行纠参，一并交与该部议处。旁人出首者，于各犯名下并追二十两充赏。如系应捕之人拿获者，追银十两充赏。	向地方官施压加强对治"邪教"的力度。
雍正二年（1724）	增例：习天文之人，若妄言祸福煽惑人民者，照律治罪。	扩大对治范围，即使无宗教背景，但妄议天象者亦同论罪。
雍正七年（1729）	增例：熟习符咒、不畏刑罚、不敬官长、作奸犯科、惑世诬民者，照光棍例，为首者立斩，为从者拟绞监候，秋后处决。 （乾隆五年律例馆以"熟习符咒、不畏刑罚、不敬官长、作奸犯科、惑世诬民"等项与其他例文重复而删除。）	
雍正十一年（1733）	增例：私习罗教，为首者，照左道异端，煽惑人民律拟绞监候。不行查报之邻佑，总甲等人，均照律各笞四十。其不行严查之地方官，交部议处。 （乾隆五年律例馆以"左道异端"一目包罗甚广，罗教只其一端，与律重复，故删去。）	针对罗教设例。
雍正十一年（1733）	增例：凡有奸匪之徒将各种避刑邪术私相传习者，为首教授之人拟绞监候；为从学习之人，杖一百，流三千里。若事犯都官，本犯以邪术架刑者，照规避本罪律递加二等，罪止杖一百，流三千里。其犯应绞斩者，仍照本罪科断。至事犯至官，本犯雇人作法架刑者，亦照以邪术架刑例治罪；并究出代为架刑之人，照诈教诱人犯法与犯人同罪律，至死减一等；得赃照枉法从罪论。保甲邻里知而容隐不首者，照知而不首本律，笞四十。地方官不行查拿者，照例议处。	"避刑"或"架刑"邪术即坊间流传，可规避或减轻刑罚所伤的气功等法术。可见成例进一步细致针对社会兴起的"邪术"。
乾隆九年（1744）	增例：私刻《地亩经》及占验推测妄诞不经之书，售卖图利及将旧有书板藏匿不行销毁者，俱照违制律治罪。	《地亩经》为农家占卜书，因有"甲子年来起大灾"之语，而恰逢乾隆九年为甲子，故被列为禁书。

续表

时间	修订内容	评注
乾隆四十六年（1781）	增例：各省遇有兴立邪教，哄诱愚民事件，该州、县立赴搜讯，据实通禀。听院司按该情罪轻重，分别办理。倘有讳匿辄自完结，别经发觉，除有化大为小，曲法轻纵别情严参惩治外，即罪止枷责。案无出入，亦照讳窃例，从重加等议处。	再次严加向地方施压，希望加强官府对治"邪教"之效力。

注：参见马建石、杨育裳编《大清律例通考校注》，中国政法大学出版社，1991；《大清律例根源》相关条文编订。

条文之修订，加强针对个别教派者或术数者有之，严厉地方官府查禁之责任者亦有之，连学习天文都可能犯罪。触犯法例之后果亦十分严重，不少都论以绞首死刑或流放边疆。另外，乾隆三十三年（1768），朝廷还于"谋反、大逆"罪下新增成例，订明"有人本愚妄或希图诓骗财物，兴立邪教名目，或因挟仇恨编造邪说，煽惑人心，种种不法情罪，比照反逆定罪"，即是所创教派一旦被视为"邪教"，就等同谋反，一经定罪，凌迟处死。[1] 所谓"邪教"更深刻的与谋叛挂钩。由是观之，天主教所身处的实系一对宗教控制严酷的国度。然而西教既始终与此等"邪术"有间，西教士亦始终免于受此严酷处置。否则，如切实以此律对治，天主教所承受的打击必然更大。

简言之，天主教虽然被禁，然而其禁令之由，不在于其有叛乱之嫌，而出于其排斥传统祭祀，冲击中国伦常。因此，康、雍、乾三朝以来，天主教都与律例中的"邪术"有别。清律严厉的"师巫邪术"条不加于教士之身，西士但被押解澳门，就归国了事。在此司法框架之下，天主教免于被严厉禁制，猛烈打击，即使仍需在地下暗中传行，亦可取较大空间，得以生存。

四　殊遇：教案中的西教士与本土教众

复可论者，为各个教案中西洋人与本土教众的刑罚差别。西士之按例宽宥，已如前述，然而本土教众则无可轻判。按前述的雍正谕令，中国民人"凡误入其教者，严为禁谕，令其改行；如有仍前聚众诵经者，从重治罪"，因此处分往往比教士沉重。如雍正十年（1732），广东巡抚鄂弥达（鄂济氏，1685—1761）揭发广州天主堂违令传教，案中供称入教男子万人，女子二千。刑讯后，各天

[1]　《大清律例根源》册2，第837~839页。

主堂的十四位西洋堂主，正如雍正元年成例，全被递解澳门，不作惩罚；然而身任副堂主之中国信徒，却以其"伙骗外夷"，"重杖惩处"；外省者发还原籍，本省者流放海南。① 另外，虽然历朝皇帝眼中，天主教始终不是律例所谓的"邪术"，然而在处罚违法民人之时，由于律无对应条文，雍正成例又无指清所谓的"从重治罪"为何，朝廷往往仍比照"禁止师巫邪术"一律对治百姓。如乾隆四十七年，直隶总督郑大进（1782 卒）挐获百姓私盖天主教堂，聚众念经。当中的宝坻县民李天一就比照"左道惑人为从例"，发边卫充军。②

此一严内宽外的措置确有欠公平，及后就引起不少大臣批评。前文略已提及的福安教案就是此例。乾隆十一年，福宁知府董启祚查获福安县有人匿藏西教士并追随入教。时兼管海关事务之福州将军新柱（富察氏，1768 卒）本建议照惯例将西教士递解澳门结案，并已得高宗朱批首肯。③ 然而福建巡抚周学健（1748 卒）及福建按察使雅尔哈善（爱新觉罗氏，1759 卒）却主张严惩，再另立条例专门对治西教。不过，高宗仍然维持原判，但周学健继续争持，又上疏力争，并附涉案的西班牙多明我会教士白多禄（San Pedro Sans y Jordá，1680—1747）之刑讯供词说明宽宥外人之害：

> 今讯据白多禄等供称："我等见中国节次挐获西洋人，并不加罪，不过送往澳门。吕宋暂住几时，仍往别处行教。若不能行教解回本国，国王将我等监禁数日，不与饮食，然后当街打辱，死后即不能升天，所以我等断不敢回国"等语，是其忽视天朝之法度而转惧番王之责罚；不加惩创，则习为故常，愈加玩忽。④

白多禄之供词清楚说明，法律之格外宽宥并未令西教士从此感恩戴德，恪守禁规，反而变相鼓励传其违令传教。与白氏证言相呼应的是，在禁令下，西洋各国从未停止派遣教士来华。自康熙禁令下达后的 70 多年（1707～1779），仍共有 166 位西教士往中国传教；甚至在耶稣会解散（1772）后六年，都尚有教士前来。⑤ 当然这与耶稣会一直未有放弃中国教业有关，但清廷法规对外

---

① 《清前中期天主教在华活动档案》册1，第68～71页。
② 《清实录·高宗纯皇帝实录》卷1215，第4161页。
③ 《清前中期天主教在华活动档案》册1，第82～83页。
④ 《清前中期天主教在华活动档案》册1，第119页。
⑤ 李天纲：《中国礼义之争：历史·文献和意义》，第90～91页。

国人之宽宥，实直接降低了西教士传教被捕的代价。就客观效果而言，宽大的禁教令却为天主教缔造了另类的生存与发展空间。

因此，周学健等群臣对此极为不满，一直希望说服清高宗，不可再宽宥外国教士。周氏乃在附上白氏供词之外，尤直指福安一县信徒已有 2000 余人，若合各省之众，定不计其数，是其行教中国之心，固不可问；又指教士将教民名字载入"番字册"远报番王，形同入于外国版籍，力证天主教为有谋叛可疑的"邪教"。于是周氏促请高宗，按清律中"造妖书妖言"条下，"妄布邪言，煽惑人心，为首者斩立决"之例，将白多禄等人正法。① 虽然高宗以周氏所奏"言之过当"，但大抵对过份宽宥外人，无可辩驳，终于下旨"照律定拟"，将其处斩。②

不过，白多禄案未有为日后严惩天主教立下惯例，只系高宗一时为臣下所迫而致。十九年，高宗于前述鄂容安发现的"江南教案"中又下谕令重申，犯禁西洋人应解回澳门结案。是以乾隆二十五年（1760），福建巡抚吴士功（1699—1765）奏报拿获西洋教士自广东潜行福建传教时，又就援引"江南教案"之例，将所发现的西教士郭伯尔纳笃解回澳门。然而匿藏郭氏之本地民人吴永隆、徐世英等就按律拟处徒杖。③

此严内轻外的作风，实系出自中国一直以来"嘉惠远人"的传统政治精神，务以宽宏大度对待外夷来彰显王道；而在法律上，这就体现为对外国犯人之种种宽宥。清代有如前明，律法中对治外国人的原则性条文就系《名例律》的"化外之人有犯"一款：

> 凡化外（来降）人犯罪者，并依律处断。④

较之明律，清律中加上了"来降"二字小注，沈之奇就解说道，"化外人既来归附，即是王民，有罪并依律断，所以示无外也"。⑤ 此一注释系据明代的律解而来，然而无论有无"来降"二字，清代的涉外案件都适用比照。⑥ 不过，

---

① 《清前中期天主教在华活动档案》册 1，第 118 页。
② 《清实录·高宗纯皇帝实录》卷 275，第 599 页。
③ 《清前中期天主教在华活动档案》册 1，第 246～248 页。
④ 《大清律例根源》册 1，第 124～125 页。
⑤ 沈之奇：《大清律辑注》册上，第 102 页。
⑥ 〔美〕爱德华（Randle Edwards）：《清朝对外国人的司法管辖》，李明德译，收入高道蕴（Karen Turner）、高鸿钧、贺卫方编《美国学者论中国法律传统》，中国政法大学出版社，1994，第 450～511 页。

虽然律文指应"依律处断"，但执法时往往以宽宥为道，清世宗及清高宗在各起教案中，亦屡次重申对外夷宽厚的司法原则。如在前述的广州教案中，清世宗尤饬两广总督孔毓珣谓："你酌量如果无害，外国人一切从宽好，恐你不达朕意，过严则又不是矣，特谕。"① 在前述乾隆朝的福安教案，清高宗与周学建议论对策时，原先就以"天主教原系西洋本教之教……系愚民自入其教，而绳之以国法，似于抚绥远人之义亦未有协"，坚持原判将白多禄等西士发送澳门了事，惟周学建反用清律中"化外人有犯依律处断"而与之争持。可见在清高宗在执行雍正成例时，"嘉惠远人"系实在的考虑原则。② 高宗在被周学建迫得真正将传教士"依律处断"之后，就在绥靖远人及明正国典之间陷入两难。十三年，署理江苏巡抚安宁（尤氏，1762 卒），接获谈方济各及王安多尼等西教士来华探听白多禄骨殖之事，引起朝廷对外国人窥探中国信息的猜疑。安宁遂按律拟绞监候具题，清高宗及后却谕称：

> 外夷奸棍潜入内地，诓诱愚民，恣行不法，原应严加惩处。但此等人犯，若明正典刑，转似于外夷民人故为从重；若久禁图圄，又恐滋事，不如令其瘐毙，不动声色，而隐患可除。③

为平衡严正执法与嘉惠外人，皇帝竟命督抚大员绕过正式法例——包括大清律典及雍正谕令——将西教士"瘐毙"，即任囚徒于狱中饥寒而死。此自另一角度说明了绥靖之义绝非空谈，而系确实的司法考虑。其后《清实录》载谈方济各及王安多尼在狱中病故，或即系地方官府遵照圣旨的结果。此番两难与挣扎，系由于本案引起朝廷对国防安全的疑虑，于是不得不严厉处置。但正如前述，清高宗于十九年又下谕重申将违禁教令的西教士递解澳门，严饬始终不成惯例。事实上，清代雍乾二代之间，广州及澳门的涉外案件，虽时有严正按中国法律处断的事例，但外国人仍多不被起诉，即使系外国人有犯中国民人，地方官府都少有坚持向外国缉凶。④ 对于外国人之间的纷争，清高宗更曾下谕明令："外洋夷人互相争竞，自戕同类，不必以内地法绳之。"⑤

① 《宫中档雍正朝奏折》第 7 辑，台北故宫博物院，1982，第 302 页。
② 《清前中期天主教在华活动档案》册 1，第 116 页。
③ 《清实录·高宗纯皇帝实录》卷 320，第 266 页。
④ 王巨新、王欣：《明清澳门涉外法律研究》，社会科学文献出版社，2010，第 139～171 页。
⑤ 《清实录·高宗纯皇帝实录》卷 476，第 1154 页。

朝鲜的越界案件，除重大情事要朝廷派钦差大臣前往协同审理，亦多数将人犯押回其国，由汉城方面自行处理。① 此种怀柔远人的态度，正如白多禄所供述，鼓励了西洋教士，给予外来东传的天主教，格外的生存空间。

结　论

本文以司法角度切入，旨在呈现清中叶期之间，天主教所以能继演发展的背景与脉络。有关禁教期间的教业，研究已是日多。正如劳曼（Lars P. Laamann）、张先清及周萍萍的成果所示，雍乾禁令下的天主教其实丝毫未有褪色，只是不断往基层及本土化发展。② 除却系地方官腐败或间有对西教同情，以及传教士善于以各种掩饰在地下继续传教，本文试图指出，朝廷所订的法律框架其实并未沉重打击天主教。尔来论及官府之禁教者，或系出于研究者本身的宗教情愫，以及受传教士的记载所影响，动辄言其"迫害"或"教难"，无形中就曲解了清帝对天主教的态度，以及夸大了禁教令的影响。③ 而且，过去亦少有学者关注教案的司法问题，也少与清廷其他的宗教法令比较，因而未有细致掌握天主教所面对的法律处境。事实上，正如前述，清圣祖以来的禁教系出于罗马教廷排斥中国的祭祀传统，清世宗及清高宗亦屡次伸述天主教与具叛乱性的"邪术"有别。清帝既是中国国主，绝无可能容忍冲击中国伦常的宗教蔓延，其举措难言为刻意刁难教士的"迫害"；何况当时尚有不少西士供职朝廷，其自相传习西教从未有阻拦，北京的教堂亦能一直保留。再者，天主教在有别于邪教之际，亦避过了"禁止师巫邪术"条的直接打击。虽然中国信徒仍可能被比照该律而严惩，但西教士却可得宽宥，被解往澳门了事。正因为天主教未被视为叛国邪党，清中叶的中国朝廷实际上未有全力清剿天主教势力。在此背景下，天主教在禁教令下的发展不曾止息，甚至持续扩张，引起连番教案，就不足为怪了。

对西教士的轻判自然亦与中国传统"嘉惠远人"的政治理想有关。然而

---

① 李花子：《17—18世纪中朝围绕朝鲜人越境问题的交涉》，《韩国学论文集》2005年第00期。
② 可参见 Lars P. Laamann, *Christian Heretics in Late Imperial China：Christian Inculturation and State Control*, 1720-1850, London；New York：Routledge, 2006；张先清：《官府、宗族与天主教：17－19世纪福安乡村教会的历史叙事》；周萍萍：《十七、十八世纪天主教在江南的传播》，社会科学文献出版社，2007。
③ 如王治心《中国基督教史纲》，青年协会书局，1940；冯作民译著《清康乾两帝与天主教传教史》，1970；张泽：《清代禁教时期的天主教》，光启出版社，1992。

西士从未因此而感恩戴德，恪守法度，反而缔造一另类空间予西教发展。此种殊遇其实违反了清律的基本原则：清代律例对治一切罪行，都务须"分别首从"，尤其严惩首犯，以儆效尤。但教案中，西教士明明罪魁祸首，只被递解出境，能逍遥法外，反之本土的追随者却要承受严刑。西洋教士仿如成为特权族类，招致臣下的激烈反对。早期全球化浪潮下，外国人的活动为清政府带来不少紧张，大大冲击了其本身的管治思维与秩序。

三部韩国近代基督教史珍稀资料介绍

——从《高丽致命事略》、《高丽主证》与《黄嗣永帛书》的对照谈起

舒　健*

摘要： 基督教作为异质文化传入东方之后，在各地都发生过不少教案，有些教案甚至引发了巨大的国际冲突和争议，因此对于教案的研究也是学者的关注点之一。本文主要通过在上海图书馆发现的《高丽致命事略》《高丽主证》，以观清末中国教内对朝鲜教案的看法，一方面可见清末的中国基督徒对朝鲜教案的事件、人物了解得较为清晰，但是另一方面笔者通过对《黄嗣永帛书》的分析，可见中国教内对于发生在朝鲜的教案来龙去脉、内部原因并不清楚，但是保存在中国的《高丽主证》可弥补近代朝鲜教案方面的一些资料缺失。

关键词： 《高丽致命事略》；《高丽主证》；《黄嗣永帛书》；党争

　　1900 年 5 月，义和团运动渐趋高潮，北方局势动荡，南北通讯阻断，戊戌以来中外关系日趋紧张，正导向一场以一敌八的国际战争。与之同时，南方各省与西方列强订约互保，基本维持了和平局面。在整个义和团运动期间，方方面面的势力通过不同的渠道表达自己的声音，尤其是国外的教内人士，如德国新闻媒体纷纷指责基督教新教士的中国传教活动。针对这种指控，德国新教传教士一方面极力为自己的所作所为进行辩护，另一方面也试图找出引发义和团暴乱的真正原因①；而法国方面也不断报道事态进展，将传教士描述为"殉难者"。② 那么此刻在中国国内的基督教教徒，尤其是南方的天主教教徒是如何看待这场发生在北方的义和团运动呢？

　　笔者在参与"汉语基督教书目文献整理与研究"项目的过程中，在上海图书馆发现了《高丽致命事略》和《高丽主证》两本书，这两本书主要记载

---

　　*　舒健，上海大学文学院历史系讲师。

　　①　王立新：《德国新教传教士论义和团运动爆发的原因》，《深圳大学学报》（人文社会科学版）
　　　　2012 年第 1 期。

　　②　〔美〕魏扬波：《天主教对义和团形象的看法》，《山东社会科学》1991 年第 1 期。

三部韩国近代基督教史珍稀资料介绍 | 279

了发生在朝鲜李朝时期的教案，而通过李朝教案，中国南方的天主教教徒表达了对义和团运动的一些看法。

一 《高丽致命事略》与《高丽主证》介绍

《高丽致命事略》为清人沈则宽著。沈则宽号容斋，耶稣会神父，时为土山湾孤儿院的负责人沈则恭神父二弟，世称"沈二神父"，另有著《古史参箴》《新史合编》。《高丽致命事略》一书目前除上海图书馆收藏，北京大学图书馆存"燕京大学"基督教书目中也存此书，但版本不详。上海图书馆存《高丽致命事略》有两个版本，一个是1929年的第三版，目前能够借阅到；另一个为1907年的第二版尚未登记编号。从第二版的前言上可见第一版的出版时间是光绪二十六年，即1900年。

之所以要出版《高丽致命事略》，沈则宽交代缘由有三。一是朝鲜教案时间间隔不长，"如金六品者，皆我党所尝亲见，首往传教之周司铎又我同国同省人也"①，可以激励同国同教之人，金六品即是上海浦东学习过的朝鲜神父金大建；二是朝鲜与中国"最亲""气禀风尚，悉与我同，故宜近取而刊之"②；三是时值北方义和团气势甚大，基督徒早屠戮，"此正信升违堕，刹那永远之秋，非借助于他山不可，故宜及是时而刊之"。③ 但可惜的是沈则宽并没有说明关于高丽教案的资料来源。

就1907年的第二版而言，原藏上海震旦大学图书馆，全书共计179页，二十三章，各章题目抄录如下：第一章高丽开教缘起，第二章高丽名士入教，第三章高丽信人自举司教，第四章中华司铎首进高丽，第五章周司铎为主致命，第六章高隆巴夫人事迹，第七章女教友等为主致命，第八章朴老楞佐为主致命，第九章夫妇守贞为主致命，第十章高丽无司牧三十年，第十一章主教司铎继续进高丽，第十二章主教司铎同时致命，第十三章继其有人卒皆致命，第十四章金六品扁舟迎牧，第十五章金司铎回国被捕，第十六章金司铎致命，第十七章崔司铎回国，第十八章李崔司铎先后去世，第十九章张主教协伴进高丽，第二十章张主教被拿受刑，第二十一章张主教司铎同时致命，第二十二章教友司铎相继致命，第二十三章教士教民同时致命。

---

① （清）沈则宽：《高丽致命事略》，序第2页。
② （清）沈则宽：《高丽致命事略》，序第4页。
③ （清）沈则宽：《高丽致命事略》，序第4页。

从各章节内容来看，《高丽致命事略》主要以人物为线索，涵盖的教案主要是"辛酉教案"和"丙寅教案"，人物多为神父司铎等主要传教人士。

较《高丽致命事略》，《高丽主证》的出版时间更早，从上海图书馆存书的版本来看，扉页上印有"重庆公义书馆印，天主降生后一千九百年，贵州主教易方济各、四川川东主教舒约瑟同准"。标明该版本出于1900年。正文前共用四篇内容，分别是陈光莹的《高丽主证序》、杨子良的《高丽主证序》、殷正衡的《高丽主证小引》和《高丽主证原序》。

从这四篇内容大体可以看出，之所以要出版本书，陈光莹交代原因在于"一者难拂本牧之命，二者欲慰众友之心，三者本心切慕高丽致命之芳型"。《高丽主证》由殷正衡翻译而成，但是殷正衡也坦言，朝鲜当时的文字和中国的大体是一样的，"俱与中国符合无疑"。① 但这本书的特殊之处在于"然此书与它书迥异，文法纵云浅淡""词语鄙俚"，但"内载男女妇孺姓字圣名，致命行实，及其生年死月，乡贯住籍"则比较翔实，所以做了一些翻译，由此推断此书原书很可能是是朝鲜李朝时期民间人士所编撰，其中出现了一些文法不通的现象。

殷正衡所做的原序时间为1879年，就目前的1900年版本来看，很可能为此书再版。本书共计五卷三册。第一卷主要记载了朝鲜发生教案时期的士人事迹，主要为辛酉教案；第二卷则为一般知识分子和百姓事迹；第三卷记载了主要入教的教民和妇女事迹；第四卷则基本是卷入教案的妇女事迹；第五卷则是司铎神父事迹，主要为外籍传教士。目前在上海图书馆能够发现的《高丽主证》共有三个版本，分别是1900年版、1907年版和1929年版，但从对照内容来看，内容一致，并无差异。

就《高丽致命事略》和《高丽主证》两书而言，主要都是以人物为主的事迹介绍，前者主要是大事记，后者则是比较全面的把朝鲜至"丙寅教案"以来卷入的人物做系统全面介绍，但是存在了一些人名的翻译错误。值得强调的是两书都没有交代资料的来源，这样就很难使我们看到清朝中国教内与朝鲜教内的具体交往。

二 《高丽致命事略》和《高丽主证》中的教案介绍

西方资本主义势力侵入东亚之时，朝鲜还是一个鲜为人知的国家。"它除

---

① 《高丽主证》，《高丽主证原序》。

了与中国保持宗藩关系以及和日本等国保持交邻关系外，和世界其他国家处于隔绝状态。"① 基督教进入朝鲜半岛经历了一个漫长曲折的过程，长期奉行锁国政策，使得它与中国的交往几乎为其异质文化输入唯一渠道。尤其是在清代，前往北京的燕行使臣为其对外交流的重要窗口，真正把基督教引进朝鲜半岛的则是往来于北京和汉城的朝鲜"朝天"和"燕行"使臣。②

在天主教进入朝鲜半岛后，发生过一些小型教案，以"辛亥教难"较为出名，但在此教案后，李朝正祖并没有把事件扩大化，他对西教和西学进行了区分。因此在正祖统治时期，西学得到了宽容。这也给天主教的传播提供了一定的空间。1800 年 7 月，年仅 11 岁的纯祖继位，大王大妃金氏（英祖的继妃贞纯王后）垂帘听政。金氏的兄长金龟柱曾是老论③僻派的领袖，在正祖统治时期因"逆上"而遭流放，其党羽也均被革除官职。正祖驾崩后，同样出身僻派、长期怀恨在心的金氏大权在握，必然反攻倒算，政局的逆转也就势在必行。1800 年 11 月，以金氏为核心的老论僻派和少论时派的联合政权，逮捕了以崔必恭为首的数名天主教徒，拉开了"辛酉教案"的序幕。1801 年 1 月 10 日，大王大妃金氏颁发教文："先王每谓正学明则邪学自熄，今闻所谓邪学依旧。自京至于畿湖而日益炽盛云。人之为人，以有人伦，国之为国，以有教化。今之所谓邪学无父无君，毁坏人伦，背驰教化，自归于夷狄禽兽。……监司守令，仔细晓谕，使为邪学者，翻然改革，不为邪学者，惕然惩戒，无负我先王位育之丰功盛。"《朝鲜王朝实录》给的解释是："先是西洋国，有所谓耶苏天主之学，盖惑于堂狱之说，不尊父母，蔑理乱常，异教之最无伦者也。其书自中国，流传于我东，而或有浸溺诖误者，自正宗朝，严法禁之矣。尚有漏网余孽，啸聚讲习，转相染污，多有见捉于捕厅者，故有是教。"④ 自此，老论僻派正式开始了对南人时派和天主教徒的镇压。在处理辛酉教案中，涉及周文谟⑤事件时，一个名叫黄嗣永的人物逐渐浮出了水面，他所引发的"黄嗣永帛书"事件，令朝鲜三千里江山为之震撼。

在辛酉教案之后，在朝鲜半岛又陆续发生一系列教案，但是天主教在朝

① 蔡建：《晚清与大韩帝国的外交关系（1897~1910）》，上海辞书出版社，2008，第 15 页。
② 参见葛兆光《从"朝天"到"燕行"——17 世纪中叶后东亚文化共同体的解体》，《中华文史研究论丛》（第八十一辑），中华书局，2006。
③ 李朝党争主要涉及老论（老派）、少论（少壮派）、南人、北人四个派别，历称"四色党争"。
④ 《朝鲜王朝买录》，纯祖 2 卷，1 年 1 月 10 日（丁亥条）。
⑤ 参见〔韩〕赵珖《清人周文谟来朝及其活动》一文，收入北京大学韩国学研究中心编《韩国学论文集》（四），社会科学文献出版社，1995。

鲜半岛持续发展，至 1863 年，在朝西洋传教士已有主教 2 人，神父 8 入。[1]
朝人信教者也逐渐增加，1850 有 11000 多人，1855 年有 13600 多人，1860 年
有 18000 人，1863 年达 20000 人。[2] 天主教的蓬勃发展无疑引起了李朝政府
的警觉。朝鲜高宗即位后，由于复杂的国内国际背景，根据大院君发布的
《禁压邪教令》，从 1866 年初，以汉城为中心，在朝鲜全国范围内进行恢复
五家作统法，大规模地搜捕天主教徒。这次迫害历时三载，12 名法国教士
被捕，其中 9 名遇害，全国 12 万名教徒被捕，其中包括南钟三、丁义培、
禹世英在内的 8000 名被杀。这一事件震惊内外，被朝鲜天主教称为"丙寅
教案"。

这些发生在朝鲜系列的教案，一方面，朝鲜的天主教徒希望得到中国方
面的支持，但是收获甚微；另一方面，朝鲜方面在"辛酉教案"处死了中国
人周文谟，李朝高层为此惴惴不安，但是清政府也是简单一笔带过。

可以说，这些教案并没有在清朝曾引起国内教内的关注，直到《高丽致
命事略》的出版。《高丽致命事略》出版之后，也寂寂无闻，直到 1900 年才
浮出水面，这些书籍的出版应该是切合了当时中国南方天主教徒的内心需求，
鼓励信徒战胜困难。除了目前笔者所见的《高丽致命事略》以及《高丽主
证》两本涉及高丽教案的书籍，此外尚未见到《高丽致命周雅各伯传略》一
书（目前在上图分馆，尚未调出），从题目上来说，此书应该是记载了中国教
徒周文谟在朝鲜传教直至被杀的经历。

三　与《黄嗣永帛书》的对照

从《高丽致命事略》和《高丽主证》来看，两书以人物为线索，涉及的
都是具体人物。尤其是《高丽主证》在其记载人物的全面性而言，就笔者目
力所见，无论是韩国学界还是日本、中国学界都无人提及，在韩国出版的各
种基督教史的论著中也尚未提及。因此如果将此材料与目前韩国关于此方面
的材料加以对照，应该在朝鲜教案研究上有所收获。

《高丽致命事略》和《高丽主证》对于"辛酉教案"的关注尤其集中，
两书的一半内容都涉及了此教案，由于笔者目前对于两书的解读尚需深入，

---

[1] 李基白在《韩国史新论》一书中认为主教和神父共十二位，参见《韩国史新论》，厉帆译，
国际文化出版社，1994，第 268 页。

[2] 王春来：《基督教在近代韩国》，中国社会科学出版社，2000，第 12～13 页。

图1　《高丽致命事略》和《高丽主证》书影

先将关于此教案的主要材料《黄嗣永帛书》加以解读。通过对《黄嗣永帛书》的研究，并结合当时李朝文人的记载解读，大致勾勒出早期天主教在朝鲜半岛传播的框架和人际关系脉络，同时也可以揭露出教案背后的党争，而这些丰富的内容却是在《高丽致命事略》和《高丽主证》不曾得见的。

黄嗣永原为朝鲜李朝庆尚道昌原人，1775年生，年幼时参加科举考试，使考试官惊叹，而且是被召到国王御前得到称赞的秀才。他是两班阶层丁若铨三兄弟中丁若钟侄婿，具有升迁仕途的身份，但他丢弃荣华，为教会事务而奔走。在辛酉教案时，来自中国的周文谟神父被逮捕，黄嗣永离开汉城逃到忠清道堤川，在地洞里过了8个月。信徒黄沁知道他的藏身之地，便去找他研究挽救天主教的对策。他们与残存的信徒暗地密谋策划。黄嗣永等人认为，与其受政府镇压，教徒遭残酷刑罪而死，不如借外国武力，恢复教会势力。于是决定向北京主教写一封长篇的外交书信，报告教案的始末，请求援助。其书信内容如下：

（一）朝鲜在经济上薄弱，因此呼吁西洋诸国援助，以求得到弘传圣教的资本。

（二）朝鲜奉行清国皇帝之命，所以要求清国皇帝下令，使朝鲜接纳传教士。

（三）要求清朝与朝鲜合并，朝鲜国王娶清朝公主为妻，统一衣冠。

（四）要求西洋派大舰数百只和精兵五、六万，以及大炮和其他军需兵器威胁朝鲜国王，使传教士能自由出入朝鲜。

这封求救信约有一万三千字，相当于20张稿纸的内容，用工笔小楷写在长 62 公分、宽 38 公分的白绢上，再将这帛书细缝在衣服内，计划潜赴北京。他们把这封帛书秘密地委托驿卒送给北京天主教本部。左捕将任孝知道这封帛书之所在，就逮捕了黄沁和驿卒，3 天后黄嗣永在堤川也被捕抓获。虽然这份帛书一开始自称"罪人多默等涕泣呼吁于本土主教大爷"，用的是"多默"即黄沁的教名，但从文字内容看，这是黄嗣永与黄沁、玉千禧等"二三教友"的合作作品。经朝鲜官方拷问，黄嗣永承认，这帛书主要是他本人的意思，也是他本人所写的文字，所以后来都称之《黄嗣永帛书》。

黄嗣永帛书事件使李朝政府和民众大为吃惊，持同情态度的部分民众也为天主教徒的卖国行径感到愤慨。黄嗣永被逮捕后两周，即在汉城西小门外受了斩首刑，其身体分成六块悬挂在各处的树上。帛书事件的同谋者柳恒俭兄弟和尹持宪、李宇集等人也相继被抓处死。[①]

此帛书在光绪二十一年（1895），由一个叫闵德尔（Mgr. Gustav Mutel）的法国大主教乘乱在流失的各种朝鲜古文书和各种档案中收集。后来几经辗转，这一事涉 19 世纪初中国、朝鲜和欧洲的政治、宗教与文化互动的珍贵资料，被收藏在罗马教皇民俗博物馆中。[②] 关于《黄嗣永帛书》，中日韩学者都有研究，其中韩国学者研究的较多；日本学者有小田省吾、石井寿夫、山口正之、铃木信昭等人；中国学者有葛兆光。但是从笔者目力所及，对该文本的解读可以更进一步。

从《黄嗣永帛书》来看，由于黄嗣永在初期天主教传播过程中，一度协助周文谟神父传教。1798 年以后移居汉城，负责指导教理班，并负会长之责。他本人起到了骨干作用，帛书中所记载的人物应该基本上是初期天主教传播中的核心人物。两班中人阶层除了丁若铨、丁若钟、丁若镛三兄弟、权日身、权哲身、李檗、李承熏、李致熏、李端源、洪乐敏、池璜、崔仁吉、崔昌显、柳恒俭等执政或在野的南人派天主教骨干，其后陆续发展了金健淳、金履白、金信国、李周璜、李术范、金宗亿、李喜英、金廷臣、金鑢、姜彝文、金廷臣、李家焕、金伯淳、李基让、洪弼周、崔必恭、崔必悌等"班族男人"和以姜完淑、金连伊、尹占惠等为代表的"班族女人"。在《黄嗣永帛书》中充分交代了上述主要人物的关系，通过这些介绍，可以看出早期天主教在朝鲜传播中的人际纽带关系，尤其是在士人阶层的流传状况。

---

① 〔韩〕金得榥：《韩国宗教史》，柳学峰译，社会科学文献出版社，1992，第 247～249 页。
② 葛兆光：《19 世纪初叶对西洋宗教的朝鲜、日本与中国——以〈黄嗣永帛书〉为中心》，《复旦学报》（社会科学版）2009 年第 3 期。

因帛书上书北京教会，故帛书中介绍了教案的相关背景和原因。帛书控诉了日本对天主教的迫害，"敝邦不幸，东邻日本，岛夷残毒，自绝于主，而我朝议论，反以为能，欲将效之，宁不寒心"。① 这是《黄嗣永帛书》中的感叹。所谓"岛夷残毒，自绝于主"，即指朝鲜的邻邦日本自绝于天主教，对教徒的迫害很残酷。

随后《黄嗣永帛书》中交代了教难产生的重要原因，"国士大夫，二百年来，分党各立，有南人、老论、少论、少北四色之目"。② 在正祖末年，由于对天主教的打击，南人又分为二派，一派以李家焕、丁若镛、李承熏、洪乐敏等若干人，"皆从前信主，偷生背教之人，外虽毒害圣教中，心尚有死信，而同党鲜少，势甚孤危"。一派则为洪义浩、睦万中等，"真心害教之人"。十年以来，两边结怨甚深。对天主教的不同态度，导致了南人也出现了两派。而老论也分为二派，一派为时派，"皆承顺上意，为先王心腹之臣"，一派是"僻派，皆力守党论，抗拒上意，与时派如仇雠，而党众势大，先王畏之，近年举国而听之"。③ 南人中的李家焕文、丁若镛为正祖宠信，此二人为僻派"之所深忌，必欲中害"。李家焕虽然背教害教，但是僻派等人依旧不肯放过他。"常指斥为邪党，驳备至，先王每掩护之，僻派不得肆害。"④ 朝鲜正祖去世后，大王大妃金氏垂帘听政。"大王大妃即先王之继祖母，本系僻派中人，本家曾为先王所废，因此积年怀恨，而莫能泄，意外临朝，遂挟僻派而肆毒。"从帛书的论及中，可见黄嗣永等人对李朝当局的变化很是清楚。正祖丧事一过之后，"即将一班时派尽行放逐，朝内半空，从前害教之恶党，素与僻派相连，见时势大变，哗然起，有大举之势"。⑤ 朝局的动荡，使得朝鲜天主教徒嗅出了不安的气氛，"神父愈加谨慎，教友咸怀忧"。

《黄嗣永帛书》在交代了教案兴起的时代缘由之后，将抓捕的时序也一一列出。"十二月十七日……捕崔多默。"十九日抓了崔多默的弟弟崔伯多禄，及吴斯德望两人，被捕入官，与多默同囚。"于是捕盗部将辈，挟金汝三及都下无赖辈，以为耳目，到处采访，教中汹汹扰乱。值岁暮，事得暂缓。"⑥ 随

---

① 〔韩〕吕珍千编著《黄嗣永帛书와异本》，국학자료원，2003，第61页。
② 〔韩〕吕珍千编著《黄嗣永帛书와异本》，第43页。
③ 〔韩〕吕珍千编著《黄嗣永帛书와异本》，第62~63页。
④ 〔韩〕吕珍千编著《黄嗣永帛书와异本》，第44页。
⑤ 〔韩〕吕珍千编著《黄嗣永帛书와异本》，第44页。
⑥ 〔韩〕吕珍千编著《黄嗣永帛书와异本》，第45页。

后于翌年正月初九日，总会长崔若望被捕，之后展开了缉拿，被捕者填满两厅（朝鲜李朝捕盗厅有左右两厅）。十一日，大王大妃敕教教令，曰："先王每谓正学明，则邪学自熄，今闻邪学依旧，自京至于畿湖，日渐炽盛，岂不凛然寒心乎？京中及外乡，修明五家统之法，统内若有为之者，统首告官惩治，然犹不悛，当论以逆律，殄灭之，无遗种。"① 于是展开了更大规模的抓捕活动。二月初九日，下李家焕、丁若镛、李承熏、洪乐敏于禁府。十一日，捕权哲身、丁若钟。一边申饬捕厅，从前放送之人，尽行追捕，将骊州、杨根所囚诸人，解赴禁府，京乡知名之教友，无一人得免。帛书称："道路上，逻卒横驰，昼夜不绝。禁府及两捕厅及刑曹狱，皆填塞不能容云矣。"二十四日，葛隆巴（姜完淑）全家被捕。此后，士族妇女被捕者甚多。二十六日，奥斯定及崔若望、崔多默、洪方济各沙勿、洪乐敏、李承熏共六人一并斩决。此后又有九人斩决，《黄嗣永帛书》称其中有女子三人，一人是葛隆巴（姜完淑），其二不知。男子六人，而传闻未详。而骊州、杨根所囚犯人，皆还送本邑斩决。

此后抓捕天主教徒的行动并没有停止，尤其是针对全州，"全罗道辛亥以后，十年无窭，教友颇多"。② 四月初，全州柳奥斯定、高山尹方济各等 200 余人被捕。帛书称："朝鲜开国后，杀人之数，未有甚于今岁，未知其信否。"但是李朝政府杀天主教徒明显有指向性，"朝廷之必欲尽杀者，地位高，能文字之人、愚卤贱人，或知而故遗，或治而不严，都下常人，颇有存者"。可见，教案的背后蕴藏了党争的因素，黄嗣永无疑也看到了此点。这与日本发生教案的原因有着本质区别。③

四　天主教初传时期教徒的人际关系

由于丁氏兄弟很早就加入天主教会，受姻亲关系之影响，黄嗣永随从丁氏家族入了天主教，李承熏为义兄李檗与姐夫权日身洗礼。前文提及朝鲜的开教关键人物是李檗、李承熏、丁氏三兄弟、权哲身、权日身等人。这些南人学者在自己的圈子里发展和扩大了天主教的范围。李檗为李承熏义兄，而

---

① 〔韩〕吕珍千编著《黄嗣永帛书와异本》，第 45 页。
② 〔韩〕吕珍千编著《黄嗣永帛书와异本》，第 58 页。
③ 参见张华、李庆辉《16、17 世纪天主教在日本的传播发展与衰落》，《中央民族大学学报》（哲学社会科学版）2013 年第 3 期。

权日身则是李承熏的姐夫,《黄嗣永帛书》的作者黄嗣永则是丁若钟侄婿。在《黄嗣永帛书》中黄嗣永将早前天主教教徒的骨干们的关系及信教原因都一一列出。

李承熏教名伯多禄,是李家焕的甥侄,丁奥斯定之妹兄,在李檗开始阅读天主教书籍时,李承熏受其影响,皈依天主教。李承熏一度背教,"屡着毁教文字,皆非本心也"。

权哲身为"南人大家之裔,居京畿道杨根郡,素以经礼之学,为世名儒"。① 天主教传入朝鲜半岛后,他举家信从。因为世家大族,所受非议颇多。其弟权日身则死于辛亥教难。自此以后,他则不敢公开拜教,并且上京避难。本地官员将其子代囚之,其子屡次请代受父罚,但本地官员并不许可这种做法,屡次想把权哲身抓来,结果"事久不决,先王虽甚疑,然每事本不欲张大,且铎德之事,关系两国,万一显着,则处置极难。"② 在"辛酉教案"中权哲身被杖毙。

丁若铨(1758—1816)、丁若钟(1760—1801,教名奥斯定)、丁若镛(1762—1836)三兄弟,出身于南人派两班贵族家庭,朝鲜广州人。丁氏三兄弟在韩国历史最有影响的无疑是茶山丁若镛,丁若镛曾上疏中写道:"臣之得见是书,盖在弱冠之初。而此时原有一种风气,有能说天文、历象之家,农政、水利之器,测量其推验之法者,流俗相传,指为该洽,臣方幼妙,窃独慕此。"可见,丁氏兄弟很早便开始接触西学。丁若镛在《自撰墓志铭》写道:"十五娶丰山洪氏……既娶游京师,则闻星湖李先生瀷学行醇笃,从李家焕、李承熏等得见其遗书。自此留心经籍,既上庠,从李檗聚游,闻西教见西书。丁未以后四五年,颇倾心焉。"③ 可见丁若镛自从与李家焕、李承熏、李檗等人得见西书之后便对西教颇为倾心。虽然,后来因为正祖的劝导最终与天主教信仰决裂,在其《自撰墓志铭》中丁若镛指出"上帝者汉儒袭秦人之谬也。……恐惧戒慎,照事上帝,则可以为人。虚尊太极以理为天,则不可以为仁,归事天而已"④,他并没有留下什么关于天主教的著作,但由于他因天主教而获罪、为获罪士人写辩护文章的情况,后世一般将他视作"外儒内耶"似的人物。"朝鲜与韩国南北学界对茶山先生是否为教民,仍有不同之

---

① 〔韩〕吕珍千编著《黄嗣永帛书와异本》,第42页。
② 〔韩〕吕珍千编著《黄嗣永帛书와异本》,第42页。
③ 丁若镛:《与犹堂全书》第一集诗文集,16卷,《文集·墓志铭·自撰墓志铭》。
④ 丁若镛:《与犹堂全书》第一集诗文集,16卷,《文集·墓志铭·自撰墓志铭》。

论，见仁见智，更见茶山先生在西教问题取舍褒贬所思之深邃。"① 丁若钟，帛书中记载："性直而志专……及闻圣教，笃信而力行之，辛亥之窘，兄弟亲友，少有全者，而独不挠动。"丁若钟使用谚文传教，为了天主教在普通朝鲜大众的传播做出了自己的贡献，"尝为教中愚者，以东国谚文述主教要旨二券，博采圣教诸书，参以己见，务极明白。愚妇幼童，亦能开卷了然，无一疑晦处"。② 被斩首时，时年 42 岁。

相比前面的信徒而言，李家焕的争议则比较大。他为两班贵族出生，朝鲜一代儒学大师，李承熏是他的甥侄。李家焕"幼少才智超群，及长风度魁伟，文章冠一国，无书不览，强记如神"，又精通天文几何之学，为人颇自负。30 岁左右登进士及第，得到正祖器重。"自中素着文名，而当初邪学册子出来之时，渠若视之如鸿毒，避之若蛇蝎"，但随着李檗等人传教活动影响的逐渐扩大，以巨儒李家焕为先锋的反对运动也随之展开。然而，在这场斗争之中李家焕不仅没能胜利，没能用儒学思想击败天主教教理，反而更让他认识到了儒学对人的梗桔。这场斗争，使其从彻底的"斥邪先锋"成为"邪学魁首"，"密与李檗等，晨夕往来，颇有热心"。③ 李家焕曾希望自己能够作为出使北京的使者受洗于西方传教士，但是并没有获得此机会。此际在李朝内已经不断有人开始非议天主教，"而奉教得谤者，多系家焕之姻亲族属，故恶党常指斥为教主"。因此李家焕被外界当成了教主。辛亥教难时，他为广州府尹，为了自保表明自己与天主教无关，"颇害教中，为自明计，用治盗律于教友，自家焕始"。辛亥后，正祖开始重用南人，李家焕乘势而起，官拜工曹判书，此为朝鲜二品大员。"乙卯三人致命后，恶党不知司铎之事，归罪于李承熏及家焕，交章迭攻，先王不得已，谪承熏于礼山，左迁家焕为忠州牧使。"④ 忠州有一信奉天主教信徒，为表明自己脱离了天主教，李家焕治以严刑，逼令其背教，用周纽（治盗极刑）于信徒。他又纳官妓为妾，遭到弹劾，不复进用，居家以文章自娱。但是他的妻子却已经信奉天主教，并传化身边的妇人皈依，李家焕并未禁止。被抓之后，李家焕起初一直抵赖。但是治狱者几乎都与李家焕有仇，必欲致之死，最后李家焕毙命于毒杖烙刑之下，时年 60 岁。

---

① 葛晋荣主编《韩国实学思想史》，首都师范大学出版社，2002，第 359 页。
② 〔韩〕吕珍千编著《黄嗣永帛书와异本》，第 48 页。
③ 〔韩〕吕珍千编著《黄嗣永帛书와异本》，第 50～51 页。
④ 〔韩〕吕珍千编著《黄嗣永帛书와异本》，第 52 页。

除了上述的这些南人学者，《黄嗣永帛书》也将教中骨干交代得十分清楚。如明道会总会长崔昌贤①，教名若望，中路人，是乙卯中丧命的崔玛弟亚之族侄，"家传真实之训，圣教到东，首先进教，平和谨慎，公明精勤，二十年如一日……德望为教中第一人，人故教中号为冠泉"。②可见是信仰是由家传而来，而且坚持信仰时间颇久。与丁若钟同日被斩首，时年 43 岁。

洪乐敏，教名保禄，本系忠清道礼山县人，少中进士，后移居都下，与李承熏、丁若镛人等为友，受朋友的影响，开始信从天主教，在教中以热心明理干事见称。为遮人耳目，他并没有绝科举，屡官至司谏院正言。辛亥教案中正祖强令洪乐敏背教，但是其后他继续受教规。在韩永益的告密中有洪乐敏也是榜上有名，再次被正祖逼迫背教。自此以后洪乐敏在家则全守教规，外出时则"随顺坏俗"。及洪母去世，他不拜牌。《黄嗣永帛书》中认为"此人罪名，本来不大，若到官背教，未必就死，而至于斩首，则可知其不悖圣教矣"。

洪沙勿教万，居京畿道抱川县，"少登进士，晚好经学"，是权哲身的母舅，因权家奉教，在权家的影响下，他也开始信教，并绝意仕宦，劝化乡邻，为一乡领袖。同时和丁若钟是儿女亲家，"其女适奥斯定之子，因此素有谤，至是被捕致命"。

赵伯多禄，杨根人，以农为业，家境困苦。游学于丁若钟门下。辛酉教案中，官府迫令其背教，不肯，数日后绝命于狱中。

崔必恭，教名多默。辛亥教难被诱捕后，曾背教。正祖为之娶妻拜官，崔必恭不得接受了朝廷的安排。但不久即翻悔，尽管朝廷中有一些大臣对此极为震惊，上书正祖请诛之，但是正祖对崔比恭的批示含糊，最后不了了之。辛酉教案被斩年 56 岁。崔必悌，教名伯多禄，字子顺。崔必恭的从弟。

除了上述提及的南人学者，作为老论派的金健淳对天主教传播范围的扩大也起了很大的作用。金健淳，教名为若撒法，为老论之家后代，为京畿道骊州人。先祖金尚宪，因有大功于国家，世袭冠冕，为朝鲜国内甲族。金健淳幼时受《论语》于塾师，因论及"敬鬼神而远之"之章，问曰"敬则不当远，当远则不当敬，而敬而远之何也？"私塾老师不能回答此问题。金家的藏书中有《畸人十篇》，金健淳喜看之。十余岁之际则开始讨论天堂地狱之论。

---

① 金得榥《韩国宗教史》一书中做丁若钟为明道会会长，但是从《黄嗣永帛书》记载来看为崔昌贤。

② 〔韩〕吕珍千编著《黄嗣永帛书와异本》，第 47～48 页。

《黄嗣永帛书》中称其："稍长博通文学、经史子集、医经地志，以至佛老兵家之书，莫不精热。"① 金健淳 18 岁的时候，（养）父去世。当时朝鲜丧服之礼遵用宋儒之制，金健淳认为此举颇失古法而正之。使得周遭读书人很是骇讶，纷纷写信指责此举，金健淳则引经据典一一回信答复。李家焕见信后曾感叹："吾不敢望也！"金健淳在乡间平素颇有名望，因家境富足而倾财喜施，但自己却衣食如贫者。金健淳与李玛尔定等五六人结生死之交，计划乘舟泛海，先到达江浙一带，然后至于北京，期望能够见到西洋传教士，学习到利用厚生之学，归传于朝鲜，但并没有成功。后来这五六人都因卷入了辛酉教案中而丧命。在金健淳对天主教感兴趣之际，当时信奉新教的全为南人，老论一派则未有一人入教，此种状况导致健淳入教无门。后因在见其他教友携天神像，金健淳误以为天主教与奇门之术相通，遂于一名叫姜彝天的术士相交。姜彝天为少北名士，帛书中称其"心术不端，以为本国必不长久，将有风云之会，学习此术，以图乘时进取"。② 周文谟在得知此情况下，则写信给金健淳劝其归主，金健淳为周文谟神父所倾倒，尽弃前学，全心归主。这年他 22 岁。金健淳的一些朋友在其影响下也开始归化，除了姜彝天不肯全信。未几，姜彝天犯事被捕，牵扯到金健淳。正祖因惜才，使之获免于祸。回去后，金健淳领洗，热心依旧。他的此举为父兄所知，遂遭到父兄的制止并停止其家用，使其生活逐渐窘迫，周遭的诽谤也是日盛一日，但金健淳不为所动，坚持如一。辛酉间被抓，斩首致命，时年 26 岁。

金伯淳是金健淳的族兄，亦是两班贵族，他与李家焕一样，从"斥邪先锋"变成"邪学之魁"。金伯淳一开始也认为"自少读朱书，倪然有得，自信其不为异端所惑"，故而"欲一见西洋书而痛斥之"。没想到的是，"始为披览，则不但与前所闻，迥然不同，实为大正至公之道。遂为从事，小无所悔"。金伯淳在仔细阅读了西洋书后发现它们与前闻迥然不同，感到西洋学说"大正至公之道"，于是开始潜心信奉天主教，并认为"耶苏降生之后废祭，自有意义"。③ 在金伯淳的影响之下，他的母亲也皈依了天主教。金伯淳的妻子原本希望他能够显达于世，但是金伯淳已无心仕途，其妻恨辱备至。此外他的族人亲友都对他信教一事咸加毁骂，为此他与母舅绝交，曰："宁与舅氏绝交，不能与吾主绝交。"于是友人莫不贻书告绝。被斩时年 32 岁，因奉教

---

① 〔韩〕吕珍千编著《黄嗣永帛书와异本》，第 53 页。
② 〔韩〕吕珍千编著《黄嗣永帛书와异本》，第 54 页。
③ 〔韩〕吕珍千编著《黄嗣永帛书와异本》，第 55 页。

不久，故未受洗，无教名。

李玛尔定，少论一名也（士夫妾子孙谓之一名），居京畿道骊州，与金健淳为生死之交，及金健淳奉教，李玛尔定亦信从领洗。李喜英路加，为金健淳密友，先居骊州，后移都下，善于画工，主要负责描摹圣像，因此缘故被斩首。

姜完淑，教名葛隆巴，朝鲜第一位女信徒，忠清道礼山人，出生于两班贵族家庭，洪芝荣继室，原是佛教徒，后来改宗天主教。她个性豪爽善辩，积极参与传教工作。她的丈夫洪芝荣因怕受连累，而告离异。姜完淑利用当时对贵族妇女不得施刑的法律，毫无畏惧地为信仰作见证，不仅在她家聚集未婚的女子听道理，而且通过她的介绍，周神父也给王宫内多位贵妇施洗，使信仰得以传入宫廷中，她们也都善待佣仆，使他们接受信仰。辛酉教案中被抓，受周纽之刑六次，不动声气。以斩首致命，年 41 岁。

洪弼周，教名斐理伯，洪芝荣前室之子，随姜完淑进教，《黄嗣永帛书》中称："陪奉神师之后，一年之间，判作异人，人皆惊异。"平时在家的时候常为辅祭。被捕入狱后，官问神父之事，治以毒刑，洪弼周至死不招，最后被斩，年 28 岁。

金连伊，被官方称为"邪学媒婆"，受洗于周文谟。在《朝鲜王朝实录·纯祖实录》中有一段关于她的记载："渠以邪学中媒婆，周流各处，诱误平民，缔结姜婆，受洗于周汉，亡命之黄嗣永，匿置家中，竟致逃躲。"可见，金连伊与姜完淑一样是教会中的骨干成员，有很多平民通过她的指引也开始受洗于周文谟，信奉天主教。

以宗室正祖庶兄恩彦君李裀妻、子媳为代表的王族宗室成员也加入了侍奉天主的行列。恩彦君之子常溪君李湛，因谋反被处决，李裀也因遭到牵连被流放到江华岛。而李裀的夫人宋氏与李湛的妻子申氏却仍然被允许留在旧宫中居住。"辛亥壬子之间，有一女教友怜而劝化，人皆以为，祸机在此，不欲交通，而葛隆巴进之，既领圣事。"她们受到已信奉天主教宫人的劝告，从周文谟受洗，参加了"明道会"的天主教理研会，常以招周文谟为他们讲解教理为乐事。"至是发觉，赐药自尽，江岛罪人，未尝奉教，而因连坐，并赐药杀之，两妇人姓与圣名未详。"宫廷废宫内人、宫女姜景福、荣仁等也受洗于周文谟并分别赐予教名仙娥、非非阿罗。

这次教案被处刑致死者约有 300 人，起主导作用的南人主要人物几乎全被杀绝。在这次教案中一代人才李家焕和权哲身受刑后死于狱中，李承熏、丁若钟、洪乐敏、崔必恭等首领和崔昌贤、李端源、姜完淑等中坚被处以斩首刑。李致熏等人均遭发配，已经去世的领府事蔡济恭被革一切官职。

五　小结

从《黄嗣永帛书》的记载中，可以初步勾勒出这样一副天主教在朝鲜传播的图景。首先是由于使臣的作用，汉译西学和天主教书籍传入朝鲜半岛，一些朝鲜国内的学者开始对天主教产生了浓厚兴趣，于是在1777年走鱼寺内的一些南人学者权若身、丁若铨、丁若镛及一些其他士人开始讨论哲理，闻讯之后李檗赶来。在讨论中，他们中的一些人开始转向了天主教，李檗义弟李承熏也逐渐加入进来，其恰巧有机会入北京受洗，随后天主教在这群人中逐步传播。李承熏是李家焕的甥侄，在李家焕与他们的辩争中，李家焕折服于天主教，由于他的特殊地位，使得天主教一时在南人学者中声名大噪。在这些人的影响下，他们的朋友、弟子，如洪乐敏、赵伯多禄等人都皈依了天主教，随着亲戚朋友之间的互相影响，天主教的规模在南人群体中的影响显然越来越大。

周文谟秘密潜入朝鲜之后，对天主教的传播起到了巨大的推动作用，他并无党争门户之见，在他的指点下金健淳入教，金健淳的入教把天主教的传播范围再次扩大。同时周文谟对姜完淑的受洗更是把天主教的触角扩及女性，在姜完淑的协助下，天主教更是逐步渗透进朝鲜王宫。

在天主教初传朝鲜的过程中，我们一方面可以看到天主传播过程中的亲戚朋友的相关作用，另一方面也不难看出李朝末期，朝鲜半岛对于新思想的苛求与探索。李家焕、金健淳的例子说明传统儒学对朝鲜知识分子而言，已经不能满足他们对思想的追求。但是在对新思想的追求中，南人和西教的命运联在一起，导致双方的没落，天主教徒在这个时期里在朝鲜八道江山停止了活动，此教案史称"辛酉教案"。韩国历史学家金得榥对此教案不无痛心地评价道："很遗憾，这次辛酉教祸是为了决定政权斗争的胜负而出现的。真不知道用什么才能代赎这种民族的残忍卑劣的罪过。尤其可悲的是，西教信徒被视为夷狄禽兽，竟然以亡常灭伦之罪受刑。"[1]

总之，朝鲜李朝朝廷惩罚天主教徒的表面原因在于天主教徒是只尊奉天主而无父无君的邪教徒，而且以天堂地狱说惑世诬民。但实际上，政府对天

---

[1]　金得榥：《韩国宗教史》，第246页。

主教徒的逼迫则与朝鲜党争有密切关系。逼迫天主教的根本原因是两派的权力之争，早期天主教徒的绝大多数都属于南人时派。此外，朝鲜的天主教徒受到逼迫还有别的原因。利玛窦以后耶稣会的"中国化"传教策略虽在中国取得成功，但遭到其他教派的反对，在欧洲造成了一场"中国礼仪之争"。这使康熙帝于1720年决定禁教，从此中国与西方之间的文化交流受到极大的打击。"礼仪之争"所导致的中国禁教政策也影响了韩国，给李朝政府提供了迫害天主教徒的更大理由。①

天主教起初从被排斥在掌权之外的南人学者当中吸引了许多两班改宗者，但教案使朝鲜两班改宗的人数逐渐下降。19世纪末起，社会下层民众开始大批改宗入教。虽然也有一些来自中入阶层如医生之流，但绝大多数是农民、手工业者或商人，这时候入教的是社会下层而不是上层，是未受过教育的而不是受过教育的，是穷人而不是富人。党争引发的教案使得天主教在朝鲜半岛的传教方向发生了巨大变化，在天主教的传播过程中，中国和日本皆未尝有之。上述内容主要是依据《黄嗣永帛书》而成，就《高丽致命事略》和《高丽主证》而言，前者的内容如前文所述主要是大事记性质，基本上对于教案发生的内在关系和缘由缺乏系统的阐述。就目前笔者解读的进展而言，《高丽主证》也存在这样的缺憾，但是《高丽主证》却更加系统全面地保留了涉及教案的众多人物记录，尤其是下层百姓，这应该是和原书作者有关系。

从《高丽致命事略》和《高丽主证》与《黄嗣永帛书》的内容对照来看，中国的天主教教徒似乎更关心信徒们受到的迫害和面对迫害时的态度，而《黄嗣永帛书》则显然更加关注人员之间的关系往来，以及教案的缘由，这些是《高丽致命事略》和《高丽主证》中所看不到的内容，但这正是中国南方天主教徒在书中的一条隐线。

---

① 《韩国如何通过中国接受西方文化》，国际在线网，http://gb2.chinabroadcast.cn/770/2002 - 11 - 8/93@111311_2.htm。

明清传教士与中国本草学

孙灵芝[*]

摘要： 本文主要集中在本草学的视野上，讨论明清传教士如何把与自身经验迥异的中国医药经验介绍给西方。一方面来华传教士对中医药产生兴趣，主要集中在针刺、脉法还有药物学（本草）上；另一方面把西方药物介绍给中国，其中渗透并影响了中国传统本草书籍的撰写，乃至影响了中国的用药习惯。

关键词： 明清时期；本草学；医学史；西医东渐；中西科技文化交流

钱存训据费赖之《在华耶稣会士列传及书目》和裴化行《欧洲著作汉译书目》统计，16 世纪末以来的两个世纪 "至少有八十名不同国籍的耶稣会士参与翻译西书为中文的工作，先后译书四百多种，所涉及的范围对中国人而言，都是新的知识领域"。耶稣会士们的译著共有 437 本，其中宗教类 251 本，占译著总数的 57%；人文科学类 55 本，占总数 13%；科学类译著 131 本，占总数 30%。[①] "据王吉民、傅维康编撰的《中国医史西文著作目录》所示：到 1902 年中国正式废科举兴学校止，中医书译成西文或西人撰述的中医药书计 128 种，而梁启超在 1897 年著《西学书目录》，共载出中文西医著作为 50 种。"[②] 以医学为工具、传教为目的的传教过程中，大部分涉医传教士都有向中国人 "赠药" 行为，但在渺茫的史途中，留下有关中国本草学有关的印迹，不过一二，比如 "圣保禄学院设有一所这么大的药房也可能有另一个目的，即用来研究中国的 '草药'。耶稣会士对中医中药感到神奇，并纷纷加以研究。据耶稣会 1625 年 12 月 21 日从澳门发出的年报记载，17 世纪上半叶，圣保禄学院药房已从广东获得大量中草药"。[③]

---

[*] 孙灵芝，北京中医药大学讲师。

① 钱存训：《近世译书对中国现代化的影响》，戴文伯译，《文献》1986 年第 2 期。

② 孙超：《中西医交流史研究中的一点启示》，《南京中医药大学学报》（社会科学版）2003 年第 1 期。

③ 李向玉：《澳门圣保禄学院研究》，澳门日报出版社，2001，第 171 页。

正是对异质文明的观望，才有了耶稣会士以澳门圣保禄学院的大药房为基地对中医药进行研究的行为。本文试图从中检视传教士与中国本草学的互动。

一　研究现状

目前有关医学传教、医学传教士的研究正在成为历史、医学史相关学术研究新热点，既有对个体传教士的研究，如关于德贞①、马根济②等的研究，也有对"借医传教"整体行为的介绍，如梁碧莹介绍美国第一批新教传教医生在 19 世纪 30 年代的广州口岸的"医学传教"历程③。何小莲对晚清传教士的医学传播活动进行了整理，指出基督教传教士借医传教目的在"教"，为中国人所接受的却是"医"，借医传教除了带来工具性的医学，还带来相关人文理念、制度等。④ 潘荣华指出晚清以降大批传教医生进入中国，部分传教医生积极转变角色，努力拓展传播空间，兴建院校，译书著说，利用报刊这种新型舆论空间开创了西医东渐的新局面，在我国近代西医传播史上产生深远历史影响。⑤ 邵金远以近代豫北加拿大长老会医药传教为例，对医药传教与西方医学在中国的本土化进行了专门具体的发掘，并从文化特别是基督教文化的视角来诠释这种关联的原因⑥，李传斌指出医学传教对近代中国外交产生一定影响⑦。"身体、文化与社会：中国药物史"国际学术研讨会，有胡成《西洋医生与华人医药——以在华基督教医疗传教

① 高晞：《德贞传：一个英国传教士与晚清医学近代化》，复旦大学出版社，2009。
② 余新忠、杨璐玮：《马根济与近代天津医疗事业考论——兼谈"马大夫"与李中堂"兴医"的诉求歧异与相处之道》，《社会科学辑刊》2012 年第 3 期。
③ 梁碧莹：《"医学传教"与近代广州西医业的兴起》，《中山大学学报》（社会科学版）1999 年第 5 期。
④ 何小莲：《晚清新教"医学传教"的空间透析》，《中国历史地理论丛》2003 年第 2 期；何小莲、张晔：《藉医传教与文化适应——兼论医学传教士之文化地位》，《西北大学学报》（哲学社会科学版）2008 年第 5 期。
⑤ 潘荣华、杨芳：《晚清医学传教的空间转换与现代传播工具的崛起》，《自然辩证法研究》2011 年第 10 期。
⑥ 邵金远、杨小明、高策：《医药传教与西方医学在中国的本土化——以近代豫北加拿大长老会医药传教为例》，《山西大学学报》（哲学社会科学版）2013 年第 3 期。
⑦ 李传斌：《医学传教与近代中国外交》，《南都学坛》2005 年第 4 期。

士为中心（1825～1916）》一文进行阐述①。

明清之际传教士与清末来华传教士设立的"医学传道会"不一样，前者更多的是异文化的差异性观察，主要参与上层贵族疾病治疗过程，有关涉医传教士以樊继训②、罗怀忠③、陈多禄④、马德昭⑤、罗启明⑥等为典型，后者是有意识地以"医学"为工具，在伟烈亚力《基督教新教传教士在华名录》记载的338位传教士中，涉及医学传教有关的如伯驾（Peter Parker）⑦、波乃耶（Dyer Ball）⑧、雒魏林（William Lockhart）⑨、威廉·贝克·戴弗尔（William Beck Diver）……此外，还有一些不以医学为主体，但也实施过医疗救助的传教士，如郭实猎（Karl Friedrich August Gützlaff）。"郭实猎先生因为在当地人中行医、穿当地人的服装、并且起了一个中国名字而获得好评，同时他向很多人发放了基督教书籍。"⑩

明清之际入华传教士的相关研究，个体性如卜弥格受到全新关注⑪，群体性主要集中于对中医药贡献的讨论，如医学史学者杨奕望认为随着明末清初天主教之耶稣会士入华传教，将西医学（包括生理学⑫、解剖学等）传入我

---

① 胡成此外尚有《晚清"西医东渐"与华人当地社会的推动》，参见《史林》2012年第4期；《何以心系中国——基督教医疗传教士与地方社会（1835～1911）》，参见《近代史研究》2010年第4期。

② 〔法〕费赖之：《在华耶稣会士列传及书目》（下册），冯承钧译，中华书局，1995，第573页。

③ 〔法〕费赖之：《在华耶稣会士列传及书目》（下册），第651页。

④ 〔法〕费赖之：《在华耶稣会士列传及书目》（下册），第764页。

⑤ 〔法〕费赖之：《在华耶稣会士列传及书目》（下册），第848页。

⑥ 〔法〕费赖之：《在华耶稣会士列传及书目》（下册），第915页。

⑦ 〔英〕伟烈亚力：《基督教新教传教士在华名录》，赵康英译，天津人民出版社，2013，第102页。伯驾，医学院毕业，著作有《关于在华医院的综述》（Statements Respecting Hospitals in China），《广州眼科医院报告15份》（Fifteen Reports of Opthalmic Hospital at Canton），这些报告不定期地在广州和澳门出版……以独立小册子的形式发表，同时被收在《中国丛报》的第4～20卷中。

⑧ 〔英〕伟烈亚力：《基督教新教传教士在华名录》，第132页。书中记载其1837年毕业并获得医学博士，1843年他携家人去香港，并重新开始传教工作，管理汉语印刷，负责为患者治病……1845年波乃耶博士到广州短期旅行，8月29日他携家人在那里开设了一间诊所。

⑨ 〔英〕伟烈亚力：《基督教新教传教士在华名录》，第136～138页。

⑩ 〔英〕伟烈亚力：《基督教新教传教士在华名录》，第67页。

⑪ 〔波兰〕卜弥格：《卜弥格文集——中西文化交流与中医西传》，张振辉、张西平译，华东师范大学出版社，2013。〔法〕沙不烈：《明末奉使罗马教廷耶稣会士卜弥格传》，冯承钧译，商务印书馆，1941。

⑫ 对生理学的影响，可参见袁媛《近代生理学在中国：1851～1926》，上海人民出版社，2010。

国，成为西学东渐的必要组成。① 窦艳《传教士与明清之际的中西医交流》一文指出，对于来华传教士在中西医交流中的桥梁作用既不能夸大也不能全盘否定，须做出客观的、实事求是的评价。

二 向西方介绍中草药

传教士不仅对中国植物有兴趣，林日杖研究指出"明清时期，来华天主教传教士对大黄颇为关注，留下有关大黄的诸多有价值的记载，涉及耶稣会、方济各会、法国遣使会等修会，耶稣会士对大黄最为关注，对西方大黄认识史的贡献尤大。"② 对其实际医疗用法和经验也充满兴趣。

17、18 世纪法国耶稣会士研究中医，与法国皇家科学院之委托有很大关系；另一个重要原因是欧洲流行对中医的偏见，于是来华耶稣会士对中医进行了研究，并依据事实，对错误看法进行了反驳。③ 中药是在长期经验积累基础上形成的，由于某些药物的特殊功效，引起了欧洲人的强烈兴趣，这也是传教士把中药介绍到欧洲的主要原因。④

（一）介绍中草药

1687 年，五位被称为"国王数学家"的法国耶稣会士抵达中国，他们中有四人是巴黎皇家科学院的通讯院士，肩负着向科学院提供有关中国的数学、天文学、医药学、矿物学、动植物、气象、地理，以及工艺技术诸方面信息的使命。其中有巴多明（Dominique Parrenin）关于中医药知识的介绍，汤执中（Pierre Noël Chéron d'Incarville）、殷弘绪（François-Xavier D'Entrecolles）等人关于中国植物学的调查，韩国英（Pierre-Martial Cibot）关于中国法医学和动物学的介绍……都是法国汉学界从事中国科技史研究的前驱性工作。⑤

巴多明先后在宫廷为康熙、雍正、乾隆三帝服务，长达 40 余年。1723 年

---

① 杨奕望：《明清入华耶稣会士涉医文献的研究价值》，《中国中医基础医学杂志》2013 年第 6 期。
② 林日杖：《论明清时期来华传教士对大黄的认识——关于明清来华西人中药观的断面思考》，《海交史研究》2013 年第 1 期。
③ 韩琦：《中国科学技术的西传及其影响（1582~1793）》，河北人民出版社，1999，第 132 页。
④ 韩琦：《中国科学技术的西传及其影响（1582~1793）》，第 117 页。
⑤ 刘钝：《法国汉学》第六辑（科技史专号），中华书局，2002，前言第 1 页。

之后，他开始与法国皇家科学院、俄国圣彼得堡科学院的科学家保持密切联系，介绍中国的科学和医学，特别是中药及植物，并答复欧洲科学家对中国科学的质疑，1723 年 10 月 15 日，在给科学院的信中，他详细描述了冬虫夏草、三七、大黄、当归、阿胶等中药，并寄去了样本，除大黄，其他中药都是首次介绍，引起了欧洲学者的兴趣。①

巴多明逝世前一年（乾隆五年，1740），法国耶稣会士汤执中抵达北京。汤执中是西方著名植物学家、法国人朱西厄（Jussieu）的学生，绘有中国动植物图 72 幅。他在北京及其周边收集到不同种类植物的种子，寄给朱西厄等欧洲植物学家及园艺学家。汤执中曾在京郊采到大黄的种子，朱西厄曾提供大黄种子给瑞典植物学家林奈。可见，汤执中应该也推进了西方社会对大黄的移植。清代前期，欧洲诸国引种大黄取得了一定成效，尽管无法产出与中国正品大黄同等优质的大黄。②

殷弘绪收集了不少中国植物的资料，如佛手、柿子、荔枝、柳树等。韩国英对植物进行了大量考察，并将样本寄回法国，巴黎现在还保留了他的不少手稿。③

传教士不限于向西方作中国植物知识，还从事植物的引种移植。在明清，经传教士向中国引种的西方植物有臭草、椰树、椴树、菠萝、番荔枝、大花生等。他们向西方引种的中国植物有橘子、翠菊、竹子、亚麻、苜蓿、香蒲、大麻、大豆、高粱、大黄、茶树、当归、夏草、三七等。④ 其中，翠菊由汤执中在 1748 年将种子寄往法国⑤，大黄经为传教研究后由法国人科达诺巴在1771 年引种在巴黎，1787 年又由德斯巴勒斯引种在布列塔尼……1749 年，汤执中将中国杏核寄往欧洲。⑥ 此外，于拉尔德神父还提到，康熙时，法国传教士曾向柏尔坦和国王御医寄过许多中国农作物的种子。⑦

---

① 韩琦：《中国科学技术的西传及其影响（1582～1793）》，第 121～122 页。
② 林日杖：《论明清时期来华传教士对大黄的认识——关于明清来华西人中药观的断面思考》，《海交史研究》2013 年第 1 期。
③ 韩琦：《中国科学技术的西传及其影响（1582～1793）》，第 116 页。
④ 曹增友：《传教士与中国科学》，宗教文化出版社，1999，第 333 页。
⑤ 转引自曹增友《传教士与中国科学》，第 295 页。
⑥ *Actes Du lll' colloque international de sinologie Chantilly*，1977，p. 193. 转引自曹增友《传教士与中国科学》，宗教文化出版社，1999，第 296 页。
⑦ *Bulletin de l'école française de l'Extréme Orient*，p. 180. 转引自曹增友《传教士与中国科学》，第 296 页。

（二）　对用药经验的关注

意大利耶稣会士利玛窦向欧洲国家介绍中医药时，说："中国的医疗技术的方法与我们所习惯的大为不同。他们按脉的方法和我们的一样，治病也相当成功。一般说来，他们用的药物非常简单，例如草药或根茎等诸如此类东西。事实上，中国的全部医术就都包含在我们自己使用草药所遵循的规则里面。这里没有教授医学的公立学校。每个想要学医的人都由一个精通此道的人来传授。在两京（南京和北京）都可通过考试取得医学学位（指通过太医院的考试）。"①

殷宏旭在 1736 年 10 月 8 日自北京寄给杜赫德的信中，介绍了秋石（治肺痨、水肿）、槐籽和牛胆汁制剂（治少白发、痔疮，还可明目）、铁屑醋酸制剂（治肿瘤）。②

卜弥格（Michel Boym，1612—1659），字致远，波兰人，天主教耶稣会传教士，1649 年到达澳门。卜弥格曾在故乡担任王室御医，对中医药学的介绍在其著作《中国医药概说》《中国诊脉秘法》等有所体现，爱德华·卡伊丹斯基先生赞扬他是向欧洲介绍中医中药的第一人。③《卜弥格文集》里载中药有关的著作是《中国植物志》及《单味药》。

卜弥格的《中国植物志》一书，沙不烈介绍东方语言学者 Abel Rémusat 对此撰述："内容中国富有兴趣的植物约二十种，动物数种，不幸首列者是神话中之凤凰。附图二十三幅，不甚完备，所写之汉文名称，虽经刻工变化，然尚可辨识。"是编盖为一种中国特产植物图录，叙述尚详，然微有讹误而已。④

《单味药》（原文拉丁文：Medicamenta Simplicia, quae Chinensibus ad usum Medicum adhibentur）收录 289 种药物，内容涉及药物的药味、药性、归经、毒性、功效主治，部分药物尚有炮制方法、用药宜忌等介绍。然而，这些药物的中文名称在卜弥格原著的手稿中有过，但是在欧洲发表时由于印刷不便，出版者将这些中文名称都删掉了，爱德华·卡伊丹斯基根据卜弥格用

---

① 〔意〕利玛窦、〔法〕金尼阁：《利玛窦中国札记》，何济高等译，中华书局，1983，第 34 页。
② 原见 Lettres édifiantes et curieuses écrites des Missions Etrangeres, t. XII, p. 211－216. 转引自曹增友：《传教士与中国科学》，第 394 页。
③ Kajdański E：Michael Boym's "Medicus Sinicus"，*Toung Pao*，Vol. 73, 4－5，1987。
④ 〔法〕沙不烈：《明末奉使罗马教廷耶稣会士卜弥格传》，第 109～110 页。

拉丁字母对这些中文名称的拼音，参阅中国出版的各种中医典籍和它们的英译本，以及有关的中医药辞典，在中国花了很长时间复原。卜弥格一方面查阅了大量的本草典籍，一方面结合自己的实际经验在《单味药》一篇中，系统地向西方介绍了本草的特点。①

除了观察和介绍中药用药经验，他们还试图将中国药物学的相关书籍如《本草纲目》翻译介绍给西方。明代李时珍的《本草纲目》是本草学的集大成之作，来华的法国耶稣会士刘应、白晋、赫苍璧、巴多明、韩国英等人，经常使用本书。1735 年，杜赫德的《中华帝国通志》介绍了《本草纲目》的部分内容。巴黎国立图书馆保存有一部中医著作译稿，分两部分，一为脉学，一为本草，是《本草纲目》的节译，其中介绍了序及每卷之内容，还提到了人参、海马等中药。② 范德孟德（J. F. Vandermonde）于 1720～1732 年在澳门行医，对矿物药品颇感兴趣，曾收集了《本草纲目》中的 80 种药物样品，回巴黎后送给法国植物学家朱西厄，他还翻译了《本草纲目》，原稿藏于巴黎自然史博物馆图书馆（藏书号 465，共 45 页），据韩琦查阅比较，此书节译自《本草纲目》卷五水部、卷七土部、卷八金石部、卷九至十一石部的大量矿物药，以及草部的许多中药均附有中文名。此书稿在 18 世纪并未产生影响，到 19 世纪才引起法国学者的注意。③

三　向中国介绍药物

传教士不仅向欧洲汇报中国见闻，也将西洋药物介绍到中国，相关书籍既有石振铎《本草补》，也有白晋、张诚以满文书写的《西洋药书》。最典型的是"其法始于大西洋"的"药露"和清宫诸药。

（一）介绍西洋药物的书籍

《本草补》系石振铎著作。石振铎是多明我会教士瓦罗的学生，《本草

---

① 孙灵芝、王国为、梁峻：《卜弥格〈单味药〉的本草学思想研究》，《中国中医基础医学杂志》2014 年第 5 期。

② 韩琦：《中国科学技术的西传及其影响（1582～1793）》，第 130～131 页。

③ J. Needham, *Science and Civilisation in China*, Vol. 5, pt. 2, Cambridge：Cambridge University Press, 1974, pp. 160–161；潘吉星：《中外科学之交流》，香港中文大学出版社，1993，第 202～203 页。

补》一书被医史学家范行准先生称为"西洋传入药物学之嚆矢"①，甄雪燕等②认为"从内容来看，该书不过是当时传教士据其见闻转述的一种以西洋药物为主的书籍，远不能反映当时西洋药物的实际水平，更无法体现西洋药物学的构架。到17世纪，西洋药物学中的制剂内容已经相当的丰富，但《本草补》中仅提到散、煎、膏、滴寥寥数种，与中国传统制药没有什么大的区别"。

《西洋药书》系白晋（Joachim Bouvet，1656—1730）、张诚（Jean-François Gerbillon，1654—1707）以满文书写，康熙朝内府满文袖珍写本，共四册，按版心排药名、药方，每半页六行，每行六七字不等，现有海南出版社的影印版。与西方药品有关的内容包括：内服药物金鸡纳霜、巴思地略、额尔西林、黄白丹及各式药露、药盐20多种，外科药物治疗伤口的膏药、烧伤药、跌打损伤药、红白药水等10余种，还有各种各样的硫黄洗剂、眼药水、酊剂、酒剂、水液剂等10余种，共介绍各种西药40余种。③

（二）药物以及相关制法

明代关于露的书写，在明代孙一奎的《医旨叙余》一书中果露的描写，"论五果，梨汁疏风豁痰，蒸露治内热"。④ 这是目前可见的医书中关于"露"的描写，农家类如明代《泰西水法》中有"药露"的描述，熊三拔《泰西水法》虽收于《四库全书》子部农家类，然该书介绍了药露蒸馏法。该书卷四称："凡诸药系果、蓏、谷、草诸部，具有水性，皆用新鲜物料，依法蒸馏得水，名之曰露。今所用蔷薇露，则以蔷薇花作之，其他药皆此类也。"又写道："西国市肆所鬻药物，大半是诸露水，每味用器承置，医官止主立方，持

① 范行准：《明季西洋传入之医学》，牛亚华校注，上海人民出版社，2012，第122页。
② 甄雪燕、郑金生：《石振铎〈本草补〉研究》，《中华医史杂志》2002年第32卷第4期。
③ 关雪玲：《清代宫廷医学与医学文物》，紫禁城出版社，2008，第221～222页；李欢：《清宫旧藏满文〈西洋药书〉》，《紫禁城》1999年第4期；蔡名哲：《〈西洋药书·祛毒药油〉译注》，《中国边政》2011年187期；恽丽梅：《清宫医药与医事研究》，文物出版社，2010，第69页；庄吉发：《互动与对话——从康熙年间的满文史料探讨中西文化交流》，庄吉发：《清史论集（二十二）》，文史哲出版社，2012，第68～84页；Marta E. Hanson, "The Significance of Manchu Medical Source in the Qing," *Proceedings of the First North American Conference on Manchu Studies: Studies in Manchu Literature and History*, ed. Stephen Wadley, Wiesbaden: Harrassowitz Verlag, 2006, p.146；渡辺純成：《満洲語西洋薬品マニュアル『西洋薬書』について》，《日本医史学雑誌》2012年第2期。
④ （明）孙一奎：《新安医学医旨绪余》，张玉才、许霞校注，中国中医药出版社，2009，第90页。

方至肆，和药付之……"① 艾儒略在《西方问答》上卷中也介绍了西方的药物学。

清代赵学敏的《本草纲目拾遗》中"各种药露"批量化的书写，"凡物之有质者，皆可取露。露乃物质之精华。其法始于大西洋，传入中国。大则用甑；小则用壶，皆可蒸取。其露即所蒸物之气水，物虽有五色不齐，其所取之露无不白，只以气别，不能以色别也。时医多有用药露者，取其清冽之气，可以疏瀹灵府，不似汤剂之腻滞肠膈也，名品甚多"。② 范行准从这里得到启示，列出明季西洋传入的药物有石类的硫磺、辟惊石、奇功石，水类的强水、日精油，木类的椰树实、掇树皮、加乞弄，草类的里亚加、阿力满、蔓油、香草、臭草，兽类的山狸、保心石，虫类的未白刺、吸毒石、蝎、洋、药露。③ 对于药露，范行准认为"自明万历间教士熊三拔将泰西炼制药露法传入后，中国药学史上，遂又添一新叶"。是以不吝笔墨，详细叙述。并在卷一传略下特别提到"顾若思，清初人，爵里未详……喜方术，能以西法炼烹草木花果而成药露"。④

康熙三十二年（1693）五月，皇帝偶患疟疾，洪若翰（Jean de Fontaney，1643—1710）等教士进献金鸡纳，康熙皇帝派四大臣亲验，见其服后悉皆无恙，遂自服用，不久即康复。传教士还奉命教授了制作方法⑤，等到康熙四十四年（1705）南巡时，康熙以宫中自制的金鸡纳霜作为圣药赏赐臣工。

在清宫药物中需要注意的是德里亚噶（亦称底野迦、的里亚加）。中国医书中较早关于底野迦的描述当属张仲景的《五脏论》，该书载"底野迦善除万病"⑥，艾儒略《职方外纪》写道"如德亚国之西有国名达马斯……土人制一药甚良，名的里亚加，能治百病，尤解诸毒。有试之者，先觅一毒蛇咬伤，毒发肿胀，乃以药少许咽之，无弗愈者，各国甚珍异之"。⑦ 罗妡曾在《入华耶稣会士与中草药的西传》一文中写道："康熙皇帝于其一日表示，希望在中国领土上找到一种适宜制造一种大家对他说具有奇特疗效的西药之植物。他

① 陈新谦：《中国近代药学史》，人民卫生出版社，1992，第16页。
② （清）赵学敏：《本草纲目拾遗》，闫志安、肖培新校注，中国中医药出版社，2007，第8~10页。
③ 范行准：《明季西洋传入之医学》，牛亚华校注，上海人民出版社，2012，第122~134页。
④ 范行准：《明季西洋传入之医学》，第20页。
⑤ 〔法〕杜赫德：《耶稣会士中国书简集：中国回忆录》（Ⅱ），郑德弟译，大象出版社，2001，第289页。
⑥ 〔朝鲜〕金礼蒙辑《医方类聚》卷4《五藏门一·五脏论》，人民卫生出版社，1981，第83页。
⑦ 〔意〕艾儒略：《职方外纪》四库全书影印本，上海古籍出版社，1993，第298页。

派出了数名神父，其中包括张诚、纪理安、李国正诸神父和鲍仲义修士（这确实是一种巧妙的民族选择，其中包括法国人、德国人和葡萄牙人，因此他们懂得欧洲不同地区的植物），让他们偕中国最大的博物学家们去寻找这些药草。"① 这里寻找的植物就是"德里鸦噶"，② 由于德里鸦噶与底野迦的词源相似，加上在清初来华耶稣会士的书信中常可见 theriac 一词，故可将德里鸦噶视为底野迦的不同译名③，然而，需要注意的是为何会在中国以单味药用动植矿物为书写主体的本草古籍中，会出现"底野迦"这样一种复合药物？有认为底野迦为动物"胆"制品，如苏颂《图经本草》"牛黄"条下："又有底野迦，是西戎人用猪胆和合作之，状似久坏丸药，赤黑色。"④ 动物体内结石的解毒功能是确认无疑的，是最重要的"波斯底野迦"⑤。而清宫记载的"德里鸦噶"是同名异音，还是就是与底野迦不同的西洋药，这都是值得深思的。自从1942年范行准《明季西洋传入之医学》一书出版后，其"的里亚加"一文文末所叹"千载以来亦未知其即鸦片也"⑥ 不过70余年，现在国内中医史界基本都认同底野迦就是鸦片合方的观点⑦。

四　小结

本文主要考察了传教士与中国本草学之间的互动，一方面来华传教士通过亲身体验（如杜德美服用人参、巴多明服用冬虫夏草等）或者将中国本草

---

① 〔法〕罗婼《入华耶稣会士与中草药的西传》，收入〔法〕谢和耐、〔法〕戴密微《明清间耶稣会士入华与中西汇通》，耿昇译，东方出版社，2011，第554页。
② 根据耶稣会士巴多明神父致法兰西科学院的书信，康熙皇帝晚年对德里鸦噶很感兴趣，曾令教士张诚、纪理安、李国正（Ozorio）以及药剂师兼植物学家鲍仲义（Joseph Baudino，1657—1718）等人，寻找蝰蛇、龙胆、前胡等配制德里鸦噶的药材予以制药，可惜未有所获。见〔法〕杜赫德编《耶稣会士中国书简集：中国回忆录》（Ⅱ），第311~312页。
③ 转引自刘世珣《底野迦的再现：康熙年间宫廷西药德里鸦噶初探》，《清史研究》2014年第3期。另见关雪玲《清宫医药来源考索》，《哈尔滨工业大学学报》（社会科学版）2007年第4期；Beatriz Puente-Ballesteros, "Antoine Thomas, SI as a《Patient》of the Kangxi Emperor（r. 1662—1722）: A Case Study on the Appropriation of Theriac at the Imperial Court," p. 243。
④ 苏颂：《图经本草》"牛黄"，福建科学技术出版社，1988，第385页。
⑤ 洪梅：《唐宋婆娑石名实考》，《中国科技术语》2010年第3期。
⑥ 范行准：《明季西洋传入之医学》，牛亚华校注，上海人民出版社，2012，第127页。
⑦ 有尚志均：《阿片输入中国考》，《人民保健》1959年第6期。刘菊妍、周仲瑛：《我国阿片类药物的药用及滥用史》，《南京中医药大学学报》1998年第2期。王纪潮：《底也迦考——含鸦片合方始传中国的问题》，《自然科学史研究》2006年第2期。高驰、孙文钟：《隋唐时期的西域文明对中医药学的影响》，《中华中医药杂志》2012年第4期。

著作如《本草纲目》进行翻译介绍，尽管罗妮指出"18世纪的欧洲有它自己的本草志以及以植物为基础的医药，所以中国的本草志并没有多大新鲜或异国情调的风味，它可以成为对西方药草志一种有益的补充，但这并不是一种具有革命性的变化"。① 中国学者韩琦也有同样观点："传教士传入欧洲的中药，是对西药的一种补充，欧洲关心草药的目的，是为了更好地了解欧洲植物的药用价值，耶稣会士尽管也试图传入一些对欧洲来说是全新的中药，但这种努力并没有太大的结果。由于传教士在本草方面研究不够深入，因此在欧洲产生的反响并不大。"② 但是也要看到，这批传教士努力把与自己文明迥异的中国医药经验介绍给西方，使得中国植物在西方获得新认知的可能，并有部分种子、植株在异国种植，"并出现了几种欧洲学者撰著的中国药用植物专书"。③

另一方面传教士把西方药物介绍给中国，虽然如金鸡纳霜、德里鸦噶之流都在上层社会使用，普通大众难得一用，但这些西洋药物确实是渗透并影响着中国传统本草书籍的撰写。《本草纲目拾遗》虽然是补《本草纲目》之遗漏，并不是真正意义上融汇中西之学的本草书籍，但正如范行准所言"中国药学史上之大事也"，因为影响了中国用药习惯，使得本草学领域面貌一新，如清代姚元之所著《竹叶亭杂记》④ 卷一记载：武英殿有"露房"，即殿之东稍间，盖旧贮西洋药物及花露之所。宫廷有专门存放花露之处的"露房"，而民间药店售有"各种花露、各种香油药酒"。这种双重影响，也是全球化带给中国本草的改变。

---

① 〔法〕罗妮：《入华耶稣会士与中草药的西传》，收入〔法〕谢和耐、〔法〕戴密微：《明清间耶稣会士入华与中西汇通》，第556页。
② 韩琦：《中国科学技术的西传及其影响（1582～1793）》，第124页。
③ 蔡捷恩：《中草药传欧述略》，《中国科技史料》1994年第2期。
④ （清）姚远之：《竹叶亭杂记》卷一，中华书局，1982。

天主教会与明清书院研究*

陈　仙**

摘要： 西方学界对天主教会与中国书院的研究可以追溯 17 世纪的明代。万历、天启年间"东林党人"对天主教所宣扬的政治、伦理和道德学说的相通性、对天主教会宣传的西方自然科学的兴趣、耶稣会与"东林党"的友好渗透关系成为西方学界研究教会与书院关系的重要切入点。最早接触中国书院的西方人士是来华传教士，传教士利玛窦最早对书院做出明确定义。明清传教士创建的教会书院普及教育对象、传播科学技术、引入西式教育。对天主教会与明清书院的研究，开辟了书院研究的新视角，也为进一步了解天主教会宣扬的伦理道德规范和大无畏的精神提供了新的帮助。

关键词： 天主教会；明清书院；教会书院

一　传教士汉学与书院研究

汉学（Sinology）或中国学（Chinese Studies）指的是中国以外的学者，对中国历史、政治、社会、文学、哲学、经济、书法等方面的研究，也包括对海外华人的研究。德国傅海波将其定义为"汉学是运用语言学方法，从中文史料来研究中国、中国历史和文明"。[①] 张隆溪称"在欧美，研究中国的学问称为汉学，研究中国的学者称为汉学家"。[②] 汉学又称中国学、国际汉学、海外汉学、域外汉学、西方汉学、世界汉学等。从地域上来划分，汉学分为欧洲汉学、美国汉学与东亚汉学。美国汉学主要研究近当代中国政治、经济、文化、社会等问题；欧洲汉学主要研究与宗教传教士相关的中国文化，以及

* 本文系湖南省普通高校教学改革研究项目（湘教通 2016400）及湖南省社科基金外语科研联合项目（14WLH52）阶段性成果。
** 陈仙，中南林业科技大学讲师。

① 傅海波：《欧洲汉学史简评》，胡志宏译，载张西平《欧美汉学研究的历史与现状》，大象出版社，2006，第 107 页。
② 张隆溪：《中西文化研究十论》，复旦大学出版社，2005，第 114 页。

现实中国问题；东亚汉学以日、韩为中心，研究中国人文、社会、学术等绝大部分问题。① 通常欧洲汉学称为汉学（Sinology），美国汉学称为美国中国学（Chinese Studies）。因 Sinology 不仅继承汉学的传统，又有比 Chinese Studies 更广阔的内容，用 Sinology "既符合中国文化的学术规范，又符合世界上的历史认同和学术发展实际"②，因此本文全部采用"汉学"一词。

汉学在很长一段时间都是一门边缘性学科。儒学大师杜维明（1940—）认为传统汉学研究需要掌握大量原始资料，对学者语言要求很高且要一定的经济基础，所研究出的成果不具备现实性，是一种纯粹的学术研究，因此"传统汉学是一门深入细致、专业性很强且又十分冷僻的学问"。③ 二战后，中国研究中心从法国转向美国，区域化研究深入，汉学研究逐渐以政治、经济及社会发展为研究主体，带有明显的现实意义。随着全球化趋势不可逆转，多边文化碰撞加剧，历经 400 余年发展，汉学逐渐从冷门成为"显学"。当今世界各大重点高校都有专门的汉学研究机构或汉学系，著名的有伦敦大学亚非学院，拥有欧洲一流的汉学研究机构，也是欧洲制定相关亚非战略重要的智囊机构；哈佛大学哈佛－燕京学社，是研究东亚文化的基地，聚集了欧美著名的汉学家。汉学专业研究期刊除《通报》《华裔学志》，近年由北京外国语大学海外汉学研究中心所主办、任继愈主编的《国际汉学》、阎纯德主编的《汉学研究》、刘梦溪主编的《世界汉学》、法中汉学界联合主编的《法国汉学》等学术期刊影响较大，学术界广为熟知。④ 兼并"西学"与"中学"特点的汉学研究，既能让国外学者更为了解中国学术与文化，也给国内史学家开辟了一扇走向国际研究领域的大门。汉学发展迅猛，表明了中国学术研究走向国际化的趋势。国内学术在与域外汉学的互动中，研究内容更加丰富，学术风格更加灵活，学术气氛更加活跃。

汉学研究的发展过程，大致经历了三大阶段：19 世纪前粗疏的游记性汉学、传教士汉学；19 世纪末至 20 世纪初从传教士汉学转为欧洲学院派汉学；20 世纪中叶，美国中国学兴起。13 世纪，意大利旅行家和商人马可波罗

---

① 伍义林、严绍、张西平、侯且岸：《汉学 400 年》，《北京日报》2004 年 11 月 29 日。

② 许光华：《法国汉学史》，学苑出版社，2009，第 5 页。

③ 周勤：《本土经验的全球意义——为〈世界汉学〉创刊访杜维明教授》，《世界汉学》1998 年第 1 期。

④ 伍义林、严绍、张西平、侯且岸：《汉学 400 年》，《北京日报》2004 年 11 月 29 日。

（Marco Polo，1254—1324）留下《马可波罗游记》（*The Travels of Marco Polo*）①，以及 14 世纪 20 年代意大利方济会修士鄂多立克（Friar Odoric，1265—1331）口述的《鄂多立克东游记》（*The Eastern Parts of the World*）。② 这两部是游记汉学的典型代表作。1583 年耶稣会入华后，正式开启了传教士汉学时期。传教士通常向欧洲以文本的形式汇报传教成果，向西方介绍中国的文化与社会。此时他们介绍的中国，无论广度和深度都比游记汉学更为全面。也正是在这一阶段，书院作为中国古代特有的文化教育组织和学术研究机构，开始进入西方视野。

二 天主教会与明清书院

最早接触中国书院的西方人士是来华传教士。最早直接描述中国书院的外文文献，出现在意大利天主教耶稣会传教士利玛窦（Matteo Ricci，1552—1610）的书信中，他描述书院"是研究人生哲学的场所"③。这是明确对书院进行定义的首位外国人。传教士汉学将书院视为中国重要的教育机构，通过广建教会书院的行为宣传天主教，客观上起到了将书院引入西方视野、向中国引入西学教育制度，促进中西文化交流的作用。教会书院并未采用西方 college，academy，school，university 等名称，而是直接用"书院"一词，同时他们将国外的学校、实验室、博物馆、科学馆等机构也翻译成"书院"介绍给国人，凸显传教本土化的特点和书院的教育功能。④ 17 世纪，利玛窦、汤若望、南怀仁等传教士来到中国传教，宣传神学体系。他们最初没有充分认识到书院所象征的、深厚的中国文化教育根基，冒昧将书院改为天主教堂，结果引发了国人的不满与抵抗，严重影响了传教工作。⑤ "天启初元（1621），邹忠介、冯恭定建首善书院于（北京）大雍时坊，为讲学之所。二年，御史倪文焕低为伪学，是岁毁先圣栗主，蟠经籍于堂中，踏其碑。西洋人汤若望以其国中推步之法，证《大统历》之差，徐宫保光启笃信之，借书院为历局，

① Marco Polo, *The Travels of Marco Polo*, Wordsworth Edition Ltd, 1997.
② 〔意〕鄂多立克：《鄂多立克东游记》，何高济译，中华书局，2002。
③ 〔意〕汾屠立：《利玛窦书信集》，光启出版社、辅仁大学出版社，1986，第157页。
④ 李芳：《中西文化交汇下的教会书院》，湖南大学岳麓书院，2008，第 1 页。
⑤ 邓洪波：《教会书院及其文化功效》，《贵州教育学院学报》1993 年第 3 期。

踞其中，更名天主堂，书院废而逆祠建矣。"① 雍正元年（1723），连江县知县苏习礼将位于化龙街西的"逆祠"天主堂改为理学书院②，这是思想史上儒家理学与天主教义发生的强硬冲突，也是中西文化冲撞的剧烈表现。由于在中国本土受到强烈抵抗，嘉庆十四年（1811），清政府又颁布禁止传教士传教令，传教士开始在中国外围建立教会书院，以达到传教目的。嘉庆二十三年（1818）英国伦敦教会教士马礼逊（Robert Morrison，1782—1834）在马六甲创建英华书院，这是第一所设于境外的教会书院；意大利天主教布教会教士马国贤（Matheo Ripa，1632—1745）在那不勒斯建立文华书院。中英鸦片战争后，香港割让，五口开埠通商，传教士将活动基地从南洋转到香港及广州、福州、厦门、宁波、上海五个通商口岸，开启了西学传播的新阶段。③ 道光十九年（1839），澳门成立中国第一所西式学堂——马礼逊学堂，道光二十二年（1842）迁至香港，是中国本土第一所教会书院。次年（1843）设于马六甲的英华书院也迁往香港。教会书院从通商口岸推进，在中国本土开始其发展历程。19 世纪后期至 20 世纪前期，英国布道会伦敦会沿袭了马礼逊创立英华书院的基本模式，通过在中国本土广建教会书院将西方教育制度引入中国。他们创办的汉口博学书院、天津新学书院、上海麦伦书院等教会书院统称"英华书院"，在西学东渐的背景形成了鲜明的办学特色。④ 至民国时期，全国至少有 97 所教会书院。⑤

西方学界对天主教会与中国明清书院的关注，开辟了书院研究的新视角。德国学者卜恩礼（Heinrich Busch）在 *The Tung—Lin Academy and Its Political and Philosophical Significance*（《东林书院的政治哲学意义》）一文附录 B 部分对东林书院与天主教会的关系做出了详细分析。⑥ 卜恩礼提到对书院与教会关系研究的主要资料来自亨利·伯纳德（Henri Bernard）的文章 "Whence the Philosophic Movement at the Close of the Ming?"（《明末哲学运动的根源来自何处?》）⑦ 亨利文

---

① 朱彝尊：《曝书亭集》卷44，涵芬楼影印。

② 《福建续志》乾隆三十四年（1769）刻本，卷20。

③ 熊月之：《1840 年至 1862 年西学在中国的传播》，《历史研究》1994 年第 8 期。

④ 肖朗、傅政：《伦敦会与在华英国教会中等教育——以"英华书院"为中心的考察》，《浙江大学学报》（人文社会科学版）2010 年第 6 期。

⑤ 邓洪波：《中国书院史》，东方出版中心，2004，第 547 页。

⑥ Heinrich Busch, *The Tung—Lin Academy and Its Political and Philosophical Significance*, Monumenta Serica, 1955, Vol. XIV, pp. 1 – 163.

⑦ Henri Bernard, *Whence the Philosophic Movement at the Close of the Ming*? Bulletin No. 8 of the Catholic Univeristy of Peking, 1931, 12, pp. 67 – 73.

中注意到 17 世纪意大利丹尼尔罗·巴托利（Daniello Bartoli，1608—1685）的意大利文著作《耶稣会历史》，该著作谈到耶稣会与"东林党"的友好渗透关系。① 因此我们认为西方学者对中国书院与天主教会的研究可以上溯 17 世纪的明代。

卜恩礼在附录文中主要探讨了以下四个内容：第一，东林党人与东林书院的关系；第二，"圣教三柱石"李之藻（1565—1630）、徐光启（1562—1633）、杨廷筠（1562—1627）主讲过东林书院；第三，东林党领袖邹元标（1551—1624）与利玛窦等耶稣会士交好；第四，否认被天主教渗透的东林运动对清代汉学盛行有直接影响。其中第一点是后面内容的铺垫，只有阐明东林书院对道德伦理的追求与天主教会一致，才能弄清东林党人为什么与天主教会产生联系。卜恩礼诠释"东林党"为明末士大夫为首的官僚政治朋党集团。他们以东林书院为基地，以书院讲学为手段，讽议朝政、评论时事。后来作为"继东林者也"的首善书院，也是以讲学的方式针砭时政。反对派将东林书院讲学有关的朝野人士统称为"东林党"。② 东林书院具有社团性，辟王崇朱，以讲学议政赢得民心。这种道义联盟在精神上与天主教有相通之处，法国谢和耐说："东林党，笼统的讲是整个东林运动，和传教士接近是因为尊重同样的伦理道德。大家赞扬的勇敢精神、在不幸和苦难中的坚强性以及伦理道德严格性，这些既是东林党人所希望的善行，又是优秀基督徒们的行为。但我们还应进一步说，把东林党人与传教士联系起来的似乎是他们观点和利益的一致性。他们都与宦官、佛僧及其盟友们为敌……东林党人只会感到与传教士们意气相投。"③ 谢和耐的言论完美解释了传教士与"东林党"交好原因。卜恩礼讨论的第二点为徐光启、李之藻、杨廷筠在东林书院的讲学，"书院的几乎所有成员都对基督教表现出极大的友好感情"④，正好证明了书院与天主教会精神的一致性。邹元标与赵南星（1550—1627）、顾宪成（1550—1612）号为"东林党三君"。利玛窦曾携书信拜访邹元林，双方交谈甚欢，他还信利玛窦，结交传教士为思想盟友。⑤ 文中第三点内容进一步表达了"东林

① Daniello Bartol, *Istoria della Compania di Gesu*, 1859.
② Heinrich Busch, *The Tung—Lin Academy and Its Political and Philosophical Significance*, Monumenta Serica，1955，Vol. XⅣ，pp. 158.
③ 〔法〕安田朴、谢和耐、耿昇：《明清间入华耶稣会士与中西汇通》，巴蜀书社，1993，第109 页。
④ 〔法〕安田朴、谢和耐、耿昇：《明清间入华耶稣会士与中西汇通》，第 108 页。
⑤ 李天纲：《早期天主教与明清多元社会文化》，《史林》1994 年第 4 期。

党人"与天主教会友好往来。最后一部分，卜恩礼认为虽然东林书院直接开展对王学的批判，学术由心学转向理学，传教士在传教过程中介绍西方科学技术，却没有直接的证据表明东林运动与传教导致清代训诂学流行。卜恩礼的论述清晰地展现了明末多元政治格局中天主教会与东林书院、首善书院的"君子之交"。万历、天启年间东林党人对天主教所宣扬的政治、伦理和道德学说的相通性，对天主教会宣传的西方自然科学的兴趣，成为西方学界研究书院与教会关系的重要切入点。

穆四基（John Meskill，1925—）在 1982 年出版的《明代书院——历史散论》（*Academies in Ming China*）著作导言中，也指出了传教士利玛窦与白鹿洞书院之间的友好互动关系。[①] 作为中西文化交流里程碑式的人物，意大利天主教耶稣会传教士利玛窦（Matteo Ricci，1552—1610），于明神宗万历十一年（1583）来华传教。他们在广东传教受挫后，前往南昌传教。在南昌，利玛窦以"西泰大儒"和神学家的双重身份出现，并且与上层儒士结交，著书立说，将科学知识贯穿其中，采用儒学传教的原则形成了一套成功的传教策略——"南昌传教模式"。[②] 利玛窦在南昌首先结交的鸿儒是白鹿洞书院洞主章潢（1527—1608）。章潢通过瞿汝夔（1548—1610）的介绍，与利氏友好交往，学术著作《图书编》中天文学和制图学的条目，均参考了利玛窦的制图法。[③] 利玛窦《天主实义》的部分书稿，也曾请章潢修改。[④] 书院弟子纷纷效法山长，以邀请利玛窦来家交流为荣，至此利玛窦的耶稣传教渗透书院学子。《利玛窦中国札记》对这一时期进行了描述：

> 和另一类人的亲密交接，同样或者更加提高了利玛窦的声望。这些人是城里的梭伦（梭伦为古希腊著名的立法者。——中译者原注），是文坛的领袖，他们常在文艺聚会中确解法律的原义。当时这个团体的首领是年已七十岁的章（按此人为章潢，意大利文作 Ciam Teucium 章斗津。——中译者原注）。他和他的同僚从我们的朋友瞿太素那里听说了不少关于利玛窦神父的事，瞿太素在这里已住了些时候了。事实上，瞿太素

---

① Meskill J, *Academies in Ming China：A Historical Essay*，Arizona：The Univeristy of Arizona Press：X．

② 黄细嘉、曹雪稚：《利玛窦与"南昌传教模式"初探》，《江西社会科学》2007 年第 3 期。

③ 〔美〕邓恩：《从利玛窦到汤若望》，余三乐、石蓉译，上海古籍出版社，2003。

④ 许明龙：《中西文化交流先驱——从利玛窦到郎世宁》，东方出版社，1993，第 11 页。

曾向这个团体极力赞扬利玛窦神父的热诚，以致利玛窦本人开始有理由担心中国人会对他期望过高。然而，这些通常是轻视别人的梭伦们，却极谦恭地去拜访这个外国人，非常高兴地倾听他娴熟地谈中国的经典，然后并引用中国的权威来证明他所说的话。①

上文将章潢及其门人弟子描述为"文人团体"，据拉丁文翻译的英文版《16 世纪的中国：利玛窦札记（1583—1610）》为"Society"（社会），据意大利文翻译的日文版"中国キリスト教布教"为"信心会"，这一团体究竟是指的白鹿洞书院众人，还是洗堂教会，肖朗在《利玛窦与白鹿洞书院及其他—以文献整理视角的考察》指出目前尚待考证。② 但是白鹿洞书院确实以书院的形式与传教士利玛窦有了紧密关联。利玛窦曾在书信中多次提到白鹿洞书院。他在信中描述书院"是研究人生哲学的场所"③。这是传教士首次对书院做出明确的概念描述。

三 传教士对书院的贡献

传教士为了在中国顺利传播福音建立教会书院，新的教育机构成为融合中西文化的实体。教会书院普及教育对象、传播科学技术、引入西式教育。传教士对书院教育做出了卓越贡献，最终促进了中国近现代教育体系的确立。

第一，教育对象的普及。教会书院成立之初，招收了大量来自贫寒家庭的学生。④ 教会书院对贫寒子弟免征学杂费，提供衣食住宿和书籍文具，提供给他们获得教育的机会。古代很多书院入学门槛高，地方大家族和官员对书院控制，清贫子弟很难有学习的机会。虽然教会书院的主要目的是宣传上帝之道，却客观上让更多的人进入书院接受教育。教会书院招收女生，开中国女性教育之先河。中国女性能进入学校，得益于基督教传教士的提倡。传教士马礼逊在马六甲创建的英华书院，道光五年（1825）开始招收女生入学。⑤

① 〔意〕利玛窦、〔意〕金尼阁：《利玛窦中国札记》，中华书局，1983，第302页。
② 肖朗：《利玛窦与白鹿洞书院及其他—以文献整理视角的考察》，《江西社会科学》2007年第1期。
③ 〔意〕汾屠立：《利玛窦书信集》，光启出版社、辅仁大学出版社，1986，第157页。
④ 黄新宪：《教会书院演变的阶段性特征》，《湘潭大学学报》（哲学社会科学版）1996年第6期。
⑤ Harrison B., *Waiting for China*, Hongkong：Hongkong University Press, 1979, pp. 141–143.

道光二十三年（1843），第一位到大中华地区的女传教士叔何显理（Henrietta Hall Shuck，1817—1844）开办了香港第一所女校。道光二十四年（1844），英国"东方妇女教育促进会"阿尔赛德在浙江宁波创办了内地第一所女子学校。① 同治十一年（1872），传教士那夏礼（Harriet Newell Noyes，1844—1924）在广州创立真光书院，推动了华南地区女子教育的发展，培养了广州第一批女医生、女护士、女教师。传教士林乐知（Young John Allen，1836—1907）创办的上海中西书院，章程中就有明确的"女师教授女生课程，褵然兼教女红钟黹"条例。② 以宣扬上帝为宗旨的教会书院的确立，将贫寒学子与女性纳入了受教育范畴，普及了受教育对象，对中国教育从传统教育步入近现代教育产生了重要影响。

第二，传播科学技术。传教士设立教会书院，在传播"福音"同时，在近代中国传播科学技术。首先，传教士从西方带来了大批科学文化书籍。万历四十一年（1613），耶稣会会长龙华民（Nicolas Longobardi，1368—1644）曾派遣教士金尼阁（Nicolas Trigault，1577—1629）返欧洲募集大批图书，万历四十六年（1618）金氏与22位耶稣会士携带7000余册书籍来华。③ 其次，教会书院设立西方科学知识课程，教授科技课程。如道光十九年（1839）马礼逊教育会在澳门创办的第一所基督教在华学校——马礼逊学堂，是近代中国第一所传播西学的学校。除中文课，马礼逊学堂开设英文、算术、地理、几何、代数、初等机械学、生物、音乐等课程。经过几年的学习，学生对西方科学知识有一个基本的了解，知识面也较为全面。最后，传教士开设新式医院，传播西学知识。上海圣约翰书院于光绪六年（1880）增设医科，由传教士文恒理（Henry W. Boone，1839—1925）主持，为上海近代医学堂之肇始。光绪十三年（1887），伦敦传教会会友何启（1859—1914）创办香港西书院，孙中山先生就曾就读于此。

第三，引入西式教育。西方大学起源于中世纪，16世纪天主教会控制的欧洲地区出现了许多著名的大学，用于培养耶稣会士。明清之际前往中国传教的耶稣会士，通过翻译著述、建立教会书院，将以耶稣会高等学校为代表

---

① 章征科：《20世纪初中国女子学校教育兴起的原因及特点》，《安徽师范大学学报》（人文社会科学版）2002年第2期。
② 林乐知：《中西书院课程规条》，《万国公报》1881年11月26日。
③ 徐明德：《明清之际来华耶稣会士对中西文化交流的贡献》，《杭州大学学报》1986年第4期。

的西式教育体系引入中国。① 教会书院注重学生人格培养，通过民主化的管理方式，引导学生全面发展。教会书院采用西方大学的教学与课程设置体系，采用分班教学等西式管理，以及培养创造力等新的教学方法，由此形成新的教育氛围。这种氛围又促使中国传统书院走向变革。在西式教育的压力与影响之下，中国传统教育逐步走上文理结合、中西交融的道路。

---

① 肖朗：《明清之际西方大学学科体系的传入及其影响》，《浙江大学学报》（人文社会科学版）2009 年第 1 期。

担子山天主教传承史略

黄明畅[*]

摘要：随着 17～18 世纪部分天主教信徒迁居，天主教传入湖北长阳担子山。19 世纪上半叶，天主教信仰以隐避、流动、分散传播为主，传播范围较窄。19 世纪下半叶至 20 世纪初，随着国门打开，西方传教士大量来华，天主教信仰公开传播，担子山成为鄂西南天主教传教士的集散中心和本地神职人员的培养基地，并逐渐扩大传教范围至周边地区。20 世纪中后期，天主教信仰面临巨大考验，但顽强生存。改革开放后宗教活动逐渐恢复，担子山在 20 世纪末培养出一定规模的神职人员，成为名副其实的"神父村"。

关键词：长阳担子山；天主教；信仰考察

担子山位于湖北省宜昌市长阳县大堰乡，清江中下游南岸，西与五峰接壤，东北与宜都县交界，海拔 810 米，山下有一天主教堂，教堂外有一小平地，据说在修堂时曾挖出一个金石滚，因此当地人又称该地为石滚淌。如今，石滚淌是大堰乡的一个建制村，但教会内的人还是习惯称石滚淌为担子山。现存的担子山天主堂始建于 1891～1894 年，坐落在现村委会斜对面。自 17 世纪末天主教信仰当地传播以来，该村 300 多年驻留和培养了 200 余名中外籍天主教神父，其中从担子山天主堂培养出来的本地神父就多达 50 几个。[①] 这 300 年间，天主教是如何在这个交通闭塞、文化蒙昧之地落地生根和发展的呢？自 2010 年以来，在天主教宜昌教区长李小国神父、长阳担子山天主堂本堂龚贤富神父等人[②]帮

---

* 黄明畅，华中师范大学博士研究生。

① 黄明畅：《深山中的神父村——记宜昌长阳石滚淌天主教传播》，《中国天主教》2013 年第 1 期。

② 笔者在调研和撰写过程中，还得到了中南神哲学院吕守德神父，武昌教区舒自耕神父，汉口教区李邦梦神父、涂述刚神父，汉阳教区的胡三姨信徒，荆州的黎官学神父，沙市的陈永发神父，宜昌的朱锦龙神父、龚志敖神父、龚成波神父，巴东野三关的魏祥权神父等人的帮助，在此一并致谢！

助协调下，以《石滚淌天主堂年鉴》①为基础，结合访问教会神职人员和教友，系统梳理了担子山天主教信仰 300 年传承的基本脉络。

一 开教缘起

关于担子山进教的历史，比较一致的看法是：内地信徒因为局势所迫，迁徙深山，以言以行在居住地传开。后来因洋人传教士进驻而得以发展巩固。

大约 1690 年，公安县龚、王、朱三姓信奉天主教的农户、天门县吕姓、百里洲刘姓教徒，先后迁入担子山定居，后来枝江白洋一带的天主教徒逃难到此，此地因而开教。今教堂存留的民国九年《李氏族谱序》有更为详尽的记载，叙述了康熙年间，道士李弘言在信徒龚圣约的影响下接触到《七克真训书》②等传教书籍，被天主教教理教义和信徒的生活见证感动，后率全家从教的故事。据此推算，天主教始传入担子山，距今有 300 多年无疑。

二 1690~1949 年的传教概况

有信徒在此生活为基础，传教士在教徒的延请下陆续进入深山看望教友。从教会资料③记载的情况来看，19 世纪 40 年代以前，到此传教的主要是中国籍神父。第一次鸦片战争后，国外传教士逐渐增多，并培养了一部分本地神职人员。到 20 世纪 30 年代天主教传播达到顶峰，1949 年后，只有仅存的部分本地传教士在当地工作了。

（一）1840 年以前的传教情况

（1）相关背景。1690 年，教皇英诺森将中国划为 12 教区，湖广教区由

---

① 《石滚淌天主堂年鉴》由传教士沈渊如最后编写，1963 年中共长阳县委统战部通过"做工作"，从神父李邦炳手中得到，原文以拉丁文为主，部分为法文、荷兰文，1964 年委托张鸣谦主教、彭泽生神父、龚浩神父译成中文。

② 笔者 2014 年 5 月得到陕西天主教神哲学院李景玺神父推荐的《陕西天主教》（胡世斌著，2010），里面提到西班牙传教士庞迪我神父曾著《七克》书，成书于 1614 年，1615 年刻版于京。该书第 126 页载，"《七克》：亦名《七克大全》或《七克真训》，今名《人生的倾向与修养》。即以谦逊、施舍、仁和、忍耐、淡泊、贞洁、勤奋七德，来克服骄傲、悭吝、忿怒、迷色、贪饕、嫉妒、懒怠七罪宗"。

③ 沈渊如：《石滚淌天主堂年鉴》，中译本复件现存于该堂。

遣使会会士穆天尺（四川主教）代理。这时担子山已有天主教信徒，但无教堂。1706 年穆天尺被抓后，湖广教区由贵州主教代管，贵州代管的时间为 1708～1716 年，1717～1760 年湖广教务再属四川教区代管，1760～1838 年湖广成为方济各会的传教区，由陕西主教兼管。

据耶稣会历史资料，1706 年法国传教士聂若翰（Hrancois Jeau Noelas）曾经来这一带传教。1717 年，夷陵洲（即宜昌）建有一座耶稣会教堂，1723～1736 年雍正期间被焚毁，已找不到该堂的遗迹和有关记载。① 1732～1762 年，刘未亚神父在担子山活动。四川主教穆天尺于 1725～1740 年之间，来过担子山。1739 年后，穆天尺派遣胡斯德望神父管理过担子山、巴东蛇口山、细沙河等堂口。一个被誉为"湖广圣人"的罗义神父曾于 1756 年来此，他在交通极不便利的情况下，跑遍了湖广地区的每一个堂口，包括担子山。戈宾神父、蓝方济各沙勿略也管理过这一地区的堂口，其中蓝神父是耶稣会士。

（2）早期在此传教的中国人罗马教廷与朝廷掀起"礼仪之争"后，耶稣会传教士被驱逐。1732 年，在中国传教的意大利神父马国贤（Matteo Rirz）在拿波里创办圣家公学院，这是一所专门培养中国神父的神哲学院。耶稣会退出后，这批学成回国的神父继承了耶稣会当年的传教基地，也开辟了新的传教点。其中最为著名的当属蔡若祥。②

蔡若祥，福建龙溪人，1767 在意大利晋铎③后返回国内传教，主要在陕西—湖北—广州—澳门这条线上活动。他多年经管担子山和邻近的巴东细沙河教务，当地教徒至今还有对他的各种传说，许多教会史料也有关于他的记载。如胡世斌曾在《陕西天主教》一文中多次提到他，宋建勋编译的《山西天主教 18～19 世纪的国籍神父》更是详细记载着他被乾隆皇帝点名通缉的事情。④ 蔡若祥逃亡果阿后，另有 7 位方济各会士被判处无期徒刑，1 位死于狱中，5 位神父和 36 位传教员与会长发配到新疆为奴，其他教友强令退教，没

---

① 胡世斌：《陕西天主教 635～1949》，陕西西安南堂内部刊印，2010，第 283 页提道：《耶稣会年鉴》记载，1723 年前，法国耶稣会在湖北有教堂 7 座，7 座在湖北即汉阳、黄州、襄阳、荆州、宜昌、汉口，教徒 20000 人。

② 顾卫民：《中国天主教编年史》，上海书店出版社，2003，第 382～383 页。

③ 晋铎：成为神父。天主教把从修士、修生、执事晋升到神父的这一个过程，叫作晋铎。神父，在天主教内，亦称司铎，所以晋铎的意思是：晋升司铎品级。

④ 转引自胡世斌《陕西天主教 635～1949》，第 298 页。原资料本源《清王朝的宗教政策》，中国社会科学出版社，1999，第 215～216 页。

收宗教书籍和宗教用品，一些教友集体避难他乡。① 可见当时传教士冒着极大的凶险。

严厉的打压并没有扑灭传教的热情。此后，来自荆州的赵西满神父在 1751～1778 年仍然潜入担子山传教，后逝于巴东细沙河。据宋建勋编译的资料显示，赵西满与山西的神父们保持着密切的联系。② 后来的罗克神父于 1784 年被捕，押送北京途中双目失明，不久逝世，时年 80 岁。一个叫马窦的神父 1769 年死于新奉教人之家。

1785 年，由圣家公学资助的贺玉明从拿波里③毕业，后加入遣使会，回国后来到长阳担子山、巴东细沙河一带传教。贺神父祖籍四川，那时神父跋山涉水不定期来看望教友，且只能晚上偷偷行圣事，教友就从四面八方打着火把，赶到某一教友家里。有一次神父正做弥撒时，忽然圣爵一倒，葡萄酒泼洒在垫圣体爵的圣布上，当时就变成一满布的圣血。神父见此预兆，知道天主在给他捎信，遂急急匆匆地收好圣爵，摸黑离开了。不一会儿，官兵来搜查没有找到神父，只得悻悻而归。贺神父在担子山传教多年，一直到年老体衰，双脚得病，从此不能来担子山看望教徒。

接替贺神父的是潘路加神父。④ 潘路加于 1772 年生于福建（或广东乐昌），1795 年到意大利圣家书院，1817 年回国到担子山堂口传教。后奉命返回原籍时，当时教徒要挽留他，他痛哭流涕，写信给当时的上司马志大人，要求他转请陕西主教，为了照顾教徒灵魂利益，速派神父。因当时整个山西、陕西、两湖、两广，包括主教⑤在内，一共只有 4 位外籍传教士和 9 位国籍传教士。⑥ 而湖广仅有两位神父，他们不可能到处都去。这封信说："许多教徒年满 50，至今尚未领坚振⑦，在教难时期如何能巩固信仰？"至于这封信的后果如何，不太了解。可能当时司铎少，教难又不断蔓延，满足不了教徒们的愿望。

---

① 胡世斌：《陕西天主教 635～1949》，第 305 页。
② 宋建勋：《山西天主教 18—19 世纪的国籍神父》，山西长治教区《教友生活》，1999 年第 2 期，第 307 页。
③ 拿波里，地名，部分史料也翻译成"那不勒斯"。
④ 胡世斌：《陕西天主教 635～1949》，第 332 页。
⑤ 主教金雅敬（Ioachim Salveti，意大利人，方济各嘉布遣会士，1815 年任山陕湖广代牧主教）。
⑥ 胡世斌：《陕西天主教 635～1949》，第 313 页。
⑦ 坚振：天主教七件圣事之一，是主教（神父）先向领坚振的教友覆手祈祷，而后在其额上傅油，同时念："请藉此印记＋，领受天恩圣神"，透过圣事赋予的神印，使领受的人更密切地与教会结合，进而更坚强地为基督作见证。

1825～1833 年，严甘霖神父和陈各良神父先后来到担子山。严神父 1774 年生于福建漳州，1795 年到意大利，1806 年晋铎，1823 年回国。[①] 陈神父，1805 年生于山西潞安府，1821 年出国，1830 年在意大利晋铎后回国到担子山传教。[②] 据说陈神父有勇有胆识，口才好。每次看教徒都是公开的，不隐藏，不在夜间来往。他和不信教的官吏辨经论道，往往使他们哑口无言。陈神父探望过付家堰龚姓教徒，龚姓教徒由担子山迁来，后又迁回谢家垴一带。当陈神父在这一带传教时，一日某非信徒纠合百余人密谋捕获陈神父押送县官，事前他们假装请陈神父在他家聊天，一席交谈之后，此地方头目自觉理亏，狼狈不堪，说话结巴，不敢再陷害陈神父。陈神父约在 1833 年返回原籍。在陈神父走后，直到 1840 才来了一个宗神父。[③] 这一时期来湖北传教的还有传教士张方济（Francois, Alexis Ramesux）和安若瑟（Jean enri Baldus），张方济 1832 年进入湖北，安若瑟 1834 年进入湖北，他们与留守的几个华籍传教士一起管理教徒；其中安若瑟 1869 年死于江西。

（3）部分外国传教士 1790 年，贺神父从武昌前往广州，带领遣使会[④]的陈阿本（Raymond Aubin）来到湖北。陈阿本以茶园沟作为传教基地，汉口和荆州为站点。陈阿本于 1795 年在西安被捕病死狱中。与陈阿本一同前来 24 岁的潘奈（Lonis Pesme）也病亡。

在湖北传教最长的遣使会会士为法国人刘方济（Lancois Clet）。他于 1793 年从江西来到湖北，以茶园沟为据点，组织华籍传教士四处传教，每年返回茶园沟集会一次，互通教会发展情况。他组织的传教活动引起了清政府注意，1819 年在河南捕获后对其处绞刑，另有两位意大利传教士也被处死。[⑤] 此后，长达 13 年之久，没有外籍传教士在湖北传教。

受刘克来的影响，法国遣使会会士董文学（Jean-Gabriel Perboyre）于 1835 年来湖北传教，1839 年在茶园沟被捕，1840 年在武昌受绞刑而死。[⑥] 董文学

---

① 胡世斌：《18、19 世纪留学意大利回国传教于湖广的国籍神父列表》，收入《陕西天主教 635～1949》，第 333 页。

② 胡世斌：《陕西天主教 635～1949》，第 333 页。

③ 可能还有其他的神父这一时期在此传教。据太原教区：《山西天主教史》（初稿），2004，第 63～64 页载：1831 年山西太原的张保禄，1834 年阳曲的郭约安，1850 年榆次的闫玉亭，1838 年太原的任万有，1839 年长治的田广义从圣家学院毕业后，到湖广或湖北传教。

④ 遣使会也叫味增爵会，由法国人 Vincent de Paal 创办的。1783 年法国从国库每年支助 1000 法郎作为遣使会在中国的传教经费。

⑤ 顾卫民：《中国天主教编年史》，上海书店出版社，2003，第 343～344 页。

⑥ 现武昌花园山中南神哲学院内有断碑记载。

死后，湖北天主教由传信部派方济各会接替。董文学之死也震动了法国，1844 年法国在与清政府签订的《黄埔条约》中，特别增加保护传教的条款，并促使道光皇帝于 1846 年正式解除禁教令。

（4）传教如下四个主要特点。一是传教士很少。从 1725～1840 年这 100 多年的时间，在担子山传教的中外传教士不超过 20 个。活动的传教士多为耶稣会士，也有部分意大利籍方济各会士、圣家公学会士和遣使会（亦名圣味增爵会）士。由于礼仪之争，雍正禁教①，耶稣会要求所有的会士应当有勇敢和信心，把一切教会的物品暗藏起来。他们一面派遣新的传教士进入中国，一面鼓励被逐的传教士改名换姓重返内地，安抚那些因禁教而受打击的教徒。城镇难以立足，他们便躲在船中，进入深山偏僻地区继续传教，但风险极大，许多人因此致命，故这一时期神父较少。1707～1727 年，法国耶稣会士顾铎泽曾往来于湖南、湖北及河南、陕西一带。② 他沿江河传教，找到几家渔民教徒，居住船上，昼伏夜出，时而弃船登陆看望教徒，时而返船另觅他处访问教徒，如此而行，艰难可想而知。不久赫苍壁又派顾铎泽带领胥孟德（Joseph Labbe）前往湖北，顾铎泽行至湖南时病逝，由聂若望（Jean Duarte）将胥孟德送往担子山。1737 年赵圣修（Louis des Robers）到湖北传教，在船上授洗521 人。二是传教士多为中国籍神职人员，但没有长阳本地的神职人员。洋教士因为长相和语言有别于中国人，很容易被捕，而中国人却容易乔装隐藏。在禁教时期，意大利圣家书院培养的中国神职人员管理维系了担子山堂口。如 1756 年的罗义神父和戈宾神父，1769 年的马窦神父，1751～1778 年在荆州的赵西满神父，1784 年成功逃走的蔡若祥（李若瑟）神父，被捕致命的罗克神父，1784 年后返回四川的贺尼各老神父，1817 年福建的潘路加神父，1825～1830 年福建的严多明我神父，1831 年山西陆安的陈良神父，1840 年的宗神父等，应该多是圣家书院培养的中国神职人员。他们因为长相、语言不易识别，且文化更容易与当地的教友接触，因此在禁教期间保存和巩固信仰发挥了十分重要的作用。三是传教活动范围较窄，传教活动多处于流动和隐避状态。

---

① 李小国：《宜昌教区史》，2007 年编写，未出版，由恩施天主教爱国会资料室保存，第 3～4 页。1724 年雍正下令禁教内容为：（1）将在京的皇帝需用的教士留下；（2）着六个月内将全国各省的教士一律押往广州；（3）教堂及教士住宅改为公用房屋；（4）严禁传教。全国出现反洋教运动。传教士活动转入地下，这一时期湖北地区有耶稣会士共四人，赫苍壁（Julian Placide Hervien）、聂若翰（Hrancois Jeau Noelas）、顾铎泽（EtienmeLe Coulteux）、樊西元等，他们仍在湖北传教达 8 个月之久，后终被捕押送广州。

② 〔法〕费赖之：《在华耶稣会士列传及书目》，冯承钧译，中华书局，1995，第 584～585 页。

为逃避打压，传教士通过不定期"上会"的形式开展传教活动。上会时，神父给教友施行圣事，如听神功、送圣体等。这一时期，传教士没有固定住处，也不是每年来。传教士来了之后，只到信仰坚定、忠实可靠的信徒家里居住，给他们讲道理、付圣事，然后又转移到较远的教徒家，这样就形成了一些小会口（如火田沟、秋风垭、石滚淌、北风垭、谢家垴等地），传教士来后对这一些小会口都会住上几天才走。四是会长发挥了重要作用。传教士不在时，教务一般由会长代管。如给新教徒代洗，主持教徒结婚仪式，扶助善终，训导教友，在主日瞻礼日召集教徒公共祈祷，向教徒讲解《圣经》和道理。他们还亲手抄录各种道理或讲道书（在宜昌档案中还有此类手抄本）。传教士来上会时，会长负责筹备一切事：如向教徒募捐神父食宿所需之物，前往欢迎神父，向神父汇报堂区的各种情况，在神父离去时还得陪神父到另一堂口……这些会长大多数为人正直厚道，深受教徒喜爱，教徒也乐意服从他们的领导。如果不是他们的大力协助，在缺乏传教士的情况下，信仰是不可能保存在这深山僻静之地的。

（二）1840～1862 年的传教情况

（1）相关背景。道光十八年（1838），教宗额我略第十六正式委派意大利方济会会士李文秀（Joseph Rizzolati）任湖广主教。虽然第一次鸦片战争签订的中法《黄埔条约》有保教条款，但只限于"法国人可以在五口建造教堂、坟地，清政府有保护教堂的义务"。湖北本不属"五口"范畴，意大利人也并不受法国保护。因此，李文秀主教也只有东躲西藏的传教，并且终于道光二十八年（1848）被驱逐出境。咸丰六年（1856），湖广代牧区一分为二，湖北由徐伯达（Aloysius Spelta）任主教，此时仍然不能公开传教，他就将座堂设在远离城市的应城王家榨，直到中法《天津条约》《北京条约》的签订。

李文秀早在 1828 年就潜入中国，在山西、陕西帮助金主教①工作十年之久。1839 年董文学被捕时，李文秀、汪振亭均在茶园沟，他们武昌、山西等处逃脱了官兵的追捕。当时湖广教区有 18000 教徒，所属堂口 100 多个。李文秀任主教后，决定在湖北办修院培训本地神父，并规定教区的传教士每年在天门的七屋台开一次碰头会。1842 年，李文秀临时将修院设在柏泉，因被告发，被迫转到一个大庙，时间一长被和尚发现，又将修院迁到武昌候卜街。

---

① 金雅敬（Ioachim Salveti），意大利人，方济各嘉布遣会士，1815 年任山陕湖广代牧主教。

后来风声好转，李文秀便在汉口购置一个有院墙的房屋成为他的住宅和修院，由汪振亭做院长，自己到各处视察教务。

和李文秀同一时期来湖北传教的方济会士有高全德（Sylvester Caprilli）、陆怀仁（Michael Navarro）、严怀义（Foannes Jorre）、安德福（Anonio Moretti）和王永安。1845 年方济会士董文芳（Alexius Maria Fippi）和赵德馨（Joseph vella）来担子山。后来，李文秀被一个廪生告发官府，被捕押送官府，同时被捕的有赵德馨、陆怀仁（方来远）、小修院院长王永安，以及数十名修生，全被软禁，王永安在押往汉阳监狱途中逝世。李文秀、赵德馨、陆怀仁被押往广州。严怀义在押送广州后逝世。

（2）宗神父离开担子山后，接替他的是唐永贵神父。唐神父于 1810 年生于甘肃武威，1828 年到意大利拿波里，1838 年晋铎并回国。1847 年唐神父建圣路易经堂，即老经堂。这一年长阳正式成立担子山堂区，归湖广教区管辖。当年统计湖北地区有大小堂口 199 处，教徒 14710 人，修院修士 23 人，其中 16 人是小修生，住在汉口，另外天门还有预备生修院一所，教区育婴堂一个，1846 年付婴儿洗 2000 名，教区共有教士 18 人，其中外国传教士 10 人，传教员、经言先生计 200 多人。

李文秀被驱逐到了香港，就在香港开办了一所大修院，培养传教员向湖广派遣，并把在汉口被解散的修士送到香港学习。又派赵德馨、陆怀仁重新潜入湖北传教。他大量派遣洋教士进驻担子山，长期传教。1843 年，李文秀派高全德（Sylvester Caprilli）神父来到担子山，兼管巴东的教务。

1847 年，赵德馨为助理主教，在担子山居住过一段时间，他在山中还遇到很多意外的"拜访"。某夜一只老虎闯进他的住房，把守屋的狗拖走了，次日，在离他面前不远处又看到一只豹子咬走一只山羊。因此在日落以后，他们再也不敢出门。

1850 年前后，一位山西的刘宝庭神父来到担子山。刘神父毕业于罗马传信大学，他为高全德神父立了碑，碑文用拉丁和中文撰写："高全德神父，方济各会会士，在湖广教区为拯救人灵操劳过度多年，不幸得病，于 1849 年 9 月 15 日逝世，享年 40 岁。1852 年，国籍司铎刘神父立。"对于高全德，以后曾经在担子山住过的陶宅仁神父信中有段回忆录。①

刘宝庭神父在 1853 年给主教的一封信中说："已有两年没有教会日历，

---

① 原文为法文，未能译出，见汉口教区档案室 1865～1866 年方济各会《传教史志》（第五卷）。

请给一份永用日历……李会长也逝世。"1854 年他给李主教的一封信称："在荆州发生风波，神父们很不安全。"他还选送一个青年学生名叫李味爵入修院，说该生的品质好、性情好、天资好、名誉好、中文好。

1851 年，李文秀恢复汉口小修院，龚崐岭（原名龚士璜，担子山出来的第一位神父，毕业于武昌修院，1850 年由李文秀主教祝圣）为院长。

1854 年，意大利高培元神父来担子山，他在 1854 年写信李文秀的一封信中陈述沿途情况，如何从香港经湖南到担子山，1855 年的一封信中他汇报了教务情况，说巴东蛇口山细沙河的教徒文化水平低，生活贫苦。据说过去高培元神父在这个地区给牛羊和其他牲畜行过坚振礼。当时有一个湖北云梦的彭玉嵩神父，湖广修院毕业，1852 年晋铎，很胆小，怕要死的人和怕已死的人。

（3）湖北教区成立 1856 年李文秀主教向湖广派遣传教士 17 名后返回罗马，并写下一本"行程记"，书中详情介绍他在中国的传教情形。同年湖南和湖北正式分开，徐伯达主教继任。

意大利的陶宅仁神父 1856 年来到担子山，他生于 1823 年，1847 年晋铎，死于 1875 年，葬茶园沟。他与罗神父共同管理担子山和巴东的教务。罗神父，1823 年生于湖南衡阳，1852 年晋铎，有传教能手之称，死于 1890 年，葬于衡阳。当陶神父管理此堂口时对待教徒一视同仁，不分善恶，教徒中有不和的，说服之，使之重归于好。陶宅仁神父在 1857 年写给主教的信中谈到 1856 长阳县共有教徒 511 人，其中担子山 418 人，小风垭 33 人，长乐县（今五峰）共有教徒 20 人，渔洋关开辟了新会口。信中他还提到罗神父和五个教徒被捕，监禁在宜都，担子山有童贞 7 人，一个叫李广的传教员很热心，堪称模范，等等。1858 年，担子山已建有学校两所（经言学校和育婴堂学校），成立有圣婴会和修院，一年一度各地的神父都要到担子山来集中僻静。除了神父与传教员，还有男保守教徒 7 人，女保守教徒 6 人，男代洗人 8 人，女代洗人 2 人。主要的宗教活动是：付洗、坚振、办四规神功、领四规圣体、付终傅、婚配、给教徒讲道和讲解要理，给外教宣道。

1858 年，有一个来自江西昆山的陆霞山神父。陆神父为人慈善，有请即去付圣事，否则不出门。

1859 年，来了一个土耳其神父，名叫白受采 - 刚地督斯，最初他在湖南传教，1861 年徐伯达主教将他转到湖北教区，说话带湖南口音。他在担子山堂里讲道时间比较长，有的教徒跑出去抽烟一直等他讲完。白神父希望教徒认真地听，教徒说："我们听不懂才跑出来的。"白神父说："要给人立榜样，虽然听不懂，只要在堂里，天主也会降福。"从此，教徒不再出来，而是认真地听他讲道。据当地教徒传说：白神父曾与当地群众互相协助，赶走了常来为患的老虎、野猪等。一次他们一连几天追得了一只野猪，野猪将李某的肚子咬穿了，然后又扑向白神父，白神父开枪打中野猪，还砍了几刀，才将野猪杀死。李某因伤重而死，葬礼十分隆重。白神父在讲道时，要求教徒热心祈祷，求主恩赐地方人民和庄稼免除灾害，据说果真自那起野兽再也没有如前那样蹂躏这一方，至今教徒们仍信此乃白神父的功劳。白神父于1884年逝世，时年53岁葬于荆州。董文芳曾说，白神父很热心，在祈祷方面他是圣人，干工作没有第二个可以与他相比。

当年与白神父同住担子山的还有一个来自上海的钱神父，曾求学于意大利拿波里城，后在武昌晋铎。由于钱神父多次当教徒面前用外语斥责白神父，白神父总是含忍不语，教徒们很赏识白神父的品德。为此董主教将这个堂口划为两段，钱神父住黄草坪龚家管理南区，白神父住堂里管北区。

1860年，董文芳任担子山本堂。他同事中有一位中国神父名为王文元，1827年生于京山，1851年湖北修院毕业晋铎。据说王神父好生气，经常得罪别人和教徒。1860年复活节次日，四川范主教领三个欧洲教士路经长江，在白洋的几个教徒带引下来到担子山，但是被官府发现要缉拿，王神父带着范主教等躲进山洞两天，李天保的父亲李文昌暗暗地为他们送食物躲过。主教后经巴东蛇口山回到四川。严神父逃回荆州，部分教徒被关进监狱。此次虽然主教和欧洲教士逃脱，但还是有几个教徒在衙门里背了教，县官威胁要拆毁担子山的教堂。当时，长阳有一位姓金的县官严厉禁教，三年前他在宜都做县官时就监禁过罗神父，并逼几个教徒背了教。1860年他到长阳后，变本加厉地压迫教徒，榨取钱财。这一年龚士墥神父回家，当听说县官差役敲诈教徒180吊钱之事，马上给县官写了一封很严肃的信说："如果不马上将钱如数归还教徒，要反映给皇帝，是他宣布了我国与法国所订立的保教条约。"县官闻之，心中害怕，责成差役赔礼道歉，并请教徒到长阳，给他们开三桌席，还放了鞭炮，还了敲诈的钱，教徒高兴归来。如此结束了1860年这一系列的教难和风波。

（4）本时期传教有如下三大特点。一是中外传教士逐渐增多。活动的传教士多为方济各会士。这一时期传教活动虽然仍然受到限制，有外籍传教士被捕和驱逐的情况，中国传教人员也时常处境危险，但总体来讲传教活动更具有组织性。二是传教活动更加深入。虽然传教范围扩张不明显，但传教士已经有固定活动场所和活动内容，信众群体更加固定，更加专业。三是长阳本地已经开始培养神职人员。这一点将在第三部分专述，这一时期，包括会长在内的热心信徒发挥了更重要作用，一些本地的神父、修女、贞女、男女保守教徒和传道员开始涌现，为本地培养神职人员奠定了基础。

（三）1862～1949 年的传教情况

（1）相关背景同治元年（1862）一月湖北教区徐伯达主教逝世。意大利人明维笃（Eustachius Zanoli）继任后，传教活动由隐蔽转为公开，即将主教公署、座堂由应城迁来武昌。增派传教士，广建教堂，开医院，办学校，信徒人数激增。1870 年 9 月 2 日，教宗比护第九世正式将湖北重新划分为三个教区（鄂东、鄂西北、鄂西南）。荆州南门为鄂西南教区主教座堂，董文芳为第一任主教，下辖恩施、宜昌、荆州地区 24 县市。1878 年，董文芳主教修建宜昌主教公署，他在宜昌修建教堂 20 多座。

（2）担子山成为传教中心。1864～1867 年，意大利南熙神父任担子山本堂，据教徒说南神父个性虽严厉，但为人慈善有德行。

1866 年，意大利的田大兴-额拿济亚鲁斯神父（Gratianus de Barli）与安邦定-若望加彼斯督斯神父一同来华，田大兴任担子山总铎，但时常住在巴东蛇口山。田大兴出生于 1839 年，1862 年晋铎来华。安邦定神父 1838 年生于意大利，1862 年晋铎，1908 逝世，葬于宜昌，任鄂西教区付主教多年。当他在担子山时，无论教徒和外教都爱戴他，因他为人温良又有忍耐心，据说安神父曾劝引一个渔洋关的和尚进天主教。

1872 年，担子山成立了鄂西修院教拉丁文，张清凤神父任院长，招了 10 个学生，其中巴东蛇口山一个姓黄的修士不幸落水淹死，另外两位修士后来升为神父，即姜永德-安德助和胡植勋-斯德望。

1874 年 2 月，邓复礼-危厄费理督斯神父来此传教。邓复礼 1845 年生于英国，1874 年他刚来担子山堂口时不敢讲道，有个学生龚明聪帮助他准备，虽然他有些担心，但是最后还是讲了"胜利属于听命的人"。从此以后，他开始学习中文，并且很有进步，和一般老教徒讲话都用华语，被教徒称为"能说话的邓神父"。他经常主动去看望教徒，有一天他到蛇口山去，在路上他的马吃了一个外教人家的包谷，庄稼主人对要他赔偿，并骂了他一通，邓神父就将马牵到主人家，坐下来和主人交谈，说话很有礼，让主人很为难，最后主人要求神父原谅，并请神父吃饭，和平而归。邓神父于 1893 年 7 月 2 日逝世，葬于荆州。

1875 年，巴鸿慈（Bracn）－安斯贾利伍斯来到担子山。他曾在奥地利军队中任过军官，举止严肃稳重，又爱热闹，教徒们谈他在复活节日带着六位神父举着彩旗，以隆重的礼仪欢迎主教来担子山，这是过去的教徒从未见过的场面。巴神父大约在 1895 年回国。

1876 年，比利时的车鸿才－加陪厄尔神父来担子山传教，车神父为人温和，凡事与传教员商量，深受教徒爱戴。1906 年 7 月 28 日逝世，葬于山东芝罘。

1876 年，董文芳办小修院于荆州南门天主堂，招收修士 10 多人。不久即保送王玛窦、姜永德－安德助、胡植勋－斯德望、单保禄四名修士到武昌读哲学和神学。1885 年，四名学生从武昌修院学成回来，在宜昌修院教授哲学和神学。

1880 年，田大兴在罗文达－若雅敬神父的帮助下开始在宜昌南门外修建会院，准备培养本地神父。罗文达 1832 年生于陕西汉中，湖广修院毕业，1856 年晋铎，1871 年划分教区时，归鄂西代牧区，1891 年逝世，葬于荆州，此神父很热忱，善理事务。

由于年成不好，长阳担子山教徒吕文荣携妻儿迁到五峰邢家山，距离清水湾①不远，与湖南交界处。1883 年，李添泽全家也迁到此地，直到 1916 年大约有一百多名教徒由担子山迁往此地。1884 年彭玉嵩神父来此地传教，1885 年龙勤贵－加西雅鲁劳斯（德国）在清水湾办学校。在那里的神父多年住在马鬃岭李添泽家，后在朱家冲李玉盛家。这一年，在宜昌北乡（赵家坪）产生新的会口，因为在 1881 年和 1883 年田大兴副主教修建房屋时，有些工人是北乡人。

1883 年明维笃主教逝世，江成德继任。1884 年 3 月巴邑－巴西略（比利时）与翟守仁－老楞佐（荷兰）二位神父和翟守道－波理法西伍斯修士（荷兰）来担子山传教，他们两位后来都到了山西，其中翟守仁神父在长治教区有资料记载。② 1890 年 12 月 31 田国庆－安且双斯（荷兰）神父来担子山传教。

---

① 李小国神父就是出生在五峰清水湾。他本姓龚，但母亲姓李。
② 马良：《长治天主教简史（初稿）》，教友生活编辑部，1997。

（3）建堂办学 1893 年 1 月 17 日，黄赞臣－额那济亚鲁斯神父（比利时）来宜昌传教，并与田国庆一起，修建了现在的担子山堂。

1899 年，余文金神父来担子山直到 1932 年调往利川。余神父 1872 年生于比利时，他在宜昌、恩施两地传教时间长达近 50 多年，1951 年 3 月 24 日在担子山去世。他的三个兄弟（余文银，余文锡，余文辉）也来到本教区的利川、巴东、恩施等地传教。他特别推动了堂口的宗教生活常规化，使教徒们更经常地领圣事，宣传和推广了首瞻礼六敬礼圣心和善领圣体，规定教徒以隆重仪式进行游堂，使许多男女教徒加入了方济各第三会，每月开会一次，创立了对圣安多尼的敬礼，除办神功望弥撒领圣体，还要按力行爱德，周济穷人，或献粮食，仿效意大利圣安多尼小兄弟会的办法。他经常关心对女孩子的教育，将女学校增加了一层楼，为照顾远道而来的女孩子能在学校寄宿。除了担子山，余文金还将已有的事业使其持继巩固并完善，如 1906 年在都镇湾，1908 年在生子坪，1909 年在小风垭等地先后修建圣堂和住宅。余文金任职期间，许多欧洲神父来担子山学习华语，并协助管理堂口。如德新民（1904）、余文银（1905 年底）、邓炳文（1907 年初）、林秀华（1908）、余文辉（1909）、车培源（1910）、雷多默等都在这里住过，还有修生们来此避暑。

（4）传教范围扩大。1900 年，德希圣任鄂西南代牧区主教，他与兄弟德希贤及另两名随员于 1904 年在恩施沙地视察教务时被向燮堂等人杀害。1902 年 4 月 5 日，比利时蓝愈昊－达弥益鲁斯、范自茂－达徒二位神父和茹理洋修士来担子山传教。

1904 年 12 月 24 日，比利时的杨睦多神父由老河口来宜昌任第四任主教，安邦定神父继任副主教。

1908 年，法国的林秀华－雅西尔肋伍斯神父与安济东－特我多利克神父同来此传教。1912～1914 年他管理担子山堂口两年之久，此前他作为余神父助手在这里住过。林神父责斥那些自以为是的教徒，因而得罪了一些人。林神父后来管理过利川南坪的教务并修建小水田天主堂。1941 年去世时 64 岁，葬于宜昌天官桥亡者堂。

1910 年 11 月 4 日，比利时的张振铎－雅路尔福（Armhpas）和荷兰的柏阴恒－柏肋赫利鲁斯二位神父来宜昌传教。

1911 年 10 月 8 日，比利时的丁安－安塞尔莫和梁立本－肋约二位神父来担子山传教，丁安 1882 年 12 月 6 日生于比利时，1906 年晋铎，1914～1916

年管理担子山堂，1920 年 8 月死于荆州东城天主堂。

1911～1912 年，黄赞臣神父第二次管理担子山教务，黄走后由柏荫恒兼管担子山教务。伯氏后来曾在司南（今恩施）和利川花梨岭传教。

1920 年 12 月 1 日，比利时的翟鼎初 – 阿第乐、柳玉璋 – 聂翁爵、毕克穆 – 马特鲁斯、孟明琨 – 梅多第伍斯四位神父来担子山传教。1921 年，翟鼎初神父被任命为担子山付本堂，并引种葡萄为教区制弥撒用的红酒。

1922 年 11 月 6 日，比利时闻贤举 – 叶肋克督斯（QeLaPort，Elu）神父来此任付本堂，一年后方儒珍接替闻氏，又一年后唐仁杰继任，1924 年新主教邓炳文来到这里修养，神父林秀华、丁治□、李奥颐、翟鼎初、闻贤举、方儒珍、范自茂等集中住在担子山，形成一个神父团体。唐仁杰后，范自茂任本堂，1925 年闻贤举继范氏任担子山本堂，车家明付本堂，车神父荆门人，闻离开后由牟作梁继任，这个时期恢复了黄赞臣于 1900 年 1 月所成立了方济各第三会。闻贤举后来传教于恩施、建始、巴东等地，1950 年任教区副主教。

1923 年 3 月 29 日，方儒珍 – 洪乐那督斯、施美德 – 莫儒佛神父来教区。施美德神父 1903 年曾在恩施蕉庄建天主堂。1941 年在兴山县建阳坪，1942年建始麻札坪、建始景阳河、恩施鸦雀水、恩施沙地等地传教。

1926 年 1 月 8 日，巴锡爵 – 巴特利地伍斯、冯德隆 – 法斯地鲁斯、恩特理 – 简地理斯、陈贤德 – 翟普地伍斯、唐仁杰 – 普鲁诺、向道珍 – 法列乐淑、龚本仁 – 克肋门丁七位比利时神父来担子山传教。

1927 年，童达德 – 童斯达鲁斯来教区。后到姊归、巴东、兴山等地传教。1949 年，巴锡爵、谭道源、鲁道、范大漠回国。

1930 年，沈渊如 – 加陪厄尔（Boutsen Gabriel）与邓甘棠 – 多明我、柳圣和 – 柳温爵、罗明璋 – 安塞尔莫、陈圣道 – 福乐楞地亚鲁等五位神父（均为比利时）来教区传教。1932 年，毕克穆在担子山任本堂，同年 1932 年牟作梁、张振铎来担子山，这一年担子山有 68 个婴儿被严重的天花夺走生命。此后，由沈渊如负责管理担子山教务，当时这里的学校有 120 名学生。沈渊如还教新来的欧天爵、毛易伦、谭道源学习华语，年底欧天爵任担子山副本堂。1935 年比利时盖士林（Gyrelinck Venance）从工作了五年的巴东小淌调到担子山。1926～1933 年国内革命造成社会动荡，担子山大受影响。局势平静后，1936 年卫神父和吕希圣陪同比利时方济各省省长柏尔诺来担子山看望这里的会士，省长用比文与信徒们交流，本堂任翻译。德民新、巴锡爵两位神父来到担子山。1937 年费秉诚暂代巴氏任此地本堂。1938 年，受中日战争影响，宜昌文都修院备修院临时迁到担子山，潘德林在此任副本堂及备修院院长。1940 年日本侵入宜昌，部分神父被关入集中营，沈渊如只身维持教务及战火中飘摇的 8 所学校。这一年 6 月，李奥颐神父死于日本人之手，随后，成百上千的难民涌入担子山教堂，土匪汉流（哥老会）也不时来堂区骚扰，当年有 30 多位信徒被征入伍，多数为国捐躯，到后来更有十一二岁的小孩被抓壮丁直接拉到战场，沈渊如出面与国民党军方协商，才阻止了这愚蠢的行为。1943 年，盖士林为担子山本堂，魏佳德为副本堂，沈渊如离开工作 13 年的担子山，调往利川。1949 年 4 月 9 日顾学德在宜昌天官桥圣母堂一次性祝圣了龚浩（若瑟）、周方兴（保禄）、彭广福（伯尔纳多）、安士杰（类思）、刘美章（方济各）、彭丹山（路加）、周乐时（若瑟），1950 年在宜昌逝世。

（5）本时期传教特点。一是传教活动合法化，公开化。第二次鸦片战争后，《北京条约》规定将以前被充公的天主教产赔还，并任传教士在各省租买田地，建造自便。这实际上是全国范围内公开解除天主教传播的禁令。明维笃任湖北主教后，在法国政府的支持下，向清政府要回了 30 多年前被没收的教产，并于 1874 年在汉口上海路修建了罗马式的大教堂，并命令在各个总铎区选择中心地点为传教士修建住宅，一改以前住教徒家的习惯。宜昌教区最后一任外国主教顾学德在自己所著的《湖广三百年传教史》中说"从 1862 年起天主教在湖北的发展因《北京条约》和法国领事馆的支持，没有遇到什么问题"。自此，担子山成为鄂西南天主教活动的中心。二是传教士、固定活动场所和信徒增多。这一时期担子山和细沙河信众规模基本稳定，堂区主要发展修院（会）、医院、学校和育婴堂，同时在其他地区如建始、巴东、利川等地建堂发展，如火如荼。传教的范围逐步扩大，不再局限于长阳担子山和巴东细沙河一带，而是沿清江上游向恩施八县、宜昌五峰、兴山、姊归等地扩张，担子山实际上成为传教士的培训和集散中心。1948 年统计的宜昌教区有 134 座，神父 48 位（中国 11 位，外国 37 位），修女：92 位（中国 78 位，外国 14 位），教友：15.551 人。台湾学者孙大川在他的《来自比利时的恩典——兼怀戴立林神父》一文中说："1870 至 1951 年，比利时方济各会在中国湖北省宜昌县 83 年之间兴建了 33 座教堂，前后约有一百二十多位会士来华，其中九位因信仰舍身捐躯。一九五〇年比利时方济各会在大陆的最后一位主教死于宜昌也葬于宜昌。"后期因社会动荡，传教士有的回国，有的被关进集中营。个别留下来勉强维持教会与学校，并救济难民。抗日战争结束后，教会艰难生存了几年，直到教务活动完全停顿。三是系统化的培养本地神职人员，为困难时期的信仰坚持留下了种子。这一时期，他们多选择一批热心教友参与传教活动，主要是成立公教进行会、办公教学校、经言学校、管理司仪、讲授要理、化解内部纠纷、向非教徒传教、看顾病人和临终者。信徒的信德更加坚定，本地培养的神职人员呈可持续发展状态，神父、修女增多，许多人在 1950～1980 年艰苦的年代仍然坚持信仰，有的死于狱中，存活下来的成员后来成为教会复兴的种子。

三　本地培养的神职人员

由于受到天主教对婚姻家庭和子女教育的训导，信徒的孩子几乎一生下来就要接受神父的"付洗"，代代相传。非但如此，在信徒与三亲六戚和乡亲们的交往中，他们将天主教的信仰又传递给了那些人。因此当地信徒除早期带着信仰迁入担子山以外，基本上都是通过这种方式入教。自 1840 年起，担子山堂区开始有本地神父。

本地最早培养出来的神父是龚士璜。龚世璜于 1824 年生于担子山付家堰，1850 年毕业于武昌修院，由李文秀主教祝圣为司铎，1851 年被任命为汉口备修院的老师。1852 年的一天，因为太平天国起义，汉阳县官亲自带领差役深夜来到汉口闯进学校，抓走了龚神父以及 11 个师生，把他当作叛乱嫌疑打了三百大板。一直到太平天国攻陷汉口，龚神父和其他再押的人才获得自由，此后龚神父传教于鄂北一带，1863 年死于应城王家榨。1863 年，安（ValeTimus）晋铎，此神父为鄂西代牧区的学生，武昌修院毕业。此后，当地还有姜永德 - 安德助（1870 年入修院，1918 年 11 月 6 日逝世）、胡植勋 - 斯德望（1873 年入修院）后来晋铎为神父。

1917 年 10 月 7 日，担子山李添佩之子李奥颐 - 奥斯定晋升铎品。1927 年，李奥颐神父任宜昌本堂兼总铎，益世小学校长，1940 年 6 月 18 日李奥颐被日本人杀死于宜昌总堂。

新中国成立后担任担子山本堂的第一位神父是李绍熙。李绍熙 1911 年 6 月 6 日生于担子山刘家㙍，1938 年 1 月 1 日与利川的栗临泉同在宜昌总堂晋铎。他的父亲李玉清，母亲文氏，这对夫妇养育子女 7 人，培养出 2 位神父和 2 位修女。李绍熙的兄弟李绍品神父，1943 年 6 月 20 日与吕定阳（吕勤）、

赵明甫 - 西满（利川人）一起在汉口晋铎。李绍品后在宜昌坐水牢而死。这一时期当地还有胡咏谦（姜永德 - 安德肋侄子，1933 年晋铎）、李醒东[1]、黄绍强 - 雅各伯[2]、周方兴（1949 年晋铎）、刘美璋（1949 年晋铎）、龚正权、龚浩等晋铎为神父，他们后来多在恩施、利川、建始、巴东、咸丰等地传教。

1951 年，盖世林代主教临时任命李绍熙代理主教。从 1950 年开始，当地政府、农会和工作组就住进了整栋"修女院"六间两层的砖瓦房，并动用教堂库存的木料和砖石到赵家堰修区政府，同年没收了教堂院墙外的山林土地。1951 年，政府拆毁教堂内的祭台、神工架、讲道台，烧毁部分圣物和家具书籍等，教堂大厅则用来开会和放电影。地区、县里来的穿梭不息的干部经常找李绍熙神父谈话，抓他的缺点，拿他的历史，找他的反动错误等。就在这样的情况下，他还拖着病残之躯，在教堂的周围种了一些田，搞一些劳动，并照料扶养三个瞎子，如此生活一段时间。1954 年 11 月，省政府要李绍熙神父到武汉学习，因怕神父被政府扣押，教友们赶到大堰乡阻止李绍熙神父前行，酿成政治事件。1963 年，李绍熙神父被作为反革命管制。"文革"期间，57 岁的李绍熙终于不堪折磨致死。

改革开放后，负责组织恢复教会活动的是李邦炳神父。1951 年 3 月 18 日，盖世林代主教带李邦炳在汉口晋铎，要求不露身份。李绍熙神父逝世后，担子山教会活动转入地下。每逢主日、瞻礼和雨天，李邦炳和刘美璋神父以理发为名，进行宗教活动。1983 年，改革开放的春风吹进担子山，李邦炳复堂主持堂区牧灵工作，积极培养推荐优秀青年进入神哲学院学习深造，如李邦雄、李邦伍、吕守德（李邦炳神父的亲侄子）、李邦梦、李小国、李元洲、李晓国、李兆若、龚志尚、龚志敖、龚贤卿、龚贤富、龚志富、龚志康、龚志喜、龚伯渔、龚成波、朱锦龙、朱代华、吕守旺、张光军等，共培育了 27 位青年神父。

1989 年 10 月 29 日，李邦雄、龚志敖晋铎。

1991 年 5 月 19 日，吕守旺、龚志尚晋铎（龚志尚于 2012 年因精神失常失踪）。

---

[1] 李醒东，1906 年农历九月二十五日生于长阳担子山，1933 年在宜昌晋铎后在建始麻扎坪（高店子）传教。父名李玉书，母亲龚玛利亚。李醒东于 1939 年 2 月 19 日将生命献给新成立的恩施教区。一起被杀的还有时年 26 岁的传教先生田昌栋，田昌栋是宜昌人，是一个热心的青年。

[2] 又名黄宏科，1915 年出生于担子山堂区都镇湾。1925～1945 年在宜昌教区文都修院学习，1947 年晋铎，曾为难民发放过救济物质，"文革"期间坐牢，出狱后行医，1988 年逝世。

1993 年 10 月 17 日，龚贤卿、龚贤富、陈永发、李邦伍、丁和权（利川人）晋铎（龚贤卿已离职）。

1996 年 6 月 29 日，李小国、朱锦龙、龚志康、黎官学、刘杰（利川人）、王建华（利川人）在汉口晋铎。（刘杰、王建华二人已离职。）

1998 年 4 月 19 日，西安教区李笃安在宜昌主教堂祝圣张光军、龚志富、魏祥喜、魏祥权（魏祥喜已离职）。

2000 年 10 月 18 日，余霖（利川人，2013 年离职）、龚志喜晋铎。

2002 年 10 月 20 日，曾祥辉、武道望、付庆文、帅子强（山东人）晋铎。

2009 年，朱代华、龚成波、曾雄华在宜昌晋铎。

为了解神父在信仰成长道路上的一些经历，本人曾访问过许多当地神职人员，在此容举两例。

访谈 1：龚贤富神父①

我是 1965 年 8 月 15 日出生于石滚淌村，1992 年晋铎当神父，现在已经做神父 19 年了。在我心目中，对天主的信仰一直没有中断过。我是一出生就被妈妈代洗。我妈妈是个虔诚的信徒，她从不跟别人吵架。我妈有很多知识，都是教会教的。那时候学校都在教堂，社会上没有学校。从我记事时候起，每天早晚她都要在家偷偷地念早晚课，唱经。她念玫瑰经给我印象特别深刻。我 10 岁不到妈妈就因病去世了，她一辈子都没享过福，生了八个孩子，只存活了四个，我还有一个妹妹，两个弟弟，家里过得很艰难。我后来能够升神父，很大程度受我妈妈影响。1984 年，我辍学回家，学一年多的铁匠，后又回来当了两年农民。1987 年的一天，龚贤卿带我去李邦炳神父那里，就念经。李邦炳神父见我背玫瑰经十分熟练，就转向龚贤卿，批评他说："你还在神哲学院读了两年书，读起经文来磕磕绊绊，你看人家，书都没拿，背下来那么熟悉。"其实我也没专门背过，只是因为我从小天天听妈妈念，耳熟能详。后来李邦炳神父问我："你还愿不愿意去读书呢？"听说能读书，我很高兴。当场李神父就递我 10 块钱，给我一张信纸。我就去武汉神哲学院读书了。李邦炳神父信仰十分虔诚，在最困难的时刻都不忘恭敬天主，常常在屋里偷偷做弥

---

① 笔者曾于 2011 年 11 月 1 日至 3 日和 2012 年 10 月 1 日至 3 日两次赴长阳石滚淌村采访龚贤富神父。本次记录是 2012 年 10 月的部分访谈内容。

撒。那时的葡萄酒很珍贵。他每次做时都只挤一滴，像很多女士用香水一样。

访谈2：李邦梦神父①

……在那个时候，平原一带的活动很多被禁绝了，但我们石滚淌那个位置，大山闭塞，政府不会一天到晚盯着我们。我小学毕业的时候，刚知事，父亲就这样要求我的，要求小学时《要理问答》要能背诵，到初中的时候要能背诵玫瑰经、苦路经。记得我只有七、八岁的时候，就办告解，那时我们村里有两个神父。一个是刘美璋神父，一个是李邦炳神父，两位神父都住在我们的附近，教友们很敬重他们。我从小就记得他们没有吃的时候，我跟我的母亲一起给他送粮食，送油啊，都去过。所以上面不准，我们还是一样的（信仰），一直都是大家在早晚（祈祷）。早上不一定，特别是晚上，一般是全家人都在一起祈祷。像我们小时候，如果不祈祷就睡上床母亲会把我们揪起来，要念经了再睡。哎呀！现在提起来我都害怕，至少是一个多小时，那还是念得比较快的。过去晚课经是比较长的，六本头。从圣母领报，天使加百列到光荣经三遍，五拜，五谢，痛悔，发信德，望德的呀，要念信经。特别是到星期天，念玫瑰经，拜苦路，恭敬耶稣圣心的，恭敬方济各的、安多尼的……哎呀，全部都来了！真是害怕！！我那个时候最喜欢帮忙放哨！我们山区有狗，狗一叫就叫我们出去看，如果是有人过路，就停下来，或者说是声音小一些。有时我们仔细看了以后，就说："没得事，继续念继续念！"就又开始了。我和我的姐姐，经常念着念着就睡着了。我们的父亲很严，记得那个时候念玫瑰经，他就手提着念珠，在屋里走过去，走过来，看到谁在缠瞌睡，就用念珠打。我记得我有一次，跪在椅子上念经的时候，扑在靠背上面睡着了，我父亲就把椅子一提，我当时就跪在了地上，跪下去就这样跪着，又不敢动，只有把经念完才敢动，怕挨打呀！就这样一直到初中，那时在学校寄读，就养成了习惯，每天晚上非要念经，不念经睡不着。但是也不是那样公开。就那样默默地，跟别人一起睡，还不是说像现在这样有宽松的条件，也不是就蒙在被子里念别人不知道，那不是这样的。而是这样，而是等别人都睡着了，好，起来，把衣服穿

---

① 笔者于2014年3月11日访问的李邦梦神父。李神父1968年出生于宜昌长阳石滚淌村，现在天主教汉口教区工作。

好，端端正正地跪在床上念。后来硬是成了个习惯，一天不祈祷，就
睡不着。

通过本地神父的成长记忆，我们可以看到守"十诫"，满"四规"和随
时念经祈祷、凡事信靠天主等教义当地被朴实而严格的遵守践行，代代传承
赋予了信仰生活的一种绝对性与不可抗拒性。过严格而规范的训导，赋予了
度"圣召"生活者一个极大思想和行为上的自制力，使他们能够面对极致的
困难而坚持信仰，荣神益人。

李邦炳神父于 2003 年去世后，先后有龚志敖神父、龚志康神父、龚贤富
神父在担子山堂区负责主持教务。2011 年 9 月至今，由龚贤富神父任本堂神
父，修女朱桂兰、龚志念、刘开香三位协助，设周家口分堂。目前堂区大小
事务由神父、修女和信徒代表组成的堂区管理委会民主管理，到担子山天主
堂来过宗教生活的，礼拜天约 500～800 人，重大节日约 2000 人。

四　结语

笔者曾在教堂看到从 1860～1953 年近百年的担子山教友名册，一共有十
几本，每本记录了四五百人，上面有关于信徒姓名、圣名、性别、出生日、
洗日、坚振、告解、圣体、婚配甚至死亡日期的全部信息，用外文写成。其
字迹工整、记录详细，一看便知，这一系列的工作，远不止往本子上抄写几
个字母那么简单，其背后折射出传教士们是在认真细心地管理天主的子民，
他们付出的汗水与心血，恐怕只有天主和他们本人知道。这些在自己的国家
完全可以过着养尊处优的高品质生活的传教士，为何愿意远离故土来到这危
险偏僻的蛮荒之地，不厌其烦地记录山民那些纯属个人的生命轨迹呢，值得
吗？他们这样做究竟图什么呢？

在探讨担子山宗教信仰的来龙去脉的过程中，笔者逐渐意识到，要想对
天主教在担子山的传播得出一个具有普遍意义的结论是困难的。那些见闻和
记录的东西，很难在正史中找到相应的佐证，或许，发生在教堂里面的那些
人或事并不能引起当时主流社会的留意与关注，抑或正史的记录只在与其相
关时才会有选择性的提及。一个值得重视的说法是，天主教之所以在担子山
这个穷乡僻壤、交通不便的小山村得以生存，大概与天主教传入中国数百年
来所遭遇的清政府的历次"禁教"分不开吧。有史记载，清康熙、雍正、乾

隆、嘉庆帝都实行过程度不同的禁教政策，而每一次的禁教，都迫使天主教逃往荆棘丛生的蛮荒之地，并在那些蒙昧朴实的人心中播下了"福音"的种子，也更加促进教徒们以隐避而深刻的形式团结在一起。可以说，每一次的强烈打压，都是教会暗地里进一步发展的催化剂。鸦片战争以来西方列强与中国政府签订的系列不平等条约，包括天主教的"弛禁"，这与其说是天主教在中国民间的胜利，毋宁说是帝国列强对腐败清延的胜利。对于天主教本身来说，这短暂的幸福，也为中国新民主主义革命以后的宗教面临的又一次腥风血雨埋下了伏笔。[1]

新中国成立后，天主教被当作"帝国主义的文化侵略工具"清算，神父、修女、教友被杀害、被关押、被驱逐出境的不计其数，教堂被毁，信仰被扑灭。我们此次以"异教徒"的身份走入担子山，仍然能够从一部分不愿意与我们倾心交谈的老教友身上感受到历史风暴给他们造成的心灵创伤。可能由于当时堂口教徒居住较为集中，人数相对较多，教徒与非教徒之间好似筑起一道墙，互不混淆。由于时常受到非教徒的攻击，教徒遭遇了一系列的麻烦和痛苦，久而久之就自然形成了教徒和非教徒之间相互不往来，信仰主要在家族内部进行传播的局面。

笔者多次到利川市花梨岭调研天主教传播情况，并与长阳担子山进行比对，发现"文革"期间，两个地方的信仰状况存在着很大的区别，改革开放以后，两个地方的神职人员培养与稳定情况也反映这种区别。事实上，在鸦片战争发生的一百多年前（清康熙年间），担子山就已经接触到天主教信仰并逐渐步入正轨，担子山一方面经历和见证了这些教难的发生，另一方面，也由于其地理位置的特殊性无形中成为教难的避难所，为担子山的信仰巩固奠定了良好基础。而花梨岭的天主教信仰是在清光绪年间（1873），鸦片战争发生及中国与西方列强签订不平等条约以后传入的。其中，1842 年中英《南京条约》和之后的中法《天津条约》，迫使清廷解除了教禁，归还教堂，允许甚至保护外国人入境传教，天主教发展处于春风得意之期。但这个得意之期却潜藏着危机和风险，列强在这些不平等条约上写上了保护天主教传教者，使中国人自然而然地就将天主教会与帝国主义联系在一起，将传教士与殖民者联系在一起，将"仇视洋人"与"仇视传教士"联系在一起。花梨岭从入教到修教堂，包括土匪打砸抢的破坏活动，因有教会和政府当局的支持，都没

---

[1] 　张泽：《清代禁教期的天主教》，光启出版社，1997，第 195 页。

能够对信徒的信仰造成实质性的伤害，当然，也同时对信徒的信仰有过实质性的考验。总之，花梨岭未能像担子山一样经历过大小政治斗争的考验而成熟，尤其没有像担子山一样培养出自己的传教士。花梨岭在宗教政策落实后依然不能尽快地恢复，信徒留不住神父，神父不能在其中找到其工作的意义和人生的价值，其深层的历史根源大概也在于此。

总之，要想通过一个历史维度就为其下一个定性的结论，难免偏颇。但是，所有的这些活动给笔者一个思索和启迪：相比人类整个文明历史来看，300 年，或者近代以来，是一段并不太久远的记忆，近代中国人上下求索的血泪史直到今天还清晰的烙印在我们的记忆中，通过我们的祖辈、父辈影响着我们的生活。有时，我们甚至必须抛弃过去自己接受的某些说教和头脑中不知什么时候形成的成见，才能真正理解周遭发生的一切。轻易地对这些人和事进行评价、怀疑、回避并非明智之举，以笔者的能力和水平，目前所能够做的也许只是尽可能客观真实地记录所见所闻，以便今后进一步考察甄别。

Abstracts

The Jesuits and the Confucian Classics: Translators or Betrayers?

Thierry Meynard

Abstract: In 17th century, Jesuits used Zhang Juzheng's *Colloquial Commentary of the Four Books (Sishu zhijie)* as text of reference, complemented by Zhu Xi's *Collected Commentaries of the Four Books (Sishu jizhu)*, claiming that the former was more conform to ancient Confucianism and to truth. Why did they hold such an opinion? What is the difference between those two commentaries? What did they appreciate in the *Colloquial Commentary of the Four Books*? Did the Jesuits understand well the ideas of this commentary? Are they faithful translators or did they betray the text? This paper attempts to answer those questions.

Keywords: Jesuits; Philippe Couplet; Zhang Juzheng; Confucian Classics

A Preliminary Study on the First Selected Translation of *The Book of Poetry* in French

Jiang Xiangyan

Abstract: This essay attemps to have a preliminary analysis of eight poems from *The Book of Poetry* translated into French by the French Jesuit Joseph de Prémare in early 18th century, and to explore how the religious culture in ancient China symbioses with the Christian theology in the hermeneutic translation of the Jesuit scholar. The French translation of the poems contributes to the establishing of the images of the ancient China and her wise king in Europe of the 18th century, and to promote the spreading of the ancient Chinese thought in Europe.

Keywords: *The Book of Poetry*; French Translation; Joseph de Prémare

Comparative Study of *Diwei* and *Zhifang Waiji*

Ma Qiong

Abstract: *Diwei* is the at book of world geography which is edited and written by Xiong Renlin, a chinese intellectual who was living in the Ming and Qing Dynasty in China. *Diwei* was mainly edited according to *Zhifang Waiji*, also a book of world geography which was written by Giulio Aleni, an Italian Jesuit Missionary. By comparing *Diwei* and *Zhifang Waiji*, this paper focuses on two major questions: What is the difference between *Diwei* and *Zhifang Waiji*? Why they are different?

Keywords: *Diwei*; *Zhifang Waiji*

On the Chinese Writing of *Catechism* in the Late Ming and Early Qing Dynasties: From Francois Xavier to Francisco Furtado

He Xianyue

Abstract: This paper analyzes *Catholic Catechism*'s compilation and Chinese translation in late Ming and early Qing Dynasties, then and the interaction with the missionary work. The Chinese Writing of *Catechism* is influenced by Francois Xavier in its content selection, structure arrangement, concept translation and language expression. In 1605, Matteo Ricci, accordin to the missinary situation in China, composed a unified version. After analysis, this version is the existing book entitled *Sheng Jing Yue Lu*. Afterwards, because of dissatisfaction with *Sheng Jing Yue Lu*, Niccolò Longobardo compiled a new version named *Zong Du Nei Jing*. But, in the same reason, Francisco Furtado rewrited a version named *Tian Zhu Jiao Yao*. The revisions were basically in line with the missonary situation changes in China. This reflects the gradual deepening of the missionaries' cognition about Chinese culture, and also the different cognitions about the situation within the missionaries in China.

Keywords: the Late Ming and Early Qing Dynasties; *Catholic Catechism*; Chinese Writing; Jesuits

A Study on the Newly Discovered Editions of *Taixi Renshen Shuogai* at Home and Abroad

Xiang Xuan

Abstract: *Taixi Renshen Shuogai* (Outline of Human Body in the Western Knowledge) is a western anatomy book translated by the Jesuits in the late Ming Dynasty. It is also the earliest western anatomy translation. For a long time, *Taixi Renshen Shuogai* has aroused widespread concern in the academic community. The academia focuses on its versions and generally believes that there are one printing book and nine transcripts. In fact, there are still five kinds of transcripts in the world and has not attracted academics enough attention. There are two manuscripts in the French National Library, one manuscript in the Australian National Library of London. There are also two manuscripts collected by He Guozong and Liu Yantang. The five copies have different versions and different forms. The article tries to reveal the situation of the five transcripts of *Taixi Renshen Shuogai*. At the same time, this article compares the text information and the difference between the various versions at home and abroad, explores the regular information, and comprehensively examines the circulation of *Taixi Renshen Shuogai* from the late Ming Dynasty.

Keywords: *Taixi Renshen Shuogai*; Versions; Circulation

The Influence of *Sacred Edict* on Anti-Christianity

Liu Shanshan

Abstract: Promulgated in the ninth year of Kangxi (1670) and interpreted more detailed and comprehensively in the second year of Yongzheng (1724), the "Sixteen Shêng-Yü" began to preach in the country. Having noticed the doctrine of the "Sacred Edict" very early and attached great importance to its meaning and impact, Christian missionaries began to translate and illustrate it to make the missionary work easier in the first half of the nineteenth century. But in the second half of 19th century, the Qing government began to implement the Rescinding for the Prohibition policy, the anti-Christian campaign are also frequent. At this point, "Sacred Edict" has become a popular anti-Christian ideological tool. for the Western missionaries, the understanding is also into another phase.

Keywords: *Sacred Edict*; Seventh Shêng-Yü; Anti-Christianity

Preaching by the Words of the First Emperor of the Ming Dynasty: Western and Chinese Citations in *Duoshu* (*Book of Admontions*) by Catholic Han Lin in Late Ming

Lee Linghon

Abstract: *Duoshu* (*Book of Admonitions*) was written by famous Catholic Han Lin in late Ming dynasty. It was a book on *Six Maxims* of the Hongwu Emperor. This article analyzes the text strategy during the composing by Han Lin by exploring the Western and Chinese citations in this book. When Han Lin cited Western and Chinese resources, he not only revised and deleted the texts according to the context, he also made new explanation on the old texts. *Duoshu* was not a book on Catholicism though it contented Catholic thoughts; it was not a book for Confucian orthodoxy or feudal imperial power either. The thought of Catholic exemplum and Confucian

Teaching were a two-way explanation with each other in this book.

Keywords: Han Lin; *Duoshu* (*Book of Admonitions*); Western and Chinese Citations; Text Strategy

The Orign of Sino-Christian Theology: Matteo Ricci's Idea of Shang-ti, T'ien and Translation of "Deus" in Late-Ming China

Ji Jianxun

Abstract: This paper discusses Matteo Ricci's idea of shang-ti, t'ien and translation of "Deus" in late-Ming China. Affected by the hermeneutic tradition of the Classics and Theology, Matteo Ricci's translation of "Deus" is not only the use of localization strategy and the innovation in contextual theology, but also is a proof of the existence of God. In the view of Matteo Ricci, Chinese Ancients' right knowledge of God comes from the "natural law", its essence is to construct the doctrine of God through the use of natural theology and historical framework. In this perspective, Matteo Ricci's idea will bring an important issue: Whether the supreme god of the Catholic Church already existed thousands of years ago in ancient Chinese? It is not only one of the focuses of the Rite Controversy, undoubtedly is the orign of Sino-Christian Theology.

Keywords: Shang-ti and T'ien; Matteo Ricci; Proving the Existence of God; Sino-Christian Theology

Which Confucianism? Whose Tradition? A Philological Study of the Concept "Supreme Parents" in Ming-Qing Contexts

Huang Yun

Abstract: This article questions a popular preset among Ming-Qing Christianity scholarship that a concept in the Ming and Qing society contradicting to orthodox

Confucianism, such as "the Supreme Parients (大父母)", must be the result of Christian influence. The statistic result of searching in the Chinese Basic Classics Database shows that "The Supreme Parients" originally means grandparents, in Tang Dynasty it got the second meaning as "the Supreme Parients", which also means "the Common Parients", from a Taoist Monk Lü Yan (吕岩), who, also known as Lü Dongbin (吕洞宾), used it as an analogy of the process written in the I Zhuan that the two primary diagrams 乾 and 坤 bear the other 6 diagrams, and then all the other 54 diagrams. The second meaning of "The Supreme Parients" gradually became popular in Song, when Zhu Xi tried to combine it with the interpretation of *Xi Ming* (《西铭》) by Zhang Zai (张载). It became even more popular in Ming Dynasty, as a result of the flourishing of the Yang-ming School, who used the phrase "Heaven and Earth the Supreme Parents (天地大父母)" to demonstrate the holy duty of every one to care for all the people, to treat everyone as one's brother, instead of concerning only one's own relatives. When Matteo Ricci began writing in Chinese, he got help from two Chinese scholars, Qu Taisu (瞿太素) and Zhang Huang (章潢), both of the Yang-ming Circles. As the idea that all human beings are equal in the eyes of the Holy Father (君臣父子平为兄弟) was in fact alien to the Catholic tradition, it is probably that the phrase "天主大父母" was out of the proposal of Qu and Zhang, and accepted by Ricci. This choice helped the spread of Christianity among certain Yang-ming Circles, with the price of attacks from those orthodox Confucianists.

Keywords：Ming-Qing Catholicism；Yang-Ming School；Supreme Parents

The Confucian Standard of "The Confucian Catholics" in Late Ming and Early Qing Dynasties

Jia Weizhou

Abstract："The Confucian Catholics", a unique group of Catholics in China which emerged in late Ming and early Qing Dynasties, is the result of the fusion of Christianity and Confucianism. This paper holds that those Confucian Catholics, concluding different themes in rescuing the soul, rescuing the world and the human being, always adhered to the Confucian standard in two aspects of theory and practice.

Keywords: Confucian Catholics; Confucianism; Catholicism; Confucian Standard

The Unity of Catholicism and Confucianism: Jesuit Figurist Understanding on Chinese Culture

Li Yun

Abstract: This paper considers that the understanding and interpretation of the Chinese culture with the Christian theology by the Jesuit Figurism during the Ming and Qing dynasties can be divided into five points: firstly, Bouvet and Prémare believed that the understanding of Chinese characters in figurism-style is not only a interpretation of Chinese culture source, but also a making known of God' revelation. Secondly, Figurism believes that Fu Xi actually is Enoch, and the Chinese people's hope for the sage is looking forward to the arrival of the Messiah in fact. Thirdly, Figurism holds that the Chinese worship of "Heaven" is actually the worship of the Christian's God. Fourthly, Figurism believes that Tai Chi and God are very similar with the Kabbala's Ain Suph, and can be equal, because they are the source of all things produced, and the symbol of the Messiah is the Taoism. Fifthly, Figurism believes that the view of the world' history is divided into three stages in European of 17th century, is in a slightly different form in The Book of Changes.

Keywords: Jesuit Figurism; Chinese Culture; Joachim Bouvet; *I-Ching*

Route of French Missionaries in China between the Orient and the Occident in the 17th Century: Relation between the Early Expansion of France and the Catholic Missionaries in China

Xie Ziqing

Abstract: Alexandre de Rhode found François Pallu who created The Society of Foreign Missions of Paris, of which their missionaries tried to explore the route from Middle East to the Indian land, while helping the French forces expand to the Far East especially in Siam. On the other hand, the French Jesuits arrived in China in the end of 17th century and helped the France finally open up the sea route between France and China. Their huge contribution is due to their patriotism and the need that the France can offer enough protections for the evangelism.

Keywords: The Society of Foreign Missions of Paris; Society of Jesus; France; Siam

State Governance and Friendship between the Monarch and the Jesuits: Study on the Reason Why Emperor Kangxi Issued the "Edict of Tolerance"

Ma Weihua

Abstract: Most of the research results about the "Edict of Tolerance" (1692) focused on the role of Ferdinand Verbiest, Tomás Pereira and Suo etu (索额图) . Not too much attention has been paid to Emperor Kangxi. Actually, Emperor Kangxi was the people who made the decision to issue the "Edict of Tolerance". At the beginning, Emperor Kangxi prohibited the preach activity of Catholicism, because it didn't fit with the Qing government's ruling policy. Ferdinand Verbiest tried to creating a good atmosphere for the missionary work. After the Jesuits did a lot of work for the Court, the prohibition against Catholicism was not seriously implemented. Meanwhile, Kangxi Emperor investigated the missionaries through many ways, he found that the missionaries didn't commit crimes. Before the anti-Christian incident occurred in Hangzhou, Emperor Kangxi has concluded that the missionary couldn't threaten to his imperial power. To resolve the anti-Christian incident, the Jesuits wished Emperor would abandon the prohibition against Catholicism. But Emperor Kangxi still wanted to take the same position, the Jesuits were very depressed and expressed the non-cooperation attitude with Emperor Kangxi. At that time, Emperor Kangxi was very interest in the western learings. Finally, Kangxi Emperor decided to issue the Edict of Toleration which Cathlicism was allow to spread in China. The Emperor Kangxi played a key role to issue the "Edict of Tolerance".

Keywords: Kangxi Emperor; Ferdinand Verbiest; Edict of Tolerance

West Learning and West Teaching: New Study on Guo Zizhang and Guo Tingshang

Xiao Qinghe

Abstract: Guo Zizhang was one of famous scholar-literati in late Ming dynasty and communicated with Matteo Ricci. His great-great-grandson Guo Tingshang converted to be a Catholic in early Qing. Thus, scholars paid more attention to them and had some researches on them. However, there are also some problems in these researches because of lacking related materials. According to the new-found resources, this article concludes that Guo Zizhang communicated with Matteo Ricci during 1585 to 1586; Guo Zizhang was a pious Buddhism adherent, he was never to be a Catholic; Guo Tingshang was great-great-grandson of Guo Zizhang, not his grandson. Guo Tingshang moved to Ganzhou from Taihe and composed a book named *Book of Peaceful for Ever* (*Taiping Wannianshu*) so as to promote ethics and thought of Catholicism in early Qing.

Keywords：Guo Zizhang；Guo Tingshang；West Learning；Catholicism；*Book of Peaceful for Ever*（*Taiping Wannianshu*）

Study on Xie Zhaozhe's Opinion on Catholicism-Buddhism

Dai Guoqing

Abstract：Xie Zhaozhe（谢肇淛）was a Confucian Literati in the late Ming Dynasty，he actively advocated "Practical learning"（实学），opposed to the "metaphysical and useless" Neo-Confucianism and the noumenal Buddhism. In contrast，Xie Zhaozhe had a good impression on Matteo Ricci's doctrines and considered that the Catholicism was similar to the Confucianism. His writing *Wu Zazu*（《五杂组》）contained his opinion on Catholicism-Buddhism. However，Shi Xingyuan（释行元），a Buddhist monk，written another book *Weiyixiezheyan*（《为翼邪者言》），which blamed Xie deviation from the Confucianism. But this criticism hadn't sufficient historical evidence.

Keywords：Xie Zhaozhe；*Wu Zazu*；Buddhism；Catholicism

Between "Heresy" and "Evil Arts"：The Legal Situation of Christianity under Imperial Suppression in the Mid-Qing Dynasty

Fong Kam-ping

This article explores the role of law in the development of Christianity in the mid-Qing dynasty（1644—1912）. It argues there was in fact a legal foundation for the religion's continued expansion under the imperial suppression since the late Kangxi reign（1661—1722）. Imperial China had long established a sophisticated legal system to regulate religions, and enforced harsh laws on rebellious cults (which was called "evil arts" in legal terms) to consolidate dynastic rule. But this article indicates that, although the Qing court banned the spread of Christianity since the Kangxi period, they did not refer it as an evil cult as prescribed in law. This therefore rendered it a living space under the suppression time. Research on Christianity in imperial China has long neglected the legal context. This study is an attempt to fill the gap, and represent the role of law and the institutional framework behind the encroachment of missionary. In the context of global history, this article also hopes to stimulate studies on how Christianity accommodated themselves in a foreign judiciary.

Keywords: Qing Dynasty; Religious Law; Black Arts; Imperial Suppression

1900: Forgotten Attitude-Talking from the Contrast of *Korea's Lethal*, *God's Proof of Korea*, and *Book of Silk*

Shu Jian

Abstract: After the introduction of Christianity as a heterogeneous culture in the East, there have been many lesson plans in various places. Some lesson plans have even caused great international conflicts and disputes. Therefore, the study of lesson plans is one of the concerns of scholars. This article mainly through the Shanghai library found in the *Korean Lethal*, *God's Proof of Korea* to see the Chinese teachings in the late Qing Dynasty view of the DPRK, on the one hand can be seen in the late Qing Dynasty Chinese Christians for the Li Dynasty's lesson plans, On the other hand, the author, through the analysis of *Huang Siyong Silk*, can be seen in the teachings of the Chinese religion in the Li Dynasty, the internal reasons are not clear, but in China to save the *God's Proof of Korea* can make up Some of the information on modern Korean lesson plans is missing.

Keywords: *Gaoli Zhiming Shilue*; *Gaoli Zhuzheng*; *Book of Silk*; Party Struggle

How Missionaries in Ming and Qing Dynasties Work on Chinese Materia Medica

Sun Lingzhi

Abstract: The missionaries in Ming-Qing Dynasties had interest in the traditional Chinese medicine, especially in the acupuncture and pulse method and medicine (Chinese materia medica). The article focuses on the Chinese materia medica, and tries to discuss the relationship between the missionaries and the traditional Chinese medicine. So we can know how the missionaries in Ming-Qing Dynasties introduced the Chinese medicine experience to the west, and introduced the west medicine experience to Chinese, and affected the writing of China traditional herbal medicine books.

Keywords: Ming-Qing Dynasties; Herbalism; History of Medicine; Western Medicine Propagation to the East; Scientific and Cultural Exchanges between China and the West

Catholic Church and Chinese Academies in Ming and Qing Dynasties

Chen Xian

Abstract: The research of Western scholars on the Catholic Church and Chinese academies of classical learning dates back to the 17th-century Ming Dynasty. The alikeness of the "Donglin Party" during the Periods of Wanli and Tianqi of the Ming Dynasty for the political, ethical and moral doctrines advocated by the Catholic Church and their interest in the Western natural sciences propagated by the Catholic Church, and the friendly penetration relationship between the Society of Jesus and the "Donglin Party", became the important starting point for the Western academia to research the relationship between the Church and the academies. The first Westerner who earliest contacted the Chinese academy was a missionary in China. The missionary Matteo Ricci first made a clear definition of the Chinese academy. The church academies founded by missionaries in the Ming and Qing dynasties popularized educational objects, disseminated science and technology, and introduced Western education. The study of the Catholic Church and the Chinese academies in Ming and Qing dynasties opened up a new perspective in the study of the academy and provided new help for further understanding of the good ethic and daunting spirit advocated by the Catholic Church.

Keywords: Catholic Church; Academy in Ming and Qing Dynasties; Church Academy

The Brief History of Catholic Mission lineage in Danzishan

Huang Mingchang

Abstract: The Catholic mission began at Danzishan, Changyang, Hubei Province along with the migration of some Catholics during 17th and 18th centuries. In the first half of the 19th century, the form of Catholic mission and religious practice is characterized mainly with secret, mobility and decentralization, and the propagation range is relatively limited. From the second half of the 19th century to the beginning of the 20th century, a lot of western Catholic missionaries rushed to China, meanwhile, Catholic missionary work became more open. Danzishan became the assembly center of western Catholic missionaries in Southwest of Hubei province and the training base of local clergy. Gradually, the scope of the Catholic mission expanded to surrounding areas. In the mid and late 20th century, the Catholic faith faced with great challenges, but it survived. Along with the reform and opening policy of the nation, religious activities gradually restored in Danzisan, and a considerable number of the clergy have been fostered at the end of the 20th century. Today, Danzishan is well known as "village of Priests" in China.

Keywords: Changyang County Danzishan; Catholic; Survey of Catholic Mission

《宗教与历史》约稿启事

《宗教与历史》(*Religion & History*),由上海大学宗教与中国社会研究中心主编,社会科学文献出版社编辑出版。

本刊致力于宗教与历史的互动研究,既强调历史作为宗教研究的基本方法,又突出宗教作为透视历史的一个重要维度。本刊的内容集中在宗教史,特别注重新发现的宗教文献资料的介绍和研究,并在每辑都开设专栏。我们既注重翔实的个案研究,又希望有国际比较和跨学科的视野,以努力实现文献资料和理论阐释的良好结合。

本刊每年出版两期,坚持学术立场,欢迎不同观点和背景的作者投稿,稿件字数不限,可以用中文、英文和日文。强调文章的学术质量,包括资料来源、研究方法、学术规范和伦理等,为此,本刊实行匿名审稿制度。

投稿要求:

一、来稿应具有学术性与理论性,并在选题、文献、理论、方法或观点上有创新性。

二、来稿应附上中英文题名、摘要、关键词。作者姓名、职称、工作单位、通讯地址、联系电话附于文末,以便联系。

三、本刊注释采用脚注形式,引用文献需严格遵守学术规范。

四、来稿文责自负,本刊编辑部有权对来稿做一定的修改或删节。

五、请勿一稿多投,稿件两个月后未被采用,作者可自行处理。

投稿邮箱: sh_religion@126.com

通讯地址: 上海市南陈路 333 号上海大学文学院 宗教与中国社会研究中心

邮政编码: 200444

宗教与历史编辑部

编后记

　　《宗教与历史（第八辑）》集中于明末清初天主教文献研究。上海大学宗教与中国社会研究中心曾于 2014 年 10 月举办了第二届明清天主教研究工作坊。本辑的文章即选自此次工作坊的会议论文集。

　　明末清初是基督宗教第三度入华，在历史上留下了众多的汉语文献。对于这些文献，不同学科的研究进路不尽相同。本辑有学者从翻译与文化比较的角度，对耶稣会士所译介的文本与底本进行比较研究。研究发现，耶稣会士翻译时选择底本具有策略性，耶稣会士翻译《四书》不是使用权威的朱子《四书章句集注》，而是带有宗教性色彩的张居正《四书直解》，因为《四书直解》更加符合耶稣会士对儒家经典的诠释与理解。

　　从文献学的角度对西学文献与中学文献进行比较研究，可以发现西学、西教对明清思想的具体影响。本辑有学者比较研究传教士艾儒略的《职方外纪》与熊人霖的《地纬》。作者发现熊人霖在撰写《地纬》时大量参考了《职方外纪》，但并非全盘照搬，而是基于自己的理解对相关内容进行了改动。

　　新文献的发现与使用在历史研究中具有重要意义。本辑有论文使用新发现的文献如《高丽致命事略》《高丽主证》《泰西人身说概》《泰和冠朝郭氏续谱》等，对 1900 年朝鲜天主教教案、《泰西人身说概》版本、郭子章与郭廷裳的关系等进行了新的考证与研究。

　　明清汉语基督教文献除了文献本身及其所体现的历史值得关注与研究，其中所涉宗教、哲学、神学主题亦值得研究。本辑有论文关注儒家基督徒、帝天说、大父母说等重要议题。可以发现，明清汉语基督教颇多文献都在处理耶儒、耶佛之间的关系。

　　本辑还有论文处理天主教与明清书院、传教士与中国本草学、担子山天主教史等具有重大学术意义的主题。

　　明清汉语基督教文献有 2000 多部，大部分都是未刊稿，并散佚在世界各地。随着学界对这些文献的影印与出版，学者获取这些文献比以前要容易得多。但是如何处理这些文献、从什么角度研究这些文献、这些文献在中西历史上具有何种意义，仍然值得学界深思。

上海大学以陶飞亚教授领衔的中国基督教史研究团队，于 2012 年获得国家社科基金重大项目立项，立项的主题即为"汉语基督教文献书目的整理与研究"。自 2012 年以后，该重大项目连续获得两次滚动资助，亦可见学界对此课题的重视与支持。在此重大项目与学校的支持之下，上海大学就汉语基督教文献展开了深入研究，召开了系列会议，并培养了多位以汉语基督教文献为研究对象的硕博士研究生，并与国内外学者展开了深入的交流与合作。

《宗教与历史》辑刊就是在此重大项目支持下创办的。我们深知要创办一部高水平的学术刊物非常不容易。我们深切希望学界友人继续支持本刊，并赐大作。

本辑的出刊还要感谢本次工作坊的各位作者，感谢莅临工作坊并发表主旨演讲的钟鸣旦（Nicolas Standaert）教授。同时，也要感谢本辑的责任编辑。编者识力有限，集中若有错漏，唯祈读者指正。

图书在版编目（CIP）数据

宗教与历史. 第八辑 / 陶飞亚主编. —— 北京：社
会科学文献出版社，2018.3
ISBN 978 - 7 - 5201 - 2153 - 8

Ⅰ. ①宗…　Ⅱ. ①陶…　Ⅲ. ①基督教史 - 世界 - 文集
Ⅳ. ①B979.1 - 53

中国版本图书馆 CIP 数据核字（2017）第 328042 号

宗教与历史(第八辑)

主　　编 / 陶飞亚
执行主编 / 肖清和

出 版 人 / 谢寿光
项目统筹 / 宋月华　　袁卫华
责任编辑 / 孙美子　　孙以年

出　　版 / 社会科学文献出版社·人文分社（010）59367215
　　　　　　地址：北京市北三环中路甲 29 号院华龙大厦　邮编：100029
　　　　　　网址：www. ssap. com. cn
发　　行 / 市场营销中心（010）59367081　　59367018
印　　装 / 三河市东方印刷有限公司

规　　格 / 开　本：787mm × 1092mm　1/16
　　　　　　印　张：22.5　字　数：384 千字
版　　次 / 2018 年 3 月第 1 版　2018 年 3 月第 1 次印刷
书　　号 / ISBN 978 - 7 - 5201 - 2153 - 8
定　　价 / 79.00 元